PRINCÍPIO CONSTITUCIONAL DA SOLIDARIEDADE

CÁRMEN LÚCIA ANTUNES ROCHA

Prefácio
Alexandre de Moraes

PRINCÍPIO CONSTITUCIONAL DA SOLIDARIEDADE

Belo Horizonte

CONHECIMENTO JURÍDICO
2025

© 2025 Editora Fórum Ltda.

É proibida a reprodução total ou parcial desta obra, por qualquer meio eletrônico, inclusive por processos xerográficos, sem autorização expressa do Editor.

Conselho Editorial

Adilson Abreu Dallari
Alécia Paolucci Nogueira Bicalho
Alexandre Coutinho Pagliarini
André Ramos Tavares
Carlos Ayres Britto
Carlos Mário da Silva Velloso
Cármen Lúcia Antunes Rocha
Cesar Augusto Guimarães Pereira
Clovis Beznos
Cristiana Fortini
Dinorá Adelaide Musetti Grotti
Diogo de Figueiredo Moreira Neto (in memoriam)
Egon Bockmann Moreira
Emerson Gabardo
Fabrício Motta
Fernando Rossi
Flávio Henrique Unes Pereira
Floriano de Azevedo Marques Neto
Gustavo Justino de Oliveira
Inês Virgínia Prado Soares
Jorge Ulisses Jacoby Fernandes
Juarez Freitas
Luciano Ferraz
Lúcio Delfino
Marcia Carla Pereira Ribeiro
Márcio Cammarosano
Marcos Ehrhardt Jr.
Maria Sylvia Zanella Di Pietro
Ney José de Freitas
Oswaldo Othon de Pontes Saraiva Filho
Paulo Modesto
Romeu Felipe Bacellar Filho
Sérgio Guerra
Walber de Moura Agra

FÓRUM
CONHECIMENTO JURÍDICO

Luís Cláudio Rodrigues Ferreira
Presidente e Editor

Coordenação editorial: Leonardo Eustáquio Siqueira Araújo
Thaynara Faleiro Malta
Revisão: Bárbara Ferreira
Capa, projeto gráfico e diagramação: Walter Santos

Rua Paulo Ribeiro Bastos, 211 – Jardim Atlântico – CEP 31710-430
Belo Horizonte – Minas Gerais – Tel.: (31) 99412.0131
www.editoraforum.com.br – editoraforum@editoraforum.com.br

Técnica. Empenho. Zelo. Esses foram alguns dos cuidados aplicados na edição desta obra. No entanto, podem ocorrer erros de impressão, digitação ou mesmo restar alguma dúvida conceitual. Caso se constate algo assim, solicitamos a gentileza de nos comunicar através do e-mail editorial@editoraforum.com.br para que possamos esclarecer, no que couber. A sua contribuição é muito importante para mantermos a excelência editorial. A Editora Fórum agradece a sua contribuição.

Dados Internacionais de Catalogação na Publicação (CIP) de acordo com ISBD

R672p	Rocha, Cármen Lúcia Antunes
	Princípio constitucional da solidariedade / Cármen Lúcia Antunes Rocha. Belo Horizonte: Fórum, 2025.
	239 p. 17x24cm
	ISBN impresso 978-65-5518-685-7
	ISBN digital 978-65-5518-672-7
	1. Constitucionalismo. 2. Doutrina solidarista. 3. Dignidade humana. I. Título.
	CDD: 342
	CDU: 342

Ficha catalográfica elaborada por Lissandra Ruas Lima – CRB/6 – 2851

Informação bibliográfica deste livro, conforme a NBR 6023:2018 da Associação Brasileira de Normas Técnicas (ABNT):

ROCHA, Cármen Lúcia Antunes. *Princípio constitucional da solidariedade*. Belo Horizonte: Fórum, 2025. 239 p. ISBN 978-65-5518-685-7.

Para minha irmã, Luiza,

na ciranda de roda ou na roda da vida, com sua mão na minha o balanço é mais leve; o choro, mais breve; a cantoria, mais alegre.

Para outra irmã, Raquel,

lição diária de solidariedade.

Aqui está um ótimo segredo para sonhar e tornar a nossa vida uma bela aventura. Ninguém pode enfrentar a vida isoladamente... Sozinho, corres o risco de ter miragens, vendo aquilo que não existe; é junto que se constroem os sonhos.

(Papa Francisco)

SUMÁRIO

PREFÁCIO
Alexandre de Moraes 11

INTRODUÇÃO 15

CAPÍTULO I
CONSTITUIÇÃO: A PALAVRA E SEUS PENDORES 19

CAPÍTULO II
OS PRINCÍPIOS CONSTITUCIONAIS 53

CAPÍTULO III
O PRINCÍPIO CONSTITUCIONAL DA SOLIDARIEDADE 79
1   Dignidade, solidariedade e Direito 79
2   Solidariedade como direito 83
3   O princípio da solidariedade no constitucionalismo brasileiro 104

CAPÍTULO IV
O PRINCÍPIO CONSTITUCIONAL DA SOLIDARIEDADE NA CONSTITUIÇÃO
DO BRASIL DE 1988 115

SOLIDARIEDADE É SEM CONCLUSÃO 235

REFERÊNCIAS 237

PREFÁCIO

A grande honra em poder prefaciar essa fenomenal obra da Ministra Cármen Lúcia só é superada pela imensa alegria de nossa convivência diária e o orgulho de poder chamá-la de amiga.

Esta obra, "Princípio constitucional da solidariedade", não só trata de um assunto historicamente importante, como é atualíssimo, tendo sido tema de redação da FUVEST/2025 – "As relações sociais por meio da solidariedade".

Uma das mais respeitadas e reconhecidas publicistas nacional e internacionalmente, com diversos livros publicados, a Ministra Cármen Lúcia é professora titular de Direito Constitucional na PUC de Minas Gerais, onde foi Procuradora do Estado, inclusive exercendo a chefia da Instituição. Sua excelência também desempenhou importantes atividades no âmbito do Conselho Federal e Seccional da OAB e no Instituto dos Advogados Brasileiros.

A Ministra Cármen Lúcia, mineira de Montes Claros, porém criada em Espinosa, foi a 2ª mulher a ser nomeada para o STF, em 21 de junho de 2006, e a 2ª mulher a presidi-lo no biênio 2016-2018, juntamente com o Conselho Nacional de Justiça. Foi a 57ª Presidente do Supremo Tribunal Federal desde o Império e a 46ª Presidente do Supremo Tribunal Federal desde a República, como recordou nosso sempre Decano Ministro Celso de Mello em sua posse na Presidência da Corte. Também na condição de Ministra do Supremo Tribunal Federal, a Ministra Cármen Lúcia foi a 48ª Presidente do TSE, sendo a primeira mulher a dirigir a Corte da Democracia (2012-2013), presidindo as eleições municipais de 2012; retornando à Presidência de nossa Corte Eleitoral para presidir as eleições de 2024.

Em toda a sua carreira, com a competência, a firmeza e a sensibilidade que sempre a caracterizaram, a Ministra Cármen Lúcia sempre defendeu a interligação entre a dignidade e solidariedade, assim como Franz Kafka, ao afirmar que "a solidariedade é o sentimento que melhor expressa o respeito pela dignidade humana", e Pierre Nouy, ao ensinar que "não existe outra via para a solidariedade humana senão a procura e o respeito da dignidade individual".

Essa importante relação mereceu reflexão nesta obra, a partir do histórico constitucional do princípio da solidariedade no constitucionalismo brasileiro até a nossa atual Constituição de 1988 — sem descuidar da análise dos debates constituintes —, colocando-o, adequadamente, como um dos importantes vetores do Estado Democrático de Direito, pois, como afirma a autora, "somente na democracia os princípios magnos da humanidade livre e fraterna se concretizam. Tirania não respeita valores, não aceita liberdades, não concebe diferentes. Sombra tem medo de luz. Ditadura é regime de medos, de egoísmo e de avarezas: ditador não reparte nem se compadece com o outro.

Tirano não convive, prefere habitar clausuras, nas quais se esconde dos cidadãos livres, únicos e diversos em sua identidade e em suas vocações. Todo déspota é solitário. O democrata é solidário. Por isso, o tirano nega, renega e destrói tudo o que não componha o seu quadro pessoal subjugado. Dignidade individual e solidariedade constitucional compõem-se em cenário jurídico democrático. Ditadura é indigna e injusta, porque debela o ser humano em sua liberdade e em sua identidade única".

Suas palavras — imortalizadas na presente obra — refletem sua dedicação à justiça, à democracia e ao Direito durante toda a sua carreira e, em especial, no Supremo Tribunal Federal e no Conselho Nacional de Justiça.

Na Presidência do Conselho Nacional de Justiça, demonstrou sua grande habilidade administrativa e senso de liderança na magistratura nacional, atuando firmemente, inclusive, em dois temas que, lamentavelmente, ainda envergonham nosso país, por ausência de observância ao princípio constitucional da solidariedade, que faz a sociedade deixar de "enxergar no próximo as lágrimas nunca choradas e as angústias nunca verbalizadas" (Augusto Cury): violência contra a mulher e sistema penitenciário.

Aprovou a Resolução CNJ nº 254, que instituiu a Política Judiciária Nacional de enfrentamento à violência contra as mulheres e, com a Semana Justiça pela Paz em Casa, a Ministra Cármen Lúcia mobilizou todos os tribunais e Justiça para a realização de mutirões em processos de violência contra a mulher.

Na questão carcerária, determinou o desenvolvimento e a implantação do Banco Nacional de Monitoramento de Prisões, que possibilitou o cadastramento de dados de mais de 600 mil pessoas privadas de liberdade. Também criou o importante Cadastro Nacional de Presas Grávidas e Lactantes, que mapeou onde estão as mulheres que deram à luz ou esperam filhos dentro dos presídios.

No Supremo Tribunal Federal, a Ministra Cármen Lúcia é uma defensora incansável da vida, da igualdade, da solidariedade e da dignidade da pessoa humana. Todos nos lembramos de suas grandes lições nessa SUPREMA CORTE, quando ensinou que "possibilitar que alguém tenha esperança e possa lutar para viver compõe a dignidade da vida daquele que se compromete com o princípio em sua largueza maior, com a existência digna para a espécie humana", como afirmou no julgamento das células-tronco embrionárias (ADI nº 3.510)", ou, ainda, ao refletir, no julgamento da possibilidade de interrupção da gravidez de fetos anencefálicos, que, "quando o berço se transforma num pequeno esquife, a vida se entorta, porque a mulher que teria que estar carregando aquele pequeno berço, para preservar aquela vida com todo o cuidado, se vê às voltas com algo com o qual ela tem que lidar de uma forma muito solitária, às vezes, e sempre com o que era o imponderável da vida: a possibilidade de morte antes mesmo da vida. Talvez esse seja o dado que mais toca a dignidade do ser humano" (ADPF nº 54) e na defesa do meio ambiente e das futuras gerações ao relembrar que "as fronteiras são criadas pelo homem, mas a natureza não as conhec. (...) Nosso país tem um dever com toda a humanidade, pelo impacto que a preservação ou a devastação representa na sobrevivência de todos os seres do planeta. (...) São os cupins do autoritarismo, do populismo, de interesses pessoais, da ineficiência administrativa (ADPF nº 760), em análise do estado de coisas inconstitucional em matéria ambiental.

Com a mesma garra e força sempre liderou a luta contra o preconceito e qualquer forma de discriminação, como no julgamento da união homoafetiva como entidade familiar, ao proclamar que "todas as formas de preconceito merecem repúdio de todas as pessoas que se comprometam com a justiça, com a democracia, mais ainda os juízes do Estado Democrático de Direito" (ADPF nº 132), e na reafirmação e fortalecimento das liberdades públicas, na liberdade de expressão e de imprensa, como no famoso voto no julgamento das biografias não autorizadas, onde afirmou "na ciranda de roda da minha infância, alguém ficava no centro gritando: 'cala a boca já morreu, quem manda em minha boca sou eu'. O tempo ensinou-me que era uma musiquinha, não uma realidade. Tentar calar o outro é uma constante. Mas na vida aprendi que quem, por direito, não é senhor do seu dizer não se pode dizer senhor de qualquer direito" (ADI nº 4.815).

Em defesa do Estado Democrático de Direito, a autora salienta que, "sem solidariedade, a democracia é anunciada, mas não efetivada socialmente. Uma sociedade na qual prospera o egoísmo não se dá a ser democrática", reafirmando sua profética defesa da democracia realizada em junho de 2018, no 2º Congresso de Direito Eleitoral de Brasília, quando ensinou que "demonizar a política não faz com que nós não tenhamos o caos provavelmente em vários momentos" e, novamente, serena, corajosa e altiva quando, em Sessão do Pleno de 26.10.2022, reafirmou sua crença na democracia e nas instituições ao dizer que a luta daqueles que defendem a Constituição "não é tarefa simples. Menos ainda, em horas de tentativa de subversão ou de erosão democrática e contra o Estado de Direito".

Esta obra é uma reafirmação de sua histórica luta por um Brasil melhor e igualitário, com justiça, democracia e liberdade, como narra, sucessivamente, em cada capítulo, com insuperável conhecimento jurídico, belíssima construção de texto e a alma poética, ao apontar, por exemplo, o histórico do constitucionalismo, definindo de maneira completa o significado da Constituição ("a palavra e seus pendores", "teu nome diz liberdade e justiça"), explicando seus princípios até detalhar o "princípio constitucional da solidariedade", conceituando-o, em sua dimensão jurídica, como "princípio que densifica e permite expandir aquel'outro da dignidade humana nas relações entre os seres humanos. A solidariedade é a projeção, na sociedade, da dignidade humana para além da individualidade. Conjuga-se, assim, na Filosofia Política e no Direito Constitucional com o valor da fraternidade, posta como um dos motes erigidos como marco civilizatório afirmado a partir do processo revolucionário do séc. XVIII".

O princípio da solidariedade busca promover a justiça, fortalecendo os laços sociais em busca de uma sociedade mais justa, equilibrada e compartilhada, criando — como lembrado por Émile Durkheim — uma consciência coletiva e um vínculo social para o fortalecimento da vida em sociedade.

Cármen Lúcia, citando o Papa Francisco, lembra que "aqui está um ótimo segredo para sonhar e tornar a nossa vida uma bela aventura. Ninguém pode enfrentar a vida isoladamente... Sozinho, corres o risco de ter miragens, vendo aquilo que não existe; é junto que se constroem os sonhos".

Nessa direção, a presente obra faz uma análise detalhada do artigo 3º da Constituição brasileira, com reflexões sobre os objetivos da república e a indicação da necessidade de reforçar a erradicação da pobreza e da marginalização, a redução das desigualdades sociais e regionais e a solidariedade intergeracional ambiental, não deixa margem para qualquer dúvida da absoluta prioridade na imposição jurídica, política e social do princípio constitucional da solidariedade para atingirmos justiça e paz social, pois, como bem acentuado pela Ministra Cármen, "Direito é verbo. Justiça é vida. Injustiça é negação do verbo, e morte é o fim da vida. A indignidade arquitetada e praticada desrespeita os princípios de direito e desatende os fins da vida comunitária e solidária".

Cármen Lúcia ensina nesta obra que "solidariedade se pratica"!!!!

Vamos escutar a brilhante jurista, aprender com a incomparável professora e cerrar fileiras com a exemplar magistrada Cármen Lúcia, praticando de maneira constante e crescente a solidariedade.

Alexandre de Moraes
Ministro do Supremo Tribunal Federal. Professor titular da USP e Mackenzie.

INTRODUÇÃO

Solitários e solidários. Na incerta medida de cada um, somos todos. Solidários porque não sobrevivemos solitários. Solidão pode matar. Gente precisa de gente. Os limites humanos tornam-nos dependentes uns dos outros. Do nascimento à morte somos conviventes não por querer, senão por necessidade. Convivência não é opção, é contingência. Robson Crusoé, tantas vezes lembrado na construção da ideia dos necessários vínculos humanos, é o não direito. Havendo sociedade, há direito: *ubi societas, ibi jus*. A sociedade – a convivência em seu sentido próprio: viver com o outro – não é escolha. O direito também não. O que está na base do direito é a dependência humana a vincular as pessoas. Na base legitimadora do direito está a solidariedade humana. Direito não se põe nem se efetiva na solidão.

Do latim *solidus*, e daí solidário, o termo teve emprego inicial no direito *in solidum* (pelo todo). Desde o séc. XVI se adotou essa locução para designar a obrigação coletiva de devedores em relação a um credor. Cada qual responderia solidariamente, quer dizer, por todos. Somente a partir do séc. XVIII a palavra ingressou no dicionário, para uso em ambientes não jurídicos. A Filosofia e a Psicologia e, posteriormente, a linguagem científica passaram a valer-se do termo como relação determinante de corresponsabilidade em relação a cada um e a todos. A ampliação do sentido daquela palavra conduziu ao significado de interdependência estrita e necessária entre os elementos de determinada realidade, no caso, entre os membros de uma sociedade.

A solidariedade entre as pessoas pode se dar entre membros de uma sociedade, levando-se em consideração grupo definido em dado espaço político e social em momento determinado. Mas também se pode entender a solidariedade entre aqueles que, no passado, no presente e para o futuro fazem a história do povo.

O determinante do vínculo solidário há que ser o conjunto de valores comuns conjugado por uma finalidade histórica igualmente válida para todos.

No Estado, além do valor moral ou de benfazejo humanismo, a solidariedade deve ser pensada como dimensão jurídica, tornada princípio em sistema normativo fundamental, no qual se defina o sentido de Justiça a se tornar efetivo na vida das pessoas. No Direito, o que legitima o estatuto do justo, a plasmar o fundamento do Estado em projeto político constitucionalizado, é a solidariedade entre os membros da sociedade estatal.

A doutrina solidarista põe em precisa confluência o Direito e a ética constitucional, a garantir que a obrigação de um ser humano em relação ao outro não é subjetiva nem emocional. Não é opção individual, não é questão de fé ou ideologia; cuida-se apenas de direito e dever de cada um em relação a todos. Por isso, não se há cogitar da solidariedade apenas em sua dimensão filosófica, moral ou religiosa. Há de se tomar a solidariedade como categoria jurídica a fundamentar o sistema normativo e determinar a forma de vida política experimentada.

Nesse aspecto, a solidariedade é expressão de deveres jurídicos de alguém em relação às outras pessoas. Dela decorre o direito de esperar e exigir dos outros atitude comprometida e responsável pelo que irmana a cidadania.

Como princípio constitucional, a solidariedade impõe-se como imperativo jurídico que permite: *a)* que a Justiça, cujo conceito se põe no sistema de normas jurídicas aplicáveis e a serem cumpridas por todos, seja dotada de eficácia social, pois, se não se confia no Direito a se observar por todas as pessoas, a tendência à burla e ao descumprimento é consequente constante; e *b)* às vezes, ou não raro, o ego engole o eu. Nem sempre o ego cabe no ser humano. Expande-se no egoísmo que nega o que não seja a "lei pessoal" e contesta o outro. É a solidariedade como princípio que explica, impõe e controla o cumprimento do sistema jurídico.

Todo ser humano tem o direito de ser único em sua individualidade. Difere de todos os outros. E tem o direito de ser igual a qualquer outro em sua dignidade, pela sua idêntica essência humana.

O Direito contemporâneo põe-se a partir do princípio magno da dignidade humana. Consectário lógico da dignidade é a solidariedade humana. Dignidade e solidariedade conjugam-se e completam-se. Não há dignidade na convivência sociopolítica quando se exclui alguém ou há quem se ache tão superior ao outro que o ignora, o afasta da convivência e o deixa à margem do processo político, social e econômico. Privilégio ou preconceito em proveito ou em detrimento de outra pessoa é negação daquele princípio.

Indigna o homem tudo o que o distancia e isola. Dignifica o ser humano o que o acolhe e aproxima dos outros. Não há dignidade na exclusão.

A dignidade humana de cada um e de todos traz todas as pessoas para plano igual de identidade no Direito. O sentido constitucional da dignidade, entretanto, realiza-se na única construção política que permite a libertação que multiplica, a igualação que aproxima, a solidariedade que fortalece. Somente na democracia os princípios magnos da humanidade livre e fraterna se concretizam. Tirania não respeita valores, não aceita liberdades, não concebe diferentes. Sombra tem medo de luz. Ditadura é regime de medos, de egoísmo e de avarezas: ditador não reparte nem se compadece com o outro. Tirano não convive, prefere habitar clausuras, nas quais se esconde dos cidadãos livres, únicos e diversos em sua identidade e em suas vocações. Todo déspota é solitário. O democrata é solidário. Por isso, o tirano nega, renega e destrói tudo o que não componha o seu quadro pessoal subjugado. Dignidade individual e solidariedade constitucional compõem-se em cenário jurídico democrático. Ditadura é indigna e injusta, porque debela o ser humano em sua liberdade e em sua identidade única.

Fundamentando-se na dignidade humana e na solidariedade social, a democracia se elabora, constitucionalmente, no sentido da imposição fundamental de direitos e deveres a serem honrados e cumpridos pelas pessoas, da responsabilidade de alguém em relação aos outros, ao que lhes diga respeito (meio ambiente, história, cultura, ciência, enfim, consciência do outro), em relação mesmo a outras existências não humanas (animais).

Todo ser humano é responsável pelo outro, pelo que veio antes de sua existência e pelos que vierem depois. Na aritmética da humanidade, a soma dos seres forma a única operação da existência digna. O resultado é a vida construída em solidariedade. Multiplicada a dignidade, divide-se o sofrimento para a construção libertadora da existência plural.

CAPÍTULO I

CONSTITUIÇÃO:
A PALAVRA E SEUS PENDORES

1. *No verbo, o princípio.* Em Direito, o verbo afirma justiça. Não em seu tempo infinito ou infinitivo, mas em seu infindar, permanente construção de cada povo para todo o tempo. Sempre é tempo de justiça. Porque parece que para sempre se há de temer, prevenir e impedir injustiça.

Afirmam-se os princípios de Direito incrustrados em normas específicas. Eles sistematizam o Direito. Constituem os fundamentos da construção jurídica e dotam de porosidade e maleabilidade o sistema constitucional, permitindo a sua atualidade permanente pela interpretação. A técnica interpretativa dota de eficácia jurídica e social o conjunto das normas a serem cumpridas. Quanto mais em aberto a ideia de justiça posta no sistema normativo fundamental, mais democrática a Constituição e mais democrática a sociedade. Na construção jurídica fundamental, feita estatuto constitucional, se abriga o conjunto de ideias organizadas sobre o justo para determinado povo.

Esse quase sentimento social juridicamente convertido em estatuto constitucional faz pulsar a veia da solidariedade digna que conduz ao coração da convivência democrática na sociedade. O direito põe-se para tornar eficaz uma ideia de justiça: aquela legitimamente acolhida e sistematizada no estatuto constitucional das liberdades e das igualdades. Não se cuida da justiça ideal ou abstrata, senão daquela colhida do consenso formado na sociedade e apurada pelos instrumentos pelos quais se elabora o Direito posto à obrigatória observância de todos.

A base sobre a qual se edifica o sistema social é a ideia de justiça pensada e buscada na sociedade estatal devidamente convertida em normas ordenadas em sistema de Direito.

Vive-se com os outros, porque na solidão se pode chegar à vingança, que a força de uns pode gerar como resposta à agressão de alguém. Vingança é mal do espírito ou da mente. Irracional resposta afastada da prudência e da moderação humanas. Convivência reclama ponderação, razão e afeto. Assim se constrói o Direito nas democracias.

A justiça formula-se como ideia que impregna, compromete e dá o sentido interpretativo para a aplicação de uma estrutura juridicamente promulgada e posta para ser acatada obrigatoriamente. A tradução jurídica do sentido de Justiça, projetado em estatuto constitucional, determina o modelo de institucionalização do exercício do poder para garantia de liberdade igual dos membros da sociedade estatal.

Esse o objetivo do ser humano em sua experiência política: buscar modelo de convivência que permita ao homem libertar-se de seus limites, medos, temores e angústias, na busca de aventura existencial que lhe permita viver em paz, para o que é preciso acreditar em estado de justiça garantida em sistema de Direito legitimamente posto e observado por todos. Dispensa-se o sobressalto que atormenta, o estresse que adoece, a imprevisão que instabiliza. Gente gosta de aventuras ponderadas, de riscos medidos, de emoções previsíveis: o fogo nas veias tem temperatura máxima, para além do que arrebenta e mata.

No estatuto constitucional que elabora, o povo afirma o seu sentido e a sua fórmula de viver segundo normas que realizem uma ideia de Justiça: por ela, mantém-se com a segurança humana possível a ideia de que se pode conviver sem riscos além dos que condicionam a intransponível precariedade humana, sem medos além dos próprios da inevitável mortalidade humana, sem ansiedades que não apenas aquelas da insuportável fragilidade humana.

A certeza de ambiente social, político, cultural e econômico garantidor de equilíbrio nas relações humanas e ambientais aquieta o ser humano e permite a sua libertação da dor própria do viver. O imponderável faz parte, a imprevisibilidade na vida em sociedade, não.

Quanto mais a institucionalização jurídica e o exercício da política traduzirem a ideia de Justiça acreditada pelo povo e garantida pelo sistema de Direito, mais democrática é a sociedade e mais cuidado e equilibrado pode se dar o movimento histórico do ser humano no cenário político, social e econômico.

A mão do outro a enlaçar a minha estende meu corpo para além da parca geografia física de cada ser, fortalece ideias, projeta sonhos e mantém retos e firmes os passos de história construída no seguido da vida. Não noto o calo da mão que estende a minha carne: a quentura do contato acomoda sensibilidades e torna presente alguma ilusão feita certeza de ser maior que dúvida, tudo se traduzindo na andança. Sou o outro que me leva além de mim. E no olhar do outro ser, vez em quando, permito contemplar-me e entrever-me. Dele sou dependente, porque sem ele sou cega de mim mesma. Por isso, com ele para sempre solidário. Não é um querer, é um acontecer independente de vontade.

Por ser preciso, há que ser também instituído o cuidado de um com outro. Não há sociedade política de pessoa única; não haverá de se cogitar de mais a viver sem o alento da solidariedade. Sociedade sem solidariedade é ajuntamento, talvez proximidade. O que alia e dota a sociedade de forma e natureza próprias é a solidariedade entre os seus membros.

2. *Podia dar-se que fosse espontâneo.* Mas gente tem precisão de ordem clara. Diverso disso, mistura-se sem ligar e aglomera-se sem aliar. Por isso, o Direito. Normas clareiam rumos e modos de tocar a vida sem sombras nem assombros. Organizam-se as relações, afirmam-se os limites de cada um, respeitam-se as liberdades de todos. Ordem de Direito substitui a força pela autoridade. Construção humana racional, o Direito legitima-se pelo consentimento de um povo em organizar-se segundo uma ideia de Justiça sedimentada em normas que se combinam em sistema posto à obrigatória observância de todos os que compõem uma nação.

Sistema que é, o Direito combina normas, concerta ideias, harmoniza objetivos segundo fundamentos afirmados como lei. Cumpre-se o Direito. A norma jurídica modela, em parte, os espaços de convivência das pessoas, seu modo de estar e de ser com o outro.

O Direito é vivo, põe-se em movimento permanente. Interpretam-se e reinterpretam-se suas normas, atualizando-as pela leitura em coerência com os reclamos de cada tempo, ajustando-as para que a sua aplicação supra as necessidades presentes e as perspectivas para o futuro.

O que mantém a identidade da ordem constitucional é o conjunto de princípios, pilares a sustentar a construção jurídica a partir da qual circundam, ajustadas e sincronizadas, as elaborações normativas secundárias, ressaídas e dependentes daquela Lei fundamental.

Se não há norma superiormente válida em relação a outra no mesmo sistema constitucional, é certo que a densidade e a extensão de efeitos produzidos pelos princípios fundamentais dotam-nos de impositividade superlativa.

São os princípios constitucionais que dotam de coerência e sustentação o sistema normativo fundamental. E é a Constituição que se põe como centralidade do Direito de um povo. Dela ressaem todas as normas que se conjugam no ordenamento jurídico completo e complexo.

Por isso, há que se enfatizar o conceito e a prática constitucional no curso da história.

3. *Constituição: teu nome diz liberdade e justiça. Mas o que fazem em teu nome...*

3.1. *Constituição: o nome e o que há sob o nome.* Do corpo de normas que compõe o Direito a Constituição é o genoma. Pode-se ler o livro da vida do Direito de um povo pela sua Constituição. Suas normas poderiam ser consideradas condutores dos *genes* jurídicos, que identificam o passado, mostram e explicam, em parte, o presente e expõem as futuras possibilidades políticas, sociais e econômicas da sociedade estatal.

A identidade jurídica de um povo constituído em Estado — e todo povo tem uma identidade que lhe é única — é posta e exposta em sua Constituição. Constituição é Lei. Nela se escreve (quando for escrita) ou se descreve quem é essa sociedade estatal, sua estrutura, como deve pôr-se a viver de acordo com o projeto político estratificado naquele sistema de Direito e positivado para a observância de todos os que o formam, governados e governantes. O *quem* de um povo se conhece pela sua Constituição formalizada e, especialmente, pelo que e como ela é aplicada.

No significado do termo jurídico *Constituição* hão de se encontrar dois elementos permanentes e indissociáveis: um, interno, respeitante à matéria nela cuidada; outro, externo, referente à sua conformação, à forma pela qual se manifesta ao mundo e se dá a conhecer como criação formal e objetiva.

O uso da palavra Constituição, com o significado que somente seria divulgado e utilizado, universalmente, como o fenômeno jurídico do determinante normativo da experiência política de uma sociedade estatal é recente. O feito jurídico que compõe as normas fundamentais de um Estado vem de muito mais longe.

Todavia, alguns dos Antigos (como se tem, por exemplo, em Aristóteles) acreditavam que a origem da organização estatal era espontânea e insubmissa à escolha do homem. A lei que determinava o modelo de vida comum e o rumo histórico da *polis*, a formação e sua conformação política também seriam insujeitas à opção racional prévia ou à elaboração pela mão humana. Não havendo uma organização pensada, eleita em seu figurino e construída em sua institucionalização pela cidadania, compendiada em leis que lhe viessem da escolha voluntária e antes cogitada, a Constituição de um povo não se fazia a) centrada no indivíduo, conquanto posta para o acatamento por todas as pessoas. Relacionava-se ao governo para a cidadania, mas não nascia propriamente ou prioritariamente da sociedade. Anote-se que, então, a noção de cidadão dominava a de indivíduo; b) objeto de elaboração racionalmente objetivada e formalizada, embora delineadas as instituições segundo o influxo de ideias e valores aceitos por determinado grupo. Esse legislava para que os seus interesses fossem atingidos.

Legisladores como Sólon ou como Licurgo fizeram fama por acreditarem e ensaiarem promover a criação de uma legislação que ditasse ao povo como organizar-se para viver segundo paradigmas que para si traçassem e aos quais se submetessem. Essa legislação produzida, racional e objetivamente, apresentava temperamento diverso do que antes experimentado e fazia-se, então, fruto de elaboração amadurecida e coerente com os ideais de seus criadores.[1]

Desse entendimento plural resultaram formulações diferenciadas sobre o que se continha e deveria ser vislumbrado sob o signo Constituição. O vocábulo, como utilizado pelos antigos, não tinha o significado que passou a ser-lhe atribuído a partir da Idade Média.

Nas obras dos filósofos clássicos, sob aquele rótulo havia menção própria, direta e única a governos, às leis segundo as quais eles se desenvolviam ou deveriam se desenvolver.

Não havendo a formulação escrita e compilada das leis, extraíam-se elas e legitimavam-se pela coerência com os costumes, nos quais as normas religiosas e morais cumpriam, não poucas vezes, o papel depois atribuído apenas ao Direito. Segundo aquelas normas religiosas ou morais os governos se conduziam ou deviam se conduzir, nos casos em que eram sujeitos a limites, como antes mencionado. A sua fonte, na teocracia dos antigos, vinha de deidades, que não podiam ser questionadas. Sua natureza supra-humana, a onipotência e a onisciência faziam com que o Direito tivesse explicado o seu nascedouro em fonte muito pouco humana. Não se lhe atribuía como fruto de escolha humana, de elaboração cívica, nem de possibilidade de mudança.

Se o emprego da palavra Constituição, com o sentido que hoje se confere ao termo, não pode ser encontrado na Antiguidade, podem-se anotar vocábulos que se referiam ao regime jurídico adotado e às suas características, como *politeia*, para os gregos, *respublica*, *instituta et leges, magistratum descriptio, civitatis forma* para os romanos. O uso da palavra *constitutio*, que pode ser anotada mesmo na Antiguidade, não tem paralelo ou conteúdo identificador da realidade que, no Estado moderno, passou a definir a Constituição.

Ainda que a palavra não fosse utilizada, a realidade a ela subjacente apresentava-se. No Medievo se tem a formação da ideia de que o *pactum subjectionis* é superado pelo *pactum societatis*, aquele forjado entre o príncipe e os senhores, membros de poder da sociedade, enquanto esse se ajustava entre os membros da sociedade, pelos cidadãos entre

---

[1] Para Paul Bastid, « on est donc porté à croire que les anciens considéraient leur régimes poliqiues comme issus avant tout d'une croissance naturelle, du développement automatique de chaque race. Il est même très remarquable qu'ils návaient pas eu de terme spécifique pour désigner l'art constitutionnel » (BASTID, Paul. *L'idée de constitution*. Paris: Economica, 1985, p. 9 e ss.).

si. E tal foi a formulação que, na maturação das teorias contratualistas, iria prevalecer na germinação do constitucionalismo moderno.

Se a combinação pactuada entre os membros de uma sociedade ensejaria organização específica, com objetivos determinados, afirmados sobre ideia previamente estabelecida quanto à forma justa de viver na *polis* e de nela se fazer governar, para que fosse, então, garantida a liberdade de todos, parece consequente insuperável que deveriam existir normas necessárias, fruto dessa elaboração, formalização desse pacto firmado, nas quais se firmassem as bases, os fundamentos daquela organização estatal. O que era, antes, apenas costume precisava ser objetivado em lei. Com o nascimento da lei objetiva, desenham-se os legisladores, com funções próprias e delimitadas. Paralelamente, compõem-se as diferentes classes legislativas, entre as quais iria dotar-se de específica qualidade jurídica, na sequência lógica e insuperável, a Lei tida por fundamental e suprema. Dela haveria de derivar todas as demais, que compõem o universo jurídico-normativo de um povo.

A teoria contratualista embasou a formação da teoria constitucional moderna. Fundou-se nela a experiência política pela qual se houve por certo que aquelas leis fundamentais se distinguiam das demais adotadas nas sociedades na hierarquia das normas, por serem a todas superiores, em importância no conjunto das normas formadoras do Direito de um povo e em relação à eficácia, inclusive sobre os governantes.

Enquanto na Antiguidade não se vislumbrava a existência de leis fundamentais, formalizadas em condições diferenciadas das demais, o Medievo vem apresentar os *fueros* e as Cartas forais, como antecedentes mais próximos do que, posteriormente, viria a apresentar a formulação hodierna da Constituição.

Naquele período surgiram as primeiras disposições documentadas de natureza constitucional no sentido que, modernamente, veio a prevalecer, sendo a Inglaterra, a Espanha e a Itália os Estados nos quais se iniciaram as elaborações formais daquelas cártulas legais.

Muito celebrada é a Magna Carta, do Rei João Sem-Terra, datada de 1215. Por ela os barões obtiveram daquele monarca o reconhecimento de direitos e garantias, como a do *habeas corpus*, dotados de fundamentalidade a prevalecer nas relações políticas entre eles e a Coroa inglesa. Mesmo com características inegavelmente elitistas e eficácia restrita, aquele documento dotou-se de importância histórico-constitucional significativa pelas consequências que dali adviriam e se propagariam pelo mundo.

Antes daquele documento, a Carta das Liberdades, do Rei Henrique I, datada de 1100, desempenhara função normativa com destaque específico. Mas a repercussão que acarretaria a Magna Carta, de 1215, e na esteira da qual dez anos depois o Rei Henrique III atuaria, modificando-a parcialmente, situou, historicamente, aquele documento como um dos mais significativos para a abertura de caminhos que se trilhariam em seguida.

A Espanha foi pródiga na edição das Cartas, Fueros e Privilégios concedidos a cidades, reinos, a seus senhores e, por vezes, mesmo aos súditos. De maior realce foram o Fuero de Leão, de 1020, o de Nájera, de 1076, o de Logroño, de 1095, o de Cuenca, de 1190, o de Burgos, de 1073, o de Toledo, de 1085, o Ordenamento de Leão, de 1188. Fueros como o de Puebla de Arganzón, de 1191, o de Madrid, de 1202, o de Alcalá, de 1202, o de Zamora, de 1208, o de San Juan de la Peña, de 1069, o de Zaragoza, de 1115, o de Estellla, de 1090, o de Cáseda, de 1129, o de Montreal, de 1149, entre outros que poderiam ser arrolados e que, se se tomar por antecedência, começaram a ser esboçados no séc. IX, na Espanha.

A Itália chegou a produzir as Cartas de suas cidades, e todo esse conjunto de Cartas e Fueros foi o primeiro uso do que depois, e ainda contemporaneamente, se habituou a tomar como sinônimos de documentos constitucionais, tais como Carta, Carta Magna, Carta Fundamental, Lei Fundamental, Estatuto Fundamental etc., sendo que nem sempre essa sinonímia pode ser considerada tecnicamente exata.[2]

Naqueles documentos, não se condensava por inteiro, entretanto, a elaboração constitucional, que passou a ser cuidada, elaborada e positivada, como conhecida e praticada na modernidade, apenas nos sécs. XVII e, de modo definitivo, no séc. XVIII. Todavia, deve ser enfatizado que a ideia de Leis Fundamentais, dotadas de vigor diferente das leis ordinárias (expressão aqui tomada no sentido genérico e não no de classe legislativa específica), apresenta-se e põe-se solidamente no séc. XVI, sendo mais patenteada essa situação na experiência francesa.[3]

A ideia de Constituição do séc. XVIII não é, pois, inédita na história política e jurídica. É, inequivocadamente, revolucionária e muda o eixo das teorias antes adotadas e as políticas precedentemente praticadas. O Estado passa a ser organizado, estruturado, o seu poder institucionalizado e exercido segundo modelo posto, objetiva e formalmente, em normas jurídicas, cuja aplicação não é mais postulada (como ocorria sob a égide de costumes, tradições ou normas de natureza religiosa-políticas), mas exigida, como próprio e característico do Direito.

Tanto ensejaria a formalização dos textos constitucionais, em processo que viria a acolher, preferencialmente, a partir do séc. XVIII, a escrita como instrumento de objetivação, expressão e divulgação no mundo.

Racionaliza-se, pois, não apenas o conteúdo do que deve ser objeto da norma constitucional, mas também a sua forma. Essa racionalização do processo de formação e da natureza da Constituição como Lei põe em evidência o papel do ser humano na criação, no controle e na possibilidade de mudanças das instituições políticas e jurídicas do Estado. O ser humano faz-se autor do Direito e titular da cidadania no Estado. A Constituição é, pois, obra da razão, e não da natureza, tampouco manifestação divina.

---

[2] Não é incomum encontrar referência ao uso preferencial da expressão Carta ou Carta Magna para as Constituições ilegítimas, outorgadas e próprias de Estados não constitucionais. Tal emprego não é, entretanto, uniforme, havendo largo uso daquela expressão pelos juristas e pelos membros de Tribunais Constitucionais, em seus trabalhos, como mero sinônimo de Constituição. A propósito dos antecedentes dos documentos constitucionais, por exemplo, LONGHI, Luis L. *Derecho Constitucional*. Buenos Aires: Editorial Bibliográfica, 1945, p. 57 e ss.).

[3] Leciona Duguit: « Depuis le XVIe siècle, on distinguait en France les lois du royaume et les lois du roi; les premières recvaient aussi le nom de lois fondamentales et même de lois constitutuionnelles. Ce sont des règles, en général coutumières, Qui s'imposent au roi, détenteur du pouvoir législatif. Le roi législateur ordinaire ne peut modifier ou abroger ces règles; il ne pourrait le faire qu'avec l'assentiment des états généraux. C'est bien la conception moderne des lois constitutionnelles rigides... Au XVIe siècle, la distinction se précise. A Blois, en 1576, on distingue très nettement deux sortes des lois: les lois du roi pouvant être modifiées ou révoquées par le roi seul et les lois du royaume qui ne pourraient être changeés que du consentement des états. En 1588, aux seconds états des Blois, la distinction paraît avoir été faite d'une manière encore plus nette. Pendant la minorité de Louis XIV et les troubles de la France, le parlement de Paris affirme énergiquement l'existence de lois fondamentales ou lois du royaume et rend l'arrêt connu sous de nom d'Arrêt d'union ou Déclaration de la chambre de saint Louis, qui est véritablement une constitution... Mais pendant le régne personnel de Louis XIV et le régne de Louis XV, tout cela est oublié » (DUGUIT, Léon. *Traité de droit constitutionnel*. Paris: Ancienne Librairie Fontemoing & Cie., Éditeurs, 1930, t. III, p. 691).

Contudo, a autonomia das concepções racionalistas e naturalistas sobre o Estado, que tiveram embate principalmente no início da fase moderna, serviria (e, ainda hoje, de alguma forma persiste a servir) para demonstrar o conflito havido no núcleo conceitual de Constituição. Pois se é certo que ela é tida, na atualidade, como obra da razão do homem, também é exato que a sua legitimidade repousa na adequação entre a criação racional, que a elabora, e a natureza das condições sociopolíticas e econômicas que a circundam no momento em que ela é dada a vigorar. Essas condições são também obra de pessoas humanas, cidadãs e cidadãos que legitimam, ou não, o processo de aplicação e cumprimento da Constituição. Dito de outro modo, hão de se realçar duas ideias que ainda podem perpassar grandes questões do Direito Constitucional contemporâneo. A primeira relativa à questão mesma de ser Constituição o texto racionalmente elaborado para um povo, sem que se atente à natureza social, política, econômica, à cultura e à história da sociedade na qual haverá de incidir. Não se respeitando o contexto no qual ela há de aplicar, por desavença com a natureza e as características e os ideais da sociedade, ou até por razões que o governante prefere escamotear no momento da elaboração formal dos textos constitucionais (como se dá nas ditaduras), não tem ela efetividade jurídica ou social. Constituição não faz milagre. Lei alguma faz. Direito pode ser instrumento de transformação, mas a travessia histórica dá-se pelo passo humano, conduzido com liberdade ou perseguido com correntes contra as quais as liberdades humanas lutam. Para estas situações não se presta Constituição. Para o andar humano livre com o outro constrói-se a sociedade política democrática. E é essa que precisa da Constituição em permanente processo libertador.

A racionalização do processo político-estatal, a que conduziu o constitucionalismo moderno, fincou a trilha da Constituição escrita, impressa e publicada e, assim, germinaram as possibilidades efetivas de concretização dos ideais de democratização política e social havida na Modernidade.

O sentido do Estado de Direito afirma-se na proposta racional de criação constitucional, pois o Estado passa a ser o que o Direito, pela Constituição, afirma que ele é e o que deve ser.

Uma sociedade nasce, organiza-se e constitui-se em Estado, espécie de sociedade política por excelência. Este ato de Direito pelo qual se dá a instituição do Estado, e no qual se contêm as normas segundo as quais ele se funda, se fundamenta e se organiza, é a Constituição. Como o Estado é dotado de personalidade de Direito somente um ato do Direito poderia gerar essa personalização. É, pois, em ato de Direito Constitucional — o que constitui no Direito — que o Estado tem a sua fonte e a sua caracterização; é nele que se traça a anatomia do seu poder, como ele se institucionaliza, como se exerce, como é controlado, e, principalmente, é naquele ato de constituição jurídica do ente político estatal que o homem tem os seus direitos fundamentais reconhecidos, declarados e garantidos por instrumentos próprios de defesa, superando-se o estado de vingança pessoal e privada pelo estado de justiça, realizável racionalmente pela pessoa política pública.

A Constituição é, pois, ato de Direito; ato político-jurídico fundante e fundamental do Estado. O processo pelo qual se dá a criação originária do Estado é político, como político é o poder do Estado, constitucionalizado para a sua institucionalização formal, segura e objetiva naquele ato; política é a relação do Estado com o cidadão e com todos os habitantes do espaço geográfico — também político — no qual se sedia; político é o papel do ser humano no Estado, conquanto não se descuide em qualquer tempo de sua condição individual, única, antes e além do Estado; político é também o processo de criação originária da Constituição, como Lei fundante do Estado, político o seu conteúdo. Todavia, Constituição é sistema de direito; o que mais proximamente põe o Direito e a Política. O momento em que se tem a criação de uma Constituição é o da política produzindo o Direito. A partir da vigência da Constituição tem-se a reversão dos termos dessa equação juspolítica, passando a se ter o Direito balizando os comportamentos da pessoa política e do exercício das políticas. Como o processo político é dinâmico, o Direito também há de sê-lo, mais ainda o seu ramo constitucional, para que se tenha o equilíbrio no movimento histórico próprio da vida de um povo.

Tem-se, aqui, então, elemento, que poderia parecer paradoxal, havido na Constituição: a Política faz-se em movimento nem sempre reto e nem sempre de progressos, havendo, não raramente, retrocessos, recuos em ideias e instituições. O Direito, para ser legítimo, haverá de ser coerente com estes movimentos histórico-sociais. Mas, no tema concernente ao aperfeiçoamento de conquistas políticas e jurídicas fundamentais ao homem, ele há de ser forjado no sentido da contínua ampliação, nunca da restrição ou do retrocesso. Especialmente quanto aos direitos fundamentais, há proibição de retrocessos, não se legitimando mais, na dimensão jurídica, a negativa ou o desfazimento de marcos civilizatórios conquistados, como se discorrerá adiante.

A Constituição positiva um modelo político, buscando propiciar estabilidade institucional e segurança dos indivíduos no espaço público do Estado. Todavia, pelo conteúdo político de que cuidam suas normas, a Constituição traz em si, caracteristicamente, um fator evolucionário subjacente a suas normas. Este fator legitima o Direito, tornando-o instrumento atualizado para a concretização de ideia de Justiça adotada por uma sociedade em determinado momento de sua trajetória. É pela revolução (sem qualquer sentido de movimento violento, antes superador da violência pelo acatamento do Direito) que se tem a fase final de processo evolutivo de transformação política de valores e modelos sociais. O momento revolucionário de substituição de uma por outra ideologia, valor ou modelo político é não apenas permitido à sociedade (nem se tem, aqui, necessariamente, caso de permissão, pois tanto se segue da natureza do homem), mas é assegurado à sociedade pela Constituição mesma. Ao assegurar o exercício das liberdades para o processo individual e social da libertação, a Constituição garante a experiência de permanente evolução da sociedade. E a estabilidade político-institucional está em permitir permanentemente o novo de maneira pacífica e evitar-se o conflito e o guerrear entre os homens e os Estados. Mas a transformação é sempre fonte e experiência de insegurança, o oposto do que repousa na ideia nuclear de Direito. À Constituição cabe, assim, resguardar o sentimento de estabilidade institucional sem embaraçar a ambição permanente de mudança, ambas ideias e ideais que habitam, contraditoriamente, no coração humano. O que a Constituição não propicia é a sua destruição, pois seria a morte de uma ideia de Justiça pensada e construída por um povo. Por isso, ela mesma admite como e quais os temas se dão a aperfeiçoar, segundo as exigências materiais e formais a se acatarem.

Constituição é Lei e como tal haverá de ser tomada: como o conteúdo fundamental nela cuidado e posto na superior gradação hierárquica das normas, que compõem o Direito de um Estado. Todavia, o documento no qual ela se contenha (dado que a maioria dos Estados assim procede, formalizando a sua expressão por escrito) é, genericamente, rotulado de Constituição, conquanto, sob este título, não se leve em consideração a matéria que naquele documento cartular superlegal se guarde. A formalização da Constituição confere objetividade e visibilidade jurídico-política e social à criação constitucional.

Sob o nome Constituição há de haver, pois, conjunto de normas jurídicas, superiormente postas no ordenamento do Estado, e no qual se contenham os fundamentos dos direitos das pessoas na convivência no espaço político, a base jurídica institucionalizadora do ente estatal e o condicionamento juspolítico de seus elementos estruturantes, de modo que a sociedade constituída em Estado se permita viver seguindo o seu ideal de Justiça realizável, nos termos normativos para tanto estabelecidos.

Por isso, a Constituição é o outro nome que a liberdade e a justiça adotam no Direito; é a vestimenta normativa que esses adotam e adquirem o sentido que lhes seja próprio segundo o pensar e o buscar de um povo. Também por isso, a Constituição não é apenas um nome, mas o que com ela se cobre e dá vida com a corporificação normativa de ideias, valores, instituições, instrumentos e fins positivados por um povo.

Como o Estado dispõe do elemento territorial sem que a sua geografia lhe confunda a realidade jurídica e política, nem se possa afirmar seja ele o seu mapa, também a Constituição não é a referência documental do que lhe compõe e recobre a essência. O espírito e o corpo de normas da Constituição são os elementos que lhe dão contornos peculiares e possibilidades jurídicas e políticas únicas.

Constituição é, Constituição não está. Por isso não se pode imaginar a sua existência como mera cartularidade, desprezando-se a matéria que lhe dá consistência, tornando-a, então, uma realidade jurídica.

Sob o nome Constituição encontra-se pluralidade de definições. Mas há um mínimo conceitual sobre o qual há concordância e que é, então, adotado como base dos entendimentos que se multiplicam sobre a conceituação do fenômeno constitucional, inclusive para o uso dos Tribunais constitucionais.[4]

Na pluralidade conceitual que pode ser encontrada, podem ser vislumbrados conceitos como o descritivo, segundo o qual todos os Estados sempre tiveram e têm a sua Constituição, e que se refere à organização política da sociedade estatal; e o sociológico, pelo qual se busca o uso daquele vocábulo no sentido de que a estrutura e a organização do poder político formam-se pelos fatores reais havidos na sociedade, sendo a verdadeira Constituição;[5] principalmente, são frequentemente enfatizados dois desses conceitos: o primeiro é tido como concepção material, e o segundo, formal.

---

[4] Muito comum é a referência na doutrina quanto à necessidade de cada autor situar-se quanto à concepção empregada ao cuidar dessa matéria, afirmando, por exemplo, Konrad Hesse que "Como a normatividade da Constituição vigente é a de uma ordem histórico-concreta, e a vida, que ela deve ordenar, é vida histórico-concreta, pode, no quadro da tarefa de uma exposição dos elementos fundamentais do Direito Constitucional vigente, somente ser perguntado pela Constituição atual, individual-concreta" (HESSE, Konrad. *Elementos de Direito Constitucional da República Federal da Alemanha*. trad. de Luiz Afonso Heck. Porto Alegre: Sérgio Antônio Fabris Editor, 1998, p. 25).

[5] Em celebrada conferência, Ferdinand Lassale, buscando responder "o que é uma Constituição?", afastava-se da tradição jurídica de situar exclusivamente nos recantos do Direito o conceito de Constituição, para discorrer ao público sobre o que, para ele, seria a "essência da Constituição", afirmando: "Sendo a Constituição a lei fundamental de uma nação, será... qualquer coisa que logo poderemos definir e esclarecer... uma força ativa que

Pelo conceito material, toma-se a Constituição como o conjunto das normas jurídicas nas quais se contém a ordem fundamental do Estado, a sua estrutura e a institucionalização do seu poder, principalmente, os instrumentos de garantia e de defesa das liberdades dos homens e os meios imprescindíveis para a sua convivência pacífica, libertária, igual e segura de uns com os outros. Essas normas constitucionais têm conteúdo normativo específico, contendo os valores magnos do constitucionalismo democrático vertidos em princípios e regras jurídicas.[6]

Pelo conceito formal, considera-se Constituição como lei posta em documento que, sob aquele título, vigora sob a égide soberana daquela qualificação. Nesse sentido a Constituição é o documento que contém as normas, desconsiderando-se o conteúdo que nelas se formaliza, sua correspondência com os valores e ideais do constitucionalismo democrático e sua eficácia jurídica, política e social. Logo, nem todos os Estados dispuseram e dispõem de uma Constituição no sentido formal. A cartularidade é característica moderna e peculiar a alguns povos, não a todos. Mas, se se tomar tão somente esse aspecto formal para a aceitação da existência de uma Constituição, parece certo afirmar que bastaria a sua existência para se considerar que determinado Estado, dele dispondo, dota-se de uma Constituição.

Os conceitos material e formal conjugam-se de maneira dificilmente dissociável, e, como o ser humano, que sem o corpo não tem existência (seria um fantasma) e sem o espírito e a vida psíquica não tem vivência (seria um não vivente), assim também a Constituição sem a forma seria uma ideia e, sem a matéria normativa fundamental, que lhe concerne, seria uma moldura sem a obra, que lhe é a causa justificadora.

Mas se é certo que conteúdo e forma constitucionais se combinam para dar existência e realidade jurídicas à Constituição, também é certo não bastar haver o documento com formato, título e conteúdo de Constituição para se crer na sua efetividade jurídica e social. Se ela não tiver aptidão política e jurídica institucionalizada para produzir, no seio da sociedade estatal, os efeitos que lhe são próprios, tem-se o que já se apelidou de Constituição nominal.[7]

---

faz, uma exigência da necessidade, que todas as outras leis e instituições jurídicas vigentes no país sejam o que realmente são, de tal forma que, a partir desse instante, não podem decretar naquele país, embora quisessem, outras quaisquer... a verdadeira Constituição de um país somente pode ter por base os fatores reais e efetivos do poder que naquele país regem, e as Constituições escritas não têm valor, nem são duráveis, a não ser que exprimam fielmente os fatores do poder que imperam na realidade social..." (LASSALE, Ferdinand. *Que é uma Constituição?* Porto Alegre: Editorial Villa Martha, 1980, p. 16 e 73).

[6] Cf. CANOTILHO, J.J. Gomes. *Op. cit.*, p. 1056.

[7] Não se pode desconsiderar a advertência de Lassale sobre a Constituição-folha de papel, que é, segundo aquele autor, aquela que se distingue da "real e efetiva, integralizada pelos fatores reais e efetivos que regem a sociedade, e essa outra... escrita..." (*Op. cit.*, p. 46).
Aliás, Ruy Barbosa já alertava para a necessidade de se atentar a essa dualidade de Constituição-documento e Constituição-Direito praticado, ensinando que "porque se consignam em papéis, trapos de papel são todos os contratos, porque em papel se escrevem todos. Se, porque os celebramos no papel, os tratados não são, por isso, senão farrapos de papel, nada mais que farrapos são, igualmente, as leis, que no papel sua forma visível, se decretam e promulgam. Se os tratados, porque recebem no papel sua forma visível, a trapos de papel se reduzem, as Constituições que no papel se pactuam, não passam de farrapos de papel. Trapos de papel maiores ou menores, mas, ao fim e ao cabo, papel, e em farrapos... menos ainda que o papel é a palavra porque é um sopro; e, não obstante, imaginava-se outrora que ela vincula os reis e os povos, os homens e os numes..." (BARBOSA, Ruy. *Os conceitos modernos do Direito Internacional*, tradução do texto castelhano de Ruy, por Sérgio Pachá. Rio de Janeiro: Ed. Fundação Casa de Ruy Barbosa, 1983, p. 31).

A existência formal da Constituição, a dizer, a documentação de sua existência, não é bastante para assegurar a eficácia jurídica e a efetividade política do quanto nela positivado. A Constituição é necessária, imprescindível mesmo para que se tenha o Estado Democrático Constitucional. Mas a existência sem a garantia de eficácia da Constituição não propicia a experiência do Estado Constitucional. Não há Estado Democrático Constitucional sem Constituição; mas nem sempre onde existe — e apenas existe — formalizada uma Constituição se tem o Estado Constitucional.

Muito se tem feito em nome da Constituição; muitas vezes, muito de ruim e desumano se tem praticado afirmando-se manter o seu jugo. Seu nome, aliás, tem sido tomado em vão muitas dezenas de vezes na história moderna e contemporânea. Nem o mais louco tirano, na modernidade, nem a mais perversa das ditaduras desprezam o rótulo constitucional. Agride-se o ser humano, avilta-se ele, massacra-se sua existência, não poucas vezes sob o nome reluzente de se cumprir a Constituição. Apela-se à expressão *razões de Estado* para explicar-se aplicação em condição completamente distante do quanto se tem de valores básicos do constitucionalismo autêntico. O antônimo de Estado Democrático Constitucional não é ditadura constitucional, mas apenas ditadura. Ditadura e Constituição descombinam, contrariam-se, excluem-se. Aliás, ditadura não precisa de qualificativo: é tirania e ponto. Lassale tinha razão: a folha de papel por si mesma não faz Direito; ela é — e deve ser — o ponto de partida para a feitura que faz germinar a semente do constitucionalismo democrático nela plantada. Sem semente não há semeadura; mas sem floração, não há o fruto. A ditadura aborta a semente, mumifica-a, ainda que mostrada como mera exposição falsa. Mas não se há de tomar como verdade o que é mentira jurídica. Constituição dota de força o Direito; ditadura dota de farsa o Direito. Não se aceita a Constituição álibi, aquela que se põe tão somente para aparentar o que não é, para se apresentar inexistente democracia, para se engalanar uma lei que não tem gosto, espírito ou vocação de Direito, que se põe, mas não se impõe, nem se observa; que quase sempre é criada apenas para arrefecer movimentos sociais e políticos voltados à realização dos interesses de todos.

3.2. *Ser constituição, dizer constituição, viver constituição.* A existência da Constituição, a qualidade do que marca a sua essência material e a prática constitucional são elementos ou momentos que podem ser cogitados separadamente para efeito de estudo.

Esses momentos ou essas faces sob as quais se pode vislumbrar a Constituição e a história constitucional de um povo respeitam, diretamente, a questão da ciência e consciência constitucionais, do sentimento constitucional e da vivência constitucional de cada povo.

Conhecer não é sentir; apenas sentir não é viver. O conhecimento tem a ver com a razão, o sentimento com a emoção e a vivência com a experimentação. Conhecimento apela ao saber, sentimento leva ao saber, vivência invoca a prática.

O que se conhece pela alma, com o apelo aos sentidos, é intuição, não é ciência. A intuição é tida como a primeira etapa do processo, que poderá vir a se tornar conhecimento. Mas também pode remansar no plano insciente do que é apenas pré-conhecimento.

O que se sente pode nunca ser vivido, porque o sentimento é dado subjetivo e a vivência é objetiva. A experiência é a exteriorização do conhecimento ou do sentimento posto em prática em dada situação para se realizar um objetivo.

Quem ama ou odeia uma pessoa ou coisa não a conhece, sente-a; quem racionaliza abandona a sede dos instintos e dos sentidos para se dar a conhecer, apenas como fase posterior do que conhece ou do que se sente é que vivencia a ideia ou o sentimento.

"Viver um sentimento" é apenas deixar-se levar, na prática, pelos comandos das emoções por ele provocadas, em vez de pautar-se e justificar-se pela razão o que se experimenta na relação interpessoal; é viver segundo os sentimentos, não viver o próprio sentimento. Esse vive, independente do que se experimente com o outro ou sem ele.

Nas relações travadas na *polis* — cidade política na qual o indivíduo adota, na maior parte das vezes, a *persona* cidadã — e no espaço especificamente reservado à incidência do constitucionalismo, importa que o cidadão tenha o conhecimento e o sentimento constitucional e que a sociedade estatal leve adiante, permanentemente, a vivência política constitucional. Somente com a reunião desses três elementos integrados, a Constituição se põe à concretização estável e efetiva.

Conhecer a Constituição é torná-la objeto da inteligência do homem, para que dessa ciência ele adquira, na sequência, a consciência do seu papel e da condição de cada um no seio da sociedade política.

O sentimento constitucional invoca a sensibilidade cidadã, a produzir, no Direito e na Política, a ideia de pátria e de responsabilidade e solidariedade jurídicas com todos que a formam. Por isso, o aperfeiçoamento da obra constitucional não se dá com o final de sua elaboração formal, na escritura do seu texto, mas no sentimento em que ela se traduz no contexto sociopolítico. É dali que brota a força que determina a sua eficácia jurídica legítima e social. E essa é a questão principal do constitucionalismo contemporâneo, a da efetivação legítima jurídica e social das normas constitucionais. A produção de efeitos das normas depende mais de sua exigência pelo homem no dia a dia do que pela sua garantia pelas instituições estatais. Essas atuam somente quando instadas ou compelidas pelas forças sociais e políticas.[8] O sentimento que guarda um povo sobre o significado e a importância histórica da Constituição para o processo político no qual ele se projeta e formula a sua vida é que dota essa obra de espírito jurídico próprio, tornando-a, à conta disso, viva e eficiente, a dizer, habilitada permanente e atual para produzir os seus efeitos próprios. Não basta que se tenha uma Constituição, ou se dê notícia de sua existência; há de se confiar nela, acreditar em sua imprescindibilidade para a garantia dos direitos, especialmente aqueles por ela declarados e assegurados como fundamentais,

---

[8] Tratando do tema, expõe Loewenstein: "... toda constitución escrita, como toda obra humana, no solamente es en sí incompleta, sino que aquí la deficiencia es mayor, ya que cada constitución no es más que un compromiso entre las fuerzas sociales y grupos pluralistas que participan en su conformación... Una constitución es tanto mejor cuanto con más facilidad pueden efetuarse cambios en la estructura social sin modificación de la mecánica del proceso político... Con la expresión 'sentimiento constitucional' (Verfassungsfefühl) se toca uno de los fenómenos psicológico-sociales y sociológicos del existencialismo político más difíciles de captar. Se podría describir como aquella conciencia de la comunidad que, trascendiendo a todos los antagonismos y tensiones existentes politicopartidistas, economicosociales, religiosos o de otro tipo, integra a detentadores y destinatarios del poder en el marco de un orden comunitario obligatorio, justamente la constitución, sometiendo el proceso político a los intereses de la comunidad" (LOEWENSTEIN, Karl. *Teoría de la Constitución*. Barcelona: Editorial Ariel, 1976, p. 200). É ainda aquele mesmo autor, na passagem mencionada, que enfatiza a distinção entre o sentimento constitucional e a consciência nacional. Todavia, parece dever ser enfatizado que o povo consciente de sua nacionalidade, ou de sua singularidade e importância nacionais, é o que mais facilmente cede e compromete-se com o sentimento constitucional, uma vez que a Constituição é que lhe garante a independência como Estado soberano e, como tal, quem lhe propicia os meios jurídicos para fazer valer as opções próprias de sua nacionalidade.

fazer do sentimento de fé patriótica nela o compromisso de crença nas liberdades para todos. Sem que o povo acredite e exija o seu cumprimento, a Constituição tem a sua aplicação sujeita aos sabores e humores dos governantes, que quase nunca gostam dos limites que nela se contêm. Não se cuida apenas de desgosto constitucional: o Poder submete-se ao Direito se não tiver alguma via para dele se desviar. Mas não cede aos limites por ele impostos se puder fluir sem pautas. Não é apenas o poder que, conforme afirmava Montesquieu, vai até onde encontra limites; o ser humano vai sempre, em todas as suas ações, até onde encontra limites. O que é distintivo de um e outro quadro é que os limites do homem são os da vida, da convivência e da morte; e o Poder — e quem o exerce — sempre se acredita imortal e, portanto, senhor da vida e superior à morte. Por isso, é comum o detentor do poder achar que os limites humanos não lhe dizem respeito.

Se o povo não tiver, portanto, o sentimento da imprescindibilidade da Constituição para a sua vida política, o processo constitucional tende a ser um tecido de seda pura ou renda, pronto a ceder ao primeiro repuxado mais brusco.

O conhecimento da Constituição dota o cidadão de instrumentos racionalmente estabelecidos de ação e de participação, quer dizer, de sua ação como parte efetiva do processo político da experiência de viver solidariamente com os outros.

Sem conhecer seus direitos constitucionais, o cidadão não tem segurança para reivindicar e exigir respeito e garantia dos direitos conquistados no curso da história. O conhecimento dos direitos constitucionais é a primeira etapa para se chegar à eficácia social da Constituição em dada sociedade estatal. Sem que a cidadania a conheça, ela mantém-se como instrumento frágil para a produção dos efeitos que os valores democráticos assegurariam. Como as portentosas bibliotecas dos mosteiros medievais, o precioso conteúdo das normas constitucionais continuará elaboração inócua se não for de conhecimento da cidadania. É a ciência da Constituição que pode fazer germinar o grão de justiça realizável que nela se contém. O que o povo não sabe é para ele inexistente; o que é racionalmente elaborado depende de chegar ao nível da razão para ser tido como existente. As razões e dicções constitucionais apresentam-se e têm como justificação a razão do povo (não a do Estado) pelo que é à sua ciência que devem ser oferecidas.

Não se exige, nem se está aqui a cogitar do conhecimento técnico, pleno ou aprofundado do Direito Constitucional, nem mesmo de todas as normas constitucionais, seus institutos e instrumentos por todos os membros da sociedade estatal, o que, anote-se, também não é impossível, impensável, menos ainda indesejável, conquanto até aqui tenha sido irrealizável. Tanto pode vir a ser obtido pela democratização do processo jurídico e político.

O que aqui é mencionado como necessidade imprescindível para a construção da democracia constitucional dos povos é a notícia suficiente da Constituição, dos direitos fundamentais nela assegurados a todos, para que as cidadãs e cidadãos deles saibam e possam se assumir como titulares dos direitos. Com esse conhecimento a cidadania passa a dispor dos instrumentos jurídicos próprios para buscar os caminhos de concretização dos seus direitos. Sem esse conhecimento necessário, ainda que não técnico pleno, o cidadão faz-se servo do conhecedor, dele tornando-se dependente e por causa disso inseguro quanto ao seu patrimônio de bens jurídicos. A terra que não sabe o grão não conhece o jardineiro, não se oferece ao cultivo e não se permite o sabor da fruta.

A Constituição é, como na passagem bíblica, como o grão de mostarda. Mínimo, esse grão pode produzir árvore majestosa, dada a garantir conforto em larguíssima sombra que pode produzir, se, cultivada, vivificar-se em seu destino e cumprir vocação. Mas, se o grão não se fecunda, permanecerá diminuta semente sem prosperar em seiva que pode servir a quem dela precise. É necessário que as condições sejam propícias à sua plenificação, negando-se a permanecer incubada ou a morrer inútil em meio a pedras ou seca pelas intempéries de ambiente ingrato. Para que a Constituição cumpra a sua vocação de Direito vivo e posto ao viver justo e em paz dos homens, é mister que aqueles que a fizeram, pela atuação direta ou por representantes para tanto escolhidos, tenham dela ciência, consciência, sejam não apenas dela inspiradores, mas por ela inspirados em sua conduta diária, tomem-na como compromisso para não a ver arrebatada por aventureiros afoitos e dispostos a dela como senhora se desfazerem para se fazerem senhores de todo o povo.

A restrição do acesso do povo ao conhecimento constitucional — tão comum em Estados política e democraticamente em estágio de desenvolvimento ainda incompleto — tem sido arma dos detentores de poder para garantia do *status quo*, sem direito e sem base de luta pela transformação da sociedade. Sem a ciência do Direito, não se fecunda o sentimento do Direito; sem esse sentimento, não há como criar-se no povo — em todos e em cada um dos seres que o compõem — o hábito cívico de exigir a sua aplicação, o respeito a suas normas, a restrição política a seus comandos. Sem que o indivíduo tenha ciência da Constituição, fica fácil minar a confiança do povo nas instituições políticas, nos instrumentos jurídicos que as protegem contra tiranias, nas conquistas que asseguram as liberdades. Parece isso interessar ainda a governantes que estranham balizas, desconhecem limites e ensaiam ditaduras.

A Constituição guarda também importante força político-jurídica simbólica. Dela emana a certeza e a confiança de um povo de que, se nela se projeta a ideia de justiça humana concretizável, que ele tem como própria, corporificam-se nela os seus valores fundamentais. Sem essa força juspolítica específica, não há como os homens aceitarem as normas de Direito que se contêm como centro da organização política, mantendo-se associados no ente estatal, garantindo a sua existência e assegurando a sua continuidade. É nesse traçado normativo dos valores básicos que se tem a ideologia constitucional que domina a organização estatal e impõe-se à sociedade, independente das ideologias político-partidárias plurais que se desenham e redesenham no veio da ideologia constitucional. Esse traçado normativo de valores básicos dota-se de solidez (conquanto sem sentido de eternidade) superior aos valores de superfície, como são aqueles de oportunidade, que eventualmente impõem-se conforme os governos se sucedem.[9]

---

[9] Tecendo considerações sobre o sistema norte-americano e a Constituição como ideologia, afirma Everett Carll Ladd que "o historiador político Louis Hartz escreveu como misto de admiração e frustração sobre o 'culto de adoração à Constituição' que se pratica na América. Poucas pessoas são capazes de recitar o texto do artigo 1º, seção 8, ou explicar a 14ª emenda, mas em seu sentido mais amplo, como declaração de ideais e filosofia política, a Constituição dos Estados Unidos é extraordinariamente bem compreendida e fortemente apoiada. Ela é vista, corretamente, como a encarnação dos valores políticos mais fundamentais do país. E como esses valores definem hoje, como em 1787, o que significa ser americano, a Constituição é virtualmente inexpugnável" (LADD, Everett Carll. A Constituição como ideologia. *In*: *Diálogo*, n. 2, v. 21, p. 31, 1988).

A Constituição constrói o direito dos sonhos possíveis. Eles não morrem, mas mudam. A Constituição mantém sempre em aberto a possibilidade do que se pode experimentar a partir do idealizado, qualquer que seja a ideologia, desde que não seja a de destruição da dignidade humana e das liberdades.

3.3. *Constituição: de que é feita.* Conquanto a matéria constitucional se exponha nas normas que contemplam o homem e a sua experiência política com os outros no Estado, estruturando essa pessoa política, organizando e limitando o poder, e ainda pondo e impondo as formas de controle do seu exercício, é de ser anotado que a Constituição não totaliza as relações sociais, sequer a dinâmica estatal completa, nem absolutiza o Direito. A Constituição é obra aberta, apresentando vocação evolutiva e em permanente harmonia com as transformações processadas nas ideias, nos ideais, valores e ensaios históricos do povo a que ela se presta. Pelo que ela se faz, se aperfeiçoa mais em sua aplicação que no momento hermético de sua criação formal.

Como os ideais considerados determinantes constitucionais são os democráticos e esses residem na ideia de justiça humana concretizável por um povo em determinado momento, é certo que, quanto mais em aberto estiver essa ideia, tanto mais posta às transformações necessárias para que a sociedade liberte-se do que antes a prendia, mais democrática será a Constituição e mais legítima, porque mais afeita e próxima à vida que ela se presta a conduzir no processo político-social. A Constituição há de ser formada e conformada no movimento da vida do povo; há de ter a sua vida afirmada na sequência da vida social sem pretender aprisioná-la, restringi-la ou exauri-la.

Constituição é obra criada pelo homem à sua imagem e semelhança, quer dizer, sua vocação é um permanente tornar-se. Deve ser afirmado, contudo, que nem por isso ela deixa de ser obra concertada, que permite o construtivismo político e social, e mesmo o reconstrutivismo, quando o que antes prevalecia precisar ser posto abaixo. Tanto há de se dar, contudo, sempre a partir de bases principiológicas que permitam as transformações, as contrastações, as tensões, a ocorrência de conflitos, típicos de encontros e desencontros necessários dos homens, para que tudo se passe segundo o Direito, em sistema dinâmico, sujeito a mudanças, sem perda, entretanto, dos valores da liberdade, da justiça social e da paz sem os quais não há como prosseguir na caminhada democrática.

Para se conhecer essa vocação e se conhecer de sua realização, há de se perguntar, preliminarmente, de que matéria é feita a Constituição. Lei que é, não proposta ou aviso, compõe-se de normas, não de sugestões; vale-se da palavra como instrumento de ação, não apenas de sonhos; tem como contornos as linhas de esperança concretizável de um povo, não meras utopias de massas. A Constituição situa-se no quadro das formulações humanas; ela é a criação da sociedade na qual se estratificam os seus valores fundamentais e, a partir deles e segundo eles, concebe-se o conjunto de instituições políticas nas quais, com as quais e pelas quais passa a viver. Não é, pois, invenção projetada aleatória ou aereamente, política sem *polis*, ou a despeito da *polis*, descompromissada e figurada como conjunto de ideias prontas e bem elaboradas sem ressonância na sociedade ou sem substrato político engajado nas condições sociais, culturais, históricas, econômicas do povo.

Valores políticos constitucionais são elementos formulados sobre crenças, ideais e aspirações sobre os quais formula a sociedade conceito positivo de sua configuração jurídica. Esses valores são sistematizados em formulações objetivas, tópicas e condensadas, dotadas de conteúdo ético-social. Neles o grupo político define as ideias-matrizes introjetadas em seu seio, nele amadurecidas e buscadas como realizáveis para o aperfeiçoamento de vida comum digna e justa. Então, a ideia de justiça, ou do que é tido como justo pela sociedade, não é pensamento vago, ponto luminoso e distante no conjunto de elucubrações formuladas poeticamente pelos homens. Cuida-se, isso sim, de conjunto de crenças afirmadas sobre o que se pretende seja densificado, tornado objeto de sistema de normas jurídicas, as quais, projetadas, positivadas e aplicadas, conduzem a realização prática e objetiva. A política da justiça faz-se, assim, o direito da política.

Esses valores abrangem os elementos ou os conteúdos da vida com os outros. Mas, na relação cotidiana e vária, eles dispersam-se porque não são objetivados ou sistematizados. O fenômeno constitucional compreende a sistematização e a normativização daqueles valores. Ele traça o caminho próprio de uma razão madurada e colhida na sequência harmoniosa de ideias ordenadas e coordenadas pela força de princípios e objetivos afinados em sistema jurídico dotado de identidade normativa fundamental e legítima. Esse conjunto de valores soma-se no desenho que é o projeto político da sociedade, projeto factível e atemporal. Factível porque o Direito é instrumento posto a serviço da vida individual e política de um povo, e essa é o que se faz, não apenas o que se espera ou se sonha venha a ser feito. Atemporal porque o Estado, no qual ele será aplicado e respeitado, é permanente, vocaciona-se a permanecer, firma-se no passado vivido pelos homens que o compõem, forma-se no presente que se constrói e projeta-se no futuro que se pretende venha a ser. Esse projeto político de sociedade é constitucionalizado, a dizer, positivado na forma de sistema de normas jurídicas fundamentais, no qual se traçam os contornos e a essência da pessoa estatal, que corporifica normas determinantes para a prática política das pessoas que a compõem.

Os valores políticos essenciais e conformadores da ideia de justiça, a partir dos quais se projeta a vida em sociedade, elaboram-se formalmente como sistema normativo. Positivados como Constituição do povo de um Estado, aqueles valores transmutam-se em princípios de direito fundamental. Essa transformação delineia natureza essencialmente diversa da que se tem nos valores, porque, então, passam a ser lei, lei suprema, lei mãe, lei das leis, fundamento do Estado e das leis a partir e segundo ela então elaboradas.

Os valores primários, fundadores do ideário que se espraia, quando politicamente amadurecido, na obra constitucional, são antecedentes necessários e legitimadores únicos e insubstituíveis da concepção jurídica aperfeiçoada no sistema jurídico fundamental. Os valores político-constitucionais são constitucionalizantes e constitucionalizados, galvanizam-se na principiologia jurídica fundamental embasadora do sistema normativo. Todavia, quando se juridicizam formalmente e integram o sistema constitucional, tornam-se princípios, veiculados por meio das normas que compõem aquela obra. O valor é o núcleo do princípio constitucional, traça-lhe o conteúdo e compõe o seu enunciado. O princípio é condensado e formalizado em norma fundante e sustentadora do sistema constitucional. Instrumentalizado pela norma, dota-se da força de que dispõe a lei fundamental de um povo constituído em Estado. O valor tem a vagueza, a porosidade e a incoercibilidade das ideias projetadas em sua concepção. O princípio tem a objetividade, a textura e a contextura e a coercibilidade das normas que se promulgam no sistema que ele integra. Constitucionalizados, os valores transmudam-se em princípios jurídicos fundamentais, que se impõem com a força normativa própria da Constituição. A expressão dos valores é exposta, não poucas vezes, no preâmbulo das Constituições.[10]

---

[10] Preâmbulo constitucional é elemento inaugurado, obviamente, da fase escrita do Direito Constitucional, sendo inaugurada a sua inclusão, na fase moderna desse ramo do Direito, pelos norte-americanos, designando-o Paulo Lacerda como "sorte de declaração preliminar que encabeça o texto integral" (LACERDA, Paulo M. de. *Princípios de Direito Constitucional brasileiro*. Rio de Janeiro: Livraria Azevedo-Editora, s/d., parte quarta, p. 6).
Todavia, não obstante aquela condição de peculiar característica das Constituições escritas modernas, já se nota a existência de declarações preambulares nos documentos constitucionais que configuram os antecedentes mais próximos daquelas leis formalizadas no modo hodiernamente conhecido e praticado. Assim, na célebre Magna Carta do Rei João Sem-Terra (1215) se pode constatar a existência de declaração preliminar e anterior ao conteúdo das normas nela contidas e que explicitam os motivos e os valores que se encravariam no texto. Em 1222, na Bula de Ouro promulgada por André, Rei da Hungria, havia preâmbulo enunciador dos motivos e fundamentos das decisões nela contidas. A Constituição norte-americana, de 1787, também trazia, então com a forma adequada ao modelo constitucional adotado, o preâmbulo que passou a ser acolhido no constitucionalismo moderno pelos novos Estados formados e pelos que passaram a praticar o Direito Constitucional positivado segundo as novas formulações juspolíticas.
O preâmbulo das Constituições traz, em geral, referências ou descrições da titularidade e forma de exercício do poder constituinte originário, do qual elas se constituem manifestações, o objeto contido no texto que se segue e que corporifica o sistema normativo fundamental e os fins buscados com o modelo constitucional adotado. Ainda segundo Paulo de Lacerda, "os preâmbulos das constituições modernas costumam cingir-se a declarar a autoria, o fim e o objeto do ato, abstendo-se de intercalar assuntos doutrinários, afirmações de bons propósitos e frases declamatórias. Consistem numa autenticação do documento e apresentam, conveniente para a sua verificação, contendo mesmo expressa a ordem de execução" (*Op. cit.*, p. 13). De igual modo se pronunciam, dentre outros, João Barbalho (*Constituição Federal brasileira*. Rio de Janeiro: F. Briguiet e Cia., Editores, 1924, p. 3); Carlos Maximiliano (*Comentários à Constituição brasileira*. Rio de Janeiro: Livraria Editora Freitas Bastos, 1948, p. 162); Pontes de Miranda (*Comentários à Constituição de 1967*. Rio de Janeiro: Forense, 1997, t. I, p. 418).
Nos fins prescritos ou expostos nos preâmbulos das Constituições são apresentados, em geral, os valores que determinaram a elaboração da obra constitucional e que nortearam o trabalho dos constituintes, os quais se propõem a serem acolhidos e acatados pelas gentes daquela sociedade estatal. Por serem valores fundadores da obra constitucional, o preâmbulo é considerado *parte de exposição constituinte e não de positivação normativa do constituinte*. Nele se esclarece o que virá na sequência das normas para a consecução dos objetivos havidos como legítimos, não se impondo ali o que nem como se haverá de conseguir a concretização do bem de todo o povo, sujeito do fenômeno constitucional. Por isso, de acordo com a maioria dos doutrinadores, os preâmbulos não compõem o sistema normativo, cuidando-se tão somente de componente anterior e informador do quanto naquele se contém. Deste entendimento partilham, dentre outros, por exemplo, José Celso de Mello Filho, segundo o qual "o preâmbulo *não* tem valor normativo, já que nele não se contém qualquer regra de direito positivo. Dessa forma, os princípios que enuncia não são cogentes. Servem como diretrizes para a ação do Poder Público" (*Constituição Federal Anotada*. São Paulo: Saraiva, 1984, p. 7). Também João Barbalho leciona que "o preâmbulo enuncia por quem, em virtude de que autoridade e para que fim foi estabelecida a Constituição. Não é uma peça inútil ou de mero ornato na construção d'ela; as simples palavras que o constituem resumem e proclamam o pensamento primordial e os intuitos dos que a arquitetaram. Cumpre sempre tê-lo em vista para a boa inteligência dela" (*Op. cit.*, p. 3). E, ainda, Carlos Maximiliano: "embora o preâmbulo não seja parte integrante da lei básica, serve para determinar os fins para os quais foi elaborada, e, por eles, indica a verdadeira interpretação dos pontos duvidosos... não tem caráter dispositivo, e, sim, enunciativo; não ordena: explica, orienta, esclarece" (*Op. cit.*, p. 162). É certo, porém, haver autores que palmilham senda oposta de entendimento, preferindo reconhecer no preâmbulo disposição normativa, a integrar o sistema de normas constitucionais e dotar-se, então, de rigor e de vigor próprio dessas.
Predomina, todavia, a primeira corrente, que entende a natureza meramente enunciativa do preâmbulo, o qual se despoja de essência normativa, valendo apenas como identificador dos valores basilares havidos na sociedade e determinantes da obra constitucional, pelo que é aproveitado pelos intérpretes como diretriz fecunda para se chegar à hermenêutica apropriada para os diferentes casos que se apresentem sujeitos à aplicação das normas componentes do sistema fundamental.
Todas as Constituições brasileiras trouxeram preâmbulos, chegando-se, na peculiaridade da história constitucional pátria, a haver emendas modificativas dos seus textos, o que, à evidência, transgride qualquer princípio de Direito Constitucional e atenta contra a natureza desta passagem da elaboração constituinte. Essas mudanças serviram para demonstrar a natureza autoritária dos atos havidos como reforma constitucional e que, não poucas vezes, foram manifestações fraudulentas inconstitucionais, expressões de atos de força, sem coragem para assumir a sua natureza ditatorial. Tal foi o que se deu em 1926, em 1969, e entre outras oportunidades.
Mais recentemente, esse tema vem merecendo maior preocupação dos intérpretes constitucionais, havendo mesmo, no plano do Direito estadual questionamento sobre a constitucionalidade de alguns preâmbulos

Os princípios passam a marcar, a sinalizar o sentido fundamental do que antes fora projeto político e que, constitucionalizado, torna-se a configuração normativo-jurídica do Estado, a base do processo político. A Constituição é, como antes observado, um fazer-se permanente, um tornar-se contínuo, obra aberta de um povo para realidade impossível de fechar-se em momento único de sua história. A Constituição é direito vivo, a pulsar no mesmo tom daquela que é a alma do povo, que nela põe e impõe a sua cadência política. Quanto mais afinadas as batidas do coração do povo com o pulsar de uma ideia de justiça social concretizável, positivada no sistema constitucional, mais democrática e legítima será a experiência política na sociedade estatal e o seu Direito e, paralelamente, mais exigível e controlável pelo próprio cidadão o poder nele exercido.

Constituição é feita de substância política para o ser humano, sujeito histórico da experiência racionalmente organizada no espaço comum de todas as pessoas. A liberdade, meio emoção meio sentimento humano, perene e latente, compõe-se racionalmente na experiência política, impondo-se deveres fundamentados na alteridade, de acordo com o que é posto em normas sistematizadas e positivadas. Cada povo elabora os princípios e as regras constitucionais e define, no Direito, o verbo político a prevalecer na convivência, segundo os seus valores e para os seus objetivos.

A liberdade é natural ao homem. O Estado, que o homem constitui no exercício da sua condição livre e criativa, é artificial. Por isso a Constituição é feita pela mão humana, mas a sua substância é extraída da arte e da ciência do ser humano livre. Mais: poder-se-ia dizer que a Constituição é feita do *eu liberto* que busca tornar-se o *nós livres e libertários*, mas racionalmente ambientados em convivência política democrática, em conformidade com o sistema de direito posto à observância de todos.

A Constituição é obra do querer humano, preparada pela mão da cidadania, mas a sua substância é extraída do abraço humano, da solidariedade a definir a essência política da sociedade. Nela convivem homens cujo destino é serem livres e estarem em permanente estado de conquista de novos espaços de libertação com os outros. Por isso, pode-se também afirmar que a Constituição tem *locus* definido: fica bem no meio do povo.

Mas quem é esse povo-espírito constitucional? Como saber, então, auscultar o ânimo do povo, e, principalmente, quem é esse povo, cujo coração há de ter seu pulsar ouvido pelo constituinte?

Dessa resposta talvez seja possível extrair outra, antes vislumbrada e relativa à matéria de que é feita a Constituição. Quanto mais o pulsar constitucional for condizente com o soar da criação política popular, mais democrática será a obra constitucional, mais legítimas as instituições do Estado e mais justa será a convivência das pessoas em sua experiência política.

O que primeiro há de constituir a matéria constitucional será o conjunto dos valores que a sociedade tem como próprios em seu entendimento do que lhe pareça ser o justo a ser buscado. Esses valores, que concentram a ideia do justo viver, precisam ser juridicizados como fundamento do modelo político posto como paradigma normativo.

---

preparados e inseridos nas Constitucionais das entidades federadas. Nesse sentido, confira-se o julgamento da Ação Direta de Inconstitucionalidade nº 1076-5, do Acre, na qual se questiona o Supremo Tribunal Federal sobre a constitucionalidade do preâmbulo da Constituição daquela pessoa estadual, no qual se inclui a referência "à proteção de Deus". Sobre esse tema, veja nota 37, na página 71.

Como antes observado, valor é o que vale, o que tem valia; na matéria em foco, valor fundamental para o Direito Constitucional é o que vale como justo e concretizável para que as pessoas, organizadas na sociedade estatal, vivam segundo seus ideais, seu consentimento quanto ao que seja digno para elas, a fim de que, realizando o que lhe pareça coerente com a sua vocação, possam ter a oportunidade de se fazerem felizes.

O tema matriz da Constituição é a ideia de justiça que determinada sociedade acolha. Não é, aqui, apenas o ideal, a justiça-utopia, a justiça-quimera: é, antes, a justiça conjunto de valores que, respeitados, aperfeiçoados pela união política dos homens, permite a cada um e a todos os membros da comunidade constituída em Estado ver-se em condições de viver com os outros, viver pelos outros de modo que todos tenham oportunidade de cumprir as suas vocações e realizar o que lhes interessa como indivíduos e como grupos sociais organizados.

A Constituição tem como sujeito o ser humano e como objeto a relação de poder, ou as relações de poder que se exercem, se desempenham, se estabelecem no seio da sociedade estatal e que, quer-se, sejam justas, respeitosas das peculiares e iguais condições e valores do povo. Por isso, faz-se inerente a cada povo a elaboração constitucional e sua experimentação do quanto elaborado e dado a ser experimentado e aplicado na realidade política.

Cada povo há de, soberanamente, decidir a matéria a ser inserida no corpo das normas constitucionais. Todavia, há matérias que compõem o denominado *núcleo constitucional*. Há temas tão claramente considerados fundamentais para a sociedade estatal, que se impõem à atuação do poder constituinte originário, legitimando-se, então, a sua obra. Temas como os direitos fundamentais, cujo elenco se vai ampliando com as conquistas da humanidade e da humanização das relações sociopolíticas pretendidas, a estrutura básica do Estado e as novas formas de atuação da sociedade política, as novas concepções do político não estatal, são matérias hoje consideradas eminentemente constitucionais. Garantir que o homem seja tido e tratado, necessariamente, como sujeito, jamais como objeto, como o foi outrora; descobrir os graus de humanidade e de humanização do processo e das relações políticas; assegurar o respeito e a garantia dos direitos fundamentais universalmente são temas postos no âmago do constitucionalismo contemporâneo e que não podem deixar de ser tidos como matéria constitucional, do que a Constituição haverá de ser feita e o que no seu sistema de normas haverá de se conter.

O que seja a Constituição, a matéria que nela é cuidada e como é acatada, aplicada e transformada juridicamente, no curso de sua vigência, define o tipo de Estado que se tem. Como observado, não basta ter uma Constituição formalizada, uma Lei assim nomeada, para que se assegure a existência de um Estado Constitucional.[11]

---

[11] O Estado de Direito evoluiu nos últimos tempos para o conceito de Estado Constitucional, tendo-se como esse o que se submete a um direito fundamental e fundante das condutas políticas públicas e particulares, determinante do modelo do Estado no qual se vive e que é desenvolvido em perfeita consonância com as normas constitucionais para que todos nele vivam com justiça segundo o quanto definido legitimamente na Lei Constitucional. Assim, não basta se afirmar que determinado Estado tenha uma Constituição para que se assegure a existência e a eficiência do Estado Constitucional. Há que se pesquisar se a matéria tida como constitucional e que se tratou no sistema normativo fundamental é aquela considerada fundamental para a sociedade e pela sociedade a cujo atendimento se destina. Também como observado antes, não se cuida tão somente de uma concepção formal, mas prioritariamente material. Tal como asseverado por García de Enterría, "... para unos y para otros, pues, como resultado de teorizar una análoga y determinada situación deficiente,

Deve-se buscar conhecer o que seja o Direito Constitucional positivado pelo Estado, qual a concepção de Constituição amadurecida na sociedade e acolhida pelo seu povo ou pelos seus órgãos de representação quando da formalização do sistema normativo-constitucional, para se saber se o que se apelida Constituição em determinado Estado, o que como tal é nomeado, considerando-se a matéria nela incluída, é verdadeira e democraticamente o que se tem por fundamental naquele grupo e para aquele grupo. Assim, a matéria constitucional importa para se concluir sobre a existência do Estado constitucional, sendo insuficiente o leve conhecimento apenas da formalização de uma Lei intitulada Constituição.

Reitere-se, Constituição não é apenas palavra, conquanto versada em palavras; Constituição é o sistema que, expresso em palavras-lei, contém as ideias incrustadas em normas que se transformam, ou se põem à transformação em vida do povo constituído em Estado. Fazer a palavra-norma tornar-se vida dura a perenidade de luta: a eterna luta pela justiça igual e livremente posta como ideal realizável. Tornar a norma realidade experimentada pela sociedade humana talvez seja arte difícil do ser humano, porque nela ele há de desenhar-se no outro e pelo outro, seu igual e sua diferença.

A Constituição não inventa o Direito; é ela mesma o Direito em versão radicalmente centrada no que é essencial para a vida da sociedade política. É o povo, não considerado abstração ou ícone referencial, mas o contingente dos que habitam politicamente o Estado, que define a Constituição, afirmando-lhe o conteúdo e determinando a sua forma. A Constituição busca a matéria-prima, que define o sistema, no conjunto dos valores da sociedade, preexistentes a ela, como antes afirmado, e que se transformam em princípios quando juridicizados. Pela transubstanciação jurídica aqueles valores tornam-se conteúdo de norma e, nessa condição, adquirem natureza de lei fundamental, e o que é mais importante, de *status* normativo hierarquicamente superior em sua validade, em sua eficácia e em sua aplicação, base do sistema de Direito.[12]

Pode-se afirmar que a Constituição dispõe de matéria própria — a do cuidado com a humanidade, a individualidade e a alteridade em sua ambiência política —, mas

---

la Constitución vendría a concretarse en una simple pieza lógico-sistemática presente en cualquier Estado, de cualquier época y de cualquier signo y contenido, de modo que la Constitución pasa a ser, pues, un concepto formal y abstracto hasta el extremo, positivista consecuentemente, puesto que es una pura realidad estructural de hecho, sean cuales sean los valores materiales que exprese. Esta concepción encuentra quizá su mejor expresión en el concepto de Carl Schmitt: el Estado no tiene Constitución, es Constitución; todo y cualquier Estado, obviamente. Hoy esa concepción nos resulta definitivamente inadmisible... En la Constitución como instrumento jurídico ha de expresarse, precisamente, el principio de la autodeterminación política comunitaria, que es presupuesto del carácter originario y no derivado de la Constitución, así como el principio de la limitación del poder... La Constitución es el primero de los instrumentos técnicos específicos al servicio de esos valores éticos sustantivos" (GARCÍA DE ENTERRÍA, Eduardo. *La Constitución como norma y el Tribunal Constitución*. Madrid: Editorial Civitas, S.A., 1985, p. 43-47). Em igual sentido a lição insuperável de J.J. Gomes Canotilho, para quem "para se tratar de uma verdadeira constituição não basta um documento. É necessário que o conteúdo desse documento obedeça aos princípios fundamentais progressivamente revelados pelo constitucionalismo. Por isso, a constituição deve ter um conteúdo específico... a constituição normativa... para ser qualificada como um conceito de valor, não se basta com um conjunto de regras jurídicas formalmente superiores; estas regras têm de transportar 'momentos axiológicos' corporizados em normas e princípios dotados de bondade material..." (CANOTILHO, J.J. Gomes. 3. ed. *Direito Constitucional*. Coimbra: Almedina, p. 1056).

[12] Daí a assertiva de Maurice Vedel no sentido de que « quand on étudie les institutions officielles, on ne le fait pas seulement sous leur aspect juridique: on analyse aussi et surtout leur fonctionnement de fait, leur importance réelle, leur place et leur signification dans la société » (VEDEL, Maurice. *Institutions politiques et droit constitutionnel*. Paris: Presses Universitaires de France, 1973, p. 15).

o cuidado e o tratamento de cada tema singularizam-se em cada povo. A Constituição engaja-se na realidade em que se planta, dependendo do terreno social, da história passada e da perspectiva do grupo social.

Como manifestação excelente e primária do Direito, a Constituição é criação humana que conduz a justiça ao domínio central da *polis*. O Direito não é obra do destino, mas a demonstração mais acabada de que o destino do homem é uma construção dele mesmo, história que se constrói e se põe, por não ser pressuposta ou imposta por forças sobre-humanas, desumanas ou inumanas.

O Estado existe para garantir a justiça e não aquela que ressai da mente privilegiada ou enviesada, exclusiva de uma pessoa ou de um grupo que, eventualmente, pretende exercer o Poder sobre toda a sociedade. Ele positiva-se para garantir a justiça e, o que é mais, a liberdade dinâmica, fenômeno libertador a que o ser humano dá-se a viver. Para que ela não seja efêmera, caprichosa, volúvel, tem-se a elaboração constitucional pela qual a justiça humana, constitucionalizada, torne-se visível, objetiva, segura e vocacionada à permanência, para a certeza da liberdade-libertação de todas as pessoas.

Se a liberdade é do ser humano, a sua manifestação na *polis* e a sua garantia igual para todas as pessoas são criações políticas da sociedade. Constituição faz-se, então, como antes observado, a lei da libertação, a garantia jurídica da liberdade conquistada e conquistável, o veículo jurídico matriz do encontro político dos homens. Por isso a Constituição não se positiva apenas para tempo definido e determinado, vocaciona-se a uma pluralidade de tempos, neles compreendidos todos os que a sociedade experimenta. A Constituição tem agilidade característica, manifestada no exercício da jurisdição constitucional, garantindo-se por ela os ajustamentos dos tempos constitucionais, a saber, o tempo de elaboração de suas normas e o tempo, permanente, de sua interpretação e atualização, para a aplicação legítima. Ela é lei mensageira da justiça realizável, cujo conteúdo e forma são dinâmicos. Ela é lei sempre e para sempre nova, no sentido de ser atual, para suprir as necessidades e as novidades requeridas pelo povo. E esse é sempre novidadeiro. Assim, a Constituição, mesmo com normas escritas, como se universalizou modernamente, não se reduz à sua forma e a seu dizer. Ela vive também no que ela não diz, porque o dito normativo constitucional se amplia, se alarga, se supera, no grande salto em busca do que seja a justiça na atualidade do povo para o qual ela se dá a conhecer e a se aplicar. A verdade constitucional é a visão, o conceito e a esperança postos em forma de norma sobre o conteúdo e o valor da justiça que a sociedade espera ver concretizados. Pode-se afirmar que a Constituição é obra dotada de grandeza expansiva, material e permanentemente, quer pela presença dos instrumentos legitimadores das mutações constitucionais, de suas mudanças formais, quer pela garantia permanente do exercício do poder constituinte reformador delineado no sistema. A Constituição não é, pois, a sacralidade de normas postas, até porque não se deseja a Constituição que seja a mortalha de uma ideia de justiça. O que se busca, se aspira e se deseja é a Constituição que seja o canteiro, no qual se possa semear e fazer brotar e florir justiça verdadeira, vivida no dia a dia de cada pessoa.

Constituição nunca está pronta, como todo processo de vida e, mais ainda, de convivência humana. No máximo, o seu texto formaliza-se e põe-se à aplicação em momento determinado. Mas a sua vivificação material, a inovação e ampliação do seu objeto, a atualização permanente de seus temas são mostras de um processo contínuo e inestancável. Nem de outro modo poderia ser, pois não se faz Direito para o passado, mas para o presente e para o futuro; não se produz nem se concretiza a Constituição para o que se acaba, seja em séculos, seja em pessoas, mas para o que começa, o que se inicia como a vida humana, e que recomeça todos os dias. O passado é lição, ensinamento constitucional também e vetor de cuidados jurídicos. Passado ensina, não se repete. Principalmente, não é nele que se vive.

A construção da liberdade individual e política do homem firma-se, objetiva-se, positiva-se, fundamentalmente, no sistema constitucional por ela elaborada para que, então, se atinjam os ideais de justiça e paz no meio político da sociedade. Se se pode referir às normas cujo conjunto compõe o Direito de um povo como *corpo normativo*, talvez se possa afirmar, com algum acerto, ser a Constituição o genoma jurídico, o livro da vida do Direito, no qual se escreve o que lhe marca a essência e lhe dá seu exclusivo modo de ser. Porque, ainda que muito parecido com outras composições jurídicas criadas, concatenadas e positivadas formalmente por outros e para outros povos, não há repetição estrita de experiências constitucionais. É da combinação dos genes jurídicos constitucionais com a alma cultural do povo, da experimentação diária e única da Constituição no espaço da organização estatal que se tem o vislumbre completo do quadro constitucional experimentado pela sociedade. E como esse encontro do povo com o seu Direito é único, o resultado — a criação constitucional — dispõe de igual natureza única e intransferível. Pode-se, então, ler o livro da vida do Direito de determinado povo pela sua Constituição, cujas normas aplicadas (e mesmo quando não aplicadas) poderiam ser denominadas, como antes observado, de genética jurídica, que identifica o passado, o presente e as possibilidades políticas, sociais e jurídicas da sociedade.

Como a matéria constitucional tende a alterar-se e, em geral, a expandir-se para abrigar o quanto seja identificado pelos cidadãos do Estado como essencial para o aperfeiçoamento institucional e para o melhor cuidado do que se faça necessário para viver com dignidade e justiça, os contratos políticos da sociedade albergam, a cada dia, novo acervo de temas que passam a materializar-se constitucionalmente.

Assim, os novos compromissos a serem assumidos ética e culturalmente, como, por exemplo, o comprometimento com as denominadas áreas de risco no mundo e que devem ser preocupação de todos os seres humanos, qualquer que seja a nacionalidade e a sua cidadania, a atenção com as urgentes e dramáticas emergências ambientais e climáticas, para a sobrevivência saudável do planeta com a dignidade qualificada da saúde e da vida dos habitantes da Terra, a exploração de alguns povos ainda por outros, dentre outros, são alguns temas que se introduzem entre aqueles que se projetam em novas dimensões constitucionais neste século 21, cujo norte é a nova condição transcendente e racional do ser humano e todos os viventes planetários e sua tarefa de interagir para se superar e se fazer presente na ambiência do outro, promovendo o grande encontro da humanidade e da humanização.

Essa expansividade material da normativização constitucional ensejou o fenômeno às vezes apelidado "constitucionalização do direito".[13]

---

[13] Cf. a respeito MATHIEU, Bertrand; BERPEAUX, Michel. *La constitutionnalisation des branches du droit*. Paris: Economica, 1998.

No Estado Moderno, acolheu-se o princípio da supremacia constitucional, segundo o qual a Constituição sobrepõe-se a toda outra norma havida no sistema jurídico de um povo, fundamentando-o em sua integralidade. A Constituição é fundamento de validade das normas que se lhe põem abaixo, no recorte sistêmico do Direito positivo, ditando até mesmo a forma e o conteúdo que lhes são próprios. A fundamentação constitucional dos ramos do Direito é característica do constitucionalismo, marca a natureza do Direito Constitucional modernamente concebido e aplicado.

A constitucionalização dos diferentes e integrados ramos do *Direito* é fenômeno que pode ser definido temporalmente no séc. XX, basicamente após os movimentos jurídicos e políticos observados após a Segunda Guerra Mundial. As matérias que passaram a ser objeto das prioritárias preocupações das pessoas alteraram-se e ampliaram-se, buscando, sofregamente, ter sede constitucional, para dispor de maior segurança e eficácia jurídicas.

Constitucionalização dos ramos do Direito significa, basicamente, a absorção pelo Direito Constitucional de matérias que antes não eram consideradas afeitas a ele, que não se qualificavam, antes, como fundamentais para a organização sociopolítica e cultural de um povo, pelo que eram relevadas à situação de temas a serem abordados pelo legislador infraconstitucional, se tanto se entendesse, eventualmente, objeto de cuidados jurídicos.

Esse fenômeno rendeu ensejo a modificações na estrutura das Constituições contemporâneas, sendo ampliadas suas normas, desdobrados seus temas, tornadas minudentes suas regras e esmiuçados seus preceitos. A análise constitucional dos temas é mais abrangente e o formato e a estabilidade constitucionais mudam de tom com a percepção daquele movimento constitucionalizador de novos objetos.[14]

Todavia, a absorção de princípios e preceitos referentes a objetos antes deixados ao exclusivo cuidado do legislador infraconstitucional faz-se, por um lado, característica normal e consequente à transformação dos valores básicos da sociedade, e, por outra parte, propicia questionamentos que não podem ser menosprezados, como o da unificação do Direito e a imprecisão e, até, não poucas vezes, a confusão do uso e da aplicação das definições havidas no conjunto das normas postas no sistema constitucional.

Quanto à primeira abordagem, faz-se conveniente e profundamente democrática a condição aberta do sistema normativo-constitucional, oferecendo-se às transformações sociais e políticas que se nutrem e amadurecem na cidade política dos homens. O abrigo nas normas constitucionais de temas como, por exemplo, os ético-autorais e ecológicos, antes não inseridos nas preocupações constituintes, comporta o entendimento de traduzir-se, no sistema jurídico fundamental, o que a sociedade tem como próprio e legítimo no processo político concretizador de sua ideia de justiça, determinada como sendo a do grupo de nacionais e cidadãos de um Estado em determinado momento de sua história. Essa é uma condição democrática, legítima e justa que enobrece e justifica o Direito Constitucional.

---

[14] Atente-se à lição de Favoreu, segundo o qual, "dans le processus de constitutionnalisation, doivent être pris en considération d'abord l'accumulation des normas constitutionnelles par le développement de la jurisprudence constituionnelle, et ensuite le mecanisme de diffusion de ces normes dans l'ordre juridique» (*La constitutionnalisation du droit*. In: MATHIEU, Bertrand; BERPEAUX, Michel. *Op. cit.*, p. 183).

Quanto ao segundo ponto, contudo, há que se relevar, preliminarmente, que o sistema de Direito de um povo haverá de guardar unidade. Diferente disso, não se configuraria como sistema. A ideia mesma de sistema traz em si o ponto central que o faz coordenação e harmonização de múltiplos arrumados como mosaicos, de modo a que seja uno, mas sem perder sua dimensão plural.

A unidade do Direito repousa exatamente na principiologia constitucional, que resguarda, em sua essência, a ideia nuclear de justiça da sociedade e, a partir daí, derrama-se, na preceituação das matérias com característica de fundamentalidade e, por disso, em sua habilitação a guardar-se em sede constitucional.

Essa unidade da ordem jurídica, presidida pela Constituição, não se pode converter em unificação restritiva e intimidadora da criação jurídica, incluída aquela ocorrida no plano infraconstitucional. Esse eventual engessamento negaria até mesmo o pluralismo que o processo político deve propiciar e o processo jurídico deve assegurar. A paralização do Direito configuraria amarra imprópria ao processo político e jurídico democrático, enquanto a unidade garante a estabilidade institucional e a segurança individual e social dos integrantes da sociedade estatal.

Também chamam a atenção a imprecisão, a indefinição, a ausência de rigor e até mesmo a improvisação que recobrem a aplicação do Direito por conta daquela constitucionalização. Com a constitucionalização do Direito, não apenas todos os cidadãos se tornam senhores dos direitos constitucionalizados, como é desejável e salutar. Dá-se a proliferação de interpretações e aplicações equivocadas e gravosas, pois desenvolvem-se argumentos de acordo com interesses e, muitas vezes, ao desabrigo do sistema constitucional, apenas se seguindo determinantes normativas infraconstitucionais. Em vez de se interpretar e aplicar o sistema normativo infraconstitucional conforme o constitucionalmente posto, busca-se interpretar e aplicar a Constituição segundo normas infraconstitucionais.

Esse risco não se supera pela negativa do fenômeno constitucional ou por qualquer tentativa de seu acanhamento, por ser dado próprio do momento experimentado política e juridicamente. Apenas se há negar e não transigir com o quanto não se prepara ao desempenho tecnicamente apurado do exercício da interpretação e aplicação do sistema jurídico, considerando-se que o Direito é objeto de aprendizagem específica, negando-se a dar-se a ser objeto de improviso e opinamentos desassistidos de fundamentos, que conduzem, necessariamente, a erros prejudiciais ao sujeito dos direitos e à sociedade como sujeito principal do melhor acatamento do que positivado.

A Constituição é concebida e há de ser formulada e aplicada, na atualidade, fundamentalmente para a garantia de uma ética constitucional, centrada nos princípios que afirmam a moralidade institucional do poder e o respeito ao sentido de dignidade e justiça que a humanização das relações políticas dos cidadãos requer.

Todo cidadão tem direito ao governo honesto. Todo cidadão tem o direito de exigir seja o governante honrado para que se dê ao respeito a República proclamada.

Os princípios afirmados constitucionalmente fincam os pilares da ética constitucional e da estética social para uma poética do povo na política. A ordem ético-política substituiu a antiga noção de direitos materiais e materializados, passando a dotar de conteúdo legítimo o direito posto pelo Estado e a sua aplicação. Esses direitos e as prestações materiais que a eles haverá de garantir a entidade estatal não estão ultrapassados, até mesmo porque sequer foi integralmente alcançada em todo e para todo o mundo. O que se tem, contudo, é a ampliação e o aprofundamento das exigências constitucionais: não basta ter a materialidade da prestação se o homem se vê indignado e injustiçado na forma de sua garantia, se se descobre farto ao lado do esfomeado, se se vê enriquecido às custas do miserável, se ajusta o gatilho-lucro e lucrativo enquanto assiste ao estrebuchar sinistro daquele que foi atravessado pelo tiro.

Entretanto, a entronização das matérias no articulado sistêmico da Constituição depende, necessariamente, da capacidade dos cidadãos de imporem a sua relevância aos elaboradores ou formuladores formais das normas. Para se passar, pois, do sentido pela sociedade para o consentido e formalizado pelo poder constituinte há uma ponte pela qual se faz transportar o processo político e que transparece, basicamente, na elaboração constituinte.

O sentimento que conduz à constitucionalização de um tema há que se expressar de forma tão clara que permita às forças políticas, aos poderes sociais e, não poucas vezes, não publicizados formalmente, mas atuantes na sociedade, não sobrepujem os valores dos homens organizados no Estado. Se isso ocorre, a ampliação de forças não legítimas constitucionalmente poderia refrear os interesses predominantes no conjunto das pessoas que compõem o Estado em benefício dos interesses de grupos setoriais e particulares.

Dois são os perigos mais graves e comumente mostrados nesse passo: o primeiro, referente aos interesses egoísticos e poderosíssimos que se impõem e manipulam os órgãos de representação popular, inclusive aqueles que se apresentam nos órgãos de formulação constitucional; o segundo, no fluxo daquele primeiro, a não organização política madura e atuante dos cidadãos, que se enfraquecem quando isolados em seus próprios cuidados e ideias, negando-se a oportunidade que a rede de ideias e a união das pessoas propiciam, tornando-se, então, apta, a suplantar aquele primeiro perigo.

Nem se duvide, entretanto, que somente é legítima a Constituição quando tem como matéria, ponto de partida e rota a se prosseguir, o ser humano, as garantias de seus direitos fundamentais, para realização de sua condição digna, assegurando-lhe poder viver com a certeza do compromisso de todos os indivíduos, a sociedade e o Estado com o sentimento e a efetividade do sistema de justiça.

A humanidade é a matéria constitucional por excelência: o ser humano-cidadão, com suas carências de casa, de comida, de remédios, de luz, de cultura; que quer a garantia dos caminhos por ele livremente traçados para percorrer em busca de seus objetivos e que precisa de sapatos para trilhar seus rumos com dignidade e firmeza; que quer poder se alegrar sem riscos de pagar o preço do riso, que quer ter razões para o abraço sem medo da traição do outro ou, o que é pior, do Estado. A humanização das relações políticas, do processo político do poder, da participação libertadora no poder é a matéria constitucional. Como cada qual pensa essa humanização é questão que a liberdade justa cogitada e garantida segundo a cultura política de cada povo haverá de decidir. Por isso, a sacralização do texto formal da Constituição não é dada a permitir-se sobrepujando-se a essência ética legitimadora do sistema jurídico. As propriedades de uma Constituição residem mais em seu conteúdo aplicado, respeitado, eficaz do que na forma requintada, placidamente estatuída e friamente imposta, despojada, no entanto, de efetividade humanitária e libertadora. Afinal, a Constituição faz conter em si a expectativa de realização, e não inócua esperança de possibilidade de tornar-se lembrança a ser retirada da gaveta.

3.4. *Constituição: para o que é feita.* A Constituição dota-se de condição definida e singular no sistema jurídico e no processo político moderno, mantendo-se com destaque e funções inequívocas no Estado contemporâneo. Ela não apenas reflete o sentido do que em suas normas se positivam, mas ainda os objetivos da positivação. A Constituição afirma-se *no que* ela é, enquanto o constitucionalismo afirma-se no *para que* ela se dá ser.

Põe-se, aqui, então, questão relativa às funções da Constituição. Não são elas unanimemente acatadas pela doutrina, que se desdobra em listá-las diversamente, segundo o entendimento de cada qual quanto à natureza da Constituição e os objetivos do constitucionalismo.

Basicamente, podem ser consideradas funções da Constituição: a) a tradução jurídica do entendimento político sobre o sentido e a dinâmica da justiça em dada comunidade constituída em Estado e a definição de suas normas fundamentais segundo esse entendimento; b) a ordenação das relações sociais havidas no processo político levado a efeito no espaço estatal; c) a estabilização e a estabilidade da ordenação jurídico-normativa; d) a institucionalização e a organização estatais; e) a legitimação do ordenamento jurídico positivado.

a) Sobre a tradução jurídica do entendimento político sobre o sentido e a dinâmica da justiça em dada comunidade constituída em Estado e a definição de suas normas fundamentais segundo esse entendimento, há que se atentar a que os homens constituem o modelo estatal de organização política para cumprir objetivos sobre os quais consentem livremente que seja a melhor e a mais profícua forma de viver com dignidade e justiça e, assim, cumprir a sua vocação de viver bem, com a segurança possível no espaço da vida humana e de modo a que se permita, pela união com os outros, construir as oportunidades para construir-se como ser vocacionado a se fazer feliz.[15]

Para tanto impõe-se buscar o entendimento do que o grupo acha ser justiça, o viver justo, para que cumpra os seus objetivos. Esse entendimento deverá ser traduzido em normas fundamentais daquela sociedade estatal, constitucionalizando-se a ideia fundamental em torno da qual as instituições jurídicas e políticas esboçadas no cenário estatal gravitam e para a densificação e a concretização da qual são firmadas.

Esse acordo livremente afirmado, aprovado e consentido traduz-se no sistema constitucional e faz com que se acolha, com maturidade, mesmo não sendo perfeito — e nunca é imperfeita e dada à falibilidade a arte humana —, é acatado e tido como a superação do caos, da fase de *vendeta*, quando não havia assentimento sobre o justo, prevalecendo como fundamento único dos comportamentos individuais e coletivos a lei do mais forte. A sociedade acorda sobre o que seja o modo justo de viver, fazendo, então, a representação normativa dessa ideia, que, então, transparece, positiva-se e impõe-se coercitivamente a todos no modelo sistema constitucional. A crença, a convicção política e a confiança jurídica dos cidadãos de um Estado em que o que está traduzido constitucionalmente é o que é pensado socialmente fazem com que, apesar das falhas, considera-se ser a obra constitucional criação do povo, que elabora a sua identidade, havendo de ser resguardada, acatada, aplicada para a vivência justa e segura da comunidade.

---

[15] Cf. CANOTILHO, José Joaquim Gomes. *Op. cit.*, p. 1.334.

De se anotar que o Direito era, em geral, conhecimento velho e não produção de conhecimento novo, formado no fluxo do que maturado socialmente para, depois, plasmar-se no sistema normativo positivado. O Direito positivo não produz o novo, antes é fruto do novo produzido socialmente, de maneira informe, e que passa a ter forma e conteúdo identificados pela positivação normativa.

Todavia, o Direito Constitucional guarda condição singular nessa matéria, por ser o ramo jurídico que, diversamente dos demais, produz conhecimento novo a partir e na sequência do quanto traduzido das ideias, dos ideais, das necessidades, das perspectivas e das esperanças da sociedade. Ao traduzir o ideário de justiça apurado do consenso social, o sistema constitucional põe-se para o presente e projeta-se para o futuro do povo, buscando assegurar alternativas de novas atuações populares e estatais, de novas possibilidades de a sociedade se ver instrumentalizada. Por isso, na tradução do ideário e da ideologia contidos no quanto tido como justiça pelo conjunto dos cidadãos de um Estado, há mais que o que já se sedimentou formalmente ou já se visibilizou de maneira acabada; há ainda o que se esboça no ideário popular e que ainda não se tinha definido em contornos firmes e definitivos e que o sistema constitucional vem, legitimamente, a conceber. A tradução repousa naquele ideário, pois diversamente disso nem seria legítima. O Direito Constitucional dá-se à criação de novas formas de ação para o atingimento dos objetivos que podem modificar a vida da sociedade, para que se faça mais justa e mais consentânea com perspectivas diferenciadas do que se vinha tendo até o advento da construção constitucional.

b) A Constituição é a lei na qual se contém a ordenação das relações sociais havidas no processo político levado a efeito no espaço estatal, quer dizer, é ela que estabelece a ordem do Direito, segundo a qual o Estado se organiza, e as relações sociais garantem-se no plano da civilidade e da racionalidade política permanentes. Sem ordem não há Estado, mas ajuntamento de gentes; sem Direito não há sociedade, mas aglomeração de pessoas; sem Constituição legítima não há democracia, mas imposição autoritária. A ordenação legítima das relações dos homens no espaço político é, pois, necessária para que o Estado não seja ficção, mas construção; não seja apenas o que se finge, mas o que é feito para realizar e cumprir o objetivado pelas pessoas que o compõem.

O Estado é unidade e a sociedade é pluralidade, as duas características tendo de ser acolhidas como propriedades essenciais na ordem constitucional. Essa é a unidade jurídica pela qual se assegura a unidade estatal na garantia paralela e essencial da pluralidade política e social. Nessa unidade jurídica se resguarda o pluralismo sociopolítico, que é da essência da liberdade sem embaraços ou diminuição dos compromissos de solidariedade, que é da natureza do viver com os outros e em função do que se impõem limites às ações individuais e coletivas.[16]

---

[16] Explica Konrad Hesse que "lo que sea 'constitución'... es algo que sólo puede ser concebido a partir del cometido y de la función de la constitución en la realidad de la vida histórico-concreta. En la misma aparecen como objetivos inexcusables la unidad política y el orden jurídico. Objetivo a perseguir es la unidad política del Estado. Porque Estado y poder estatal no pueden ser dados por supuesto, como algo preexistente. Ellos sólo adquieren realidad en la medida en que se consigue reducir a una unidad de actuación la multiplicidad de intereses, aspiraciones y formas de conducta existentes en la realidad de la vida humana, en la medida en que se consigue producir unidad política" (HESSE, Konrad. *Escritos de derecho constitucional*. Madrid: Centro de Estudios Constitucionales, 1983, p. 8).

A Constituição põe-se como ordem fundamental para que as normas de Direito que se positivam como manifestações da pluralidade social e da dinâmica estatal não se espacem e se dispersem, deixando o ser humano perplexo e inseguro e o Estado desabrido e ineficiente.[17]

A unidade do Direito somente pode ter lugar, rendendo a ele a condição de sistema de normas jurídicas harmoniosa e coordenadamente positivadas, porque a Constituição faz-se ordem jurídica e a ordem fundamental e fundamentadora de toda a normatividade uníssona do Direito.

Por isso, mesmo o ordenamento jurídico constituindo-se em criação mais vasta do que o que se contém na ordem constitucional, nela nascem e por conta dela vivem todas as demais normas compreendidas no sistema de Direito positivado em dado Estado. A unidade da ordenação jurídica estatal, cuja centralidade se guarda na Constituição, tem nesse sistema fundamental o seu núcleo definidor. Esse núcleo mantém firme, nos princípios e preceitos básicos afirmados na positivação realizada, a dimensão única do Direito positivo, sem a perda das manifestações plurais da experiência política na sociedade.

Sem o cumprimento dessa tarefa-mestra da Constituição, o Direito poderia converter-se em ficção a serviço da multiplicidade de interesses, que poderiam, então, multiplicar-se sem atentar para e sem cumprir os objetivos fundamentais de justiça para toda a sociedade.

c) A propriedade ordenadora fundamental de que se dota a Constituição confere estabilidade e proporciona a estabilização de todo ordenamento jurídico-normativo. Como ordem jurídica fundamental, na qual se traçam os princípios básicos do sistema jurídico positivo, a Constituição confere equilíbrio às instituições políticas e jurídicas e ao ordenamento normativo estabelecido em sua sequência e segundo as suas determinações.

Como antes mencionado, o Direito é ordem normativa dotada de vida, de movimento contínuo e mutante. Dá-se que o movimento do ordenamento jurídico poderia tornar instáveis as instituições e deixar inseguras as pessoas se não houvesse fator garantidor da estabilidade. Para que o movimento legitimador e atualizador do Direito ocorra sem perda dessa garantia de estabilidade, a Constituição impõe-se como ordem jurídica de fundamentos, mais parcimoniosa em sua dinâmica e aferrada aos princípios fundamentais nela estabelecidos e que formam o núcleo imodificável ou ao menos dificilmente modificável.

Assim, assegura-se que os movimentos do processo político e jurídico, inerentes à dinâmica institucional na sociedade estatal, não sejam bruscos, nem insolúveis os litígios havidos nesse espaço, ou solúveis apenas à custa de rupturas constantes, que deixariam pessoas e instituições em estado de perplexidade e instabilidade. É do ser humano a

---

[17] É de Recasens Siches a lição segundo a qual "todos esos diversos preceptos, que integran el ordenamiento jurídico vigente, en un momento dado, tienen distingos orígenes, rangos varios; pero, sin embargo, guardan entre sí una *conexión formal*, es decir, se dan en una articulación orgánica, a pesar de las diferentes fuentes de su procedencia y de sus caracteres dispares. No podemos interpretar todos esos componentes como constituyendo un mero agregado inorgánico y desordenado, una mera yuxtaposición fortuita, sino que hemos de ordenarlos de modo que formen un todo unitario y conexo, un ordenamiento sistemático, cuyas partes guarden entre si relaciones de coordinación y de dependencia" (SICHES, Luis Recasens. *Tratado general de filosofia del derecho*. México: Editorial Porrúa, S.A, 1965, p. 292).

necessidade de viver em base política e jurídica firme, que garanta às pessoas poderem acreditar nos outros, poderem crer que as relações firmadas não são desfeitas a cada raiar da manhã; que não se vive em turbilhão permanente, sem o vislumbre mínimo do que pode vir a ser a vida no momento seguinte da existência; que as construções pessoais e sociais tendem a perdurar, apesar de não terem, necessariamente, de ser eternas. É função básica do Direito constituir ponto de segurança pessoal e social das pessoas nas relações por ele firmadas.[18] O ser humano se desassossega na incerteza e na insegurança permanentes. Este quadro o adoece. E o medo humano desconforta e desabriga, afasta o vigor para lutar contra todas as formas de indignidade e de aviltamento que o acometem. O Direito transporta o ser humano, no plano das relações humanas havidas no espaço estatal, para condição em que haja alguma segurança, preservada de turbilhões que o façam não saber de si e do outro.

Por tudo isso a Constituição há de ser estável sem ser estática. A ela compete passar e assegurar que essas mesmas propriedades espalhem-se e impregnem todo o sistema jurídico que se forma a partir dos fundamentos por ela assinalados e dos preceitos por ela fixados. É a certeza de que as mudanças necessárias ao bem ser da coletividade podem e devem acontecer, quando sobrevierem as demandas por modificação, que dão segurança ao cidadão. Fosse ele surpreendido com a ideia de que o sistema de Direito jamais poderia ser alterado após sua positivação e ver-se-ia, então, tomado de incertezas quanto ao que poderia deixar de ser atendido no futuro. Mas, se cogitasse que o Direito poderia ser mudado ao sabor de conveniências dos que exercem o poder formal ou informalmente, no exercício dos cargos ou pela influência sobre eles exercida, e sentir-se-ia o cidadão muito mais inseguro. Essa a razão que justifica ser a ordem constitucional o elemento primário do Direito a dotar de estabilidade o sistema de Direito posto em dada sociedade estatal. Ali se traçam as possibilidades de mudança, para garantir-se atualidade, sem gerar insegurança para as pessoas. A ordem constitucional dita a política jurídica que se contém em suas normas assecuratórias da mudança, sempre impondo seja possível de ser feita com segurança, garantindo-se o equilíbrio do movimento pelo qual o processo político e jurídico mantém-se possível sem causar, todavia, sustos, assombros ou perplexidades que fragilizariam o homem, a sociedade e o Estado.

Essa função de estabilidade é conceito em profunda mutação no presente. A revolução das tecnologias, a entronização de novos conceitos e experiências de espaço e tempo e a frequência de telas em redes a cobrirem e revelarem qualquer pessoa no mundo (que monologa com não pessoas como são as máquinas e seus avatares transvestidas de faces copiadas dos seres humanos) fazem com que o minuto seguinte não possa, às

---

[18] É de Hannah Arendt a afirmativa segundo a qual "há muito tempo se tornou evidente que os pilares das verdades também eram os pilares da ordem política, e que o mundo (em oposição às pessoas que nele habitam e se movem livremente) precisa de tais pilares para garantir a continuidade e permanência, sem as quais não pode oferecer aos homens mortais o lar relativamente seguro, relativamente imperecível de que necessitam... O mundo se torna inumano, inóspito para as necessidades humanas — que são as necessidades de mortais —, quando violentamente lançado num movimento onde não existe mais nenhuma espécie de permanência... A história conhece muitos períodos de tempos sombrios, em que o âmbito público se obscureceu e o mundo se tornou tão dúbio que as pessoas deixaram de pedir qualquer coisa à política além de que mostre a devida consideração pelos seus interesses vitais e liberdade pessoal" (ARENDT, Hannah. *Homens em tempos sombrios*. São Paulo: Companhia das Letras, 1983, p. 19).

vezes, sequer ser cogitado no instante anterior. A humanidade não apenas se renova, como ocorrera antes, mas se transforma, radicalmente, em velocidade, virulência e violência inéditas.

As gerações de coisas não envelhecem mais a cada vinte anos, mas a cada vinte segundos, às vezes, menos. O conhecimento obtido nas últimas cinco décadas supera tudo o que o homem obteve de ciência e tecnologia nos cinco séculos anteriores. E a coisificação das relações humanas/inumanas, muitas vezes, transporta o ser humano para longe de si mesmo. Entretanto, o Direito permanece criação humana e elaboração para ela feita, produzida e aplicada.

As coisas mudaram, os humanos, não. Continuam tendo fome, adoecendo, amando, rindo, sofrendo, vivendo e morrendo. Se a vida e a morte são, agora, diferenciadas do quanto antes visto e experimentado, nem por isso deixam de ser vida e morte.

O livro da vida continua a ser escrito e revelado. E o Direito estende-se da concepção até depois da morte do ser humano, pois cuida do que lhe antecede, do que é a sua existência e do que ele deixa após atravessar a porta. Isso mantém a constante angústia que acomete o homem desde sempre, e que, agora, chega ao coração do Direito com força inédita.[19]

A busca de estabilidade nas relações humanas mantém-se anseio para não se antecipar a morte e dignificar a vida. Há que se compor, então, com a qualidade que entorna e dinamiza as relações sociopolíticas na atualidade, para que as mudanças sociais e tecnológicas determinantes de novas formas de ação e de interação não se transformem em caos, o qual, em termos de política e de Direito, pode aproximar a vivência com os outros em novas práticas de barbárie com o retorno à lei do mais forte, qualquer que seja o fator determinante dessa amostragem de força.

A ordem constitucional há de cumprir a função de assegurar as mudanças sem que o desassossego se apposse dos homens e de suas instituições, sem que a variação das ideias e das novas formas das coisas conduza à volubilidade incerta, fazendo com que as variações jurídicas em suas normas e nos diversos ramos do Direito se passem sem quebrantamento permanente e sem rupturas continuadas no sistema, estabilizando-se, fortalecendo-se e retomando-se a permanência dos princípios basilares nela contidas como sede magna e insuperável do código ético fundamental da dignidade humana e da possibilidade de manter-se a vida e nela os sonhos que a enobrecem e motivam.

---

[19] « Peu-être est-ce une constante de la psychologie sociale que cette sorte d'angoisse que l'on pourrait appeler l'angoisse historique: celle qu'éprouvent les hommes lorsque, plus ou moins confusément, ils se sentent emportés dans le devenir de l'humanité... Il serait raisonnable et rassurant de considérer le désarroi de notre Xxe siècle comme un phénomène de la même esspèce imaginative. Il y a, cependant, des données objetivement mesurables Qui font penser que, cette fois, les transformations ont été exceptionnelement vastes et rapides, que l'inquiétude dess témoins est, partant, plus fondée, et l'angoisse existentialiste autrement réelle que ne le fut le mal du siècle romantique: l'avance des sciences phusico-chimiques et biologiques, avex ses conséquences chiffreux... les deux guerres mondiales, et les dimensions de leurs charniers ou de leurs champs de ruines, la grande dépressions économique des années 30 et nos multiples dépréciations monétaires... tout cela resserré en l'espace d'une génération, ou presque, c'est plus qu'il n'en faut pour secouer leshommes. Les juristes aussi ont été secoués. Ce pourrait être une caractéristique de notre temps que le droit, pour la première fois, participe à l'angoisse historique. Le droit, justq'alors dispensateur de certitudes, plein de certitude lui-même... le droit en est venue à douter de lui-même. Et l'homme, le profane, à douter du droit. Car le droit est l'affaire de chacun — surtout le droit constitutionnel... » (CARBONNIER, Jean. *Flexible droit*. Paris: Librairie générale de droit et de jurisprudence, 1988, p. 168).

d) A Constituição tem também a função de determinar e fazer conter em suas normas a institucionalização e a organização estatais, definindo a composição, o exercício e o controle do poder político.

O povo, organizado e voltado à constituição de um Estado, modelo de sociedade na qual pretende viver, há que organizar o poder a ser exercido, para que a pessoa estatal possa desempenhar as competências para o cumprimento do que se tenha pactuado, socialmente, como o bem da coletividade. O Estado é pessoa criada para ser meio realizador e possibilitador de atendimento de objetivos humanos. A ele impõe-se, então, que o poder da *polis*, que nele adquire corpo e voz, tenha composição própria, instituições definidas, competências identificadas, finalidades específicas traçadas, exercício estatuído e controle delimitado para que se possa manter legítimo e afeito às necessidades e aos comandos do povo que integra a pessoa estatal. O poder político é, pois, institucionalizado, a dizer, concebido em instituições delineadas nas normas constitucionais. Como o poder político é elemento fundamental do Estado, no sistema normativo que o fundamenta haverá de se compreender o conjunto das instituições que o formam e conformam a sua atuação.

Essas instituições são definidas em arquitetura projetada e positivada no sistema constitucional. Por elas, o arcabouço dos órgãos que configuram, jurídica e fundamentalmente, a pessoa estatal completa o desenho que dá forma própria ao ordenamento constitucional.

O indivíduo, pessoa física, na condição de ser livre e dotado de vida anímica e psíquica, dá-se à ação ou à inação segundo a sua vontade e oportunidade e desde que não transgrida os limites de convivência no espaço de todos. Já a pessoa jurídica, de que o Estado é modelo político por excelência, não dispõe daquelas qualidades. Assim, o homem cria o Estado à sua imagem e semelhança e dota-o das iguais propriedades com que se nota e se conhece, inclusive, e principalmente, a capacidade de ação.

Como o homem tem em seu corpo a identificação dos seus órgãos nobres e respectivas funções específicas e intransferíveis, o criador humano também atribui à sua criatura estatal corpo burocrático composto de órgãos, para cada qual definindo competências, que são, identicamente ao que se tem no corpo humano, peculiaridades e especificidades. Os órgãos fundamentais da estrutura básica, isto é, a figuração jurídica primeira do Estado, são positivados no sistema normativo constitucional, que é o primário lógica, teleológica e ideologicamente, porque é nesse conjunto de princípios e regras que se afirma a anatomia do poder político a se exercer sobre e para todos os cidadãos. As instituições e os órgãos que as compõem são estatuídos constitucionalmente não apenas em suas respectivas formulações embrionárias e burocráticas, mas também na principiologia que predominará no desempenho de suas funções.

Há quem tenha afirmado ser a Constituição instrumento no jogo do poder, pois, ao afirmar como ele se estrutura, se organiza e desenvolve suas atividades, ela preservaria os grupos dominantes na sociedade estatal e tornar-se-ia garantia do *status quo*, beneficiando quem detém as tarefas referidas como sendo concernentes à consecução dos objetivos da coletividade.

É função da Constituição traçar, retraçar, informar e conformar o poder em sua estrutura fundamental e em seus princípios magnos e insuperáveis. Entretanto, somente pode se considerar cumprido o seu ordenamento se a institucionalização e a organização estatal forem consentâneas com os valores de justiça e de liberdade havidos na sociedade.

e) Somente se considera existente e efetivada a Constituição quando legítima. Paralela e consequentemente a essa constatação, há que se considerar ser sua função a legitimação do ordenamento jurídico positivado.[20]

Como assinalado antes, quando os valores sociais da justiça social, da dignidade humana, das liberdades, da igualdade e da solidariedade, que compõem, fundamentalmente, o modelo democrático, são abrigados nas normas sistematizadas na cartularidade constitucional e devidamente observados, tem-se a legitimação do ordenamento jurídico fundamental.

A legitimação é inerente ao processo político de criação e recriação permanente do Direito, porque não se tem por acabada essa qualificação pela positivação de uma norma, mas quando interpretada e aplicada. O processo político precisa ser legítimo, adequado ao pensado, necessitado, desejado e possivelmente realizável pelo povo de um Estado. E tanto faz sejam esse pensamento, desejo e factibilidade levados a efeito diretamente pelo povo ou pela atuação de seus representantes, desde que legitimamente escolhidos.

Sem a conjugação do sentido e do consentido pelos cidadãos e a ação política social e estatal, haveria déficit de legitimidade. A qualidade legítima do sistema constitucional e da ordem normativa infraconstitucional determina não seja a ordem jurídica ficção ou falácia legal, símbolo documental ou simbologia oca, sem efetividade jurídica e política. O processo legitimador permite seja o povo não referência sem valor prático, pontuação retórica ou simbólica para democracia de araque, despojada de efetividade. A imprescindibilidade da legitimação constitucional impede seja o povo melancólico soberano em momento único, o do voto no representante. O sufrágio não é ilusão democrática, é gesto de ação, decisão e luta, dever cívico com todas as pessoas.[21]

A legitimação faz-se permanentemente necessária e assegura a cidadã e o cidadão, participantes do processo político democrático, atuantes no centro da experiência política levada a efeito na praça estatal, orientando eventual mudança de rumos históricos não apenas segundo a augusta e angusta vontade dos que brincam de super-homens da *polis*, mas permite que os cidadãos se mantenham cientes de sua condição e conscientes de sua obrigação política para se fazerem autores de sua história.

A Constituição impede que a legitimação seja breve instante de cidadania havida de permeio na história contínua de governantes. A Constituição oferece à cidadania a possibilidade de fazerem a sua uma história de princípios e não de príncipes. Estes, muitas vezes sem princípios, mas com fins muito definidos e próprios, obscurecem o espaço da política.

Parece adequado realçar a distinção entre as funções e os papéis que a Constituição pode desempenhar na sociedade estatal. A palavra funções, como aqui cuidado, tem o sentido de fins a serem cumpridos pela Constituição, objetivos que determinam a condição hierarquicamente superior dessa Lei no bloco de Direito que organiza, ordena e rege o Estado e, principalmente, estabelece as normas garantidoras dos direitos

---

[20] Cf. CANOTILHO, J.J. Gomes. *Op. cit.*, p. 1.335.
[21] Confiram-se p. 285 e ss.

fundamentais dos membros da sociedade e, ainda, que se dota de inegável importância política para a convivência pacífica nesse espaço.

As funções não esgotam, contudo, a amplitude dos fins buscados pela Constituição, incluído o de representar o símbolo em torno do qual gravitam as relações sociopolíticas e mantém-se, nos membros da comunidade estatal, a crença nas instituições ou na possibilidade que elas possam vir a cumprir para a excelente condição de vida.

Entretanto, deve-se observar que as funções podem ser alteradas no curso da história dos povos. A busca pela garantia de dignidade humana, de liberdades iguais e de solidariedade com todas as pessoas, não.

Mantém-se, assim, o equilíbrio no movimento constitucional, garantindo-se o cumprimento das funções do sistema fundamental para a efetivação social e política do estatuto jurídico fundamental pela segurança propiciada, pelos princípios que compõem a base da construção normativa.

CAPÍTULO II

OS PRINCÍPIOS CONSTITUCIONAIS

1. *Constituição, seus princípios e seus tempos.* O verbo constitucional, projetado no sistema normativo para construção do presente e projeção do futuro de um povo, expõe-se em princípios, como antes apontado.

Os princípios são os pilares jurídico-constitucionais que afirmam a certeza e a segurança do movimento político, com a garantia de manutenção firme do sistema, sem ruptura nem afronta ao passado construído, ao presente trabalhado e ao futuro projetado como história a se fazer.

Os princípios compõem o sistema de normas e expõem-se ou impõem-se mesmo sem expressão formal nas normas afirmadoras da obra constitucional. Não são os únicos conteúdos que compõem aquele sistema. Conjugam-se com as regras, sendo essa construção sensível mudança na teoria constitucional e, especificamente, na formulação da jurisprudência dos direitos fundamentais.

Constituição é sistema de normas jurídicas. As normas veiculam princípios ou regras jurídicas fundamentais. Distinguem-se aquelas que contêm uns ou outras pela estrutura, pelo conteúdo e pelas características. Por diversas teorias busca-se elucidar a distinção entre normas-princípio e normas-regras constitucionais. O sistema constitucional abre-se pelos princípios e condensa e densifica o conteúdo fundamental afirmado pelas regras.[22]

---

[22] O conceito de princípio jurídico recebeu tratamento específico e marcante no Direito com Crisafulli, que, em 1952, classificou-o especificamente. Para aquele autor, "i principi (nel significato della parola che si interessa) sono enunciati, talvolta scritti nelle costituzioni o in altri, talvolta non scritti dal autorità ma comunque enunciati dagli operatori giuridici (i principi non scritti, nel linguaggio dei giuristi), che non descrivono uno specifico comportamento (come fa una regola di comportamento), ma indicano fini, obbiettivi, critério, valori, con la consguenza che sul piano giuridico il principio (l'enunciato che lo esprime) da solo non produce nulla in positivo, perhcè ha bisogno di ulterior decidioni che appunto introducono regole operative in attuazione di quei fini, obbietivi, criteri, valori espressi nel principio; in negativo però esso determina la illegitimità di un qualunque atto riconducibile al principio che non si atiiene ad esso (il suo valore giuridico resta dunque molto alto). Il principio dunque, nel significato qui seguito, consente infiniti modi di attuazione, tra i quali il potere politico e tutti gli altri potere ammessi possono scegliere, ad eccezione di quei sedicenti modi che sono invece contrari al principio" (CRISAFULLI, Vezio. *Diritto Costituzionale*. Modena: Mucchi Editore, 2014, p. 29). A obra na qual estampou Crisafulli, inicialmente, sua conceituação de princípio foi *Le costituzione e le sue principi*.

Quatro anos após aquela apresentação doutrinária, a Corte Constitucional italiana valia-se do conceito em sentença, na qual se fez constar "Faz-se mister assinalar que se devem considerar como princípios do ordenamento jurídico aquelas orientações e aquelas diretivas de caráter geral e fundamental que se possam deduzir da conexão sistemática, da coordenação e da íntima racionalidade das normas, que concorrem para formar assim, num dado momento histórico, o tecido do ordenamento jurídico" (*Apud* BONAVIDES, Paulo. *Curso de direito constitucional*. São Paulo: Malheiros, 2015, p. 228).

Múltiplos os critérios acolhidos pela doutrina para distinguir princípios e regras, o que não se discute, na quadra histórica atual, é a importância de terem conteúdos normativos com eficácia específica e que a sua conjugação conforma a dinâmica do sistema constitucional. Mais ainda, permite seja esse sistema aberto e ágil, aperfeiçoando-se pela interpretação que possibilita a sua atualização permanente, adaptando-se às mudanças de tempos e a todos os tempos de mudanças.

Princípios são considerados, agora, por parte da doutrina, como a) fatores determinantes para a interpretação e para a aplicação suficiente e eficiente dos direitos fundamentais; b) elementos definidores da ética constitucional a animar o sistema constitucional, mantendo a permanente atualidade; c) fatores que dotam de unidade a pluralidade de instituições definidoras do sistema normativo; d) a matriz que fecunda o sistema de normas e permite o seu refazimento sem se permitir esclerosar pelas ideias prevalecentes no momento da elaboração e, porque vivas, as normas são reinventadas e mudadas sem perda do espírito constitucional que está em sua base e que é a ideia de justiça acreditada na sociedade. Princípios são pilares que dotam de firmeza, flexibilidade e adaptabilidade o sistema de normas constitucionais positivado. As normas que os contêm aplicam-se em concertação ponderada, segundo o critério interpretativo que dote de efetividade jurídica e social o que se expõe em determinado caso. É na vida que o Direito se realiza. É o elemento da experiência que aproxima e distancia um ou outro princípio, compondo o mosaico normativo em seu movimento buscador da melhor aplicação em cada caso. A prevalência de um ou outro princípio, sem eliminação inteira de qualquer deles, mas em combinação que ressalta um sobre outro, conforme o dado fático, caracteriza o sistema conformado em anéis encadeados de princípios.

Determinada regra não é sempre afastada inteiramente para fazer prevalecer outra. Mas, diferente do princípio, a norma que a contém, se e quando inaplicada para

---

Robert Alexy afirma que "la distinción entre reglas y principios no es pues una distinción entre dos tipos de normas"(ALEXY, Robert. *Teoría de los derechos fundamentales*. Madrid: Centro de Estudios Políticos y Constitucionales, 2002, p. 83). Não há, na doutrina, critério único distintivo dos princípios e das normas. Para Alexy, a diferenciação entre normas de princípios e normas-regras não se resolve, por exemplo, na base do *tudo ou nada* proposto, por exemplo, por Ronald Dworkin. Esse autor vale-se dos princípios para promover um "ataque geral ao positivismo": ou a regra vale e há de ser aplicada ou não vale e não há de ser aceita. Para Robert Alexy, os fatores distintivos dos princípios e das regras põem-se quanto à colisão, limitando-se os princípios na relação que há entre eles e nos efeitos a produzirem; e quanto à obrigação por eles determinadas ou deles extraída: as regras impõem obrigações absolutas, não se compondo com normas que as distinguem, enquanto os princípios instituem obrigações que se superam e se compõem com outros com os quais colidem, mas que não os excluem pela presença do outro. Karl Larenz expõe serem os princípios fundamentos para a interpretação e aplicação do direito. Observa aquele autor que os princípios são indicativos das regras, sendo elas formulações normativas que definem as decisões tomadas. Também sobre a matéria Gomes Canotilho é profundo e claro ao esquadrinhar os variados critérios sugeridos na doutrina para distinguir princípios e regras. Ensina ele: "são os critérios sugeridos: a) *grau de abstração*: os princípios são normas com um grau de abstração relativamente elevado; de modo diverso, as regras possuem uma abstração relativamente reduzida; b) *grau de determinabilidade* na aplicação do caso concreto: os princípios, por serem vagos e indeterminados, carecem de mediações concretizadoras (do legislador? do juiz?), enquanto as regras são susceptíveis de aplicação directa; c) *carácter de fundamentalidade* no sistema das fontes de diretriz: os princípios são normas de natureza ou com um papel fundamental no ordenamento jurídico devido à sua posição hierárquica no sistema das fontes... ou à sua importância estruturante dentro do sistema jurídico...; d) *'proximidade' da ideia de direito*: os princípios são 'standards' juridicamente vinculantes radicados nas exigências de 'justiça'(Dworkin) ou na 'ideia de direito'(Larenz); as regras podem ser normas vinculativas com um conteúdo meramente funcional. f) natureza monogenética: os princípios são fundamento de regras, isto é, são normas que estão ou constituem a *ratio* de regras jurídicas, desempenhando, por isso, uma função normogenética fundamentalmente"(CANOTILHO, J. J. Gomes. *Op. cit.* 3. ed. Coimbra: Almedina, p. 1086).

ceder a outra, não compromete o sistema, nem abala toda a composição. A regra é via normativa angusta; o princípio dota-se de largueza expansiva.

A interpretação constitucional dos princípios permite a concretização e a atualização do sistema de normas, tornando o que neles se contém normas em contínuo processo de aperfeiçoamento e elasticimento de concretização. Os princípios são maleáveis em sua aplicação, para estenderem-se além do texto e permitir-se a construção de contextos constitucionais. As regras, diferente disso, são empertigadas, impondo-se pelo elemento definidor plasmado em seus termos, pelo que o seu grau de concretização é mais restrito. Princípios distinguem-se para se aglutinarem em mosaico que compõe a inteira figura do direito fundamental de um povo. A colisão entre princípios compõe-se de elos que se combinam formando unidade plural de temas, significados e possiblidades do sistema tomado em sua inteireza. Enquanto as regras excluem-se ao descombinar, definindo-se a aplicação de uma em detrimento de outra, os princípios aliam-se, prevalecendo em graus diversos, mas sem eliminação de um para prevalência do outro: os princípios combinam-se na colisão, para permitirem o completamento do sistema. Princípios coexistem, mas guardam suas marcas na combinação distintiva e realçada com vigor diverso em sua aplicação. O peso a ponderar, a luz a prevalecer no colorido final a dotar de vida a situação sobre a qual incide a normatividade sistêmica extraem-se dos princípios. Eles mantêm a unidade e a atualidade do Direito, não permitindo que a pluralidade e a colisão entre o que neles se plasma instabilizem a unidade sistêmica. Os princípios põem questão relativa à composição e à eficácia do sistema de Direito, enquanto as regras expõem indagações sobre a sua validade.[23]

O que assegura a firmeza e a fluidez, especial e temporal, da composição constitucional é superiormente, mas não exclusivamente, o conjunto de princípios que a fundamenta. Eles asseguram ser o sistema jurídico não exaustivo, propiciando que novos saberes e vivires de um povo integrem o sistema que se realimenta e refloresce a cada geração ou a cada movimento de uma mesma geração. Os valores conformadores da ética constitucional, segundo a qual se afirma uma ideia de justiça, mantêm-se íntegros e sempre atuais. A efetividade jurídica e social do sistema constitucional depende da aptidão dos órgãos responsáveis pela sua guarda e aplicação na função de interpretar e gerar a confiança legítima dos cidadãos, que a ele se submetem, de estarem sendo atendidos em sua ideia realizável de experimentar o justo em seu viver.

A sistematização de normas constitucionais não elimina a tensão entre elas. Tudo o que é vivo pressiona. O sistema constitucional é ativo. A vida é mais e impõe variado elemento. Passado, presente e futuro misturam-se no correr da vida. Travessia faz-se aprendendo-se o *quem* é o povo. E ele é mutante. As normas mudam porque a vida é andança. O Direito é só estrada. Seu rumo é só certo no traçado inicial, com

---

[23] Para Canotilho, "em caso de *conflito entre princípios*, estes podem ser objeto de ponderação, de harmonização, pois eles contêm apenas 'exigências' ou 'standards' que, em 'primeira linha' (*prima facie*), devem ser realizados; as regras contêm 'fixações normativas', *definitivas*, sendo insustentável a validade simultânea de regras contraditórias. Realça-se também que os princípios suscitam problemas de *validade* e de peso (importância, ponderação, valia); as regras colocam apenas questões de validade (se elas não são correctas devem ser alteradas" (*op. cit.*, p. 1088). Para José Afonso da Silva, "os princípios são ordenações que se irradiam e imantam os sistemas de normas, são (como observam Gomes Canotilho e Vital Moreira) 'núcleos de condensações' nos quais confluem valores e bens constitucionais..." (SILVA, José Afonso da. *Curso de direito constitucional positivo*. São Paulo: Malheiros, 2016, p. 93).

rota cambiável. O sistema de Direito atua como sinais para dela não se ausentar nem despencar a caminhada humana.

A construção democrática do sistema constitucional adotado possibilita saber o rio e manterem-se as águas. Quem faz e refaz a correnteza, alarga ou estreita margens, vence enchentes ou a irriga na seca é o ser humano.

A tensão resultante do movimento provocado no encontro das normas constitucionais depende da brisa viva dos pulsos e dos impulsos humanos, do fazer constitucional. Os órgãos jurisdicionais (em alguns Estados Constitucionais são conferidos a órgãos políticos específicos não judiciais) têm de interpretar as normas constitucionais e, a partir da tensão entre elas, equacionar nova e permanente fonte de recriação do sentido e do consentido pelo sistema constitucional.

Alguns valores políticos convertem-se, pela legitimidade do processo democrático, em conteúdo de normas de Direito, traduzidos em princípios, que compõem o ordenamento fundamental. O Direito impõe-se, com a autoridade específica que dota de vigor e produz efeitos a ditar condutas e orientar comportamentos no cenário sociopolítico e econômico.

Os princípios constitucionais têm conteúdo e vigor jurídicos distintos, segundo apresentem determinante estruturante do Estado e dos valores em que se fundam, estampam e asseguram os direitos fundamentais dos indivíduos, ou definidores do quadro normativo e de sua capacidade de produzir efeitos para os indivíduos e para as instituições.

As normas-princípio são matriz e diretriz do sistema constitucional. A aplicação legítima e adequada da Constituição depende, portanto, da perfeita compreensão do texto e do contexto constitucional, refeito, ininterruptamente, pela seiva de vida jurídica que brota dos princípios. Neles, os valores permanentes de humanidade, dignidade, solidariedade e responsabilidade humanas irradiam-se, projetam e ganham concretude.

As normas não são mostradas, necessariamente, no texto constitucional com o rótulo específico de princípios, como também não se rotulam, normativamente, as regras. O entendimento da natureza de umas e outras, à parte nomenclatura adotada pelo constituinte mesmo, é extraído da interpretação de seu conteúdo. Da inteligência da norma ressaem seus efeitos próprios, dos quais podem decorrer a compreensão de outras normas e até mesmo a elaboração de outras.

Assim, as normas-princípio põem-se no sistema constitucional, não podendo ser introduzidas apenas pelo voluntarismo interpretativo. Entretanto, algumas comparecem no Direito de forma expressa, outras são explícitas e outras, ainda, implícitas. A razão de ser de cada norma há de estar em sua concepção no sistema, definindo seu núcleo essencial e revelando sua finalidade. Positivados no sistema em sua expressão, em sua explícita imposição ou implicitamente expondo-se, os princípios constitucionais são vetores de ditames que enunciam e, especialmente, garantem o respeito aos direitos fundamentais e formam as instituições e os institutos jurídicos básicos do Estado.[24]

---

[24] José Afonso da Silva menciona também os princípios sensíveis, "aqueles clara e indubitavelmente mostrados pela Constituição, os apontados, enumerados. São sensíveis em outro sentido, como coisa dotada de sensibilidade, que, em sendo contrariada, provoca reação, e esta, no caso, é a intervenção do Estado exatamente para assegurar sua observância" (SILVA, José Afonso. *Op. cit.*, p. 621).

Os princípios expressos são anunciados por títulos que indicam o seu cerne. Possibilitam, assim, de plano, a compreensão de seu núcleo, de sua extensão e de suas possibilidades. Assim, por exemplo, os princípios da legalidade, da igualdade, da moralidade e da publicidade.

Outros princípios são explícitos. Põem-se com clareza inegável, como o da separação de poderes ou o da autonomia dos entes federados. Não se rotulam, mas estão expostos em seus contornos claros, constituindo desdobramentos necessários, consequentes de outros.

Implícitos são os princípios que se põem sem enunciado, mas com identidade marcada e com força definidora de direitos. Assim, por exemplo, o princípio da motivação suficiente e o da finalidade legítima dos atos da Administração Pública são extraídos daquele expresso, o da juridicidade. Impõe-se para o controle do cumprimento desses princípios há que se ter acesso à motivação determinante e a explicitação dos fins a que se destina o ato da Administração Pública de qualquer dos poderes. Sem que tanto esteja expresso, como aqueles eleitos pelo constituinte originário ou derivado brasileiro (art. 37 com a alteração introduzida pela Emenda Constitucional nº 19, de 1999), do encadeamento do que se tem como expresso extrai-se a necessária adoção, pelo sistema normativo, do que está implícito, impondo-se o seu cumprimento.[25]

2. *Princípios constitucionais no Direito brasileiro.* Conquanto a noção de princípios tenha se afirmado no constitucionalismo no séc. XX, a sua adoção nos textos constitucionais data de muito antes.

O constitucionalismo contemporâneo compõe-se de normas pelas quais se anuncia a formulação estrutural do Estado, suas funções básicas e nelas se enunciam direitos fundamentais das pessoas e suas garantias, pelo que a presença, nas Constituições modernas, de normas-princípios é constante.[26] O que se inovou, conceitualmente, na fase mais recente do constitucionalismo foi o cuidado doutrinário e jurisprudencial específico e a classificação das normas segundo o seu conteúdo, suas funções, seus efeitos e seus consequentes jurídicos e políticos.

Avançou o Direito Constitucional na formulação normativa de princípios, formulando-os na expressão anunciada de direitos e garantias e, na experiência brasileira

---

[25] Desde a conceituação originária de Crisafulli sobre princípios, fez-se constar a advertência de não serem os princípios necessariamente expressos: "vale a pena notare che molti principi assolutamente fondamentali (ad es. il principio di divisione dei poteri, il principio di legalità, o, per alcuni com parole equivalenti, per altri com parole che designano um principio in parte diverso, il principio dello Stato di diritto) in generale non si trovano scritti nelle costituzioni (e comunque non si trovano scritti nella nostra Costituzione). D'altra parte scrivere um principio nella costituzione quasi sempre si riduce a dire semplicemente il suo nome: qualunque definizione si apriebbe immediatamente ad unópera continua di definizione, che ne metta continuamente in luce, secondo i temi affrontati volta per volta, aspetti sempre nuovi. Un principio è appunto, come dice il nome, um punto di partenza, per un viaggio senza fine nel mondo del diritto, e quindi di necessità nel mondo del uomini, in un certo territorio e in un certo período storico" (*op. cit.*, p. 20).

[26] A Constituição norte-americana de 1787, primeira escrita em documento específico e publicado, afirma princípios prevalecentes e influentes ainda no constitucionalismo contemporâneo. Assim, por exemplo, o princípio federativo e o republicano, introduzidos, em figurino inovador, naquele documento constitucional não se expunham de forma expressa ou enunciada como princípio fundamental. O mesmo quanto ao Estado de Direito, mas apresentaram-se ali sem dúvida ou indagação minimamente séria. Outros, como, por exemplo, o princípio da irretroatividade da lei penal (seção 9ª do art. II), permanecem como balizas normativas fundamentais, conquanto não afirmadas sob o título de princípio constitucional. Assim se seguiram nas Constituições que passaram a ser elaboradas e promulgadas sob o signo do constitucionalismo moderno e, com maior expressão formal, no contemporâneo.

contemporânea, havida à maneira de outros povos, fazendo coexistir aqueles enunciados com a referência expressa a preceitos fundamentais.[27]

A experiência constitucional teve, sempre, bons textos postos como Constituições. A dificuldade de que a história brasileira dá melancólico testemunho é a recalcitrância incívica de cumprir o Direito. Estado, governantes e governados desgovernam-se não poucas vezes, com consequências graves para o Estado de Direito, mais ainda em relação à realização de projeto democrático sempre enunciado e quase nunca inteiramente aprimorado. A indigência cívica, a carência de educação para a democracia e o desapreço sincero de governantes pelo Estado de Direito e pela limitação do Poder (Getúlio Vargas teria afirmado, ao receber a Constituição de 1934, que "já estava acostumado a escrever em papel sem pauta") têm conduzido a ser, ainda, conquista sociopolítica a ser implementada a estima cívica pelo Direito.

2.1. *Os princípios nas Constituições brasileiras antes de 1988.* No Brasil, a teoria do Estado tem formas próprias de se formar e de se inconformar. Em teoria, o Estado é a sociedade que amadurece e legitima determinada ideia de justiça. Para aplicá-la e dotá-la de efetividade, elabora-se sistema de normas de Direito a partir do qual ela se constitui em Estado. A sociedade afirma-se em certo território, no qual se sedia para realizar a sua ideia de justiça, explicitada no Direito que soberanamente põe-se e impõe-se. O povo afirma o seu "quem", sua identidade política no plano nacional e internacional, expõe o que é e o que pretende ser.

O grupo de pessoas que forma o povo afirma-se como unidade nacional sob a égide do Direito pelo qual se constitui em Estado. O ser humano vem antes do Estado no qual se constitui a sociedade. Para definir e afirmar a incidência do direito soberano posto e aplicado no território demarcado, o povo constitui-se em Estado.

a) No Brasil, a ideia de Constituição para o povo ainda não definido politicamente em sua integridade e em sua identidade nacional não partiu de um projeto político da sociedade brasileira, senão dos detentores do poder. Que não eram brasileiros!

O projeto depois convertido em Carta de Lei de 25 de março de 1824 também não se deixara dominar por interesses nacionais. Por isso, a primeira crise constituinte instalada no Brasil, proclamado independente um ano antes (1822), não decorreu de conflitos sobre as diferenças plurais do País, senão dos interesses de proprietários, especialmente quanto às heranças dos estrangeiros, objeto de debates na Assembleia Constituinte de 1823.

Interesses particulares e de grupos específicos, não pensantes no Brasil, nem do País, mas preferencialmente dos portugueses, mas não só, foram os determinantes da elaboração e da outorga do primeiro documento constitucional brasileiro.

Dissolvida na denominada *noite da agonia*, de 12 de novembro de 1823, a primeira Assembleia Constituinte, convocada e instalada apenas oito meses depois de proclamado independente de Portugal, deveria ter cumprido a função de afirmar um Brasil soberano. Acreditar nisso pode ter sido seu infortúnio. Então, como ainda melancolicamente agora se observa, prevalecia o que versava Camões: "leis em favor do rei se estabelecem, as em favor do povo só perecem".

---

[27] Na Constituição do Brasil de 1988 há a referência expressa a preceito fundamental no §1º do art. 102, como instrumento de controle abstrato de constitucionalidade.

Outorgada no ano seguinte, a Carta de Lei de 25 de março de 1824 foi apresentada como Constituição do Império do Brasil.

Em análise sobre essa Carta de Lei 1824 Pimenta Bueno afirmava, em sua obra de 1857, ainda atual em tantos pontos, que, "para que um governo mereça o nome de constitucional, não basta que ele seja instituído pelo consentimento nacional; é de mister além disso que a natureza e extensão dos poderes políticos e suas atribuições sejam expressamente fixadas e limitadas por disposições que estabeleçam o fundamento, a forma invariável, a regra fixa e suprema, assim do governo, como dos direitos e obrigações dos cidadãos. ... Nossa pátria não está pois sujeita à direção do arbítrio, da vontade ilimitada, da escravidão; cumpre só que ela faça observar religiosamente sua constituição pois que é a sua religião política...".[28]

Postos os princípios, estamparam-se eles ou poderiam ser extraídos das normas constitucionais naquele documento, por exemplo: o regime monárquico definido (art. 3º), o modelo unitário de Estado escolhido (art. 2º), o modelo de separação de poderes e o controle entre eles (art. 10), as liberdades como fundamento da vida em sociedade (art. 179), o princípio da liberdade de expressão, de trabalho, da igualdade, da segurança pública. O constitucionalismo então não se separava do quadro de princípios fundamentais a elucidar o sistema de normas. O seu figurino normativo era por certo diverso do que se aplica atualmente. Mas, obra aberta como tudo na vida humana, aperfeiçoou-se para ser mais densa em sociedades que são mais tensas. O Direito há de dar cobro às exigências de justiça de cada período histórico.

b) A Constituição republicana de 1891 introduziu princípios novos no Direito brasileiro e redefiniu a política do Estado e das pessoas no País. Elaborada após período de evolução que demonstrara a defasagem entre o posto como Direito e o experimentado como realidade política, social e econômica (abolição formal da escravatura), mais uma opção proclamada pelos detentores do poder como foi a República, sem repúblicos, é certo, como carente de povo era também a frágil monarquia encarapitada em palácio de frente para o mar e de costas para o Brasil, poderia parecer repetido o modelo formal de Constituição antes adotado no País. Assim não era, contudo.

A Carta constitucional de 1824 fora influenciada pelo constitucionalismo francês do período revolucionário anterior, por suas ideias e seus valores. A Constituição de 1891, elaborada sob a inegável influência de Ruy Barbosa, seguiu o modelo norte-americano e adotou figurino próximo das ideias positivistas. Direitos fundamentais vanguardeiros naquele início de séc. XIX, como o direito à educação, nomeada *instrução primária* (assegurada no inc. XIX do art. 179 da Carta de 1824), não foram repetidos na Constituição de 1891. O modelo de Estado era outro. O Brasil que, então, gingava ao som de Chiquinha Gonzaga não era apenas (conquanto seja para sempre e mais) Padre José Maurício e o genial Carlos Gomes. Brasil que a música multiplica ouviria "Ô abre alas" sem se ensurdecer ao som nem ao gosto de "tão longe de mim distante".

Os valores humanos, políticos e sociais multiplicam-se; sua forma de realização se aperfeiçoa. A molécula de vida comporta sempre novos átomos. A experiência política promovida e aproveitada pela sociedade reverbera constitucionalmente naquela

---

[28] BUENO, José Antonio Pimenta. *Direito público brasileiro e análise da Constituição do Império*. Brasília: Senado Federal, 1978, p. 28.

República formalizada em norma fundamental. A Federação inaugura províncias em Estados assanhados em soberania imprópria. O princípio da representação do povo ainda com pouco povo. Liberdade, mas não educação, nascia com aquele modelo constitucional, o que ainda hoje se anota, infelizmente: no Brasil, acorre-se ao consumo antes de se acolher a civilização.

Os marcos civilizatórios, a indicar valores constitucionalizados em seus princípios fundamentais, não deixaram de comparecer no sistema constitucional de 1891, tornando-se alguns expressos.

Direitos fundamentais esmiuçaram princípios em repetição do que se adotara no constitucionalismo monárquico, mas com maior clareza quanto ao conteúdo e à natureza das normas. Assim, por exemplo, em relação à República, à Federação, ao princípio da separação de poderes, à sua independência aos direitos fundamentais, estendidos àqueles de participação política, mantida a elitização do processo de eleição, a inferioridade constitucionalmente mantida em relação, por exemplo, às mulheres (que somente obtiveram o reconhecimento do direito ao voto no final da década de 20 do séc. XX), aos analfabetos, entre outros.

O regime de liberdades mantinha-se restrito para uma sociedade de igualdade garantida, mas de desigualdade tolerada e, pior ainda, invisibilizada de forma interesseira, para sequer ser enfrentada.

A Constituição de 1891 refere-se seis vezes, expressamente, aos princípios constitucionais, em alguma norma como sinônimo de competência: no inc. II do art. 6º e em seu parágrafo 1º, no art. 63, no §7º do art. 72, no art. 78 e no art. 83.

Dois daqueles dispositivos merecem destaque: a dicção do inc. II do art. 6º deixa expresso que: "Art. 6º - O Governo federal não poderá intervir em negócios peculiares aos Estados, salvo: (...) II - para assegurar a integridade nacional e o respeito aos seguintes princípios constitucionais: a) a forma republicana; b) o regime representativo; c) o governo presidencial; d) a independência e harmonia dos Poderes; e) a temporariedade das funcções electivas e a responsabilidade dos funcionários; f) a autonomia dos municípios; g) a capacidade para ser eleitor ou elegível nos termos da Constituição; h) um regimen eleitoral que permitta a representação das minorias; i) a inamovibilidade e vitaliciedade dos magistrados e a irreductibilidade dos seus vencimentos; j) os direitos políticos e individuaes assegurados pela Constituição; k) a não reeleição dos Presidentes e Governadores;...".

Também inegável é a importância da norma expressa no art. 78 daquela Constituição, na qual se estabelece a natureza ampliativa das normas-princípios de direitos fundamentais.[29]

---

[29] "Art. 78 - A especificação das garantias e direitos expressos na Constituição não exclui outras garantias e direitos não enumerados, mas resultantes da forma de governo que ela estabelece e dos princípios que consigna." Debate judicializado foi travado, nos estertores do séc. XIX, sobre a eleição de Prefeitos municipais, discutindo-se sobre a natureza de princípio, ou não, da necessária escolha pelo eleitor. Como o Município não era nomeado, expressamente, como pessoa federada, afirmavam alguns que os princípios de autonomia dos entes federados não se estendiam a eles. Acabou prevalecendo a tese de que os entes locais tinham natureza federativa, compunham a Federação brasileira e detinham autonomia para definir a escolha do chefe do Poder Executivo local.

c) A Constituição brasileira de 1934 revelou novo constitucionalismo. No conturbado cenário mundial que se seguiu à Primeira Guerra Mundial e no Direito elaborado depois da Constituição mexicana de 1917 e a de Weimar, de 1919, o constitucionalismo reformulou-se. A entronização de novos direitos anunciados como fundamentais, somada àqueles individuais tradicionalmente garantidos, revitalizou o pensamento e a experiência jurídica.

Os direitos sociais não foram apenas acréscimos de normas. Foram, isso sim, movimento inovador do constitucionalismo e extensivo de balizas jurídicas. Não se reconfigurou apenas o cuidado jurídico fundamental do homem em sua relação com o Estado, mas também se institucionalizou, então, inovadoramente, a pessoa estatal. Para dotar-se de condições de implementar as políticas públicas possibilitadoras da efetivação jurídica e social dos direitos sociais à educação, à saúde, à previdência, dentre outros, o Estado espectador não se fazia suficiente, nem eficiente. Cuidava-se, então, de institucionalizar sua mudança para adaptar a nova figura estatal aos tempos em que, como dito por Carlos Drummond de Andrade, "Os homens pedem carne. Fogo. Sapatos. As leis não bastam. Os lírios não nascem da lei. Meu nome é tumulto, e escreve-se na pedra".

Mudou a vida, mudou o mundo, mudou o Direito. Nem poderia de outro modo ser.

Não apenas se teve — e pouco já não teria sido — a mudança de conteúdo, mas também da forma de fazer conter-se nas normas jurídicas o novo cuidado da vida. O Estado Social de Direito traduz uma nova ideia de justiça formada e acolhida pela sociedade.

Conquanto se tenha exposto catálogo mais extenso de direitos fundamentais nesse novo modelo constitucional, nele incluídos os direitos sociais tão fundamentais quanto os individuais e políticos, a animação institucional segue o movimento de vida de acomodação, amadurecimento e concretização. Por isso, o rol dos direitos sociais não se deu à imediata efetivação. A forma mesma de controle de constitucionalidade de políticas públicas, da eficiência estatal na adoção de decisões legais e administrativas, providências, medidas e atos que as compõem, fez-se de maneira lerda, cuidadosa e, às vezes, quase inoperante.

Teorizou-se sobre a nova classificação das normas constitucionais, considerando-se a principiologia como orientadora sem força normativa própria. As concepções sobre normas programáticas ajeitaram, no Direito, as raízes do constitucionalismo social (fincadas em compromisso entre forças político-ideológicas prevalecentes no período, como os socialistas, liberais, social-democratas, entre outras) com parcimônia na efetivação dos direitos.

No Brasil, a Constituição de 1934, elaborada por Assembleia Constituinte legítima e com compromissos voltados à renovação (o rol de direitos individuais teve o seu elastecimento com os direitos sociais, o federalismo cooperativo substituiu o denominado federalismo dual), o paradigma constitucional absorveu novo quadro de instituições políticas e jurídicas.

A palavra *princípio* compareceu naquela Constituição numerosas vezes, por exemplo, no art. 7º, no inc. V e §1º do art. 12, no art. 104, no inc. 37 do art. 113, no art. 114, no art. 115, no parágrafo único do art. 122 e no art. 153. O significado e a menção a princípio nem sempre correspondem a conteúdo de idêntica caracterização ou eficácia. Mas é certo que sua força vinculante e sua designação formal representam mudança facilmente identificada no modelo constitucional contemporâneo.

d) Os historiados relatam que, em 1936, antes mesmo de haver tempo hábil para efetivarem-se as medidas para a concretização das políticas públicas definidoras dos deveres estatais quanto aos direitos sociais, a atuação estatal voltou-se ao solapamento da Constituição de 1934.

Os novos detentores do Poder estatal, com seus juristas de ocasião que rondam palácios e farejam oportunidades para saciar suas vaidades e seus interesses, prepararam o documento que viria a substituir, nominalmente, a Constituição de 1934. Em 10 de novembro de 1937, após o golpe do governante, afirmou-se estar outorgada nova Carta a ser observada como Constituição do Brasil.

A importância jurídica daquele documento constitucional de 1937 é parca. Não se deu a cumprir, porque não passava de documento que adotava o rótulo de Constituição, mas não fora outorgada para ser observada. Tanto que poderia, e efetivamente foi, alterada por decreto presidencial. Não era Lei, nem fundamental, nem eficaz juridicamente.

Em seu art. 187 se previa: "Art. 187 - Esta Constituição entrará em vigor na sua data e será submetida ao plebiscito nacional na forma regulada em decreto do Presidente da República".

Não foi ela submetida a plebiscito, nem vigorou como Constituição. Sua aplicação poderia ser lembrada em pontos que pouco dela dependiam, tendo sido aplicadas normas cujos conteúdos coincidiam com o voluntarismo do governante.

Ditadura não gosta de Direito. Afasta juízes, mata o Direito e desconhece justiça para a sociedade. Ditador não gosta nem de si mesmo. Se se desse ao respeito, ditador não seria. Sozinho, ditador nada vale, alimenta-se dos sonhos humanos dos outros, os quais cuida de matar e assar em braseiros com nomes de campos, manicômios ou esconderijos envergonhados e sem placa. Acho que ditador tem medo até de si mesmo.

Constituição legítima não cabe em ditadura. O Brasil é prova.

e) *A Constituição de 1946* buscou refazer a ponte com a experiência perdida em 1934. O pós-Segunda Guerra Mundial mantinha os medos e as fomes de antes. Mas a crueldade tinha esbugalhado sua carranca de dores e sofrimentos, mostrando que a perversidade (in)humana é um sem-fim. Ilimitada a ferocidade que pode residir no ser humano, concentrando em campos os martírios e em colônias as demências do poder descontrolado, o constitucionalismo escutou o apelo de humanidade dos cidadãos. As indignidades e as iniquidades desumanas traíram a humanidade. O Direito foi tido, então, como necessário instrumento para conter os horrores que a desumanidade é capaz de promover.

O princípio da dignidade humana tornou-se o núcleo fundamental do Direito.

No Brasil, a derrocada da ditadura de Getúlio Vargas fez-se inexorável. Não foi a queda de um ditador, mas o final de um ciclo de ditadura.

Tendo assumido inicialmente o cargo de Presidente da República, provisoriamente, em 1930, pelo ato de força que botou abaixo o regime constitucional de 1891, Getúlio Vargas foi confirmado naquela Presidência em 1934, quando da promulgação da Constituição daquele ano.

A Constituição de 1934 previa, em seu art. 52, que "o período presidencial durará um quadriênio, não podendo o Presidente da República ser reeleito senão quatro anos depois de cessada a sua função, qualquer que tenha sido a duração desta".

Nos termos do art. 1º do Ato das Disposições Constitucionais Transitórias daquela Constituição de 1934, a Assembleia Constituinte elegeria, no dia seguinte ao da promulgação da Constituição, o Presidente para o primeiro quadriênio subsequente.

Eleito o Presidente que estava em exercício desde 1930, Getúlio Vargas, o período de quatro anos terminaria em 1938. Entretanto, com o golpe de 10 de novembro de 1937, a Carta então outorgada (e, como antes mencionado, jamais aplicada eficazmente), o mandato presidencial passou a ser de seis anos, contados da data daquela definição. Essa previsão passou a valer para supervenientes eleições em 1943. Naquele ano, pelo Decreto nº 10.358, de 31 de agosto, estabeleceu-se a vigência de estado de guerra no território nacional. As eleições foram prorrogadas para 1945.

Em outubro de 1943, pelo Manifesto dos Mineiros, documento no qual grupo de 92 mineiros, com repercussão social, econômica e empresarial, passou-se a instar pelo fim do denominado Estado Novo (inaugurado em novembro de 1937 e que iniciou o ciclo mais perverso do período ditatorial sob o comando do Presidente Getúlio Vargas), e a discutir, no País, a superação daquela experiência autoritária.

No plano internacional, a derrota das forças denominadas do Eixo, um dos polos da Segunda Guerra Mundial e que tinha sido apoiado por Getúlio Vargas, aprovando as ideias do nazifascismo, colaborou decisivamente para o enfraquecimento e para a queda do apelidado Estado Novo no Brasil.

Buscando antecipar-se, na tentativa de resolver a crise que fazia minguar o apoio político à sua permanência no Poder, e promover eleições gerais nas quais pudesse disputar novo mandato (Lei nº 9, de 1945), Getúlio Vargas não conseguiu pacificar as forças que lhe eram contrárias, tendo renunciado (alguns historiadores mencionam sua deposição) em 29 de outubro de 1945. Renúncia é ato unilateral e voluntário de alguém. Getúlio Vargas "foi renunciado". Seu ânimo para o poder não se extinguira nem fraquejara. O que lhe faltou foi força política para se manter, naquele momento, no cargo de Presidente e no posto de ditador.

Os partidos políticos voltaram a poder se formar e atuar desde o início do ano de 1945. Previstas as eleições, a União Democrática Nacional (UDN), que se opunha a Vargas, lançou o brigadeiro Eduardo Gomes como candidato presidencial pela legenda. O Partido Social Democrático — PSD, formado por forças tradicionais das oligarquias nacionais, apresentou o nome de Eurico Gaspar Dutra, que tinha ocupado o posto de Ministro da Guerra do governo ditatorial de Vargas, de 1937 a 1945. Atuava ainda o Partido Trabalhista Brasileiro, do qual participava Vargas. A esse coube o incentivo à campanha denominada "queremismo", que postulava a volta de Getúlio Vargas ao cargo de Presidente. De se anotar que o Partido Comunista Brasileiro, que retornara à legalidade em 1945, também ficou ao lado do retorno de Vargas ao poder.

A instabilidade gerada pela possibilidade objetiva de retorno de Getúlio Vargas à Presidência da República inquietou as Forças Armadas, cuja movimentação jamais deixou de atentar e mesmo de atuar politicamente para fazer prevalecer seus quereres, suas ideias e propensões.

A antecipação das eleições estaduais, para ocorrerem na mesma data das eleições para os cargos nacionais, previstas para 2 de dezembro de 1945, esquentou os ânimos de oposição a Vargas. O quadro ficou mais tenso pelo afastamento de João Alberto Lins de Barros do cargo de Chefe de Polícia do Distrito Federal e sua substituição por Benjamin Vargas.

Sucessor de Gaspar Dutra, candidato a Presidente da República nas eleições a se realizarem naquele ano, no cargo de Ministro da Guerra, o General Góis Monteiro deu início à mobilização de forças no Distrito Federal.

Inquietante o quadro político, coube a Gaspar Dutra apresentar a Getúlio Vargas a necessidade de seu afastamento da Presidência, conduzindo-o à renúncia. Houve golpe sobre golpe, iniciado em 1930, seguido de outro em 1937 e o desmanche do poder assenhorado em 1945. Os grupos autoritários desentendem-se. Não há poder monolítico.

Deposto, Getúlio Vargas não foi responsabilizado política nem juridicamente. A transação política combinada liberou de responsabilidade o ditador que ficara, até então, quinze anos no poder. Retornou ele a São Borja e exerceu atividade política, até mesmo manifestando apoio a seu sucessor, Gaspar Dutra, quando este se candidatou.

Substituído e depois sucedido por José Linhares, então Presidente do Supremo Tribunal Federal, Vargas voltaria à Presidência da República em 1951, eleito na forma constitucional.

Ainda no exercício do cargo de chefe do Poder Executivo federal, Getúlio Vargas, em 2 de outubro de 1945, o Ministro Presidente do Supremo Tribunal Federal José Linhares, presidindo também o Tribunal Superior Eleitoral desde 25 de maio daquele ano, editou a Resolução nº 215. Decidindo a partir de representação da Seccional do Distrito Federal da Ordem dos Advogados do Brasil e de consulta formulada pelo Partido Social Democrático, por ela se estabeleceu que "o Parlamento Nacional, que será eleito a 2 de dezembro de 1945, além de suas funções ordinárias, terá poderes constituintes, isto é: apenas sujeito aos limites que ele mesmo prescrever".

Com o afastamento de Vargas, o Poder Executivo brasileiro foi exercido por José Linhares[30] de 27 de outubro de 1945 até a assunção do cargo de Presidente da República por Eurico Gaspar Dutra em 31 de janeiro de 1946, cargo que ocupou até 31 de janeiro de 1951.

Deve ser realçada a atuação de José Linhares, investido no cargo de Presidente da República. Com base nos ditames autoritários constantes da Carta de 1937, ele editou a Lei Constitucional nº 13, de 12.11.1945. Faltando apenas 21 dias para as eleições que ocorreriam em 2 de dezembro daquele ano, o Presidente José Linhares fez constar nos *consideranda* daquele documento legal que "o Tribunal Superior Eleitoral interpretou como sendo constituintes os poderes que, nos termos da Lei Constitucional nº 9, de 28 de fevereiro de 1945, a Nação vai outorgar ao Parlamento, nas eleições convocadas para dezembro de 1945".

---

[30] José Linhares foi o único Presidente do Supremo Tribunal Federal a suceder o Presidente da República, não apenas a substitui-lo, como ocorre nos impedimentos. Com a deposição de Getúlio Vargas e não havendo vice-presidente na prevalência do Estado Novo, fechadas as Casas do Congresso Nacional nos sete anos daquele regime autoritário, o único órgão com previsão constitucional de função sucessória era o Supremo Tribunal Federal. José Linhares exerceu o cargo de 29 de outubro de 1945 a 31 de janeiro de 1946. Sua presidência ficou conhecida, em críticas reiteradas que se sucederam, especialmente pela numerosa nomeação de parentes para cargos públicos, o que conduziu à expressão "Linhares aos milhares", ele mesmo apelidado de "José Milhares".

No art. 2º daquela lei constitucional, o então Presidente José Linhares decidiu que o novo Parlamento, que seria eleito, teria natureza de constituinte exclusiva, determinando que, "promulgada a Constituição, a Câmara dos Deputados e o Senado Federal passarão a funcionar como Poder Legislativo ordinário". A norma foi interpretada e aplicada como alteração substancial no Parlamento a ser eleito e que, de órgão dotado das funções legislativas ordinárias acrescidas das constituintes, passava a ser somente dessa segunda natureza e retornava à condição de legislatura ordinária após a promulgação da Constituição.[31]

Sob a presidência de José Linhares, foram realizadas eleições em 2 de dezembro de 1945. Reuniu-se a Assembleia Constituinte em sessão preparatória em 2 de fevereiro de 1946, presidida pelo Ministro Valdemar Falcão, Presidente do Tribunal Superior Eleitoral. A instalação deu-se em 5 de fevereiro daquele ano, sob a presidência do Senador Fernando de Melo Viana, seguindo-se os trabalhos até 18 de setembro de 1946, data da promulgação da nova Constituição. Essa constituinte não recebeu anteprojeto do poder constituído, como ocorrera com as experiências anteriores. Foi dela a tarefa de elaborar o projeto a ser votado pelo plenário, composto de dez partidos, conquanto com hegemonia de dois deles (o PSD obtivera 2.531.944 votos — 52,87% do total e a UDN conquistara 1.575.375 votos, 26,92% do total).

A Constituição de 18 de setembro de 1946 teve, assim, elaboração plural. Quarta assembleia constituinte reunida no Brasil em seus cento e vinte e quatro anos de existência desde a Independência, as palavras-chave que direcionaram sua análise e interpretação foram conciliação, continuidade e continuísmo. Por exemplo, o antes proscrito Partido Comunista pôde ter assento na Assembleia Constituinte daquele ano, com outros partidos que representavam tendências e ideologias diversas.

Na busca de resgatar a tenra e precipitadamente abolida Constituição promulgada doze anos antes e que não tivera chance ou tempo de ser aplicada, a Constituição de 1946 tentou quase retomá-la. A palavra mais apropriada parece ser a que, de alguma forma e pelo menos em parte, parecia prevalecer na política nacional: acomodação e reconciliação. Tanto valeu a histórica fala de Aliomar Baleeiro, constituinte eleito pelo Estado da Bahia, em manifestação de 12 de junho de 1946, no sentido de considerar aquela Assembleia como "a mais melancólica e a mais cética das Constituintes" brasileiras, realçando que "o projeto me parecia conservador e, em alguns pontos, não muitos, reacionário e até clerical".

Mesmo após a experiência da Segunda Guerra Mundial, com suas atrocidades e desumanidades, que conduziu à reinvenção do Direito Constitucional; mesmo após a

---

[31] Esse quadro levou Octaciano Nogueira a considerar que "... trata-se de situação ímpar, inédita e inusitada na história constitucional brasileira. O poder de fato, há oito anos instituído no País, convocou eleições para escolher o Parlamento ao qual foram concedidos poderes de legislatura ordinária e de constituinte derivada, isto é, para elaborar a legislação ordinária e emendar, alterar ou reformar a Constituição então vigente. Desconstituído o poder pré-existente que a convocou, e já no curso final das eleições, o sucessor alterou inteiramente o fundamento, as prerrogativas e condições de convocação, atribuindo à Assembleia poderes constituintes originários exclusivos e retirando-lhe, em contrapartida, os de legislatura ordinária... A de 1946 tornou-se, assim, a primeira Constituinte constituída de forma diversa daquela com que tinha sido convocada... Foi uma assembleia constituída segundo um modelo, desconstituída em seguida e reconstituída com outro completamente diverso. Uma proeza republicana que, sob a monarquia, não deu certo" (A doutrina constitucional brasileira. In: Doutrina Constitucional Brasileira — tomo II. Brasília: Senado Federal, 2006, p. 15).

fase ditatorial com seus quartéis e ilhas vazias de processos e julgamentos, a hospedar torturas antigracilianas e aceitar deportações benárias, o constituinte de 1946 optou por construir ponte com o constitucionalismo social do início da década de 1930.[32]

Reafirmou a declaração de direitos constantes da Constituição de 1934, reintroduziu o federalismo com enternecimento pós-unitarismo asfixiante imposto pela ditadura, enfatizou o princípio da separação de Poderes. Se não foi inovadora, no constitucionalismo brasileiro, como fora a Constituição de 1934, trouxe instrumentos que permitiram o percurso político da conturbada década de 1950 sem sua ruptura formal, prevalecendo até 1º de abril de 1964. Como anotado, essa vigência formal não se passou sem fugas constitucionais e subterfúgios institucionais que, em uma ou outra passagem, fez ceder os comandos constitucionais, retomados na sequência. Assim, por exemplo, no período entre o suicídio do Presidente Getúlio Vargas, em 24 de agosto de 1954, até a posse de Juscelino Kubitschek, eleito em 1955 e assumindo o cargo em 31 de janeiro de 1956. Pode-se afirmar ausente daquela Constituição o informal processo de afastamento do Presidente sucessor de Vargas, Café Filho, e, na mesma sequência conflituosa, Carlos Luz. Pode-se encontrar até mesmo referências a *"impeachment informal"*. Na experiência brasileira, *impeachment* é processo de responsabilização política do Presidente da República, com devido processo legal previsto, sem o qual se tem fato político, não ato jurídico-político.

Em nove de suas normas, a Constituição de 1946 indicou princípios expressamente. Deu-se quase a repetição do que veio antes na experiência constitucional brasileira. Não se avançou na principiologia constitucional, mas garantiu-se o compromisso de dotar de efetividade o que antes conquistado e formalizado.

Trouxe, contudo, características que poderiam antecipar o desastre político-institucional das duas décadas subsequentes. O desenho constitucional afirmado na Constituição promulgada não superava as fragilidades institucionais, que se impuseram no período subsequente; o conservadorismo e, em algumas passagens, o reacionarismo que se modelou para propiciar a denominada conciliação dos fatores de poder prevalecentes social e economicamente; o figurino partidário de defasagem entre o permitido e o possibilitado em termos de prática política; o radicalismo de posições tidas por ideológicas, mesmo que sem ideologia identificada; o apreço exagerado e bem conformado normativamente ao clericalismo religioso em Estado afirmado laico.[33]

Essa Constituição vigorou até 1º de abril de 1964. Sucumbiu a ordens militares que, compondo-se com forças políticas conservadoras, destituíram o Presidente João Goulart, cassaram professores, governadores, parlamentares, artistas, impuseram regime de fatos e atos praticados contrariamente e à margem da Constituição.

---

[32] Para Octaciano Nogueira, "com exceção da de 1988, nenhuma outra Constituinte brasileira despertou tantas expectativas e tantas esperanças no povo brasileiro... O clima de 1946 foi diferente. Antes de sua instalação, o País encontrava-se em plena ebulição pré-eleitoral, ainda que o pleito tivesse sido convocado pelo ditador que continuava governando, com todos seus poderes discricionários. A escolha de um novo presidente, junto com um Parlamento, parecia prenunciar o fim de uma era. Como todos então supunham, quando se consumou o contragolpe militar que afastou Getúlio, depois de 15 cansativos anos de poder. A euforia que se seguiu à deposição tomou conta da cidade do Rio de Janeiro e reverberou em todo o País. Os exilados regressaram, os comícios regurgitavam de gente e os eleitores se prepararam, com ânimo renovado, para a volta do País à plenitude da vida cívica, ainda que não ao desfrute da democracia" (NOGUEIRA, Octaciano. *Idem, ibidem*).

[33] Cf. Octaciano Nogueira, *Idem, ibidem*.

A despeito de se afirmar que a Constituição se mantinha vigente, a só circunstância desta referência é bastante para conduzir à conclusão sobre quem mandava e como se mandava: e não era a Constituição, cuja força jurídica basta-se e impõe-se por si.[34]

f) No cargo de Presidente da República, escolhido pelo grupo que passou a exercer o poder, Humberto de Alencar Castelo Branco editou o Ato Institucional nº 4, de 7 de dezembro de 1966. Por ele, convocou-se o Congresso Nacional "para se reunir extraordinariamente, de 12 de dezembro de 1966 a 24 de janeiro de 1967, para discussão, votação e promulgação do projeto de Constituição apresentado pelo Presidente da República...".

Pelo Decreto nº 58.198, de 15 de abril de 1966, fora constituída Comissão Especial de Juristas para preparar o projeto de Constituição que, encaminhado ao Congresso Nacional, foi discutido e votado. Na data fixada como limite para o Congresso Nacional (24 de janeiro de 1967), foi outorgada a Carta a ser observada como Constituição do Brasil, com início de vigência em 15 de março daquele ano. Ainda que constasse no texto ter sido promulgada aquela Carta, não havia correspondência entre o dito e o ocorrido. O ato era imposição decorrente da natureza do regime autoritário implantado e que refletia, mesmo no texto adotado, igual condição e tratamento dos temas.

A Carta de 1967, a breve, foi outorgada, tendo-se feito constar em seu texto oito referências expressas a princípio. Nela se retomou a centralização política e financeira, apesar da menção à federação no art. 1º, que, entretanto, não guardava coerência com o represamento das competências na União. Aos Estados federados foi determinada a adaptação de suas Constituições ao texto outorgado (art. 188). Foram excluídos da sindicabilidade judicial os atos praticados pelo comando do grupo detentor do poder desde 31 de março de 1964 (art. 173). Marcou-se a posse do Presidente da República, que tinha assomado o cargo pelo golpe de 1964, para 15 de março de 1967, mesma data de início de vigência da Carta, cuja preparação e outorga tinha sido por ele determinada.

Embora enunciados direitos fundamentais (art. 150) a Carta restringiu direitos conquistados antes, e garantias como o *habeas corpus* e o mandado de segurança tiveram restringido o seu aproveitamento possível.

Sem que tivesse sido formalmente revogada, sobreveio o Ato Institucional nº 5, de 13 de dezembro de 1968. Em seu art. 1º reiterava-se a manutenção da Carta de 1967. Sinal definitivo de que essa já não era — se algum dia chegou a ser de direito — a Lei Fundamental do Estado.

À parte a desavença entre o dito de suas normas e o experimentado na prática política, a superveniência do Ato Institucional nº 5, de 1968, retirou da Carta de 1967

---

[34] No comunicado "À Nação", constante dos *consideranda* do Ato Institucional, de 9 de abril de 1964, depois apelidado como o n. 1, pelo advento de outros que se lhe seguiram, se fez expresso que "A revolução vitoriosa se investe no exercício do Poder Constituinte. Este se manifesta pela eleição popular ou pela revolução. Esta é a forma mais expressiva e mais radical do Poder Constituinte. Assim, a revolução vitoriosa, como Poder Constituinte, se legitima por si mesma. Ela destitui o governo anterior e tem a capacidade de constituir o novo governo. Nela se contém a força normativa, inerente ao Poder Constituinte. Ela edita normas jurídicas sem que nisto seja limitada pela normatividade anterior à sua vitória".
Essa afirmativa, característica de textos-vitrine, com pretensão de exibir a força — como se isso fosse possível ou necessário — é ato formal de revogação do Direito antes vigente, como asseverado no texto acima. Com ele, proclama-se a decadência do regime anterior, aí incluída a Constituição. Solapado o governo eleito pelo ato de força que passa a ditar o Direito, aniquilada está a Constituição legítima que fundamentava o regime abolido.

alguma ilusão jurídica que se pudesse manter de ser voltada ao cumprimento integral para submissão e controle do Poder estatal.

Esse ato continha regras que excluíam a força constitucional do ordenamento posto na Carta de 1967. Nos arts. 4º e 5º se abriam todas as possibilidades de se descumprirem direitos fundamentais dos indivíduos, suspenderem direitos políticos dos cidadãos, excluírem direitos de representantes e de representados, pela possibilidade de cassação de mandatos, dentre outras medidas de agressão constitucional inequívocas.

Deitada por terra a força normativa do documento outorgado em 1967, demonstrada a presença de força impositiva oca de controle cívico, político e, em parte, também judicial, estava aberta a via para que o grupo dominante assumisse o ditado do que faria prevalecer a partir de então.

g) Não demoraria para que a Carta de 1967, a breve, fosse minada até ser inteiramente terminado o empenho de substitui-la por outra, que, mesmo apelidada de emenda constitucional, nem era constitucional, nem era emenda. Cuidava-se, isso sim, de outra Carta.

Imposta para ser observada pelos governados (não necessariamente pelos governantes, que nela introduziam mudanças por atos institucionais, emendas e que tais), a Carta de 1969 substituiu a de 1967. Apertou-se, ainda mais, o punho cerrado que asfixiava o ideal democrático da sociedade brasileira. As leis-vitrines, exibidoras de retórica de propaganda e sem base na experiência política ou jurídica dos cidadãos, não realizavam, nem de longe, os princípios do Estado de Direito. Nem havia princípios, mas fins observados; nem se queriam cidadãos, senão súditos e vassalos, como próprio das ditaduras.

Não prevalecia a força do Direito, mas a farsa do não Direito. Apesar de ter forma jurídica, não tinha realidade jurídica. Sonhava-se com a democracia, lutava-se por ela.

A Carta de 1969, apelidada Emenda nº 1, também falseia na indicação desse número, pois foi outorgada sem indicação numérica. A inserção da referência deve-se ao advento de outras na sequência. O advento da Emenda Constitucional de 1969 é a formalidade de um golpe no outro golpe. Um grupo sucedendo ao outro, os dois do mesmo grupo de poder.

A superveniência dessa emenda constitucional manteve no mesmo cenário as normas nela incluídas com aquelas, por exemplo, do Ato Institucional nº 5, revogado somente em 13 de outubro de 1978 pela Emenda Constitucional nº 11 (art. 3º). A diversidade desse quadro patenteia a impossibilidade de se considerar haver Estado de Direito prevalecente no Brasil naquele período, menos ainda que princípios constitucionais referidos no texto daquela Carta pudessem ser considerados fundamentais no sentido específico de pilar essencial e determinante do sistema jurídico, político e econômico. De resto, a Carta de 1969 traz, em sua epígrafe, curioso enunciado a desdizer-se e impedir alguma ilusão constitucional: ali se afirma "Edita o novo texto da Constituição Federal de 24 de janeiro de 1967". Como se Constituição fosse apenas o texto, sem atenção ao contexto constitucional e à interpretação e aplicação que compõe o seu movimento vital; como se textos constitucionais pudessem ser editados em novidade que a deita por terra...

Ditadura não aprecia o Direito; dele diverge, intolera-o e irrita-se com princípios de justiça e com o que lhe parece ser uma sombra, que é apenas a presença da sociedade. Tirania não tem princípios, tem fins. São sempre os do tirano, seja ele uma pessoa ou um grupo a dominar. O poder que submete e não se submete ao Direito não se compadece com a democracia, pois não pensa no interesse público, mas no que seja próprio a quem detenha o poder.

2.2. *1988: uma Constituição de princípios*. A surdez brasileira à reinvenção do constitucionalismo pós-Segunda Guerra Mundial, que introduzira nas elaborações jurídicas fundamentais pós-Segunda Guerra Mundial conjuntos de princípios até então inéditos, deu-se talvez pelas peculiaridades nacionais, que dominaram a moldura histórica das décadas de 1930 e 1940 no País.

Entretanto, eram inexoráveis o aprendizado e a posterior prática de outro Direito, mais ainda em se cuidando da obra constitucional, que congraça estudos, conjuga jurisprudências, intercambia experiências jurídicas.

a) *O Direito brasileiro*, pródigo na produção de bons textos constitucionais, embora carente de boas práticas constitucionais que lhe deem efetividade e permita o desenvolvimento excelente do seu povo, não se ausentaria das lições constitucionais transformadoras.

O constitucionalismo mudou porque o mundo mudou. A vida é dinâmica. O Direito é para a vida. Muda animado pelo movimento vital da sociedade. O constitucionalismo de regras, próprio de período certo da história, foi ampliado: deu lugar ao constitucionalismo de princípios e regras. Ampliaram-se as possibilidades da experiência jurídica com essa feição de que se dotaram os conteúdos das normas, às vezes com menor densidade e maior generalidade dos dizeres constitucionais, para se cumprirem os grandes e plurais planos dos humanos quereres e poderes.

Nem é que desde muito não se voltasse a atenção aos princípios. Nem é que o seu aproveitamento mais comum e autônomo dispense regras. Nas formulações jurídicas antes expostas, uns e outros combinam-se, sistematizam-se para se atingirem os objetivos de justiça acolhidos por um povo.

Entretanto, a ênfase nos princípios constitucionais, a predominar na composição constitucional, domina a feição jurídica contemporânea, vinca os traços do Direito atual e projeta-se para além do que se imaginava possível implementar, nas sociedades, tendo o Direito como instrumento determinante de políticas obrigatórias, de deveres estatais, de obrigações cívicas, de formação dos cidadãos, de responsabilidade individual em relação ao outro com o qual se convive nesta aventura humana.

O constitucionalismo que agora se elabora e pelo qual se busca reelaborar projetos e reinventar histórias político-democráticas impõe a todos deveres novos, e isso não apenas às pessoas estatais, mas também às pessoas humanas.

A humanidade elabora-se e refaz-se em letras que traduzem possibilidades do agir humano, buscando-se maior largueza para as gentes e maior profundidade de laços. Tantos homens com tão parca humanidade... conflitos e diferenças que não se resolvem sem o Direito. O agir humano, o cuidado com o frágil do humano há de ser versado no Direito para propiciar a sensibilidade social para a paz. A dor de alguém repercute no outro. O sofrer humano ecoa sempre. E a experiência da vida desacolhe pesares.

A história pré-constitucional do povo reverbera no ordenamento elaborado, embora o amadurecimento hermenêutico que determina a sua aplicação seja dinâmico e altere o sentido que, inicialmente, foi cogitado para o que anunciado nos textos constitucionais.

O Brasil pré-Constituição de 1988 foi de padecimento autoritário. Aqueles foram tempos difíceis, sem alegrias. Silêncios mortais, sumiços sem fim, mordaças sangrentas, orfandade cívica de liberdades e direitos. Democracia é direito fundamental. Dela carecia o povo.

As Constituições antes vigentes (ou dadas a vigorar pela outorga ou promulgação) trouxeram previsões de princípios, até porque os princípios alicerçam e dotam de firmeza a composição constitucional, se não como expressões marcadas, a titular normas como seus conteúdos especificados e condensados no que nelas posto.

A identificação do princípio com a sua nominação não é imprescindível nem determinante para sua concepção e seu acolhimento no ordenamento jurídico. Mas sua titulação expressa eleva a importância que se lhes confere no sistema e determina a orientação do intérprete.

A década de 1980 amanheceu menos escura que a anterior no Brasil. Antevia-se alvorada democrática, que poderia ainda ter nuvens a sombrear a luz de liberdade ansiada. Mas já não era o escuro trevoso que antes impedia ver esperanças, sobreviventes pela só precisão de continuar gentes vivas. E sem liberdade não há vida, só existência à sombra do outro.

Na sequência da anistia política (Lei nº 6.683, de 28.8.1979), da previsão de eleições para prefeitos das capitais e de governadores de Estados, entre outras medidas políticas, sobreveio o processo de eleição para Presidente da República. Ainda indireta (o povo não participaria, sendo o candidato eleito pelo Colégio Eleitoral composto pelos parlamentares das Casas Congressuais nacionais e os indicados em lista específica), o candidato tido como de oposição ao governo em exercício (sendo Presidente João Batista Figueiredo), Tancredo Neves, anunciou nas praças do País o seu compromisso de convocar uma constituinte para elaborar nova Constituição para o que apelidou de "nova República".

Morto Tancredo Neves em 21 de abril de 1985, antes de tomar posse, o Presidente que assumiu, José Sarney (eleito por ser vice na chapa eleita), honrou o que aquele prometera nas praças do País.

Pelo Decreto nº 91.450, de 18 de julho de 1985, foi instituída a Comissão Provisória de Estudos Constitucionais, composta de cinquenta membros, para cumprir o dever autoatribuído pelo Poder Executivo de "participar desse trabalho coletivo... para essa colaboração..." de elaborar projeto de nova Constituição para o Brasil.

Para cumprir o que prometido por Tancredo Neves na campanha eleitoral, para a qual buscou a legitimidade nas ruas, por não a deter no processo restrito e inaceito (o Brasil das praças participara — e perdera no voto dos congressistas — pela busca do retorno de eleições diretas para Presidente), e nos termos do que preconizado no Manifesto da Aliança Democrática, divulgado pelos partidos políticos Partido do Movimento Democrático Brasileiro (PMDB) e pelo Partido da Frente Liberal (PFL), combinados na formação da chapa a ser apresentada ao Colégio Eleitoral (Tancredo Neves, candidato a Presidente da República, e José Sarney, da dissidência do PFL), sobreveio a Emenda Constitucional nº 26, de 27.11.1985. Por ela foi convocada Assembleia Nacional Constituinte, a se instalar em 1º de fevereiro de 1987.[35]

---

[35] A Emenda Constitucional nº 26, de 1985, foi fruto da composição com forças políticas, aí incluídos os militares. Sua análise evidencia a combinação, em sua base, pelos diferentes temas cuidados nas normas. A convocação,

O Congresso constituinte foi período de efervescência social transformadora. O Brasil agitou-se politicamente, debateu, brigou, cantou e daquele encontro meio desencontrado do País consigo mesmo, em sua diversidade, mais que plural, diferenciado na soma nem sempre aglutinada, surgiu a República, agora proclamada constitucionalmente em 5 de outubro de 1988.[36]

O mundo ainda não assistira — acho que sequer imaginava — a queda do muro de Berlim. E esse não é evento que mostre erro de cálculo ou de execução, mas de mudança de rumos que a história é capaz de construir. O Brasil também não era mais o da década de 1960, nem a América era espaço para condores. Era hora de seres humanos querendo novos ares de liberdades e esperanças a se cumprirem.

Em 1988, a Constituição do Brasil mostrava cara nova e identidade democrática plural, mas definida. Como se o País constitucional, que tivera passagens de infância e adolescência pouco definidas e inseguras em outras fases, tivesse atingido a maioridade. Faltou a uma geração de cidadãos compreender que gente envelhece, mas o povo não caduca. A formação de sua identidade e seu amadurecimento são permanentes, que histórias nacionais não fazem rugas, nem produzem cãs, apenas lições.

O constitucionalismo de princípios entronizou-se na experiência contemporânea e compareceu no Congresso constituinte brasileiro gerando o reconhecimento de novas dimensões de direitos.

b) *A Constituição brasileira de 1988* começa pelos princípios. Vale uma palavra sobre o seu preâmbulo, que anuncia o grão de ideia de justiça plantada constitucionalmente no conjunto de princípios que a ordena.[37]

---

instalação e promulgação da Constituição a se elaborar estão nos três primeiros artigos. Os seguintes (4º e 5º) cuidam de anistia a civis e militares em extensão tranquilizadora aos que participaram dos delitos perpetrados durante o autoritarismo das décadas anteriores.

[36] No ato de promulgação da Constituição, na tarde de 5 de outubro de 1988, o Presidente daquele Congresso, Ulysses Guimarães, discursou: "Dois de fevereiro de 1987. Ecoam nesta sala as reivindicações das ruas. A Nação quer mudar. A Nação deve mudar. A Nação vai mudar... Hoje. 5 de outubro de 1988, no que tange à Constituição, a Nação mudou".

[37] Como antes discorrido (confira-se nota 10, na página 35), conquanto o preâmbulo de uma Constituição seja enunciado despojado de força normativa, condensa os valores determinantes da formação constitucional. No Brasil, que inicialmente adotava enunciado objetivo sobre a promulgação da Constituição (1824 e 1891), estendeu-se mais na exposição dos valores que teriam motivado ou que seriam buscados como orientadores da obra constitucional. Assim ocorrera em outras experiências, como a francesa, que desde a primeira Constituição adotada pela nação francesa, em 1791, apresentava o que vinha e para que se estabelecia a construção fundamental do Direito daquele povo. No Brasil, em 1934, se estabeleceu preambularmente para a realização de quais valores se perfez a obra constitucional. O preâmbulo da Constituição de 1988 enuncia valores que fundamentam a composição sistêmica e os objetivos estabelecidos no ordenamento em construção permanente como próprio desta obra. Tem-se naquela declaração o traço de passados (remotos, que se remetem ao que foi experimentado nos primórdios, e recentes, que contam as esperanças que conduziram os movimentos mais próximos e que deflagraram os trabalhos constituintes), do presente da sociedade que se expõe e recebe a obra constitucional, e do futuro que se projeta e será construído segundo o e a partir da Constituição. É seu texto: "Nós, representantes do povo brasileiro, reunidos em Assembleia Nacional Constituinte para instituir um Estado Democrático, destinado a assegurar o exercício dos direitos sociais e individuais, a liberdade, a segurança, o bem-estar, o desenvolvimento, a igualdade e a justiça como valores supremos de uma sociedade fraterna, pluralista e sem preconceitos, fundada na harmonia social e comprometida, na ordem interna e internacional, com a solução pacífica das controvérsias, promulgamos, sob a proteção de Deus, a seguinte CONSTITUIÇÃO DA REPÚBLICA FEDERATIVA DO BRASIL".

Mesmo sem força normativa segundo a interpretação doutrinária predominante como anotado antes (confira-se nota 10), entendendo alguns não ter o preâmbulo da Constituição qualquer função, nem consequência jurídica; outros concluem produzir efeitos com força normativa; outros compreendem ser abúlico o enunciado, sem eficácia por si, a declaração exposta em modelo como o adotado no Brasil não dota de força normativa autônoma

Importante é afirmar que esse início formulado em princípios rotulados de fundamentais (título I da Constituição do Brasil) inova, ainda, por dar lugar ao homem antes do cuidado normativo com a institucionalização do Estado, como era da tradição nacional.[38]

As Constituições brasileiras antes adotadas no Brasil cuidavam, nas normas iniciais, do Estado, de suas instituições, dos poderes estatais, suas competências, dos estatutos básicos dos agentes e servidores públicos. As normas assecuratórias de direitos fundamentais ficavam reservadas aos espaços mais avançados, senão as passagens finais — sem conotação de desimportância, como é certo — do exposto no sistema constitucional.[39]

A Constituição brasileira começa afirmando direitos humanos em enunciado dos princípios fundamentais. A humanidade pressentida e até ressentida embandeira a obra constitucional iniciada com a formalização do ordenamento fundamental de 1988.

---

o enunciado, mas oferece um guia interpretativo inigualável. Constitui quase interpretação autêntica aquela que busca o significado mais adequado e aberto na compreensão do que apresentado como valores fundantes da obra constitucional.

O preâmbulo da Constituição de 1988 retrata o Brasil desejado antes e naquele momento: a obra que pela primeira vez dava voz ao povo, presente nas ruas e praças, a conhecer um Direito que não seria elaborado nem ditado sem que ele ao menos soubesse do que em seu nome se fazia. Não era o ponto de chegada, era um momento e ponto de partida. A travessia constitucional não tem agenda pronta nem rota única; mas vale-se de bússola jurídica a conduzir a navegação da sociedade em sua história, para que seja menos turbulenta nas possibilidades que se vão apresentando. Pode não ser a mais completa; é a mais democrática. E nunca é perfeita, que perfeição não é próprio do humano fazer. Fazia-se importante a proclamação do que levou à elaboração daquela obra, feita para instituir o Estado Democrático de Direito. Mais ainda, buscou-se então assegurar, o exercício de direitos fundamentais, individuais e sociais, explicitar os *valores supremos* que orientam a Constituição: os direitos sociais e individuais, a liberdade, a segurança, o bem-estar, o desenvolvimento, a igualdade e a justiça, e os seus fundamentos, a dizer, a harmonia social e o compromisso com a solução pacífica das controvérsias, na ordem interna e internacional.

A interpretação constitucional que garanta a coerência com o que apresentado no preâmbulo demonstra a correção da compreensão adotada. E a eficácia social possível do que aplicado. Os valores enunciados com clareza no preâmbulo são condensados em princípios, incrustados em normas que expressam os conteúdos, como se dá com a igualdade, com o pluralismo e com a solidariedade, proclamada com a veste apalavrada como fraternidade.

Embrionariamente, os princípios constitucionais são ao menos pressagiados na semente da ideia matriz de Justiça plantada naquele anúncio inicial do que se seguirá no ordenamento fundamental.

[38] No discurso mencionado, pronunciado na solenidade de promulgação da Constituição, em outubro de 1988, o Presidente do Congresso constituinte, Ulysses Guimarães observava a mudança produzida nessa obra: "A Constituição mudou na sua elaboração, mudou na definição dos Poderes. Mudou restaurando a federação, mudou quando quer mudar o homem cidadão. E é só cidadão quem ganha justo e suficiente salário, lê e escreve, mora, tem hospital e remédio, lazer quando descansa". Introduzia-se também mudança na forma de exposição das normas constitucionais, a demonstrar a novidade de o ser humano ser o principal e primeiro cuidado do ordenamento de direito fundamental.

[39] Assim, por exemplo, na Carta de Lei de 25 de março de 1824, observada como Constituição do Império do Brasil, o rol de direitos fundamentais expõe-se no art. 179; a Constituição de 1891 contempla a "declaração de direitos" no art. 72; a Constituição de 1934 define em título específico (Título III) a declaração de direitos, apresentando no cap. I os direitos políticos assegurados e no cap. II o rol de "direitos e garantias individuais" no art. 113; a Carta de 1937, despida de efetividade jurídica como antes observado, apresenta lista dos "direitos e garantias individuais" no art. 122 (tendo sido vários dispositivos suspensos pelo Decreto n. 10.358, de 1942, expedido pelo ditador Getúlio Vargas); a Constituição de 1946 retoma o modelo de definição de título específico (Título IV) para o cuidado da declaração de direitos, distinguindo em capítulos específico os direitos inerentes à nacionalidade e à cidadania (direitos políticos) e, em outro, o catálogo de "direitos e garantias individuais" (art. 141); a Carta de 1967 estabelece, em seu Título II, a declaração de direitos, que categoriza em capítulos estanques os direitos da nacionalidade (cap. I), os direitos políticos (cap. II) e arrola "direitos e garantias individuais" no cap. IV (art. 150); a Emenda de 1969 repete o molde da Carta de 1967, cuidando de capítulo específico que rotula de "direitos e garantias individuais" (cap. IV do Título II — art. 153).

O constitucionalismo de princípios reveste a construção do direito fundamental da República e define a essência do que nele se contém.

Nas Constituições e Cartas antes vigentes no Brasil, a expressão princípio aparece, no máximo, nove vezes. Na Constituição de 1988, essa palavra é exposta em trinta e sete passagens, além do que se afirma como conteúdo de normas sem esse rótulo, mas com a delimitação específica de natureza principiológica.

A Constituição inaugura-se com título no qual são balizadas as determinantes normativas nas quais se fundamenta o Estado brasileiro, consideradas mandamentos primários e substanciais sobre o ser humano e o respeito a ele devido em sua condição individual (dignidade e seu desdobramento necessário e reflexo, que é a solidariedade, dimensão jurídica da experiência com o outro, para garantir a identidade de cada pessoa e a pluralidade do todo social), em sua ambiência social (como único ser apto a trabalhar para se realizar e contribuir com o desenvolvimento da humanidade) e em sua condição política (a cidadania participativa).

Desenha-se também, no primário dizer constitucional, o Estado como *locus* político, democraticamente institucionalizado de modo a permitir o desenvolvimento da sociedade em sua construção para ser "livre, justa e solidária".

O Título I da Constituição brasileira anuncia-se como "Dos princípios fundamentais". A referência expressa a princípios, nessa passagem constitucional, é aproveitada com o específico significado de conjunto de primados fundantes das normas que compõem o sistema constitucional.

Ali se tem o conjunto de normas que fecunda o sistema, estabelece o que lhe é definidor e, cumprido em sua inteireza, assegura a identidade do sistema e a efetividade jurídica e social do projeto político estatuído como direito fundamental.

Os princípios enunciados no Título I da Constituição do Brasil, como é de sua natureza, propagam-se e desdobram-se, possibilitando o movimento sistêmico sem risco para a integridade e a coesão do ordenamento, mas sem perda de sua capacidade de atualizar-se e adequar-se à sua função permanente no mudar da vida.

A constelação normativo-constitucional adquire, pelos princípios, a densidade que assegura a mantença de sua função matriz e a expansividade do sistema de Direito. Com densidade marcante para assegurar sua identidade e generalização suficiente para permitir sua irradiação e extensão permanentes, os princípios animam-se impulsionados pelo movimento da sociedade, que reinventa e reordena a forma de realização do Direito na concretização do ideal de justiça pensado e alterado em cada momento histórico, em sequência de aquisição e respeito ao ser humano em seu desenvolvimento com o outro.

Os princípios constitucionais expostos no Título I da Constituição do Brasil enfeixam-se como núcleos de células normativas, que transmitem umas às outras informações havidas e determinantes das outras, de modo a identificar a genética do sistema.

O encadeamento dos princípios não permite que cada núcleo se imponha isoladamente, nem que a característica de todos e de cada qual se exponha sem a codificação pela conjugação de todas as matérias.

Por isso, embora alguns princípios disponham de vigor jurídico-constitucional maior e sua incidência seja mais intensa e constante que outros, amalgamam-se eles de maneira que o quadro posto para a sua aplicação é que concentra ou dispersa a força de um ou outro conforme a situação subsumida à aplicação da norma jurídica. O encadeamento dinâmico das normas, formando subsistemas do ordenamento completo, garante a animação permanente com o deslocamento e o aproveitamento constante dos princípios, em aplicação determinante de subsunção adequada. A maleabilidade das normas-princípios permite a criação de desenhos jurídicos que respondam às questões que a vida oferece para solução com a aplicação do sistema jurídico. Os princípios dotam-se de conteúdo positivo (para sua densificação orientam políticas públicas e comportamentos particulares para dotá-los de efetividade jurídica e social) e conteúdo de negação (provimentos estatais ou condutas privadas que contrariem ou impeçam a implementação do que definido como essência do sistema). Assim, por exemplo, não é válida interpretação de norma que conduza à indignidade humana: isso contrariaria o cerne do Direito. Então, não se elimina uma norma de princípio para aplicação de outra, senão que se dota um deles de vigor jurídico maior, para redesenhar o subsistema aplicável ao caso. Interpretação jurídica ou adoção de provimentos estatais que arrefeçam a força do princípio da dignidade humana é inválida: seu aproveitamento desertaria o sistema de Direito de sua função de assegurar o respeito à humanidade que o justifica. A despeito desse entendimento, se, por exemplo, os direitos de mãe e filho conflitarem e a dignidade de ambos for posta à solução pelo Direito, há de se considerar a efetividade jurídica e social de outros princípios, que precisam ser atendidos no caso oferecido a desate segundo o dito e buscado como justo.

c) Os princípios fundamentais do constitucionalismo positivo brasileiro germinam-se e irradiam-se em impulso ativo permanente, como próprio do figurino adotado.

Assim, o princípio republicano estabelece a forma de governo acolhida. Seu acatamento determina a forma de institucionalização do poder no Estado brasileiro e a condicionante, segundo o Direito, de estar o cidadão na *polis*, que é igualmente de cada um e de todos. Formula-se, assim, a primeira opção a prevalecer e a presidir o entendimento do Brasil constituído no modelo adotado.

Como se tem desde 1891, o princípio republicano (que define a forma de governo) é aliado àquele determinante da forma de Estado, o federativo.

Do federalismo escolhido defluem outros princípios, como, por exemplo, o da autonomia necessária dos entes federados e do modelo de repartição de competências. Nesse tema, o constituinte descreveu as pessoas estatais que compõem a federação. Também aqui se inovou, em parte, ao se introduzir, expressamente, o Município como ente federado. A discussão que perpassou a República desde os seus primórdios, pondo-se em questão se seria ele ente estadual ou se teria competência autônoma, foi superada pela exposição clara da inclusão deste ente na composição federativa com autonomia constitucional definida.

No art. 1º, a Constituição brasileira define a democracia como regime político e afirma o Direito como elemento conformador do aperfeiçoamento e a dinâmica democrática. Impõe-se, assim, seja a democracia único parâmetro a se efetivar com a adoção de políticas públicas aptas a afirmar o princípio para transformar a realidade e torná-la próxima ao projetado no estatuto constitucional.

Preceitua-se, no art. 2º, a manutenção da fórmula clássica de controle estatal pelo acolhimento do princípio da separação dos Poderes.

Ditam-se, naquela norma, os princípios tidos como fundamentos do Brasil constituído em 1988, afirmando-os como bases do modelo. Esse sistema é, assim, marcado, em sua essência e como direcionamento de rota a ser seguida, pelos princípios enaltecidos naquele dispositivo primeiro da Constituição brasileira.

d) Dos princípios postos como fundantes da democracia brasileira, realça o da dignidade humana. Esse princípio é o determinante a marcar a sequência principiológica apta a decodificar e dotar de efetividade jurídica e social o conteúdo sistematizado constitucionalmente.

Esse princípio impõe comportamentos estatais e condutas particulares para se ter a garantia de seu cumprimento integral. Mais que isso, a dignidade humana é núcleo de todos os princípios postos no sistema constitucional. Todas as combinações normativas que se afirmam no Direito têm como núcleo a dignidade humana.

A despeito de se enunciar, no inc. III do art. 1º da Constituição brasileira, a dignidade *da pessoa* humana, a definição de pessoa para o Direito poderia conduzir a restrições equivocadas na interpretação do inteiro conteúdo desse princípio. A expansividade permanente, característica da norma-princípio, conduz à interpretação no sentido de que a dignidade é qualidade do que é humano, desnecessário sendo discutir-se sobre a personalidade e a vida da pessoa para se concluir sobre a incidência do princípio e os deveres que dele decorrem.

A igualdade como um dos sentidos da dignidade humana formou-se a partir da comprovação de que a desigualdade de qualquer natureza contraria aquele princípio. A vítima de preconceito ou de qualquer forma de discriminação afirma-se indignada. A dignidade é humanamente sentida. A indignidade, ressentida. O Direito ordena as relações pessoais, mas não resolve os sentimentos, nem ressentimentos humanos.

Ausência de liberdade não permite sequer ilusão de dignidade. Cerceamento de liberdade coisifica a humanidade e indigna a pessoa. Na composição do conteúdo do princípio da dignidade humana, os elementos que se desdobram em formulações jurídicas básicas — como a igualdade e a liberdade — são elementos do seu núcleo ativo.

Todo ser humano tem o direito de ser igual em sua dignidade, que é da essência humana, e tem o direito de ser único (e por isso diferente) em sua identidade. Somos todos iguais/desiguais, únicos e mesmos. Fraternidade não exclui individualidade. Pluralidade é soma de identidades. Democracia faz-se do múltiplo da humanidade. Quem gosta de unanimidade é ditador.

O ser humano não vive em isolamento. Sua dependência do outro constrói a praça cívica, que a República edifica segundo o projeto constitucionalizado de sociedade. E é na cidade que o indivíduo adquire sua identidade política, torna-se cidadão. A Constituição do Brasil formulou-se especialmente para reinventar o apreço jurídico da cidadania torturada pela ditadura que precedeu sua elaboração. A Constituição trouxe a cidadania como fundamento e expressou a ênfase a ser-lhe atribuída na reinstitucionalização jurídica e política do Estado e da sociedade brasileira. Ao anunciar a cidadania como princípio da democracia de direito formulada no sistema (inc. III do art. 1º), conjuga-a com a soberania (inc. I do art. 1º), que qualifica a condição do ser humano como protagonista de sua história. É ele, soberanamente, que constrói a sua história, a de seus contemporâneos e, em parte, a dos que vierem depois.

A Constituição brasileira realçou especialmente a cidadania porque tanto significava o resgate da brasilidade democrática perdida em 1964 e sofrida por duas décadas de diminuição de direitos dos cidadãos, tornados súditos amordaçados. Sem cidadania, sem sapatos nem caminhos seus, sem escola e sem histórias suas, sem trabalho e acanhado em seus sonhos ensombreados e assombrados, os brasileiros foram *não cidadãos* naqueles anos arrastados em dores e silêncios.

A Constituição fundou-se no imperativo de respeito à dignidade humana e à cidadania soberana, tornados princípios de base da elaboração jurídica.

Mas o relevo conferido à cidadania deve-se também à circunstância de se pôr como novidade constitucional, que é a do modelo semirrepresentativo de participação popular. Tradicionalmente acolhido no constitucionalismo a representação ou democracia apelidada indireta, o modelo adotado em 1988 para o Brasil ampliou a participação popular no exercício do poder estatal. Entronizou a democracia semirrepresentativa, estabelecendo-se que o poder será exercido por representantes eleitos ou diretamente, nos termos constitucionalmente definidos. Fortalecida fica assim a cidadania ao se encarecer o papel do eleitor (e mais e mais se afirma a condição de representante, não substituto da eleitora ou do eleitor) e relevar a sua posição de partícipe direto de autor de providências para a definição de políticas públicas, por meio de sua atuação em órgãos (que combinam agentes públicos e cidadãos), por meio de seu controle do atuar estatal (judicialmente pela ação popular, por exemplo, e administrativamente, por pedido de informações, dentre outras medidas).

Conjugados aos princípios fundamentais da democracia republicana postos no art. 1º, põem-se os dos arts. 3º e 4º, incrustrados também no Título I da Constituição.

A complementariedade dos princípios constitucionais possibilita a sua combinação e recombinação para estenderem-se e ao que se repete nas normas do mesmo sistema, segundo a especificação dos temas cuidados. A opção constitucional de determinado princípio não se limita à sua expressão em passagens normativas específicas, nem se traduz apenas pelo seu enunciado. Como antes observado, os princípios integram e perpassam todo o sistema, com vigor e efetividade, independente de sua expressão. Assim, o princípio constitucional da igualdade, por exemplo, aquele mais vezes enunciado no texto de 1988, apresenta-se, expressamente, em normas que especificam temas como os que se relacionam a direitos fundamentais (art. 5º), às relações internacionais (art. 4º), aos direitos dos trabalhadores (inc. XXXIV do art. 7º), aos direitos dos administrados (arts. 37 e 39), aos direitos dos contribuintes, aos direitos econômicos (art. 170), ao direito à educação (art. 206), dentre outros.

Essa repetição não necessariamente eleva a importância do princípio. Também não se ausenta ele dos temas tratados em normas que não os enunciam com idêntica expressão. Mas a topografia da norma na qual se apresenta o princípio e a sua reiteração afirmam a ênfase que o intérprete não pode desconhecer. O princípio da igualdade, por exemplo, não precisaria ser expresso, tendo em conta a opção constituinte pela forma republicana de governo, que o contém em sua essência mesma e o faz determinante. Ademais, o aproveitamento da expressão não exaure a finalidade transformadora que por ele se impõe e que revela, mais que a igualdade (condição estática dos que estão em determinada condição sociopolítica, jurídica e econômica) a igualação, que é a busca necessária e permanente da superação de todas as desigualdades que indignam, em contrariedade aos ditames constitucionais.

O amálgama dos princípios constitucionais permite a sua movimentação para gerar novas constelações normativas, formadas para possibilitar que essas diferentes composições de princípios e regras sejam aptas a responder às demandas individuais e sociais que aflijam as pessoas e que hão de ser solucionadas segundo o direito.

No constitucionalismo de princípios encarecido no Brasil desde 1988 cabem algumas observações específicas: a primeira é a de que, embora seja sistema inaugural do período político-constitucional, os princípios nele incrustados não são inéditos. Mas o princípio da dignidade humana é expresso em norma pela vez primeira no sistema constitucional brasileiro em 1988. E ele sobreleva a todos os outros, põe-se em supremacia decisiva no Direito positivo e apresenta-se em todos os conteúdos do Direito validamente interpretado e aplicado. A segunda nota necessária é a de que os princípios ordenados amadurecem e ampliam-se, acolhendo conteúdos e explicitando outros princípios que inicialmente não se vislumbravam com nitidez e aplicação. A terceira observação refere-se à autonomia de que gozam os princípios constitucionais em seu aproveitamento no sistema jurídico brasileiro. Diferente do que se passa em outros ordenamentos jurídicos, nos quais alguns princípios constitucionais não são validados com autonomia para motivarem, por exemplo, decisões judiciais, no Brasil, embora eles, em geral, se somem para fundamentar decisões executivas, legislativas e judiciais, podem ser tomados isoladamente como base de julgamentos e provimentos estatais. Assim, o princípio da moralidade administrativa, presente no Direito brasileiro de forma expressa (art. 37 da Constituição), não é tido como dotado de autonomia suficiente para fundamentar julgamento em alguns Estados europeus. No Direito brasileiro, antes mesmo do advento da Constituição de 1988, pelos termos da Lei nº 4.717/1965, que trata da ação popular (atualmente matéria constitucionalizada no inc. LXXIII do art. 5º), se abriu uma cunha jurídica para que o Judiciário aplicasse aquele princípio. E mesmo nos primórdios da República, a moralidade administrativa era tema de cuidados no Poder Legislativo pelos discursos de Ruy Barbosa e de Amaro Cavalcanti, no Senado da República. Era, ainda, o crepúsculo do séc. XIX. E a nota de grandes brasileiros fazia ecoar as demandas de uma sociedade que precisava (e continua necessitando mais e com maior urgência) republicanizar-se. O direito ao governo honesto impunha-se como fundamento ético do sistema jurídico. Somente a moralidade administrativa tinge com força especial a ética pública a ser observada pelos agentes e órgãos públicos.

Princípio é semente da qual brota o sistema jurídico dado a frutificar segundo o agir humano, que pode trabalhar no sentido de fazer vicejar a ideia de justiça nele contida ou secar esperanças nele projetadas como sonhos possíveis. Tinha razão Drummond: "as leis não bastam, os lírios não nascem das leis". A vida humana pode ser melhor se os princípios magnos de humanidade prevalecerem segundo o Direito na sociedade. Mais ainda, a democracia, que possibilita uma vida humana mais digna e liberta, somente pode ser alcançada pela observância de um sistema de Direito vivo e aberto à atualização permanente pela sua interpretação.

Princípio ainda pouco cuidado no Direito com a mesma autonomia reconhecida a outros inseridos no sistema constitucional contemporâneo é o da solidariedade. Ela é tida como elemento que se extrairia de outros princípios jurídicos, presente sempre como pressuposto necessário para a vida em sociedade. Mas o Direito elabora-se para que os fatores tidos como determinantes para a eficácia das normas vigentes como Direito não se mantenham em escala de sugestões, avisos ou conselhos, mas como normas postas para serem observadas por governantes e governados. Sem a impositividade de autoridade estatal, a força do Direito ficaria reduzida a conjunto de alvitres sujeito às emoções, humores e quereres dos cidadãos e Direito não seria.

CAPÍTULO III

O PRINCÍPIO CONSTITUCIONAL DA SOLIDARIEDADE

*O que me ajuda? O que me ajuda é
estarmos acostumadas a viver juntas.
Em comunidade. Somos gente de comunhão.
... Somos capazes de sofrer e contar
o sofrimento. ... É preciso reconhecer
que as mulheres se lançam nesse caminho
com coragem.*
(Svetlana Aleksiévtitch)

1 Dignidade, solidariedade e Direito

Em sua dimensão jurídica, a solidariedade afirma-se princípio que densifica e permite expandir aquel'outro da dignidade humana nas relações entre os seres humanos. A solidariedade é a projeção, na sociedade, da dignidade humana para além da individualidade. Conjuga-se, assim, na Filosofia Política e no Direito Constitucional com o valor da fraternidade, posta como um dos motes erigidos como marco civilizatório afirmado a partir do processo revolucionário do séc. XVIII.

Todo problema humano é de todos os seres. A lágrima é uma pílula condensada da dor da humanidade. E riso solitário é esgar, não é sorriso. A alegria contagia, por ser a humanidade transmissível. Tristeza ou alegria, a emoção humana é do ser no mundo com o outro. O que dignifica ou indigna a pessoa refere-se a toda a humanidade. Sem solidariedade, a democracia é anunciada, mas não efetivada socialmente. Uma sociedade na qual prospera o egoísmo não se dá a ser democrática.

A normatização do princípio da dignidade humana pode não ser bastante para reverter o grave quadro que se vive na quadra histórica atual. É, todavia, imprescindível o acatamento desse princípio, para que se possa superar o grave estado de coisas em que máquinas sujeitam pessoas. E se os donos das máquinas tiverem êxito, ter-se-á de concluir que a máquina terá ganhado do humano, ou, o que é pior, o ser humano terá perdido a si mesmo. E ao ser humano parece melhor o destino de se encontrar, não o de se perder.

Apesar de a dignidade ser enfatizada nos textos constitucionais e supraconstitucionais, a violência explode de variadas formas. Em novas e muito recentes manifestações, a crueldade organiza-se e eclode nos sistemas estatais (de forma direta, por exemplo, nos sistemas penitenciários, nas organizações criminosas dos delitos econômicos, de tráficos de pessoas, de armas, de drogas, nos crimes cibernéticos, a comprometer a eficiência dos ordenamentos jurídicos), atingindo a humanidade estupefata e insegura. O medo dorme em nossa cama. O crime ajunta; o direito reúne. A composição dá-se por solidariedade ao outro; o amontoado, por interesse (nem sempre lícito) particular.

Os textos constitucionais cuidam da dignidade humana como fundamento do Estado.[1] Os contextos políticos e sociais distanciam-se daquele princípio. Distanciam-se? Ou algumas formas de violência, que acreditávamos longe de nossos dias, não se justificam exatamente em nome da dignidade, como, por exemplo, o enfrentamento religioso em algumas partes do mundo ou a violência entre grupos étnicos diferentes?

A humanidade explica a vida que foi, amplia a vida que é e possibilita a que vai ser. A dignidade põe-se na humanidade a qualificar o ser. A observância desse princípio no plano social depende, entretanto, da solidariedade posta no Direito como princípio definido no sistema de normas, a impor condutas de vivência comprometidas com o outro ser. Somente então é possível afirmar-se a Constituição como estatuto jurídico de um projeto político do povo que formula e impõe a sua ideia de justiça realizável.

A revitalização do antropocentrismo político e jurídico volta o foco das preocupações à dignidade humana, por ter testemunhado a humanidade que as pessoas podem produzir as piores iniquidades e negar sua essência humana em detrimento de todos os seres do planeta. O holocausto incinerou pessoas, ideias, crenças humanitárias e possibilidades civilizatórias. Nesse século se demonstrou também que toda forma de desumanização atinge não apenas uma pessoa, mas toda a humanidade representada em cada ser humano. Por isso, o princípio da dignidade humana foi erigido em axioma jurídico, princípio matricial do constitucionalismo contemporâneo.

Sem Auschwitz, talvez a dignidade da pessoa humana não fosse ainda princípio matriz expresso no Direito contemporâneo. Mas, tendo o homem produzido o holocausto, não poderia ele deixar de produzir os anticorpos jurídicos contra a praga da degradação da pessoa por outras que podem destruí-la ao chegar ao poder. Como não se há de eliminar o poder da sociedade política, necessário é erigir em objetivo do Direito o atendimento do ser humano e o respeito e garantia integral de seu direito fundamental à vida digna.

Com sede na Filosofia, o conceito da dignidade da pessoa humana ganhou foros de juridicidade positiva e impositiva como reação às práticas nazifascistas desde a Segunda Guerra Mundial, tornando-se, nos estertores do século XX, garantia jurídica

---

[1] Etimologicamente, dignidade vem do latim *dignitas*, datado do final do séc. XI, significando cargo, honra ou honraria, título, podendo, ainda, ser considerado o seu sentido de postura socialmente conveniente diante de determinada pessoa ou situação.

contra práticas econômicas identicamente nazifascistas, levadas a efeito a partir da propagação de regimes econômicos predatórios, globalizantes, nos quais os valores de mercado incluem a pessoa humana. Parece que particulares querem substituir o Estado de Direito pelo não Estado, ou, pelo menos, pelo Estado do não Direito, que busca tornar o Estado Democrático dos direitos sociais em Estado autoritário sem direitos.

Ainda é Betinho a alertar, em seu escrito *O Pão Nosso*, que: "A modernidade produziu um mundo menor do que a humanidade. Sobram bilhões de pessoas. Não se previu espaço para elas nos vários projetos internacionais e nacionais. No Brasil, essa exclusão tem raízes seculares. De um lado, senhores, proprietários, doutores. Do outro, índios, escravos, trabalhadores, pobres. Isso significa produzir riqueza pela produção da pobreza".

Hoje, a produção da miséria não se faz mais apenas no sentido da rejeição do ser humano pelo mundo; o sinistro globalismo econômico midiático, se não voltado à realização do princípio democrático, gera não apenas a expulsão de pessoas por outras, mas a sua rejeição por si mesma, como posto na fórmula de Hannah Arendt.[2]

A justiça humana, aquela que se manifesta no sistema de Direito e por ele se dá à concretude, fundamenta-se e justifica-se pela crença e respeito à dignidade humana. O princípio da dignidade humana não se baseia apenas em determinado sistema jurídico; antes, é dele pilar fundamental. A dignidade é o pressuposto da ideia de justiça humana, por ditar a condição superior do ser humano como ser de razão e sentimento. Por isso, a dignidade humana independe de merecimento pessoal ou social. Não há que fazer por merecê-la; ela é inerente à vida e, nessa contingência, é um direito pré-estatal.

A Filosofia antecipa-se na concepção moral da dignidade humana, dela haurindo o Direito as bases para a elaboração do princípio da dignidade da pessoa humana em sua versão jurídica. Acolhido como fundamental, tornou-se esse princípio vislumbre novo adotado pelo Direito para considerar o homem e o que dele, com ele e por ele se pode fazer numa sociedade política. Com esse conceito, o Direito foi repensado, reelaborado e definidor de novas formas de interpretar e aplicar as normas jurídicas, especialmente pelos Tribunais Constitucionais.

Sendo o direito à vida inserido entre aqueles assegurados no rol do que se considera a formulação de direitos fundamentais de primeira dimensão (na terminologia constitucional contemporânea), a dignidade da pessoa humana, como conteúdo daquele direito reconhecido e garantido nos sistemas jurídicos democráticos do Estado moderno, já estaria assegurada desde os primeiros momentos de formação do conceito do direito à vida.

Entretanto assim não se considera porque, naquele primeiro momento, a formulação jurídico-normativa atribuiu caráter meramente formal aos direitos elencados nos primeiros documentos constitucionais a eles referentes. O direito à vida, expresso nos textos fundamentais nos quais ele se articulava, garantia a inexpugnabilidade do atentado contra a existência, mais que a vida em sua configuração ampla e, especialmente, em sua condicionante humana, que é exatamente a dignidade.

---

[2] *Apud* PEDROT, Philippe. *Ethique, droit et dignité de la personne.* Paris: Economica, 1999, *avant-propos, XVI.*

Os desastres humanos das guerras, especialmente aquilo a que assistiu o mundo no período da Segunda Grande Guerra, trouxeram a dignidade da pessoa humana para o mundo do Direito, como contingência que marcava a essência do sistema sociopolítico a ser traduzido no sistema jurídico. E ao Estado conferiram-se competências novas e instituições habilitadas a dar concretude aos princípios e aos direitos fundamentais das pessoas.

Nas primeiras fases do constitucionalismo moderno, estabeleciam-se modelos de comportamentos impostos ou defesos para a ação do Estado e para a conduta dos indivíduos. Esses modelos continham-se nos preceitos constitucionais que os estabeleciam de maneira contingente. Agora, estatuem-se princípios que informam os preceitos, constitucionais ou legais, a partir dos quais e para a concretização dos quais se dão a realizar os fins postos pelo e para o povo no sistema jurídico fundamental. Transformada a formulação básica da Constituição, tem-se como método de interpretação a finalidade que o povo busca concretizar com a adoção do sistema positivo.

A constitucionalização do princípio da dignidade da pessoa humana modifica, na raiz, toda a construção jurídica: ele impregna toda a elaboração do Direito, por ser o elemento fundante da ordem constitucionalizada e posta na base do sistema. Logo, a dignidade da pessoa humana é princípio tido como superprincípio constitucional, aquele no qual se fundam todas as escolhas políticas estratificadas no modelo de Direito plasmado na formulação textual da Constituição.

As normas constitucionais e internacionais contemporâneas enfatizam o princípio da dignidade humana. Os tratados internacionais sobre direitos humanos multiplicam-se. Mas as guerras também. Algum desencanto jurídico ou canseira política? Nenhuma. Apenas a certeza de que norma há de se cumprir para o atingimento das finalidades sociais buscadas no sistema de Direito formulado e promulgado.

A imagem do menininho afogado nos mares da indiferença ou do velho tragado pela ferida doída da doença ou do preconceito, em área de guerras entre Estados ou dentro de um Estado repete-se nas telas que devoram olhos e encaram a sensibilidade congelada. A violência mostrada é tanta e tão frequente que parece éter a adormecer as entranhas relaxadas pela dose da desumanidade vertida a cada quadro mostrado. Há quem assista às cenas saboreando comidas, sem afastar sequer o prato à sua frente. Engole-se o pão com o molho de sangue da barbárie indigesta que escorre, desesperadamente, pelo corpo e pela ideia. A dormência do comodismo cala a afinidade subjugada; a repetição martela a sensibilidade. Nós, os sonsos essenciais, na fala de Clarice Lispector.[3]

---

[3] Em sua crônica *Mineirinho — um gramo de radium*, Clarice Lispector descreve os sentimentos pela morte, em 1º de maio de 1962, de um fugitivo, assassinado pela polícia com treze tiros. No pungente escrito, aquela magna escritora estoca a indolência ética que acomete o ser humano: "a primeira lei, a que protege corpo e vida insubstituíveis, é a de que não matarás. Ela é a minha maior garantia: assim não me matam, porque eu não quero morrer, e assim não me deixam matar, porque ter matado será a escuridão para mim. Esta é a lei. Mas há alguma coisa que, se me faz ouvir o primeiro e o segundo tiro com um alívio de segurança, no terceiro me deixa alerta, no quarto desassossegada, o quinto e o sexto me cobrem de vergonha, o sétimo e o oitavo eu ouço com o coração batendo de horror, no nono e no décimo minha boca está trêmula, no décimo primeiro digo em espanto o nome de Deus, no décimo segundo chamo meu irmão. O décimo terceiro tiro me assassina — porque eu sou o outro. Porque eu quero ser o outro. Essa justiça que vela meu sono, eu a repudio, humilhada por precisar dela. Enquanto isso durmo e falsamente me salvo. Nós, os sonsos essenciais. Para a que minha casa funcione, exijo de mim como primeiro dever que eu seja sonsa, que eu não exerça a minha revolta e o meu amor, guardados. Se

A degradação inova-se porque a iniquidade não conhece limites. Por isso, o Direito reformula-se, paralelamente, para fazer face às crueldades, dando-se a concretizar e assegurar que a justiça não se compadeça com o aviltamento da desumanização. Disso decorre a conjugação necessária da dignidade humana com a solidariedade na humanidade. Esses são princípios que se vinculam para sua efetividade jurídica, social, política e econômica.

No Brasil, os princípios constitucionalmente expressos ou implícitos, fundantes do sistema, persistem a despeito da atrocidade também insistente de gentes empilhadas sob viadutos, crianças feito pardais de praça, sem pouso nem ninho certos, velhos purgados da convivência das famílias, desempregados amargurados pelo seu desperdício quando não descarte (in)humano, deficientes atropelados sob calçadas muradas para além de sua capacidade de enxergarem, presos animalados em gaiolas com trancas tortas, novos metecos errantes de direitos e de justiça, excluídos produzidos por um modelo de sociedade que se faz mais e mais impermeável à convivência solidária dos homens. Há que se reconstruir a comunhão na humanidade da presença e dos laços de dignidade e afetividade racional e responsável.

O Estado falha. A sociedade, se for comunidade sem comunhão, também. Há que se indagar e responder qual o papel de cada indivíduo em relação ao outro. O Direito põe e o cidadão dispõe sobre o seu cumprimento. A dignidade humana exige respeito de cada qual ao direito do outro ser com quem se compartilha a experiência de vida. A solidariedade compõe-se com a dignidade humana, para que os princípios sejam mais que enunciados; sejam diretrizes dotadas de força jurídica e de exigência insuperável ao talante de cada pessoa. Voluntarismo não é direito, mas mero querer particular.

2 Solidariedade como direito

a) Dignidade humana e solidariedade: direitos fundamentais

A solidariedade não se apresenta sempre, nem necessariamente, em sua dimensão jurídica, como antes lembrado. E nem sempre foi formalizada ou expressa na principiologia constitucional. Como elemento fundante do sistema de Direito a sua inserção é marcante desde que os direitos sociais foram constitucionalizados. No Brasil, antes mesmo da inclusão do princípio da dignidade humana, no constitucionalismo do pós-Segunda Guerra mundial, fez-se presente no sistema de normas jurídicas o princípio pela exigência de respeito às condições mínimas de existência digna.[4]

---

eu não for sonsa, minha casa estremece. Eu devo ter esquecido que embaixo da casa está o terreno, o chão onde nova casa poderia ser erguida. Enquanto isso dormimos e falsamente nos salvamos" (LISPECTOR, Clarice. *Para não esquecer*. Rio de Janeiro: Rocco, 1999).

[4] Como princípio constitucional expresso, a dignidade humana é introduzida na Constituição de 1988 (inc. III do art. 1º). Entretanto, a menção expressa à existência digna comparece em textos antes vigentes no Brasil. A sua eficácia jurídica e a sua eficácia social, ou sua efetividade, no entanto, não se fizeram plenas nem pelo Poder Judiciário, que a esse princípio não conferiu interpretação densa e eficácia plena, nem pela sociedade, que dele meio que desdenhou na esteira de doutrina jurídica formalista e despreocupada com os efeitos que cabe à norma jurídica produzir no mundo dos fatos. Assim, desde a Constituição de 1934 se adotou o princípio da existência digna como determinante do modelo econômico-jurídico acolhido ("Art. 115 - A ordem econômica deve ser organizada conforme os princípios da Justiça e as necessidades da vida nacional, de modo que possibilite a todos existência digna. Dentro desses limites, é garantida a liberdade econômica"). A Constituição de 1946 resgatou aquele princípio, que não se repetira na Carta de 1937. No parágrafo único do art. 145 daquele documento

O olho não enxerga o cílio. Mas a pessoa sabe de si e, assim, é capaz de ver e saber o outro. Quem tem dificuldade de enxergar a outra pessoa e pôr-se em seu lugar é ausente ou parco de humanidade e torna-se, em geral, cidadã ou cidadão menor em relação à cidade política. Criamos várias humanidades no mesmo mundo de humanos e desumanos. Não convivem elas necessariamente, conquanto se encontrem e se desencontrem nos direitos. Esses são iguais em termos formalizados constitucionalmente, mas nem sempre são respeitados e materialmente cumpridos.

Há quem possa contar com os melhores cuidados que a inteligência humana é capaz de conceber para o cuidado da saúde, para a longevidade com dignidade; e há quem não disponha de algodão sequer para limpar o sangue que verte da ferida aberta. Seres humanos vivem hoje num só tempo de calendário, mas em tempos que os separam, às vezes, em séculos de diferenças nas condições de vida, no acatamento de seus direitos. No mesmo País, como o Brasil, por exemplo, há os que não dispõem de transporte coletivo sequer precário, enquanto outros vão para o trabalho em helicóptero próprio. Construímos desigualdades, proclamamos a igualdade e a pergunta que nos estapeia é se somos solidários.

Sem lápis e analgésico o homem é menos. Pela pele, que pode se rasgar a qualquer momento, pela ideia, que pode fugir sem ter como registrar e guardar a memória na algibeira, o homem é mais seguro de si e do outro quando lhe são asseguradas educação e saúde, pelo menos e quando lhe é consentido saber-se com o outro em estado de solidariedade.

Pandemia sanitária, epidemia política, nova crise econômica... Não me lembro de ter vivido fase da minha vida sem alerta de que era preciso cuidado e economia, pois havia crise.

Pelo menos para o brasileiro, lamentavelmente instabilidade não é novidade. Em alguns momentos da história, essa inconstância é mais grave, como agora, exatamente porque, cientes dos seus direitos, dos seus interesses, do que poderiam ter, há mais pessoas em busca do que é direito delas, embora muito da felicidade "propagandeada" é material. E o ser humano parece querer buscá-la por qualquer meio.

Entretanto, o acesso aos bens que podem produzir melhores condições de vida depende do mínimo necessário para viver com dignidade. A fome dói. E esse mínimo é dever da sociedade, não apenas — conquanto inicialmente deva ser — do Estado. Assim, a solidariedade haverá de ser sempre lembrada, para ser assegurada a dignidade de todos. Afinal, a fome não é apenas do que lota o corpo, mas o que nutre o sentido maior de humanidade que habita cada ser. Bem lembrava Betinho: "Quando eu era cristão e queria lutar contra a miséria, meu dia começava com um Padre-Nosso. Tinha fome de divindade. Hoje, ainda luto contra a miséria, mas meu dia começa com um Pão Nosso. Tenho fome de humanidade".

A fome não conhece prazo processual. O de que ela se lembra é do prato que faz cessar a dor no corpo, a qual impede a dignidade da existência. E essa é assegurada como direito (art. 170 da Constituição do Brasil de 1988). Fome e liberdade estranham-se.

---

se estabeleceu: "Art. 145 - A ordem econômica deve ser organizada conforme os princípios da justiça social, conciliando a liberdade de iniciativa com a valorização do trabalho humano. Parágrafo único - A todos é assegurado trabalho que possibilite existência digna. O trabalho é obrigação social".

Com fome o ser humano não é cidadão, senão súdito, quando não escravo do seu próprio corpo, de que é refém sofrido, torturado pelo prato vazio.

Por isso, o princípio da cidadania é, constitucionalmente, conjugado com o da dignidade humana no texto fundamental do Brasil (incs. II e III da Constituição do Brasil de 1988). Sua compreensão e aplicação conjunta evita que o individualismo seja tomado de maneira exacerbada, conduzindo a condição social na qual se infirmem os interesses e bens de toda a coletividade. A afirmação da cidadania, ao lado do princípio da dignidade da pessoa humana, impede que se pense o sistema de direitos como ilusão, no sentido de ser embaraço à liberdade político-democrática, que há de ser estendida ao todo e não a apenas parcela da sociedade. Também se impõe que os caprichos individuais não segreguem grupos ou pessoas e que os grandes debates não percam a dimensão da humanidade que está em cada ser humano como representação do todo.

Constituindo a dignidade humana, na atualidade, princípio com autonomia jurídica bastante a fundamentar e impor decisões estatais (legislativas, administrativas e judiciais), ainda não se atentou para a igual, correlata e necessária importância do princípio constitucional da solidariedade.

b) A solidariedade é a condição determinante de alguém ir além de si mesmo, em sua ação, para estar com o outro e assegurar-lhe a eficácia do direito fundamental à dignidade. Em sua dimensão filosófica, ética ou religiosa, põe-se no arbítrio ou na característica subjetivamente atribuível a cada pessoa. Em qualquer dessas concepções, solidariedade é atitude que se espera, mas não se exige de alguém, por ser despojada de qualidade determinante de sua imperatividade. Solidariedade não se confunde com caridade ou filantropia. Concebido e aplicado juridicamente, não guarda relação com característica da pessoa, mas dever e, correlatamente, direito exigível de comportamento de outrem.

O Direito é objetivo, pelo que identificar a natureza jurídica e o conteúdo de determinado instituto requer precisão em sua definição (porque há conceitos indeterminados no Direito, mas determináveis para seu aproveitamento no sistema jurídico). Somente assim é possível configurar-se princípio ou regra jurídica, passível de ser afirmada como norma dotada de eficácia, a torná-la, então, exigível em seu acatamento e passível de controle em sua aplicação. Torna-se, assim, possível identificar os seus contornos como instituto jurídico imperativo a formular-se como componente do patrimônio de bens jurídicos fundamentais da pessoa. Isso significa que a pessoa é titular do direito ao comportamento de outrem, que há de atuar segundo norma determinante de solidariedade, enquanto a outra pessoa tem o dever de agir segundo aquele princípio jurídico, que o afasta do agir egoísta, impeditivo de vincular as pessoas e de formar um povo segundo ordem de valores constitucionalizados e impostos como vetores de comportamentos políticos e sociais.

Para além, portanto, da dimensão filosófica, religiosa ou ética, como concepções postas ao arbítrio desvinculado de cada pessoa, o acolhimento da solidariedade como princípio jurídico objetiva-se e impõe comportamentos exigíveis segundo o que posto no sistema normativo.

b.1) O sentido da solidariedade e seu aproveitamento como concepção política estruturante das democracias parece não ser discutível.

Para se ter uma sociedade democrática, há de se ter, necessariamente, o pleno acatamento ao princípio da dignidade da pessoa humana, concretizado pelo seu desdobramento necessário, o princípio da solidariedade, tomada essa como dever jurídico em relação ao outro. Como agora pensada e institucionalizada a democracia nos diversos sistemas vigentes, aqueles princípios constituem axioma jurídico,[5] afirmados e firmados como fundamento do sistema constitucional contemporâneo.

O surgimento do conceito de dignidade da pessoa, no século XVIII, no fluxo das ideias iluministas, veio à tona como a busca e garantia da *finalidade última das democracias*. Não sendo ermitão nem vivendo em solidão, o princípio da fraternidade, dos primórdios revolucionários do que veio a se constituir como Estado de Direito na modernidade, densificou-se no princípio da solidariedade como direito e dever jurídico.

O pós-Guerra de 1945, momento a partir do qual a humanidade passa a dotar de importância determinante o respeito à dignidade humana, impõe a extensão deste conceito de valor-base dos direitos fundamentais a princípio estruturante do Estado Democrático.[6] Segue-se, então, a imposição jurídico-constitucional de sua aplicação. Passa-se à definição da dignidade humana como direito fundamental, compreendido em dimensão fraterna da igualdade jurídica, reconhecendo-se a solidariedade como correlato e necessário princípio a se cumprir, respeitar e fazer valer o compromisso e a responsabilidade com o outro. E esse outro é um igual, sem necessidade de prévia identificação, pelo que pode ser contemporâneo ou a humanidade futura.

A democracia tem como fundamento o ser humano e nele faz repousar a sua finalidade, pelo que a dignidade da pessoa é o núcleo central e referencial daquele regime político. Em Estado constitucionalizado segundo fundamentos democráticos, qualquer política contrária não apenas à dignidade, mas à dignificação da pessoa humana, ou seja, à sua possibilidade de transcender e lançar-se além de seus próprios

---

[5] Enfatize-se, ainda uma vez, que, como antes afirmado, o princípio da dignidade da pessoa humana é axioma jurídico e não postulado. A diferença está, como ensinado por François Borella, em que aquele não é questionado, nem pode sê-lo, enquanto esse é posto em questão sempre que não é aceito como princípio e começa a ser recusado. Como a dignidade da pessoa humana, como valor fundante do sistema constitucional, não pode ser questionada, cuida-se, ali, de axioma jurídico (BORELLA, François. Le concept de la dignité de la personne humaine. *In*: PEDROT, Philippe. *Éthique, droit et dignité de la personne*. Paris: Economica, 1999.p. 32).

[6] Segundo J.J. Gomes Canotilho, a vinculação do princípio da dignidade da pessoa humana há de ser feita não com a democracia apenas, mas com a república nele baseada: "Outra esfera constitutiva da República Portuguesa é a dignidade da pessoa humana (art. 2º). O que é ou que sentido tem uma República baseada na dignidade da pessoa humana? A resposta deve tomar em consideração o princípio material subjacente à ideia de dignidade da pessoa humana. Trata-se do princípio antrópico que acolhe a ideia pré-moderna e moderna da *dignitas-hominis*... ou seja, do indivíduo conformador de si próprio e da sua vida segundo o seu próprio projecto espiritual (*plastes et fictor*). Perante as experiências históricas da aniquilação do ser humano (inquisição, escravatura, nazismo, stalinismo, polpotismo, genocídios étnicos) a dignidade da pessoa humana como base da República significa, sem transcendências ou metafísicas, o reconhecimento do *homo noumenon*, ou seja, do indivíduo como limite e fundamento do domínio político da República. Neste sentido, a República é uma organização política que serve o homem, não é o homem que serve os aparelhos político-organizatórios. A compreensão da dignidade da pessoa humana associada à ideia de *homo noumenon* justificará a conformação constitucional da República Portuguesa onde é proibida a pena de morte (artigo 24º) e a prisão perpétua (artigo 30º/1)... Por último, a dignidade da pessoa humana exprime a ideia de comunidade constitucional inclusiva pautada pelo multiculturalismo muldividencial, religioso ou filosófico". *Direito Constitucional*. Coimbra: Almedina, 1999, p. 221 (grifos do autor). Anote-se que a Constituição alemã de 1949 inseriu, em seu art. 1º, o princípio da dignidade humana: "Art. 1º [Dignidade da pessoa humana — Direitos humanos — Vinculação jurídica dos direitos fundamentais] (1) A dignidade da pessoa humana é intangível. Respeitá-la e protegê-la é obrigação de todo o poder público. (2) O povo alemão reconhece, por isto, os direitos invioláveis e inalienáveis da pessoa humana como fundamento de toda comunidade humana, da paz e da justiça no mundo".

limites, não pode ser tida como respeitadora do fundamento do Direito. Por isso, há de se ter como legítimo e necessário o agir estatal facilitador de condições sociopolíticas postas à disposição do ser humano para garantir, na prática, os direitos que lhe são reconhecidos pelo sistema jurídico.

O regime democrático tem como fim estatal a concretização de políticas públicas que revelem ao homem a melhor situação sociopolítica para o bem viver de todos os que compõem a família humana, em respeito à individualidade de cada um e em benefício da coletividade.

Por isso, a dignidade da pessoa humana é não apenas um princípio fundamental da democracia, mas também um valor fundante das organizações sociais, que, contemporaneamente, atuam no e com o Estado, mas não necessariamente inseridas em sua estrutura burocrático-governamental. A democracia há de ser considerada e exigida da sociedade e não apenas cobrada do Estado. Cidadania obriga. E a solidariedade, como fundamento imperativo e necessário para legitimar políticas públicas, há de ser o desdobramento necessário a validar os provimentos estatais.

Discute-se, ainda, no Direito o elemento jurídico e político que constitui o fundamento e define o alcance normativo desse princípio fundante da escolha e organização constitucional democrática do Estado. Tem-se asseverado que *"la dignité est affirmé comme un principe fondateur de l'ordre politique au sens large d'ordre social, libre, juste et pacifique. Mais en dépit du vocabulaire religieux (proclamer sa foi dans), ce fondement n'est pas justifié. Comme le dit le cardinal Jean Marie Lustiger, c'est 'le fondement non fondé de l'ordre social et politique'"*.[7] Não há de ser afastada a mesma preocupação e dificuldade em relação ao princípio da solidariedade.

Sendo a democracia o regime político cuja finalidade é garantir ao homem estrutura sociopolítica destinada a permitir-lhe realizar-se como ser livre, vocacionado a viver segundo as suas opções, concertadas com os demais em igualdade de condições, para cumprir o seu destino, põe-se a dignidade da pessoa humana como superlei pré-estatal, incluída no sistema constitucional como princípio fundamental matricial de todas as demais normas, quer de princípio, quer de preceito, que se conjuguem na formulação constituinte. Concluída a opção constitucional do povo pela democracia, põe-se a dignidade humana como princípio jurídico axiomático, sobre cuja existência, rigor e eficácia dominantes não se discute, apenas se dando a concretizar a partir de políticas públicas a serem adotadas segundo paradigmas diversos. Igual entendimento há de ser referido relativamente à solidariedade humana.

Princípio constitucional, o respeito à dignidade da pessoa humana obriga irrestrita e incontornavelmente o Estado, seus dirigentes e todos os atores da cena política governamental, pelo que tudo que o contrarie é juridicamente nulo. Sendo a solidariedade imprescindível para a plena aplicação e o respeito ao princípio da dignidade, obriga, igualmente, governantes e governados e estende sua natureza jurídica impositiva à interpretação e à aplicação do sistema de Direito positivo.

Toda ação do ser humano que indigne outro e contrarie o Direito é ilícita; tudo quanto o indigne partindo de ação ou omissão estatal contraria o Estado Democrático

---

[7] BORERLLA, François. *Loc. cit.*, p. 31.

e configura nulidade do comportamento ou da política que a tanto conduza, com a responsabilização de quem tenha assim atuado em nome da pessoa política.

Anote-se que a prática democrática é direito e dever do cidadão. É da sociedade o compromisso permanente de promover e exigir do Estado as práticas democráticas que permitam a realização dos fins definidos em cada sistema jurídico de acordo com o pensar a justiça em cada povo e em cada tempo histórico. O perigo de a sociedade não agir para o pleno e permanente respeito do princípio da dignidade da pessoa humana é possibilitar, ainda que pela omissão consciente, que autoritarismo e totalitarismo revertam os termos iniciais do axioma jurídico havido nos princípios da dignidade e da solidariedade humana, permitindo que governantes assenhorem-se do poder do Estado e o ponham como fim, transformando o homem em meio para a obtenção de seus interesses e assentamento de suas ideias, sem respeito à humanidade livre e cidadania de iguais. Esse quadro é o reverso da lição exposta por Kant, pois, assim, o homem passa a ter um preço, não uma dignidade. Quando o Estado reduz o homem a meio — como se deu no nazismo ou como se dá nas diversas máscaras do fascismo, ainda hoje tão melancolicamente praticado —, a humanidade vê esvair-se o respeito à sua dignidade, reduzindo-se a pessoa a objeto substituível, em contrariedade à concepção democrática das dignidades e das liberdades. Autoritarismo — a par de não respeitar o Direito, menos ainda os direitos fundamentais — não tem outro fim que não o de atender aos desígnios egoístas do ditador e de seu grupo. Nesse cenário, a solidariedade humana sequer é cogitada como compromisso e limite estatal. Quem não se vê como integrante de um grupo de iguais não se percebe comprometido com o outro, nem por ele se responsabiliza. O que se nega é a humanidade plena, dizima-se a liberdade, afirma-se a crueldade e promove-se a insensibilidade cívica.

O Brasil positiva o princípio da dignidade humana como fundamento expresso do Estado Democrático de Direito em que se constitui a República Federativa. E acolhe o princípio da solidariedade como corolário necessário do princípio da dignidade humana, posicionado aquele determinante dos objetivos da República (inc. I do art. 3º da Constituição do Brasil). Os objetivos expressos no texto constitucional e imperativos para o Estado (quaisquer sejam o governo e o governante) voltam-se ao pleno acatamento à dignificação do homem. Daí a definição de intransigente observância de políticas públicas para que se erradiquem do Brasil condições indignas estampadas na desigualdade social, econômica, regional, a pobreza e a miséria que aviltam e envergonham todos os que têm valores humanos.

Sem a definição do valor maior da dignidade humana, não há democracia. Sem a solidariedade humana, imposta como corolário determinante para o respeito e cumprimento daquele princípio, a dignidade fragiliza-se em seu fundamento legitimador e, especialmente, em seu cumprimento pleno. Os princípios da dignidade e da solidariedade humanas complementam-se e reforçam-se para o perfeito atendimento jurídico, sendo ambos fundamentos da sociedade política, com respeito e compromisso de todos com todos. Sem o atendimento aos princípios da dignidade e da solidariedade, todos os fundamentos constitucionais da organização política da sociedade brasileira são enfraquecidos em sua função normativa obrigatória. Então, a Constituição, de Carta da Libertação torna-se Lei de Libertos, válida somente para quem tenha atingido determinado estágio socioeconômico, permitindo-se que alguns sejam cúmplices de indignidades praticadas contra as outras pessoas.

Sem o respeito à dignidade da pessoa humana, também não se há cogitar de poder exercido legitimamente. Legitimidade tem expressão única no ser humano respeitado em sua essência e transcendência de ser dado a superar-se para ser fonte de certeza do outro e para o outro.

Mas se a dignidade humana foi adotada como fundamento e conquista do marco civilizatório alcançado no curso da história moderna, em especial com o movimento renascentista e o antropocentrismo, como inspiração para a construção do Direito, a solidariedade não foi introduzida com a mesma força jurídica vinculante senão muito recentemente.

Afirma-se, com frequência e sem muito meditar sobre, que "a liberdade de um termina onde começa a do outro". Repetida e acreditada, a frase pode até ser aceitável se relacionada a direitos disponíveis. Não guarda, contudo, qualquer representação relacionada a direito fundamentais. Liberdade não se acaba, manifesta-se e exerce-se em espaço político comum a muitas pessoas, todas igualmente livres. O exercício da liberdade conjuga-se, combina-se, para que os espaços individuais e plurais mantenham-se sem outros serem eliminados, porque identicamente significantes para o titular do Direito. A liberdade que se pudesse ter como *acabada* liberdade não seria senão ausência de liberdade. Restringe-se ou condiciona-se o exercício da liberdade em conformidade com o direito posto à observância de todos. Liberdade é conceito de expansão permanente, não de restrição consistente.

O que determina a legitimidade do limite ou da forma de exercício das liberdades é a solidariedade, que, combinada com o princípio fundamental da dignidade humana, assegura que não se elimina direito de alguém em benefício de outrem. Condicionam-se as manifestações e os espaços de exercício da liberdade, de forma igual e respeitosa, a todas as pessoas, para que a sociedade mantenha o vínculo de unidade na pluralidade.

b.2) Acreditei ser dilema da minha geração a insolúvel equação de não querer ser um, mas não aprender a ser dois. Depois, a gente aprende que o impasse não parece ser de uma geração, mas da humanidade. O assombro maravilhado da complexidade humana é primeiro interrogação sobre o "eu", só depois — e em rápido na vida — aprende-se o "eu com o outro". Até porque o outro é o duplo humano que me habita ou me hospeda em dado momento, companheiro e afeto mais fácil do que o dedicado a mim mesma.

É nessa perplexidade e constatação de interdependência mútua entre as pessoas de muitas humanidades e plurais desumanidades, de calendários variados e destinos diferentes, mas sempre buscantes de justiça e bem ser, que se extrai a necessária concepção da dignidade e da solidariedade como anéis de um aparador a entrelaçar os princípios constitucionais fundamentais da experiência democrática.

A palavra solidariedade foi inicialmente utilizada no ambiente do Direito. Seu sentido jurídico primeiro, entretanto, era diverso do que foi adotado posteriormente, como sequência e crescimento de sentido, não substituição daquele significado primário.

Do latim *solidus* adveio *in solidum* a significar *pelo todo*, que, desde o séc. XVI, designou a responsabilidade solidária ou pela qual respondiam solidariamente todos os devedores em relação ao credor. Nesse mesmo sentido a palavra foi aproveitada por Cícero nos primeiros textos do *Digesto*. Então se mencionavam relações solidárias. Nos

Códigos, o termo expressava a obrigação coletiva dos devedores, cada qual respondendo por todos. Romanistas como Savigny, Keller e Windscheid, por exemplo, e civilistas como Planiol, Riper e Ferrara mencionavam a solidariedade como atributo de determinadas relações, sempre caracterizada pela ideia de unidade inteira e plural do vínculo obrigacional de uma pluralidade de sujeitos em relação a um credor. Naqueles textos primeiros, *in solidum* expressava a indivisibilidade da obrigação e a integridade da prestação pela qual alguém responde, integrante daquela pluralidade de indivíduos, relativamente a um credor.

O substantivo solidariedade foi admitido posteriormente e adotado com autonomia na linguagem não apenas jurídica, mas especialmente pela Filosofia e pela Ética. Atribui-se, com frequência, a Pierre Leroux o primeiro emprego daquela palavra em sentido não jurídico, em sua obra de 1840 *"De l' humanité, de son príncipe et de son avenir"*.[8] Em qualquer dos sentidos aproveitados comparece sempre o núcleo significante de obrigação comum a impor ação e entrega aliada a um fator necessário de dedicação e entrega.[9]

Desde o séc. XVIII, a palavra *solidário* e o advérbio *solidariamente* passaram a ter ampliado o seu significado, passando a ser utilizado como o vínculo pelo qual se estabelece uma relação necessária e orgânica entre integrantes de grupo não determinado de pessoas em relação a terceiro ou a uma obrigação referente a objeto específico.[10]

A extensão do significado do termo solidariedade deu-se em relação ao conteúdo que nele se contém e em seu aproveitamento nos diferentes ramos do conhecimento. Qualquer que seja o conteúdo atribuído àquele conceito, entretanto, o núcleo conceitual repousa na ideia de interdependência vinculante entre pessoas em relação a outra pessoa ou a objeto determinado.

Na concepção política e na compreensão jurídica contemporâneas, significante necessário da expressão solidariedade é a indicação do elo entre as pessoas, por causa de interdependência existente entre elas, que se consolida como obrigação de cada um em relação a todos e da qual ninguém pode desertar.[11] Essa obrigação política, social

---

[8] Há referências doutrinárias à utilização do sentido filosófico moral de solidariedade na obra de Aristóteles, pelo menos como antecipação do sentido que viria a ser empregado ao substantivo na modernidade ao cuidar da igualdade. Faz-se igual menção à noção de *"assabiyah* proposta por Ibn Jaldún, exposta como '*sentimento do grupo que supõe afeto mútuo e disposição para combater e lutar uns pelos outros'"* (apud LUCAS, Javier. *El concepto de solidariedade.* México: Distribuciones Fontamara S.A., s/d, p. 14).

[9] Para Javier Lucas, "... el rasgo fundamental es la comunidad de sacrifício y riesgo, junto al afecto; se trataria de una noción que pone de manifiesto el lazo entre fraternidad y solidariedad" *(idem, ibidem).*

[10] Segundo Eugène d'Eitchthal, "... dès le XVIIIeme siècle, solidaire et solidairement s' emploient dans un sens dérivé et pour ainsi élargi, pour designer non plus une dette collective proprement dite, mais un lien mutuelle, d'un caractère moins rigoureusement déterminé, entre deux ou plusieurs personnes, ou entre deux ou plusieurs objects... Plus tard, Chateaubriand dirá, dans le Génie du Christianisme: ' Nos fautes rejaillissent sur nos fils, nous sommes tous solidaires'. Entre temps, l'expression est passée dans le langage scientifique et s' applique spécialement à la physiologie... 'La solidarité organique est, dit LIttré, la relation nécessaire, mais qui n'est plaus déterminée d'avance dans ses effets, telle que la co-responsabilité totale que le mot juridique appliquait à deux ou plusieurs personnes. DAns son sens étendu, écnomistes, publicistes, philanthropes et sociologues, se sont sucessivement servis du mot solidarité. Au milieu du XIXe siècle, le mot est entre dans la grande circulation par les écrivains philanthropes" (D'EICHTHAL, Eugène. *La solidarité sociale.* Institut du France, s/d., p. 5)

[11] Para aquele autor, retoma-se o sentido "primitivo e jurídico" da palavra solidariedade na atualidade: "C'est cependant vers cette forma de solidarité, que, reprenant le sens primitif et juridique du mot, et probablement entraînés, jusqu'à un certain point à leur insu, par ce sens primitif, quelques esprits veulent aujourd'hui revenir pour y chercher la base d'une règle sociale, le fondement d'um système de justice parmi les hommes" (idem, ibidem).

e jurídica, a solidarizar os seres humanos passados, presentes e futuros, legitima a união de pessoas constituindo-as em uma humanidade. Para além do significado atual, entronizado apenas recentemente no vocabulário da ciência política e em outros ramos do conhecimento e da prática social, erige-se a responsabilidade de cada um em relação a todos como fundamento do Estado de Direito pensado desde a modernidade.[12]

A explicação para a interdependência entre as pessoas, constitutiva do fator determinante da solidariedade como fundamento do princípio no Direito, tem formulações diferentes. É imprescindível a referência à formulação sociológica concebida por Émile Durkheim, na busca de aproximar o Direito e a Sociologia. Para aquele autor, a solidariedade é orgânica, constituindo qualidade intrínseca à sociedade humana, na qual as pessoas dependem umas das outras pela condição de serem limitadas e desafiadas a manterem-se com os demais integrantes do grupo para sobreviverem.[13]

A formulação jurídica da solidariedade como princípio constitucional explica-se, em parte, como embrionária na fórmula aproveitada da concepção sociológica de Émile Durkheim, a partir da compreensão de ser ela um elemento impositivo em razão da necessária dependência mútua entre as pessoas. Assim, a construção teórica do Direito, por exemplo, de Léon Duguit, a seguir e transcender aquela compreensão sociológica de Durkheim.

Ao criticar as doutrinas individualistas, Duguit anota que o ser humano isolado, livre e independente dos outros seria abstração alheia à realidade. O Direito não poderia, portanto, ser construção racional e opcional a partir da condição individual isolada. Para ele, o ser humano nasce em determinado grupo, vive em sociedade — única condição que lhe é inerente —, devendo, portanto, a pessoa, inserida em seus laços de solidariedade social que a caracterizam em essência, ser necessariamente o fundamento do Direito.[14]

---

[12] Para Léon Bourgeois, "le mot de *solidarité* n'est entre que depuis peu d'années dans le vocabulaire politique. Au milieu du siècle, Bastiat et Proudhon ont bien aperçu et signalé les phénomènes de solidarité ' qui se croisent' dans toutes les associations humaines... Aujourd'hui, le mot de solidarieté paraît à chaque instant, dans les discours et dans les écrits politiques. On a semblé d'abord le prendre comme une simple variante du troisième terme de la devise républicaine: fraternité. Il y substitue de plus en plus; et le sens que les écrivains, les orateurs, l'opinion publique à son tour, y attachent, semble, de jour en jour, plus plein, plus profond et plus étendu" (BOURGEOIS, Léon. *Solidarité*. Paris: BnF-Partenariats, filiale de la Bibliothèque Nationale de France, s/d., p. 5).

[13] Da concepção de Saint-Simon, reformulada principalmente por Auguste Comte ao consolidar as primeiras noções do que viria a ser a sociologia, creditada em sua elaboração moderna e mais completa por Durkheim, o que é enfatizado, então, é o fator orgânico determinante da convivência solidária necessária na sociedade. Para Comte, com suas teorias rígidas e, no estágio atual do pensamento democrático, com conotação algo autoritária, a solidariedade seria o "consenso entre unidades semelhantes que poderia ser assegurado pelo sentimento de cooperação derivada necessariamente da divisão do trabalho" (COMTE, August. *Cours de philosophie positive*. Paris: Paul Hartmann, 1943, p. 15 e ss.).

[14] "J'ai essayé de montrer... que le fondement du droit est la solidarité ou interdépendance sociale; que tous les membres de la societé sont obligés par la règle de droit de ne rien faire qui sont contraire à la solidarité sociale et de faire tout ce qui est en leur pouvoir pour en assurer la réalisation; que s' il y a des droits, ils dérivent de cette obligation; que tout homme a le pouvoir d' accomplir son devoir sociale et de s' opposer à ce que quiconque l' empêche de l' accomplir. Je crois avoir montré que le droit étant ainsi fondé sur la solidarité sociale s' simpose aux détenteurs de la puissance publique, à l' État, qu'il en résulte pour lui l' obligation de ne faire auxune loi susceptible de porter atteinte au libre développement de l' activité iondidivuelle, parce que ce libre développement est nécessaire pour que la solidarité sociale puisse se réaliser et se développer" (DUGUIT, Léon. *Traité de Droit Constitutionnel*. Paris: Ancienne Librairie Fontemoing & Éditeurs, 1930, vol. III, p. 640).
Não apenas Duguit, mas autores como Adolfo Posada acolheram essas ideias, construindo esse autor espanhol a sua teoria de Estado de serviços públicos, voltado à garantia das liberdades e servente à realização dos fins buscados pela sociedade.

Nessa linha filosófica, Duguit observa que a solidariedade entre os seres humanos teria duplo fundamento: primeiro, decorreria dos laços que Durkheim denomina mecânica, e, segundo, por similitude e porque haveria elos de solidariedade orgânica ou por divisão de trabalho. Na primeira abordagem, a solidariedade humana resultaria da condição de os humanos serem semelhantes, unindo-se, então, por essa igualdade a vinculá-los segundo o Direito que se criaria a partir dessa condição e para o pleno atendimento dela. A solidariedade orgânica ou por divisão de trabalho uniria os seres humanos, estabelecendo sua interdependência na condição de membros da mesma sociedade, relacionando-se eles pela diferença que conduz à organização social e estabelece o vínculo a partir das singularidades que os completam pela divisão do trabalho.

Para Duguit, o Direito vem antes e está acima do Estado, submetido o ente estatal ao fundamento único a legitimá-lo, de buscar desenvolver a solidariedade social. A reforma social seria, portanto, função essencial do Estado. E, assim, coube àquele jurista revisar o constitucionalismo liberal individualista, lançando as bases teóricas do constitucionalismo social e solidário.[15]

Para as teorias que contrapõem o individualismo e o coletivismo, o modelo econômico eleito e construído direcionaria a ação entre os seres humanos na sociedade e dele se retiraria a forma de comportar-se a pessoa em relação à outra. A luta econômica seria o critério indicador da atuação individualista (e muitas vezes egoísta e excludente do outro) ou voltada ao outro ser. Essa separação, marcante de certa fase histórica, foi grandemente superada pela compreensão de não ser o modelo econômico acolhido o único elemento definidor da separação entre individualistas e coletivistas. Conformou-se novo figurino político-econômico entronizado nas experiências estatais e sociais, alargando-se a ideia inicial de haver duas vertentes contrárias entre uns e outros teóricos. Combinou-se, em formulação histórica a superar aquela primeira, ser necessário conceber a aproximação entre aquelas ideias, pois a sociedade não sobrevive sem a busca e a conquista de harmonia também econômica, pela qual toda a sociedade responsabiliza-se.

Para outras correntes de pensamento, a solidariedade repousaria na dependência biopsicológica entre os seres humanos. Sem conseguir ausentar-se do conviver (em sentido próprio, viver com o outro), a pessoa sempre tem necessidade da outra e esse é elemento definidor de sua existência digna. Haveria, assim, quase uma dependência física a impor a relação de solidariedade, pela necessidade mesma de um em relação a outro ser humano.

A referência às teorias organicistas, reestruturadas e realçadas por Herbert Spencer, representa outro olhar sobre as formas de conceber a solidariedade como base da evolução e da organização humana. Para os pensadores que acolheram essa concepção, os grupos sociais e as organizações políticas e econômicas seriam como órgãos vivos. As organizações teriam funções definidas e se estruturariam para assegurar a sobrevivência do corpo social integral.

---

[15] A teoria concebida por Léon Duguit influenciou o constitucionalismo do séc. XX, tendo sido ela base do pensamento de constitucionalistas como Gaston Jèze, Maurice Hauriou e Georges Durvitch, entre tantos que deixaram mensagens no sentido de ser a solidariedade a base das formulações jurídicas.

Todos os fundamentos lançados nas diferentes formas de se elaborar doutrina sobre o tema centram-se na mesma ideia força, da solidariedade como base legitimadora e conformadora do Direito justo.

Altruísmo não é desapego, mas necessária vinculação decorrente da correlação psicofisiológica e qualquer ideia de abnegação ou escolha arbitrária de querer, ou não, viver com o outro, não se trata de vivência, mas de sobrevivência. A convivência social permite que o ser humano cumpra sua vocação pelo alargamento de suas possibilidades e de seus limites.

Há quem afirme ter sido a solidariedade ideia construída a partir da concepção judaico-cristã de não ser autônomo o ser humano, dependente que é do outro. O não ser a pessoa íntegra, mas dependente de sua *metade* encontrada apenas no outro é, de certo modo, versão da mesma fórmula do ser vinculado a outros. Mesmo para os que puseram fé nessa constatação de que todas as pessoas dependem umas das outras, não falta egoísmo nem individualismo exacerbado nos modelos políticos, econômicos e sociais historicamente concebidos e politicamente praticados, nos quais o sistema de normas adotado permitiu a escravidão, a pobreza e todas as formas de discriminação, de desigualdade e de indignidade. A solidariedade não prosperou pela só compreensão de a justiça não coexistir com a desarmonia socioeconômica e política, a inferiorizar uns em relação a outros seres humanos.

Em sociedade na qual a solidariedade não fundamente o sistema constitucional, não se consolida o sentimento do constitucionalismo solidário, pois ele é reflexo do sentido de justiça legitimado no sistema. Também não se afirma, então, a eficácia social da Constituição no seio da cidadania, nem se propicia a ação confiada dos cidadãos. Um grupo de pessoas forma um povo e constitui-se em Estado quando prevalece a confiança legítima de cada um na concidadã ou no concidadão, sua ou seu igual e próximo. Então, as instituições constitucionalmente concebidas recebem a confiança do cidadão, que reverbera nas relações humanas para a pessoa estatal. A confiança depositada pela cidadã e pelo cidadão no sistema constitucional relaciona-se com a) a eficácia das instituições concebidas e as demandas sociais supridas segundo o dever da sociedade e do Estado, e b) a tolerância da cidadania quanto às diferenças que compõem a pluralidade do grupo e o respeito quando não seja o autor do ideário consensualmente acolhido. Estabelece-se, então, no Direito, dinâmica política, econômica e jurídica baseada no respeito e na responsabilidade de cada membro da cidadania em relação a todos. A igualdade empurra o Estado Democrático para além do acolhimento de direitos conquistados, estendendo-se o sistema para possibilitar a igualação, transformando-se a história em fluxo contínuo do fazer humano, sempre no sentido de sanar feridas passadas, acolher humanidades presentes e promover dignidades para o futuro.

A dignidade humana é uma carência da vida pessoal, a solidariedade é uma imposição da relação social. Não há respeito entre as pessoas sem reverência à dignidade de todos, nem há generosidade sem deferência à singularidade de cada um. A inobservância do princípio da dignidade humana conduz à prática de toda espécie de indignidades de que já se mostraram capazes as pessoas.

Considerando-se superiores, por disporem de bens materiais de toda espécie, pessoas construíram a história com argila abastecida com a moagem de outras pessoas, arrancadas de sua humanidade para servirem aos primeiros como seus objetos. Por isso a relevância conferida à dignidade erigida à categoria de princípio magno para a sobrevivência de todas as pessoas em condições de igualdade.[16]

Esse afastar-se de sua essência humana, que se expõe na prática das indignidades de um contra outro ser, degenera não apenas a pessoa, erodindo a relação que põe a sociedade em estado de comunhão construída em acordo com a natureza humana e com as possibilidades de vida congregada. A dignidade de cada um e de todos está na gênese da singularidade humana, centrada na liberdade que distingue cada pessoa e, simultânea e necessariamente, a vincula a todas as outras.

No sentido da dignidade, elabora-se o sentimento de esperança humanitária e solidária, a permitir a formulação de projeto de vida em comum, para além do egoísmo que isola e da vaidade que aferrolha a pessoa em si, afastando-a de todas as outras.

b.3) O sentido jurídico-constitucional da solidariedade afirmou-se como princípio constitucional para além da generosidade pessoal, tornando-se imposição jurídico-política constante de norma expressa no sistema de Direito positivo dos povos, como resposta às práticas de indignidade que o egoísmo cruel e desumano estampou nas guerras do séc. XX.

A solidariedade como princípio afirmou-se como anteparo jurídico para o bem viver de todos, não apenas de algumas pessoas, autoarvoradas em superiores a outras, às quais submete.

As guerras de todos os tempos exibem dentes afiados com os quais alguns grupos (des)humanos estraçalham seus semelhantes. Mas as cruentas batalhas do séc. XX expuseram o que se poderia atingir com a inteligência a serviço da perversidade, mostrando que a barbárie não tinha sido superada pelos ideais civilizatórios. Práticas de civilidade não garantem a maturidade democrática das civilizações. Tampouco asseguram tenha sido a crueldade desterrada definitivamente das relações desumanas entre as pessoas.

Não há fórmula hábil a impedir as experiências mais inclementes do egoísmo. E não há como, objetivamente, estancar para sempre a tirania individual e política. A democracia é conquista seguida, diária e difícil. A civilização humanitária e libertária, também. Mas esse pelejar democrático é imprescindível para a humanização que concilia o ser humano com seu destino de comunhão com os outros. Apenas no processo democrático prospera a libertação permanente do ser humano em sua busca de viver venturosamente com os outros, ampliando-se em sua dignificação para o benefício de todos.

O aprendizado constante da solidariedade leva a pessoa a educar-se para buscar, em primeiro lugar, a sua própria humanidade, que o faz comungar com o semelhante e a natureza que se planta e floresce em cada ser. Antes de afastar-se para desejar a divindade, há que se atentar à humana forma de viver e conviver.

Uma vez anotei haver gente demais e humanidade de menos no mundo em que vivo. Talvez não falte tanta humanidade quanto falte dignidade e solidariedade.

---

[16] Observa Gerson Boson que, "até hoje, nada esperei do tigre, da zebra e nem do gato. Todos eles — como sabem — são seres aprisionados pelo mundo da natureza. Não têm eles opção, não têm eles liberdade. Por isso o tigre não destigra, a zebra não dezebra nem o gato se desgata. O homem, ao contrário, desumaniza-se..." (BOSON, Gerson de Britto Mello. Em defesa da ética e da liberdade. *Jornal da UEMG*, ano I, n. 6, p. 2).

Atualmente, a Terra acolhe enorme contingente de pessoas, mas nela habita óbvia carência de fraternidade. O mundo cresceu, a multidão aumentou, os problemas das pessoas e das sociedades, também. A tecnologia evoluiu, tornou-se mais eficaz, mas parece buscar bastar e ser o seu próprio fim. Algoritmatizam-se relações e desprezam-se os seres humanos. A produção — ou o seu produto — não se volta ao homem; antes, tenta fazer com que o homem se volte a ela.

A cada manhã se registra a queda de dogmas, crenças, paredes e países. Mas ainda não se viu tombar o ideal humano de dispor de condições de vida que lhe permitam ser feliz. Nada o fez desistir de buscar viver dignamente, pensando a dignidade como a que se pode encontrar na conduta respeitosa e confiante da pessoa em relação a si mesma e ao outro.

O Direito reformulou-se, adotando como foco e gene das liberdades, desde sempre buscadas nas sociedades, para garantir a dignidade humana. Comprovou-se imprescindível proteger o ser humano, não apenas garantindo que permaneça vivo, mas seja respeitado e tenha assegurado viver com o outro, solidarizando-se pessoas e povos para a certeza da dignidade para todos.

Os agravos cruéis do séc. XX demonstraram que a desumanização não atinge apenas uma pessoa, mas toda a humanidade representada em cada ser. Por isso se erigiu em axioma jurídico, princípio matriz do constitucionalismo contemporâneo, como é o da dignidade da pessoa humana.

A dignidade da pessoa humana põe-se na lágrima vertida sem pressa, sem prece e, principalmente, sem busca de troca. Como no reclamo candente de Antígona, a dignidade não provoca, não intimida, não se amedronta. Tem a calma da justiça e o destemor da verdade. Antígona representa a dignidade além da vida de alguém, para mais do que seu corpo físico.

Tendo sede na Filosofia, o conceito da dignidade da pessoa humana[17] ganhou foros de juridicidade positiva e impositiva como reação do Direito às iniquidades de que

---

[17] As primeiras vezes em que comparece em textos jurídicos, a palavra dignidade, ou, mais propriamente, no plural como foi então mencionada, *dignidades*, refere-se exatamente a cargos ou honrarias de que alguém se faz titular. Deste teor, por exemplo, o art. 7º da Declaração dos Direitos do Homem e do Cidadão, de 1789, onde se tem que os cidadãos são "igualmente admissíveis a todas as dignidades, cargos e empregos públicos". Verifica-se, pois, que, nesse primeiro momento, aquele uso afastou-se radicalmente do que constitui o seu conceito no âmbito da moral. A partir do séc. XVIII, porém, a dignidade da pessoa passa a ser objeto de reivindicação política e embute o conceito que ainda hoje ostenta, referindo-se a uma condição própria da pessoa humana. Quando retorna com novo conteúdo e contornos fundamentais no Direito contemporâneo, aquela palavra, referindo-se à pessoa humana, ganha significado inédito, qual seja, passa a respeitar à integridade e à inviolabilidade do ser humano, e não apenas tomados tais atributos em sua dimensão física, mas em todas as dimensões existenciais nas quais se contém a sua humanidade, o que a lança para muito além do meramente físico. O emprego daquela palavra pelo Direito, com todas as controvérsias de que ainda se cerca, conforme antes assinalado, não se despoja do significado ético e filosófico, relativo à condição essencial da pessoa, à sua humanidade. Mas é bem certo que se multiplica o seu significado com a conceituação jurídica mencionada e, ainda, com o envoltório político que igualmente passa a ostentar e segundo o qual a dignidade política é a base de um projeto político concebido sob o respeito restrito à pessoa humana, que a torna centro do próprio modelo de Estado cogitado e tendente a ser adotado segundo a escolha livre de um povo. A entronização do princípio da dignidade da pessoa humana nos sistemas constitucionais positivos, com o sentido em que agora é ele concebido, é, pois, recente e tem como fundamentos a integridade e a inviolabilidade da pessoa humana pensada em sua dimensão superior e para além da existência apenas de ser dotado de físico. A fonte fática desta opção é a reação contra os inaceitáveis excessos da ideologia nazista, que cunhou o raciocínio de categorias diferenciadas de homens, com direitos e condições absolutamente distintas, a muitos deles destinando-se tão somente as trevas dos guetos, as sombras dos muros em madrugadas furtivas e o medo do fim indigno a chegar possível a qualquer momento.

se mostrou capaz a pessoa. A ganância por bens germina em diferentes matizes. Todas com fio único: o do egoísmo desmedido e da cegueira individualista.

Contra todas as formas de degradação humana é que emergiu como imposição do Direito justo o princípio da dignidade da pessoa humana. A degradação encontra sempre novas formas de se manifestar; o Direito há de formular, paralelamente, novas formas de se concretizar, assegurando que a justiça não se compadeça do aviltamento do homem ou da desumanização da convivência.

O caminhar histórico demonstrou que os sistemas de Direito não teriam efetividade jurídica e sociopolítica se a positivação do princípio da dignidade não fosse conjugada com o princípio da solidariedade humana, que determina a formulação de políticas públicas e incentiva empreendimentos particulares que congreguem todas as pessoas em suas carências e talentos, em suas demandas e em suas potencialidades para o bem ser de todas as pessoas.

Princípios constitucionais complementam-se, combinam-se, harmonizam-se e conferem unidade aos sistemas jurídicos. Dotam os efeitos do conjunto das normas jurídicas de coerência e uniformizam-se mantendo a pluralidade dos fins e a diversidade das pessoas a serem beneficiadas.

Os princípios da dignidade e da solidariedade, portanto, enfeixam-se formando pilar que sustenta o constitucionalismo contemporâneo, comprometido com a eficácia jurídica e a eficiência sociopolítica e econômica dos ditames normativos democráticos.

Toda forma de aviltamento ou de degradação do ser humano é injusta. Toda injustiça é indigna e, sendo assim, desumana. A justiça, como o seu inverso ou a sua ausência, que é a injustiça, toca um sentimento do homem. A dignidade e o seu contrário, que é a indignidade, também. O tratamento justo e digno conforta; a injustiça, como a indignidade, transtorna o ser humano e o atinge em seu equilíbrio emocional e em sua confiança social. A reação contra uma ou outra é sempre de revolta, desespero ou amargura: é sempre contraponto carregado de emoção ou sentimento o que se deflagra.

A justiça humana, manifestada no sistema de Direito e por ele apresentado para ser concretizado, emana e se fundamenta na dignidade da pessoa humana. Dignidade é pressuposto da ideia de justiça humana, porque ela dita a condição superior do homem como ser de razão e sentimento. Por isso, a dignidade humana independe de merecimento pessoal ou social. Não se há ter de fazer por merecê-la: ela é inerente à vida e, nessa contingência, é um direito pré-estatal, O sistema normativo de Direito não constitui, pois, por óbvio, a dignidade da pessoa humana. O que ele pode é tão somente reconhecê-la como dado essencial da construção jurídico-normativa, princípio do ordenamento e matriz de toda organização social, protegendo o homem e criando garantias institucionais postas à disposição das pessoas, para que elas possam garantir a sua eficácia. Pode-se afirmar que, mesmo se, em dado sistema normativo, não se concebesse a dignidade humana como fundamento da ordem jurídica, ela continuaria a prevalecer e a informar o Direito positivo na atual quadratura histórica. Mais ainda: pode-se mesmo acentuar que a dignidade da pessoa humana se contém explícita em todo sistema constitucional no qual os direitos fundamentais sejam reconhecidos e garantidos, mesmo que não tenham expressão afirmativa direta. Os direitos fundamentais, como agora concebidos, aceitos e interpretados, partem do ser humano e para ele convergem e a pessoa humana e a sua dignidade não são concebidas como categorias jurídicas distintas. Logo, quando a dignidade humana é considerada direito fundamental, núcleo de direitos, igualmente será aceita como base de todo o ordenamento jurídico e polo central emanador de consequências jurídicas. A dignidade distingue-se de outros elementos conceituais de que se compõe o Direito, porque esse traz em si a ideia da relação e impõe, assim, o sentido de partilhamento, conjugação e limitação. Mostra-se no olhar que o homem volta a si mesmo, no trato que a si confere e no cuidado que ao outro despende. A dignidade mostra-se na postura na vida e na compostura na convivência. Diz-se mesmo que a vida é justa, ou injusta, quando alguém é sujeito a experiências consideradas incompatíveis com a dignidade humana. Para Kant, o filósofo da dignidade, a pessoa é um fim, nunca um meio, sujeito de fins e que é um fim em si. Aquele filósofo distinguiu o que tem um preço e o que tem uma dignidade. O preço é conferido ao que se pode aquilatar, avaliar até mesmo para a sua substituição ou troca por outra de igual valor e cuidado; pelo que há a relatividade desse elemento ou bem, por ser meio para se obter finalidade definida. O que é instrumento ou meio pode ser rendido por outro de igual valor e forma, suprindo-se de idêntico modo a precisão para realizar o fim almejado.[18]

Dignidade não tem valoração, ostentando valor absoluto. Pela sua condição, sobrepõe a mensuração, não se dá a ser meio, por não ser substituível, dispondo de qualidade intrínseca que a faz excluir-se de qualquer medida ou critério de fixação de preço. O preço é possível ao que é meio por lhe ser exterior; relaciona-se com a forma do que é apreçado; a dignidade não pode ser avaliada, medida e apreçada, por ser fim e conter-se no interior do elemento sobre o qual se expressa; afirma-se como essência do que é considerado, por isso não se oferece a medida convertida ou configurada como preço. Toda pessoa humana é digna. Essa singularidade fundamental e insubstituível é ínsita à condição humana, qualifica-a nessa categoria, pondo-a acima de qualquer indagação.

O ser humano executou o holocausto e condenou a humanidade. Não havia como deixar de produzir os anticorpos jurídicos contra a chaga da degradação da pessoa por outras que podem destruí-la e exterminar a espécie humana e outras espécies da natureza. Como não se pode eliminar o poder da sociedade política, havia de se erigir em fim do Direito e no Direito o homem com o seu direito fundamental à vida digna, limitando-se, desta forma, o exercício do poder, que tanto cria quanto destrói. Sendo o direito à vida inserido entre aqueles assegurados no rol do que se considera a formulação de direitos fundamentais de primeira dimensão, a dignidade da pessoa humana, como conteúdo daquele direito reconhecido e garantido nos sistemas jurídicos do Estado contemporâneo, já estaria assegurada desde os primeiros momentos de sua formação.

Assim não se considera, entretanto, porque, naquele primeiro momento, a formulação jurídico-normativa atribuiu caráter meramente formal aos direitos elencados nos primeiros documentos constitucionais. O direito à vida expresso nos textos fundamentais, nos quais ele se articulava, garantia a inexpugnabilidade da existência.

A Carta das Nações Unidas, de 1945, traz, em seu preâmbulo, a referência à dignidade da pessoa humana, afirmando-se estarem os povos resolvidos a preservar as

---

[18] Afirma « Kant est le témoin par excellence de cette révolution copernicienne qui fait désormais tourner l'univers moral autour du sujet. Ce qui organise la réflexion morale, ce n'est pas la référence au bien commun, au bonheur mais la volonté pure comme "principe suprême de la moralité"... Dans le fondements de la métaphysique des moeurs, Kant met ainsi le principe de dignité 'infiniment audessus de tout prix » (PEDROT, *op. cit.*, p. XVI).

gerações vindouras do flagelo da guerra, com seus sofrimentos indizíveis à humanidade, reafirmando-se a fé nos direitos fundamentais do homem, na dignidade e no valor do ser humano, na igualdade dos direitos dos homens e das mulheres.

Em texto similar àquele, a Declaração dos Direitos Humanos, elaborada pela ONU em 1948, inicia o preâmbulo anunciando que "o reconhecimento da dignidade inerente a todos os membros da família humana e de seus direitos iguais e inalienáveis constitui o fundamento da liberdade, da justiça e da paz no mundo [...]".

Mais uma vez, pois, declara-se o valor que enucleia a ideia de justiça devida ao ser humano para a legitimação na convivência política.

E no art. 1º daquela Declaração, tem-se que: "Todos os seres humanos nascem livres e iguais em dignidade e em direitos. São dotados de razão e de consciência e devem agir uns para com os outros num espírito de fraternidade".

A dignidade da pessoa humana passa a ser, pois, encarecida sobre qualquer outra ideia a embasar as formulações jurídicas do pós-Guerra e acentua-se como valor supremo, no qual se contém a essência do Direito que se projeta e se elabora a partir de então. Sendo valor supremo e fundamental, a dignidade da pessoa humana é transformada em princípio de direito a integrar os sistemas constitucionais preparados e promulgados a partir de então, alterando-se, com essa entronização do valor e a sua elevação à categoria de princípio jurídico fundamental, substância do quanto constitucionalmente construído. Como a Declaração dos Direitos Humanos da ONU tornou-se vertente de muitos dos textos constitucionais subsequentes na parte relativa àqueles direitos, foram eles formulados de maneira a expressar, assim como ali se fizera, aquele enunciado como princípio fundante dos direitos fundamentais e da própria ordem política.

A Lei Fundamental da República Alemã, de 1949, foi a primeira a acolher como princípio fundamental do seu sistema a proteção da dignidade da pessoa humana, em texto expresso e que se situa como o primeiro dentre todos os que norteiam e embasam aquele povo.

A Organização das Nações Unidas proclamou, também em 9 de dezembro de 1975, a Declaração dos Direitos das Pessoas Deficientes, estabelecendo em seu art. 3º que: "As pessoas deficientes têm o direito inerente de respeito por sua dignidade humana. As pessoas deficientes, qualquer que seja a origem, natureza e gravidade de suas deficiências, têm os mesmos direitos fundamentais que seus concidadãos da mesma idade, o que implica, antes de tudo, o direito de desfrutar uma vida decente, tão normal e plena quanto possível".

Dilatou-se, assim, o conteúdo do direito à vida com o conteúdo que se adotara desde os textos constitucionais setecentistas, reformulando-se e fortalecendo-se essa definição jurídica, agora sob o influxo de um núcleo de direito muito mais amplo do que antes se tivera. O limite positivo e negativo da atuação do Estado e das autoridades que o representam passou a ser, a partir do entendimento ali esposado e tomado de acatamento obrigatório, porque constituído em norma-princípio-matriz do constitucionalismo contemporâneo, exatamente o da dignidade da pessoa humana, base de todas as definições e de todos os caminhos interpretativos dos direitos fundamentais.

Daí por que, na esteira das expressões havidas na Declaração dos Direitos do Homem da ONU, de 1948, e na Constituição alemã de 1949, reiteraram-se as menções a esse princípio nos textos constitucionais que se seguiram, especialmente quando a sua elaboração se fez para a reconstrução da democracia após experiências que indignaram os homens nos autoritarismos frequentes e, agora se sabe, de estirpe ruim e inclemente. Assim a Constituição espanhola, em cujo art. 10 se tem que: "Art. 10. - 1. *La dignidad de la persona, los derechos inviolables que le son inherentes, el libre desarrollo de la personalidad, el respeto a la ley y a los derechos de los demás son fundamento del orden político y de la paz social*".

Se é da humanidade que emerge o fundamento daquele princípio, é na humanidade igual de todas as pessoas que se põe a base desse último princípio. A humanidade, que é idêntica no nascer, não altera a igualdade da pessoa, o que a sepultura testemunha igual em qualquer canto do mundo.

E conquanto seja exato que a igualdade se fundamenta na dignidade que a humanidade da pessoa assegura, não parece correto se pensar haver confusão de princípios, pois aquele é mais amplo em seu conteúdo e em sua eficácia como fundamento do Direito.

Aliás, a dignidade da pessoa humana é fundamento do princípio da igualdade jurídica sem que haja absorção de um pelo outro. A interpretação haverá de ser no sentido de que todos são igualmente dignos porque iguais em sua humanidade, em virtude da qual não se admitem preconceitos que degradem, aviltem ou asservissem homens em benefício indébito de outros, que o ser humano não é vassalo ou objeto em proveito de outros.

A constitucionalização do princípio da dignidade da pessoa humana não retrata apenas modificação parcial dos textos fundamentais dos Estados contemporâneos. Traduz-se, isso sim, novo momento do conteúdo do Direito, cuja vertente está no valor supremo da pessoa humana considerada em sua dignidade incontornável, inquestionável e impositiva, e nova concepção de Constituição, pois, a partir do acolhimento daquele valor tornado princípio em seu sistema de normas fundamentais, mudou-se o modelo jurídico-constitucional que passa, então, de um paradigma de regras, antes vigente, para figurino normativo de princípios. Antes, estabeleciam-se modelos de comportamentos impostos ou defesos para a ação do Estado e para a conduta dos indivíduos. Esses modelos continham-se nos preceitos constitucionais que os estabeleciam de maneira contingente. Agora, estatuem-se princípios que informam os preceitos, constitucionais ou legais, a partir dos quais e para a concretização dos quais se dão a realizar os fins postos como próprios pelo povo no seu sistema fundamental. Transformada a formulação básica da Constituição, tem-se como método de interpretação a finalidade que o povo busca concretizar com a adoção do sistema positivo. A constitucionalização do princípio da dignidade da pessoa humana modifica, em sua raiz, toda a construção jurídica: ele impregna toda a elaboração do Direito, porque ele é o elemento fundante da ordem constitucionalizada e posta na base do sistema. Logo, a dignidade da pessoa humana é superprincípio constitucional, aquele no qual se fundam todas as escolhas políticas estratificadas no modelo de Direito plasmado na formulação textual da Constituição.

Esse princípio não se aperfeiçoa nem se torna plenamente eficaz sem o da solidariedade. A dignidade está no ser e na relação que se estabelece de cada um com o outro, na comunhão dos afetos que as pessoas se humanizam e constroem-se na libertação permanente que permite a aventura de humanidades.

Assim é que o constitucionalismo se reinventou na esteira do princípio da dignidade humana e o fez conjugar com o princípio constitucional da solidariedade.

Dignidade não se reconhece no espelho, formula-se na janela que abre o ser humano ao outro e faz com que se formulem como conjunto e vivam como iguais.

É a solidariedade juridicamente afirmada como princípio que obriga e legitima as ações estatais e também os empreendimentos particulares. Egoísmo não produz sociedade, encolhe a individualidade e dificulta a conformação democrática da política.

Hoje, mais que antes, opções econômicas e tecnológicas lançam novas sombras (fossem poucas as tantas que já escurecem a história dos comércios, incluídos os dos humanos, a que os povos assistiram) sobre os direitos que se conquistaram com tantas terríveis dificuldades. Sempre vale a pena lembrar Betinho e o seu *Pão Nosso*, no qual ele anota que "O mundo deu muitas voltas. Caíram barreiras, referências, mitos e muros. A história não coube em teorias. As teorias negaram suas promessas. O capitalismo continuou produzindo miséria, mas o socialismo avançou sem conseguir eliminá-la. Os sistemas protegiam seus sócios e eliminavam os demais... a miséria no mundo aumentou...".

Depois de mais de cem anos de ideologias socialistas e capitalistas e de práticas pelas quais se precificaram vida e morte, a miséria no mundo aumentou, a riqueza concentrou-se em grupos estreitíssimos e a economia não tem escondido sua opção pelo código de brancos em fábrica de exclusão racionalizada. A modernidade produziu um mundo menor do que a humanidade. As guerras contemporâneas e o egoísmo de pessoas e governos produziram novos degredados, afogando-se em mares apropriados por fronteiras ajustadas entre governantes desgovernados de princípios e de ética humana. Todos os degredados são "filhos de Eva". Mas cada Eva também é desprezada, aviltada e condenada ao degredo, oco de direito à dignidade, ao respeito e à capacidade para participar da coisa pública de forma igualmente digna. Não se previu espaço para os degredados contemporâneos nos vários projetos internacionais e nacionais. E assiste-se, agora, a uma inesperada reação contra os grupos de desassistidos de direitos que passaram a crer em sua própria voz e a lutar pela sua vez de serem respeitados em sua humanidade digna e igual a todos os outros humanos.

No Brasil, o silenciamento histórico e a invisibilização permanente dos não brancos, médios e proprietários de terras e de dinheiros tem raízes seculares e objetivos humanamente espúrios. De um lado, homens, proprietários, doutores. Do outro, mulheres, índios, escravizados, trabalhadores, pobres. Esse quadro produziu concentração de riqueza pela fabricação de exclusão, pobreza e violência, maiormente voltada aos vulnerabilizados.

Nos dias que correm, a produção da miséria não se faz mais apenas no sentido da rejeição de alguns seres humanos pelo mundo. A sinistra reação fascista, que busca dominar ideias e práticas político-econômicas contemporâneas, gera não apenas a expulsão do ser humano pelo outro, mas a sua rejeição por si mesmo, desqualificado e, agora, cancelado pelas novas tecnologias, que podem ser utilizadas de forma insana e, não raro, são.

A normatização do princípio da dignidade humana pode não ser bastante para reverter, sozinha, quadro tão grave quanto difícil como esse que se vive na quadra histórica atual. É, todavia, imprescindível o seu acatamento, para que se tenha a possibilidade de se vir a superá-lo, pois, se assim não for, será possível concluir que a máquina terá ganhado do ser humano, ou o ser humano terá se perdido em sua essência humana. E ao ser humano parece de seu destino encontrar-se, não se perder.

Para a superação e transformação digna desse quadro estéril de direitos fundamentais das pessoas hão de se conjugar, necessária e inarredavelmente, o princípio da dignidade e o da solidariedade.

No Direito, a solidariedade é "a ponte da liberdade guardiã", no magnífico verso de Maurício Tapajós e Paulo César Pinheiro.[19] Ninguém se constrói como ser livre sem estar na relação com outros. E não há construção sólida, baseada na dignidade dos construtores, sem a solidariedade que une e revela diferenças. Essas combinam-se e formam unidade na pluralidade.

Se o princípio da dignidade da pessoa humana é a fórmula jurídico-normativa que impede a mercantilização do ser humano, como antes anotado, é pela composição daquele com o princípio constitucional da solidariedade que o sistema de Direito absorve conteúdo ético axiomático, impondo-se o respeito à igualdade humana e à singularidade da pessoa como dado universalmente sujeito ao respeito de todos, mas também como obrigação de cada pessoa para que a experiência humana siga em rota de aperfeiçoamento e garantia de experiência venturosa para todos.

O princípio da dignidade humana obriga o Estado a adotar políticas públicas inclusivas, ou seja, políticas que incluam todos os seres humanos nos espaços de bens e serviços, que possibilitem a cada um ser parte ativa no processo socioeconômico, autor da história política que a coletividade formula e prossiga trajetória de humanidade respeitosa e benéfica. O princípio da solidariedade obriga todos os cidadãos a serem cuidadores de si e responsáveis por todos, sendo omissão cívica ou ação política ilegítima a adoção do egoísmo como base do proceder.

É dever do Estado impedir que o homem se despoje do seu valor-fim dignificante e veja-se recolhido às sombras socioeconômicas e políticas; que ele seja renegado pela sociedade e veja-se repudiado pelos seus iguais e, envergonhado de si mesmo, rejeite-se e anule-se como cidadão. Cada ser humano é construtor no enorme empreendimento da construção da humanidade aperfeiçoada na vida em sociedade, pelo que a solidariedade se impõe como obrigação de respeito e ação objetiva em benefício de todos. Solidariedade é dever sociopolítico, não traço de caráter pessoal; não é qualidade escolhida, é estrela a indicar o caminho da união para o benefício de todos. O respeito à individualidade não significa descuido com o outro, senão acatamento da singular condição de cada ser humano, reverência à sua identidade única. Mas é pela solidária atitude no mundo que a sociedade política se reúne e o ser humano se une em processo de libertação permanente.

As formas de excluir-se o ser humano do ambiente sociopolítico, esvaziando-o de direitos fundamentais, da participação política livre, da atuação profissional respeitosa, da segurança pessoal e coletiva pacífica são inadmissíveis na perspectiva, na proposta ou na garantia de Estado Democrático de Direito. Mas a democracia também se impõe como direito fundamental também e impõe, como todo direito, paralelamente, dever. O dever político e, às vezes, também jurídico a que se obriga todo ser humano de ser partícipe — parte e participante — do processo político e cuidar do próximo dita o acatamento do princípio da solidariedade. A cidadania que determina os objetivos e vincula formas de atuação estatal em benefício do ser humano, para cumprimento do princípio

---

[19] *Pesadelo*, canção de Maurício Tapajós e Paulo César Pinheiro.

da dignidade, é a mesma cidadania que institui formas de atuação comprometida e respeitosa de cada um em relação ao outro, para que o princípio da solidariedade se torne efetivo jurídica e socialmente.

Democracia é avessa a egoísmo cívico. Uma sociedade de egoístas ajuntaególatras e tiranos individuais. Por isso, a solidariedade afirma-se como princípio constitucional da democracia contemporânea.

O Estado é democrático, em sua concepção, constitucionalização e atuação quando respeita os princípios da dignidade humana e da solidariedade cívica. Não há verbo constitucional, não há verba governamental que se faça legítima quando não se volta ao cumprimento daqueles princípios. Não há verdade constitucional nem suporte institucional para políticas públicas e comportamentos particulares que não sejam destinados ao pleno cumprimento daqueles valores maiores transformados em princípios constitucionais.

O egoísta é ser tendente à tirania, mesmo que seja a individual, que se projeta e expressa na experiência familiar, profissional ou em ambientes múltiplos da vivência. Egoísta é avarento não apenas de bens, mas também de sentimentos. Sem sentir o outro e nele ver o seu igual não se entende nem se estende a ponte solidária. Egoísta não gosta de conviver, aprecia comandar. Democracia reclama diálogo. O egoísta centra-se no que acha ser bastante, que é a sua única imagem e o seu desejo. Mas, se não há o que fazer ou como reagir quanto ao egoísta em sua característica pessoal, há o que se impor quanto aos seus deveres sociais e políticos, afirmando-se a solidariedade como princípio constitucional. E princípio obriga. E por ser princípio não se concede, não se negocia, não transige.

Para resguardar e respeitar o ser humano em sua dignidade essencial, concebeu-se e elaborou-se o sistema jurídico-constitucional democrático com base em princípios que lhe permitissem cumprir a vocação e expressar o seu talento, em atenção a seus apelos pessoais, sem se desatentar a que a convivência sociopolítica se volta ao aperfeiçoamento do grupo social de que cada qual é parte. No encontro do outro na praça de todos, o homem faz-se digno quando, honesto consigo, oferece-se respeitoso ao outro e solidariza-se por ser igual a todos.

Ao Estado compete atuar, adotar comportamentos e formular e desempenhar políticas públicas em reverência à condição digna do ser humano livre, igualmente tratado e dotado de iguais oportunidades para realizar suas vocações. Ao cidadão é de ser afirmado o seu dever sociopolítico e econômico de comportar-se fraternalmente, vinculando-se ao todo na ciranda política do encontro social.

Não sendo o Estado sociedade de anjos (tampouco de demônios, seja certo dizer), o Direito impõe-se para que não seja a praça pública arena de lutas, mas espaço de encontros de seres humanos dados a saberem o outro e no outro para experimentarem suas liberdades sem se perderem em desumanidades. Sem o Direito, os interesses individuais prevaleceriam e os mais fortes realizariam seus objetivos em detrimento de todos os outros serventes a toda a comunidade. Um ser humano não pode ser tão rico que possa comprar o outro, nem esse tão pobre que se venda ao primeiro, para manter sua existência, em prejuízo de sua dignidade.

A inclusão dos direitos sociais no rol dos direitos fundamentais constitucionalizados, desde a segunda década e, especialmente, da quarta década do séc. XX, empurrou a história jurídica e política dos povos no sentido de reconhecer-se a solidariedade como complemento imprescindível para a efetividade do princípio da dignidade humana. Passou-se a desenhar, no sistema constitucional, a forma de intervenção estatal no domínio econômico, ampliando-se o domínio jurídico para se evitar o que era tido como prevalência da *lei de mercado*, que é anomia, a não lei ou a lei do não humano, que avilta e transforma a pessoa em objeto ou coisa mensurável. O direito da humanidade digna foi instituído para evitar o domínio da anomia nas relações econômicas, políticas e sociais em detrimento do ser humano.

O Direito reinventou-se, assim, para que o Estado não se ausentasse da tarefa de instrumento a serviço da realização do bem de todas as pessoas. O Estado Social fez-se democrático ao constituir espaço libertador para novas conquistas individuais, sociais e políticas, submetendo todos os sistemas (político, social e econômico) ao respeito aos princípios da dignidade e da solidariedade humanas.

A concentração de seres vulneráveis, desalojados de direitos em espaços sem cuidado mínimo de humanidade, expostos sob marquises desumanas, edificadas em urbanismos hostis e excludentes, que nos agridem em cada passo dado, revela Estados não democráticos e descuidados da dignidade humana e prova a existência de cidadanias egoístas, fechadas em seus labirintos sovinas e desrespeitosas à solidariedade cívica.

As primeiras décadas desse séc. XXI alargam a desinibição, antes envergonhada, de modelos econômico-financeiros e também políticos que não se incomodam em engolir pessoas e países com sua ganância, mastigando direitos, que depois cospem em lixões desumanos.

Essa cobiça ilimitada agora mostra seus dentes afiados do financismo consumerista e tecnológico, a arquitetar novos campos de concentração espalhados nos eitões das cidades destelhadas de direitos, nos viadutos sem pontes e sem almas a desabrigar novas formas de escravização, com legiões de excluídos de direitos e de perspectiva de justiça e dignidade. Esses seres deixam à mostra a face da indignidade que contra eles se comete, envergonham-se de si mesmos perante os filhos e até perante passantes, esses, não poucas vezes, cegos à vilania cívica mostrada nas ruas convertidas em pavilhões de sub-humanos esfomeados de comida e de respeito à dignidade humana a que todos têm direito.[20] Todos os cidadãos são responsáveis por esse estado de coisas sociopolítico e econômico em Estado no qual os princípios da dignidade humana e da solidariedade cívica sejam postos como fundamento do sistema constitucional.

O conhecimento humano, que conduz à criação e à disseminação de modernas tecnologias, que podem estender e estreitar as relações entre os seres humanos, tem conduzido também a perigos novos com a pretensão de substituição da pessoa por máquinas. Ser humano não é coisa; pode usá-las, mas não há de ser por elas usado. E o

---

[20] Ensina Vivianne Forrester que "não há nada que enfraqueça nem que paralise mais que a vergonha. Ela altera na raiz, deixa sem meios, permite toda espécie de influência, transforma em vítimas aqueles que a sofrem, daí o interesse do poder em recorrer a ela e a impô-la... a vergonha deveria ter cotação na bolsa; ela é um elemento importante do lucro. A vergonha é um valor sólido, como o sofrimento que a provoca ou que ela suscita... Desse sistema emerge, entretanto, uma pergunta essencial, jamais formulada: 'preciso 'merecer' viver para ter esse direito?'... para 'merecer' viver, deve mostrar-se útil à sociedade, pelo menos àquela parte que a administra e a domina: a economia, mais do que nunca confundida com o comércio, ou seja, a economia de mercado" (FORRESTER, Viviane. *O horror econômico*. São Paulo: Editora Unesp, 2002, p. 17).

ser humano não é propriamente usado por qualquer máquina, pois atrás da máquina há sempre alguém a dela fazer uso e estender esse uso, com grandes lucros financeiros e de poder, sobre os outros. Há muitas formas de escravização. Com as máquinas se podem ter novos modelos dela. O algoritmo somente é invisível ao ser humano que é alvo, não para aquele que o manipula. O *chip* somente é diminuto materialmente, pois seu potencial de encabrestamento de ideias e gentes pode ser planetário. Algoritmo não é neutro, nem solidário: é não humano. Há de se cuidar para não se desumanizar o humano: a humanidade salva-se com e por todos. Ou não se salva alguém! O Direito é construção da sociedade para a humanidade com liberdade e formas de libertação. Sem solidariedade o direito à dignidade desapega-se de sua base determinante, que organiza as instituições para que a coletividade constitua-se com todos e em benefício de todos os seres humanos.

3 O princípio da solidariedade no constitucionalismo brasileiro

3.1. *As solidões do Brasil*. Com alguma amargura, há de se reconhecer que a história brasileira não tem sido construída com o respeito ao princípio da solidariedade. Longe disso, o curso da formação nacional fez-se a passos combinados de egoísmo, múltiplas formas de indignidade, escravização de uns por outros seres humanos, a desigualação de natureza variada e sombria. Estruturou-se uma coletividade em que se cunhou mesmo a expressão *fulano é da sociedade*. Quem não era daquele grupo mencionado (o pobre, o negro, o analfabeto, dentre outros) não era pessoa. A exclusão pôs-se na base de uma organização estatal de grupos estanques e preconceituosos. Possível supor que os ódios fumegavam nos corações dos viventes silenciados e apartados daquela dita sociedade, da qual parte das pessoas estava excluída, silenciada e invisibilizada. Era mais uma casta rotulada de sociedade.

A *Cidade Brasil* não acolhia como cidadãos todos os seus membros. Como ocorrido também em outras plagas, a organização formulou-se de forma a sobrepor alguns seres humanos a outros, plasmando instituições estatais e particulares, que mais aprisionavam que permitiam a libertação de todos e de cada um.

A solidariedade fez-se ausente neste sistema de Direito então concebido, formulado e aplicado. Historia Leôncio Basbaum, "durante toda a vida do Império, foi o Brasil o país de uma só classe, a aristocracia rural e latifundiária, que votava, se elegia, legislava, executava e julgava em seu próprio proveito".[21]

Os mais de trezentos anos de história de tantas formas de escravização no Brasil e uma monarquia com poder com sede ultramar não ocultaram todos os princípios que dominavam ideias, práticas e instituições projetadas em outros países, especialmente na Europa e, em parte, também nos Estados Unidos da América.

Por isso, mesmo outorgada, a Constituição posta para o Brasil em 25.3.1824 não passou ao largo do que até a atualidade se rotula e se expressa no constitucionalismo contemporâneo como princípios.[22]

---

[21] BASBAUM, Leôncio. *História Sincera da República*. 3. ed. São Paulo: Ed. Alfa-ômega, 1968, p. 278.
[22] Nem sequer na Assembleia Constituinte de 1823, dissolvida pelo Imperador, Dom Pedro I, em novembro do mesmo ano de sua instalação, se poderia afirmar terem ficado esquecidos alguns dos princípios que habitam

Cabe uma palavra a mais sobre a formação constitucional brasileira. A Carta de Lei de 25.3.1824, outorgada como Constituição do Império do Brasil, deu-se na sequência da ruptura de laços de dependência entre o governo nacional e a Corte portuguesa. O Brasil fez-se Estado soberano pelo gesto governamental formal de 7 de setembro de 1822. A soberania do Brasil fez-se Estado constitucional com a outorga daquele documento constitucional em 1824. Entretanto, antes mesmo da formalização do ato de declaração política da independência do Brasil da Metrópole portuguesa, em 3 de junho daquele ano, o então Príncipe Regente, D. Pedro, atendeu à representação formulada pela Câmara Municipal do Rio, para que fosse convocada "nesta Corte uma Assembleia Geral de Províncias do Brasil!".

O conturbado, às vezes até mesmo violento, ambiente político que dominava o País, especialmente estampado no Rio de Janeiro, sede da Corte, mais acirrado ainda desde 1820 (as revoltas e lutas pela independência espalhavam-se em todos os quadrantes de Norte a Sul), conduziu o Príncipe Regente D. Pedro a negar o que jurara na Proclamação de 5 de outubro de 1821. Então, afirmara "sobre as tendências do Povo à Independência do Brazil": "... Eu nunca serei prejuro, nem á Religião, nem ao Rei, nem á Constituição. Sabei o que vos declaro em nome da Tropa e dos filhos legitimos da Constituição, que vivemos todos unidos; sabei mais, que declaramos guerra desapiedade, e cruelissima a todos os pertubadores do socego publico, a todos os anti-constitucionaes que estão cobertos com o manto da segurança individual, e muito mais, a todos os anti-constitucionaes desmascarados. Contai com o que Eu vos digo, porque quem vol o diz é fiel á Religião, ao Rei e á Constituição, e por todas estas tres divinaes cousas estou, sempre estive, e estarei prompto a morrer, ainda que fosse só, quanto mais tendo Tropa, e verdadeiramente Constitucionaes, que me sustém, por amor, que mutuamente repartimos, e por sustentarem juramento tão cordial e voluntariamente dado".

Oito meses após aquela declaração, o Príncipe Regente fez expedir o Decreto de 3 de junho de 1822, convocando "uma Assembléa Luso-Braziliense" para elaborar o que deveria vir a ser a Constituição para o Brasil.[23]

---

os textos constitucionais modernos e os que hoje vigoram em todo o mundo. Princípios como o da liberdade, da igualdade e da nacionalidade em construção incipiente foram objeto de cuidados dos constituintes naquela breve experiência.

[23] *DECRETO DE 3 DE JUNHO DE 1822.*
Manda convocar uma Assembléa Geral Constituinte e Legislativa composta de Deputados das Provincias do Brazil, os quaes serão eleitos pelas Instucções que forem expedidas.
Havendo-Me representado os Procuradores Geraes de algumas Provincias do Brazil já reunidos nesta Côrte, e differentes Camaras, e Povo de outras, o quanto era necesario, e urgente para a mantença da Integridade da Monarchia Portugueza, e justo decoro do Brazil, a Convocação de uma Assembléa Luso-Braziliense, que investida daquella porção de Soberania, que essencialmente reside no Povo deste grande, e riquissimo Continente, Constitua as bases sobre que se devam erigir a sua independencia, que a Natureza marcara, e de que já estava de posse, e a sua União com todas as outras partes integrantes da Grande Familia Portugueza, que cordialmente deseja: E Reconhecendo Eu a verdade e a força das razões, que Me foram ponderadas, nem vendo outro modo de assegurar a felicidade deste Reino, manter uma justa igualdade de direitos entre elle e o Portugal, sem perturbar a paz, que tanto convem a ambos, e tão propria é de Povos irmãos: Hei por bem, e com o parecer do Meu Conselho de Estado, Mandar convocar uma Assembléa Geral Constituinte e Legislativa, composta de Deputados das Provincias do Brazil novamente eleitos na fórma das instrucções, que em Cônselho se acordarem, e que serão publicadas com a maior brevidade. José Bonifacio de Andrada e Silva, do Meu Conselho de Estado, e do Conselho de Sua Magestade Fidelissema El-Rei o Senhor D. João VI, e Meu Ministro e Secretario de Estado dos Negocios do Reino do Brazil e Estrangeiros, o tenha assim entendido, e o faça executar com os despachos necesarios. Paço 3 de Junho de 1822.
Com a rubrica do Principe Regente.
José Bonifacio de Andrada e Silva".

Desde o primeiro mês daquele ano de 1822 havia um sequenciamento de atos do Príncipe Regente que se conduziam para o que veio a se efetivar naquele Decreto de 3 de junho. Em janeiro, houve decisão do governo regente de que as leis votadas pelas Cortes de Lisboa não mais vigorariam no Brasil sem a sanção do Príncipe.

Naquele mesmo janeiro, decidiu o governo que todas as Províncias teriam como autoridade o Príncipe Regente, até que, "reunidos todos os deputados do Brasil, se ultime, pelas Cortes Nacionais, a Constituição Política da Monarquia".

No Rio de Janeiro, em 2 de março de 1822, o Largo do Rocio (depois, Praça Tiradentes), por determinação do Regente, passou a denominar-se Praça da Constituição. Esse documento ainda inexistia!

Em abril daquele mesmo ano, em visita a Vila Rica, na Província de Minas Gerais, o Príncipe exigiu ser reconhecido como *regente constitucional*, expedindo proclamação na qual afirma: "Sois livres. Sois constitucionaes. Uni-vos comigo e marchareis constitucionalmente...".

Eleitos os cem deputados para a Assembleia Constituinte, foi instalada em 3 de maio de 1822, com a eleição, em 5 de maio, da comissão de sete membros para redigir o projeto que iria à votação.[24]

Aquela Assembleia Constituinte foi dissolvida em 12 de novembro de 1822, após embates e crises que se sucederam, distanciando-a do Governo e desordenando internamente os trabalhos. No dia seguinte à dissolução, o Príncipe criou, por decreto, o Conselho de Estado, ao qual atribuiu a tarefa de elaborar a Constituição, que a malograda Assembleia não ultimara.[25]

Outorgada a Carta de Lei de 25 de março de 1824 como Constituição do Império do Brasil, mostrou-se ela documento liberal e garantidor da independência nacional, consolidada sob sua égide, com lista de direitos individuais coerentes com o constitucionalismo então predominante nos Estados europeus e, em parte menor, acolhidos na Constituição norte-americana.

3.2. *Constituição de 1824*. Quase não constou da Constituição brasileira de 1824 norma demonstrativa de preocupação com o que poderia ser hoje interpretado como afirmação do direito sedimentado no princípio da solidariedade.

O individualismo que predominava como dogma político, o culto da preservação estatal da individualidade, a garantia absoluta do direito à propriedade particular e a exclusividade do domínio que caracterizava o acervo patrimonial, critério da "valia" social de cada pessoa, e mesmo identificava seus direitos políticos (o voto censitário demonstrava esse entendimento prevalecente), davam o tom do constitucionalismo radicalmente liberal que marcava o figurino constitucional então adotado.

---

[24] Essa comissão foi composta por Antônio Carlos, José Bonifácio, Pereira da Cunha, Araújo Lima, Costa Aguiar, Ferreira da Câmara e Muniz Tavares. Em 16 de agosto, Antonio Carlos anuncia o término da "grande obra do projeto da Constituição", tendo sido ele redator. Em 1º de setembro, Padre Alencar, deputado pelo Ceará, faz saber que o redator aprontara o texto e o apresentaria. Naquela mesma data, Antônio Carlos leu o projeto.

[25] Esse conselho se compunha de dez membros: Maciel da Costa, Carvalho e Melo, Ferreira França, Mariano da Fonseca, Silveira Mendonça e Vilela Barbosa (esses ministros do governo) e, ainda, Alvares de Almeida, Pereira da Cunha, Carneiro de Campos e Nogueira da Gama.

Na Constituição imperial de 1824, talvez se pudesse invocar como norma que permitisse vislumbrar algum laivo de solidariedade aquela que garantia como direito fundamental "a instrução primária... gratuita a todos os cidadãos" (inc. 32 do art. 179).[26]

3.3. A Constituição de 24 de fevereiro de 1891, mais aferrada a paradigmas de individualismo até mesmo que aquela que a antecedera, sequer mencionou o dever da sociedade de assegurar instrução a todos, como estatuído em 1824.

Referências feitas a ensino direcionavam-se à competência legislativa para instituir estabelecimentos primários e superiores para militares ou para definir a laicidade a ser respeitada por eles.

3.4. O constitucionalismo social, introduzido nos sistemas jurídicos no séc. XX e desenvolvido neste séc. XXI, alterou o quadro normativo antes adotado nas Constituições com repercussões no Direito brasileiro.

As lutas sociais de trabalhadores, as mulheres em movimento por direito à paz e a pães, a busca pela valorização do ser humano em sua condição intrínseca de ser livre e dignificado em sua natureza libertária, com seus sonhos e ideais em permanente ebulição, não ficariam estanques em um só momento histórico. A legalidade não é inerte, senão dinâmica, pelo que a legitimidade não necessária nem permanentemente faz coincidentes os dois conceitos. O constitucionalismo liberal e individualista, garantidor da permanência e quase imutabilidade de modelo predeterminado de instituições públicas e particulares e valores que sobrepunham uns a outros seres humanos, não se manteria para sempre.[27]

Ao constitucionalismo liberal do séc. XIX acresceu-se o constitucionalismo social desde o séc. XX, e modificou-se a natureza, o conteúdo e a função das Constituições.

A transformadora compreensão de ser o trabalho valor social a configurar direito fundamental garantidor da autonomia de cada indivíduo e os movimentos operários que, com esse entendimento, se tornaram possíveis ensejaram as ideias básicas do constitucionalismo que se passou a elaborar. A doutrina e a elaboração dos textos constitucionais passaram a obedecer outra tônica sociopolítica e econômica.[28]

---

[26] Comentando esse dispositivo, Pimenta Bueno adverte que "A instrução primária é uma necessidade, não desta ou daquela classe; sim de todas, ou de todos os indivíduos; o operário, o artífice mais humilde, o pobre precisa saber ler, escrever, e pelo menos as primeiras operações aritméticas, aliás, ele depende de outro que o acaso lhe ministre, e não oferece a si mesmo a si mesmo a garantia a mais indispensável. A par dessa necessidade é também essencial que o povo tenha pelo menos as noções fundamentais da moral, e da crença religiosa, para que cada indivíduo possua germes de virtude, e ideias dos seus deveres como homem e cidadão. É, pois, uma necessidade geral, e consequentemente, uma dívida da sociedade, pois que para as necessidades gerais é que se criam e recebem as contribuições públicas; acresce ainda que a satisfação desta obrigação reverte em proveito da própria associação, que por esse meio consegue tornar mais úteis e moralizados os seus membros em geral" (BUENO, José Antônio Pimenta. Op. cit., p. 431).

[27] Paulo Bonavides anota que "... a Constituição do Estado liberal, sendo a Constituição da legalidade, estava assentada sobre um pedestal de pressupostos políticos que eliminavam a contestação, o debate, a controvérsia política sobre seus fundamentos históricos. Era a Constituição que parecia haver parado a humanidade num determinado momento de sua história, como se a sociedade humana não fora dialética, nem dinâmica por natureza; como se a legalidade perpetuamente coincidisse com a legitimidade; como se os valores do liberalismo, apartados de sua dimensão histórica, fossem intangíveis... As lutas sociais do século XIX e do século XX mostraram porém que não era assim; mostraram a inanidade, a fraqueza dessa conclusão ou desse sonho dos liberais" (BONAVIDES, Paulo. *Constituinte e Constituição*. São Paulo: Malheiros, 2010, p. 44).

[28] Contrários a Porfírio Díaz, chefe do governo mexicano por largo período (de 1876 a 1911, de forma intercalada), que adotava métodos autoritários e contrários à população, contra a qual se suscitaram reações, grupos de jovens intelectuais, pensadores e lideranças populares, agruparam-se no grupo Regeneración, encabeçado por Ricardo

Surgida após sete anos de crise política e social no México, proclamou-a o Presidente Venustiano Carranza, em 5 de fevereiro de 1917. A Constituição do México influenciou as ideias, teorias e práticas jurídico-constitucionais desde então. As ideias, antes expostas em forma de manifestos, foram entronizadas no texto promulgado. Pela primeira vez, o trabalho passou a ser reconhecido como direito fundamental e, nessa condição, garantido expressamente nas normas.[29] No art. 2º daquela Constituição se proibiu, expressamente, a escravidão, corolário lógico e necessário do reconhecimento do trabalho como direito fundamental.

A Constituição mexicana de 1917 vigorou por pouco tempo. Em 1920, reviravolta política instalaria novo período de instabilidades naquele país. Mas o avanço do constitucionalismo social posto naquele documento lançara sementes que seriam frutos em outros povos. A experiência constitucional não voltaria a ser o que um dia fora, antes da experiência mexicana.

No mesmo fevereiro de 1917, no qual se teve a promulgação da Constituição mexicana, se ensaiaram os movimentos de mulheres e de operários também na Rússia, quando afastado do poder o Czar Nicolau II. Em outubro daquele mesmo ano sobreveio a Revolução Russa (também denominada Revolução Bolchevique), alterou-se, também naquele Estado, o sistema de direitos fundamentais, no qual reconhecidos direitos dos operários, com o sinal do constitucionalismo social apresentando-se como desenhado na Constituição soviética de 1918.

Em 1919, foi promulgada a Constituição de Weimar na *República Democrática Parlamentar* da Alemanha. Nela o Estado Social (e, portanto, o constitucionalismo social) ganhou nova configuração, com o delineamento de direitos transformado pelo sentido social e solidário. Estampou-se, expressamente, a dignidade da pessoa humana ("direito intangível") como fundamental, estatuindo-se, no inc. 2º do art. 1º daquela Constituição, que "o povo alemão reconhece os direitos invioláveis e inalienáveis da pessoa humana como fundamento de toda comunidade humana, da paz e da justiça no mundo". Definiu-se, explicitamente, que a propriedade obriga, devendo o seu uso servir ao bem comum (inc. 2º do art. 14). A proteção à maternidade, à educação e à igualdade de todos foi assegurada expressamente (art. 6º).

Na corrente desse constitucionalismo social entronizado em sistemas fundamentais pós-Primeira Guerra Mundial (1914-1918), sobreveio a Constituição brasileira de 1934.

Flores Magón, influenciado pelas ideias de Mickhail Bakunin. Aquele grupo lançaria, em 1906, manifesto com propostas para uma Constituição mexicana. Naquele documento, que circulou clandestinamente, propunham-se, entre outros itens, proibição de reeleição do Presidente da República, garantias de respeito às liberdades individuais e políticas, sistema de educação pública para todos, reforma agrária e proteção de trabalho sempre com remuneração e cercado de outros direitos que o Estado haveria de assegurar.

[29] "Art. 5º. Nadie podrá ser obligado a prestar trabajos personales sin la justa retribución y sin su pleno consentimiento, salvo el trabajo impuesto como pena por la autoridad judicial, el cual se ajustará a lo dispuesto en las fracciones I y II del artículo 123... El Estado no puede permitir que se lleve a efecto ningún contrato, pacto o convenio que tenga por objeto el menoscabo, la pérdida o el irrevocable sacrificio de la libertad del hombre, ya sea por causa de trabajo, de educación o de voto religioso... El contrato de trabajo sólo obligará a prestar el servicio convenido por el tiempo que fije la ley, sin poder exceder de un año en perjuicio del trabajador, y no podrá extenderse, en ningún caso, a la renuncia, pérdida o menoscabo de cualquiera de los demás derechos políticos o civiles".

Fatos políticos condicionaram ideológica e socialmente o advento daquela nova Constituição para o Brasil. A Constituição brasileira de 1891 passou por reforma em 1926. Editada sob estado de sítio (que perpassou quase todo o mandato do então Presidente da República, Arthur Bernardes), foi publicada em 3 de setembro daquele ano. Após a derrubada da Constituição brasileira de 1891 pelo movimento denominado por parte dos historiadores de *Revolução de 30*, o chefe do governo provisório, Getúlio Vargas, convocou Assembleia Constituinte, não sem antes exercer o poder durante quase quatro anos "sem pauta" constitucional, como teria acentuado ter-se acostumado, ao receber exemplar da Constituição promulgada em 16 de julho de 1934.

Pretendia-se, pela reforma constitucional levada a efeito em 1926, acalmarem-se os ânimos políticos que sacudiam o País. Alguns temas foram cuidados, especialmente aqueles que se relacionavam ao sistema eleitoral, então viciado e desacreditado.

Entretanto, não houve a satisfação dos interesses nem o acolhimento das ideias mais progressistas e tidas como necessárias para o arrefecimento dos desagrados que dominavam o cenário nacional, especialmente no que se refere ao processo eleitoral. Seguiu-se, então, agitação que fez decair a Constituição republicana de 1891.

Iniciado em 3 de outubro, o movimento culminou com a deposição do Presidente Washington Luís em 24 de outubro, quando um grupo apelidado de Junta Pacificadora passou a exercer o Poder.[30] Por poucos dias o País teria tido as funções executivas desempenhadas por grupo que se autodenominou *Governo Provisório*, instalado em 3 de novembro. Em 11 de novembro, foi publicado o Decreto nº 19.398, no qual se traçou um conjunto de normas definidoras de sua competência, para suprir a anomia que se instalara desde 24 de outubro, com aquela deposição do Presidente da República.[31]

A feição autoritária e o delírio de poder ilimitado e permanente de Getúlio Vargas levaram à inquietação social, que mais e mais passou a fazer os grupos políticos se remexerem. A insatisfação tornou-se febre e fez subir a temperatura da revelia contra aquela permanência de arbítrio, o que conduziu ao movimento apelidado de Revolução Constitucionalista de 1932, com São Paulo atuando contra a continuidade do governo sem peias exercido por Getúlio Vargas.

---

[30] Aquela Junta era formada pelos Generais Tasso Fragoso e Mena Barreto e pelo Almirante Isaías de Noronha. O grupo que se deslocava para a Capital (então Rio de Janeiro), sob o comando de Getúlio Vargas, denominado governo revolucionário, teve a intermediação de Afrânio de Melo Franco para o ajeitamento dos interesses de todos os que se uniam em torno do objetivo de formação de novo governo. O Supremo Tribunal Federal foi comunicado do quadro executivo instalado em 27 de outubro. Ao Presidente Godofredo Cunha foi explicitado que o objetivo era "restaurara a ordem e pacificar a nação".

[31] O Decreto nº 19.398, de 1930, "institue o Governo Provisório da República dos Estados Unidos do Brasil e dá outras providências"; confirma a dissolução dos órgãos legislativos federais, estaduais e municipais; transfere a competência de toda nomeação e demissão de funcionários de quaisquer cargos públicos à Chefia do Governo Provisório; permite o desempenho dos órgãos judiciais, com limites (incluído o uso do *habeas corpus*, quando cuidarem de atos do Governo Provisório); suspende as garantias constitucionais, determina a nomeação de interventor federal em cada Estado da Federação (que, assim, deixa de ser federação), cria Tribunal Especial e como ocorre em todo período arbitrário, afirma (para desafirmar) que a Constituição permanece vigente, conquanto com os limites que o soberano poder do governo instalado defina. Esse decreto é analisado por doutrinadores como uma "Constituição provisória", título pouco aceitável porque, se é provisória, Constituição não é. Entretanto, tem-se nas normas nele expostas apenas uma tentativa de dar aparência de Direito ao que é simulacro de documento jurídico, pois o poder se exerce pela força e ao arbítrio do governante no plantão, que, seja dito, ele também não pretendia tão plantonista assim...

Amuado e acuado, o então Presidente Vargas fez expedir o Decreto nº 21.402, de 14 de maio de 1932. Por esse documento ficava convocada para um ano depois (3 de maio de 1933) a eleição de uma Assembleia Constituinte.[32]

As razões magnas eleitorais, afirmadas como motivo principal do movimento que levou à deposição do Presidente Washington Luís e à ruptura do sistema constitucional de 1891, não foram as que tiveram maior impacto — conquanto sejam elas significativas — na formulação do novo ordenamento fundamental instituído pela Assembleia Constituinte de 1933/34.

As vozes que se ouviram, especialmente na subcomissão especial formada para a elaboração do anteprojeto de Constituição, ecoavam as conquistas sociais de além-mar. As ideias constitucionais que permearam e moldaram o sistema promulgado em 1934 tiveram natureza, conteúdo e forma diversos do que antes fora adotado no Brasil.

Em relação ao projeto produzido, anotava João Mangabeira, integrante daquela subcomissão, sobre os direitos sociais devidos pela sociedade: "... o projeto sobe na sua impiedade para com a pobreza. O anteprojeto dizia, no art. 124, pararapho 2º: 'A lei assegurará na cidade e nos campos as condições de cada região, as necessidades normaes de um trabalhador chefe de família'. Como se vê tudo atendia o texto. Não se tratava de um salário uniforme, senão peculiar a cada região. O projeto, porém, modifica e determina: 'O salário deverá satisfazer, conforme as condições de cada região, às necessidades mínimas de subsistência do trabalhador.' É o salário da fome. Em resumo: um punhado de farinha e um pouco de água. Até ahi poderia ir a exploração capitalista, no trato com o trabalhador faminto. É isto, depois de tudo conceder à riqueza, e tudo inclusive um mínimo de horas de trabalho, recusar ao operário. O que a nova Constituição lhes reconhece é o direito que já se concedia ao escravo — o de não morrer à fome. ... Esta revolução ter-se-ia coberto para sempre de opróbio, de após três anos de incertezas e transações de toda a sorte, viesse afrontar os direitos dos pobres com esse escarneo, os sentimentos christãos com essa impiedade, os sofrimentos da miséria com esse ludibrio, a indignação do proletariado, consciente de sua força, com a provação dessa inominável zombaria".[33]

A voz convicta de João Mangabeira não representava a unanimidade de pensamentos e ideias expostas naquela constituinte de 1933/34. Nem era época — se alguma já houve — de consensos fáceis. A experiência europeia, especialmente em clima de mudanças graves que conduziram à Constituição espanhola de 1931, dava notícia de contradições profundas nas teorias e nas práticas políticas, econômicas e jurídicas. Roosevelt elegera-se Presidente dos Estados Unidos da América em 1932; Hitler chegara ao poder na Alemanha em 1933; Salazar despontara como líder em Portugal, chegando a Primeiro-Ministro em 1935. Em 1936, Franco aportaria no poder espanhol com disposição autoritária.

---

[32] Constituiu-se, segundo o ditado naquele ato, Comissão Especial, encarregada de elaborar anteprojeto da Constituição a ser oferecida à assembleia eleita. A subcomissão incumbida, diretamente, da elaboração do texto a ser apresentado como anteprojeto de Constituição, foi composta, dentre outros personagens, de Melo Franco, Assis Brasil, João Mangabeiras, Carlos Maximiliano, Oswaldo Aranha, Gois Monteiro e Temístocles Brandão Cavalcanti. Nem todos os integrantes permaneceram até o fim dos trabalhos, alguns abandonando o grupo.

[33] MANGABEIRAS, João. *Em torno da Constituição*. São Paulo: Cia. Editora Nacional, 1934, p. 167.

A convulsão ideológica refletiria na Filosofia e na prática política e se projetaria na Constituição brasileira de 1934. Inovadora, importante para o País e incômoda aos poderosos políticos e financeiros tem-se nela o sentido social dos direitos e o acolhimento fundante da solidariedade social.

O trabalho foi cuidado como valor determinante do reconhecimento de ser direito social, ao esmiuçar os direitos do trabalhador (salário mínimo, oito horas diárias de trabalho, proibição de trabalho de menores, dentre outros — art. 121 e seus parágrafos).[34] Por igual, a educação foi reconhecida como direito social (art. 149), assim como o direito à cultura (art. 148). Também a saúde e a assistência social foram objeto de tratamento constitucional (art. 10, 138; "d", §1º do art. 138, art. 145 e §6º do art. 179). A família recebeu proteção normativa especial (art. 138 e 144), tudo a demonstrar o acolhimento de valores sociais que transformavam o constitucionalismo até então praticado no Brasil.

3.5. *Constituição de 1946 e os anos seguintes.* Foi breve a vida da Constituição de 1934. O descontentamento de grupos políticos do poder com os rumos desenhados para um Brasil mais igual e dignificante de todos os seres humanos incomodava privilegiados. O Presidente da República desacomodava-se da perspectiva de eleições que poderiam afastá-lo do poder. O integralismo oferecia retórica golpista facilitada. O golpe de Estado de 10 de novembro de 1937 desenhava-se e amassava os fatos com as justificativas apreciadas por todo golpista.

No denominado Estado Novo, que se abateu sobre o Brasil, mergulhando-o em ditadura de 1937 até 1945, foi outorgada a Carta de 10 de novembro de 1937. Como mencionado antes, ela não teve vigência plena nem se cogitou de constitucionalismo, em sua vertente e compreensão democrática. Não havia concepção nem experiência clara de cidadania. E falta de liberdade esgota a humanidade. A musculatura política da sociedade exaure-se e esmorece, negando legitimidade ao tirano de plantão. O poder desgoverna-se. Depende o ditador mais e mais da força para impor-se e manter-se.

A reversão do quadro ditatorial com a deposição de Getúlio Vargas, apeado do Poder em 29 de outubro de 1945, impôs a convocação de Assembleia Constituinte para elaborar nova Constituição para o Brasil.

Promulgada em 19 de setembro de 1946, a Constituição elaborada e promulgada pela Assembleia Constituinte buscou conciliar a sociedade com os ideais plasmados naquel'outra de 1934.

Essa Constituição vigorou até 1º de abril de 1964, quando outro golpe de Estado atalhou a vigência do direito posto. Instalou-se nova sombra ditatorial a nublar as conquistas democráticas da sociedade brasileira.

Sobrevieram emendas constitucionais — apenas no nome titularizadas como emendas, pois se o fossem seriam inconstitucionais e inválidas —, atos institucionais (atos de força com palavreado de Direito), decretos e decretos-leis conforme o voluntarismo ditatorial, com dois documentos apelidados de Constituição: o primeiro, formulado pelo Congresso Nacional amarrado em peias que retiravam de sua reunião a natureza constituinte soberana (Carta de 24 de janeiro de 1967), vigorou pouco mais de dois anos, substituído que foi por outro, que nem nome de Constituição teve: faltou ousadia até

---

[34] "Art. 113 ... 34) A todos cabe o direito de prover à própria subsistência e à de sua família, mediante trabalho honesto. O Poder Público deve amparar, na forma da lei, os que estejam em indigência".

mesmo aos ditadores para expedir outra Carta a substituir a primeira do mesmo golpe. Outorgou-se sob o nome de Emenda Constitucional de 17 de outubro de 1969 novo ordenamento que, com 26 emendas, 13 atos institucionais e 67 atos complementares, vigorou até 5 de outubro de 1988.

E, então, convocada a Assembleia Constituinte pelo Presidente José Sarney, implementou-se o que prometera o candidato a Presidente da República Tancredo Neves. Afirmara ele, publicamente, a necessidade de construir-se no Brasil uma "nova república" (mote de campanha por ele adotada em 1984). Formulou-se nova Constituição para o povo brasileiro, promulgada após quase dois anos de trabalho, desde a instalação da Assembleia em 1º de fevereiro de 1987.

3.6. *Constituição de 1988.* O sistema constitucional inaugurado em 1988 é fase inédita da história constitucional brasileira. E não apenas pela sua configuração formal (a Constituição começa com a atenção voltada ao indivíduo e não ao Estado, como ocorrera nas experiências constitucionais antecedentes), mas também pela sua formulação temática.

Inicia-se a mudança pela topografia das normas constitucionais a pôr em relevo o ser humano e a cidadania antes do Estado. As Constituições brasileiras antes produzidas, promulgadas ou outorgadas, cuidavam, em sua apresentação normativa inicial, do Estado, de suas instituições e das competências estatais. A de 1988, diversamente, começa com o ser humano e afirma-se por ele. Enfatiza-o como titular de direitos fundamentais individuais, coletivos, sociais, políticos e econômicos.

O Título I da Constituição do Brasil de 1988 enuncia os princípios fundamentais da República Federal. E centraliza a pessoa humana, razão de ser do Estado e obrigação coletiva da sociedade, como ser dotado de dignidade a se respeitar e a se assegurar pela adoção de políticas públicas e atuações particulares voltadas à concretização dos valores que regem a ordem jurídica posta à observância de todos.

Nesse título inaugural da Constituição de 1988 se expressa o princípio da solidariedade como um dos vetores fundamentais do sistema estabelecido.

Como o princípio da dignidade humana, também o princípio da solidariedade social se entranha no constitucionalismo positivado desde o século XX, com realce expresso em norma, pela primeira vez, no Brasil, em 1988, como antes anotado. Sua introdução como princípio constitucional obedece à formulação teórica prévia, mas sua exposição normativa a reinventar o constitucionalismo é mais recente, a obrigar o intérprete e o aplicador das normas constitucionais a se reposicionarem em seus desempenhos.

A inclusão daquele conteúdo na principiologia jurídica expõe deveres estatais, inovados em deferência à prioridade igual dos mais vulneráveis. Força-se a concepção de novos entendimentos e práticas jurídicas. A solidariedade impõe-se como dever jurídico incontornável, gerando obrigações políticas, jurídicas e sociais e forçando o formulador da legislação infraconstitucional e também os órgãos estatais competentes pelos orçamentos a recriarem o sentido de responsabilidade político-econômica do Estado e o controle dos gastos públicos conforme os fins sociais previamente estabelecidos. Princípios como o dever de respeito ao mínimo existencial, de um lado, e o da reserva do possível, de outro, determinam a estatuição de novas concepções e comportamentos na gestão pública e de provimento no controle de constitucionalidade, já agora não apenas de atos normativos, senão também de políticas públicas.

Esse novo cenário social, político e jurídico foi contemplado e cuidado pelo constituinte brasileiro de 1987/88. O princípio constitucional da solidariedade fundamenta o sistema jurídico vigente, conjuga-se com outros princípios e espraia-se em regras específicas nos subsistemas estabelecidos.

CAPÍTULO IV

O PRINCÍPIO CONSTITUCIONAL DA SOLIDARIEDADE NA CONSTITUIÇÃO DO BRASIL DE 1988

1. Preâmbulo da Constituição Brasileira de 1988. Preâmbulo constitucional não é letreiro, anotei antes. Aceita-se não ter força normativa autônoma nos sistemas jurídicos, como antes anotado, na esteira do que aponta a maioria dos estudiosos do Direito.[35] Mas dota-se de vigor jurídico suficiente para sinalizar o rumo hermenêutico a ser seguido pelo intérprete e pelo aplicador das normas constitucionais. Como salientado antes, restringem-se os preâmbulos das Constituições, desde o Estado Moderno, a enunciados nos quais se consignam a autoria, os objetivos, os princípios e os fins acolhidos no sistema normativo que a ele se segue.[36] A eles não se há de negar valor jurídico específico,

---

[35] Neste sentido, por exemplo, para Kelsen o preâmbulo era a súmula pela qual se "expressam as ideias políticas, morais e religiosas que a Constituição tende a promover. Geralmente, o preâmbulo não estipula normas definidas em relação com a conduta humana e, por conseguinte, carece de um conteúdo juridicamente importante. Tem um caráter antes ideológico que jurídico" (KELSEN, Hans. *Teoría general del derecho y del Estado*. México: Imprensa Universitaria, 1958, p. 309). Diferente desse é o entendimento de Carl Schmitt, por exemplo, para o qual os preâmbulos podem conter formulações que não configuram apenas notícias históricas do momento constituinte, podendo ser consideradas parte integrante da ordem jurídica posta constitucionalmente.
Embora não se tome o preâmbulo na Constituição do Brasil de 1988 como dotado de vigor de norma positivada, constitui fonte interpretativa que direciona a interpretação válida de norma específica. Neste sentido, por exemplo, o julgado do Supremo Tribunal Federal, na ADI nº 2076, Relator o Ministro Carlos Velloso, em cuja ementa se tem expresso que "... II. Preâmbulo da Constituição não constitui norma central, invocação da proteção de Deus: não se trata de norma de reprodução obrigatória na Constituição estadual, não tendo força normativa..." (*Diário Oficial* de 8.8.2003).

[36] Da lição de João Barbalho sobre o preâmbulo da Constituição se extrai que "Cumpre tê-lo sempre em vista para a boa inteligência dela... Para bem entender o sentido de uma lei — doutrinava J. Domat, o sábio jurisconsulto — se devem pesar todos os seus termos e o preâmbulo mesmo, a fim de julgar da sua disposição pelos seus motivos" (BARBALHO, João. *Constituição Federal brasileira*. Rio de Janeiro: F. Briguiet e Cia., 1924, p. 3).
No mesmo sentido também Paulo de Lacerda, que observa que os preâmbulos da Constituição "consistem numa autenticação do documento que apresentam, conveniente para a sua verificação, contendo mesmo expressa a ordem de execução... A utilidade dos preâmbulos está, não só na autenticação do ato e respectivo documento para ser cumprido, como também na orientação para a interpretação dos textos, uma vez que aponta o fim, os intuídos gerais da Constituição" (LACERDA, Paulo M. de. *Princípios de Direito Constitucional Brasileiro*. Rio de Janeiro: Livraria Azevedo-Editora, s/d. vol. I, p. 3 e 7).
Cabe, portanto, uma nota sobre a adoção de preâmbulo na história das Constituições brasileiras. Tem sido observado, por exemplo, por número expressivo de doutrinadores pátrios, que a introdução constante na parte inicial da Carta de 1824 não poderia ser tomada como preâmbulo.
Expressão das intenções indicativas da fonte legitimadora do texto normativo, da descrição, às vezes, do contexto sociopolítico do qual se originou a Constituição, o preâmbulo identifica a legitimidade proclamada do autor da obra constitucional. Nesse sentido, não se há de menoscabar o introito da Carta de 1824 como se não fosse preâmbulo. A se acolher essa tese, aquela exposição pela qual se proclama ser de observância obrigatória "como Constituição, que dora em diante fica sendo deste Império..." retiraria o vigor fundamental daquela lei

que se segue com o título e a força determinante de Constituição Política do Império do Brasil.

Ademais, a outorga mesma daquela Carta de Lei a se observar e fazer observar como Constituição do Brasil — Dom Pedro Primeiro, por Graça de Deus e Unânime Aclamação dos Povos, Imperador Constitucional e Defensor Perpétuo do Brasil — expõe a fonte do poder proclamado e exercido no País.

Anote-se que seria, no mínimo, incoerente, que se afastasse a qualificação de preâmbulo à exposição introdutória da Carta de Lei do Império e se tomasse como tal a oração inicial deduzida na Constituição de 1891, cujos termos se aproximam do que se apresentou em 1824, a saber, a fonte do Poder determinante da força obrigatória do sistema normativo posto e suas finalidades. No primeiro caso, o autor da imposição era o Imperador do Brasil e no segundo, os representantes do povo brasileiro.

A Constituição do Brasil de 1934 reintroduziu a referência à graça de Deus, constante do preâmbulo da Carta Imperial de 1824, e foi mais extensiva em seu texto que aquele adotado em 1891, enunciando: "Nós, os representantes do povo brasileiro, pondo a nossa confiança em Deus, reunidos em Assembleia Nacional Constituinte para organizar um regime democrático, que assegure à Nação a unidade, a liberdade, a justiça e o bem-estar social e econômico, decretamos e promulgamos a seguinte Constituição da República dos Estados Unidos do Brasil...".

A Carta de 1937 traz um documento que poderia ser tido mais como um consideranda justificador do golpe de Estado levado, então, a efeito pelo grupo de poderosos encabeçado por Getúlio Vargas. Numa apresentação em que se somam o delírio do poder, de um lado, a busca de alguma explicação ao público, de outro, a peroração preambular deixa claro o papel tutelar de povo, que resolveu adotar o grupo golpista: "O PRESIDENTE DA REPÚBLICA DOS ESTADOS UNIDOS DO BRASIL, ATENDENDO às legítimas aspirações do povo brasileiro à paz política e social, profundamente perturbada por conhecidos fatores de desordem, resultantes da crescente a gravação dos dissídios partidários, que, uma, notória propaganda demagógica procura desnaturar em luta de classes, e da extremação, de conflitos ideológicos, tendentes, pelo seu desenvolvimento natural, resolver-se em termos de violência, colocando a Nação sob a funesta iminência da guerra civil;

ATENDENDO ao estado de apreensão criado no País pela infiltração comunista, que se torna dia a dia mais extensa e mais profunda, exigindo remédios, de caráter radical e permanente;

ATENDENDO a que, sob as instituições anteriores, não dispunha, o Estado de meios normais de preservação e de defesa da paz, da segurança e do bem-estar do povo;

Sem o apoio das forças armadas e cedendo às inspirações da opinião nacional, umas e outras justificadamente apreensivas diante dos perigos que ameaçam a nossa unidade e da rapidez com que se vem processando a decomposição das nossas instituições civis e políticas;

Resolve assegurar à Nação a sua unidade, o respeito à sua honra e à sua independência, e ao povo brasileiro, sob um regime de paz política e social, as condições necessárias à sua segurança, ao seu bem-estar e à sua prosperidade, decretando a seguinte Constituição, que se cumprirá desde hoje em todo o País: CONSTITUIÇÃO DOS ESTADOS UNIDOS DO BRASIL".

Golpe de estado é golpe. Pode se tentar explicar o que não tem direito, justificar o que não é legítimo, defender o que não tem decência política; nada se altera. Golpe de estado é golpe. Governo sem legitimidade, administração sem ética, política sem povo, direito sem eficácia.

A Constituição de 1946 retoma o modelo de uma pronúncia preambular contida, sendo mais restrita e objetiva que a Constituição de 1934. Expõe-se em seu preâmbulo: "A Mesa da Assembleia Constituinte promulga a Constituição dos Estados Unidos do Brasil e o Ato das Disposições Constitucionais Transitórias, nos termos dos seus arts. 218 e 36, respectivamente, e manda a todas as autoridades, às quais couber o conhecimento e a execução desses atos, que os executem e façam executar e observar fiel e inteiramente como neles se contêm Publique-se e cumpra-se em todo o território nacional".

A Carta de 1967 trinca os dentes em seu anúncio: "O Congresso Nacional, invocando a proteção de Deus, decreta e promulga a seguinte Constituição do Brasil". Era outro golpe a fanfarronear-se em normas quando o Estado de Direito se esfacelara ao tinir de sabres e ao rugir de tanques. O Direito era sem força diante da força sem direito. Em 1969, no golpe que golpeou o primeiro, nova formulação normativa recebeu o título de Emenda Constitucional. Nem era Emenda (se o fosse, seria inconstitucional, por ter sido preparada e outorgada sem que o devido processo constituinte reformador tivesse tido lugar e porque não fora promulgada pelo Congresso Nacional, previsto como órgão de alteração constitucional), nem seguiu os parâmetros impostos pelo sistema golpeado. Cuidava-se de outra Carta outorgada pelo grupo que detinha o poder para atuar sem direito, afastado do povo e sem natureza protetiva de direitos fundamentais.

Em seu introito foi exposta a característica do golpe de Estado levado a efeito. Falsa em sua argumentação e afastada dos princípios de direito legítimo, indicava a origem (ministros militares), a sua natureza antidemocrática e a sua outorga imediata (a despeito de se utilizar, mentirosamente, do verbo promulgar): "Emenda Constitucional nº 1, de 17 de outubro de 1969 - OS MINISTROS DA MARINHA DE GUERRA, DO EXÉRCITO E DA AERONÁUTICA MILITAR, usando das atribuições que lhes confere o artigo 3º do Ato Institucional nº 16, de 14 de outubro de 1969, combinado com o §1º do artigo 2º do Ato Institucional nº 5, de 13 de dezembro de 1968, e

CONSIDERANDO que, nos têrmos do Ato Complementar nº 38, de 13 de dezembro de 1968, foi decretado, a partir dessa data, o recesso do Congresso Nacional;

CONSIDERANDO que, decretado o recesso parlamentar, o Poder Executivo Federal fica autorizado a legislar sôbre tôdas as matérias, conforme o disposto no §1º do artigo 2º do Ato Institucional nº 5, de 13 de dezembro de 1968;

condutor do fio interpretativo a se respeitar na compreensão e na aplicação das normas, pelo que não se poderia considerar despojado de alguma eficácia de direito, conquanto não sejam os efeitos por eles produzidos de igual natureza das demais normas que compõem o corpo permanente daquelas que integram o sistema fundamental.

CONSIDERANDO que a elaboração de emendas a Constituição, compreendida no processo legislativo (artigo 49, I), está na atribuição do Poder Executivo Federal;
CONSIDERANDO que a Constituição de 24 de janeiro de 1967, na sua maior parte, deve ser mantida, pelo que, salvo emendas de redação, continuam inalterados os seguintes dispositivos: artigo 1º e seus §§1º, 2º e 3º; artigo 2º, artigo 3º, artigo 4º e itens II, IV e V; artigo 5º; artigo 6º e seu parágrafo único; artigo 7º e seu parágrafo único; artigo 8º, seus itens I, II, III, V, VI, VII e suas alíneas a, c, e d, VIII, IX, X, XI, XII, XV e suas alíneas a, b, c e d, XVI, XVII e suas alíneas a, d, e, f, g, h, j, l, m, n, o, p, q, r, t, u e v e §2º; artigo 9º e seus itens I e III; artigo 10 e seus itens I, II, IV, V e alíneas a, b e c, VI, VII e suas alíneas a, b, d, e, f e g; artigo 11, seu §1º e suas alíneas a, b e c, e seu §2º; artigo 12 e seus itens I e II, e seus §§1º, 2º e 3º; artigo 13 e seus itens I, II, III e IV, e seus §§2º, 3º e 5º; artigo 14; artigo 15; artigo 16, seu item II e suas alíneas a e b, e seus §§1º e suas alíneas a e b, 3º e suas alíneas a e b, e 5º; artigo 17 e seus §§1º e 3º; artigo 19 e seus itens I e II, e seus §§1º, 2º, 4º, 5º e 6º; artigo 20 e seus itens I e III e seus alíneas a, b, c e d; artigo 21 e seus itens I, II e III; artigo 22 e seus itens III, VI e VII, e seus §§1º e 4º; artigo 23; artigo 24 e seu §7º; artigo 25 e seus itens I e II, e seus §§1º, alínea a, e 2º; §3º do artigo 26; artigo 28 e seus itens I, II e III, e seu parágrafo único e alíneas a e b; artigo 30; §3º do artigo 31; artigo 33; §5º do artigo 34; artigo 36 e seus itens I, alíneas a e b, e II, alíneas a, b, c e d; artigo 37 e seu item I; §2º do artigo 38; artigo 39; §§1º e 2º do artigo 40; §1º do artigo 41; artigo 42 e seus itens I e II; §§1º e 2º do artigo 43; artigo 44, seus itens I e II, e seu parágrafo único; itens III, IV e V do artigo 45; artigo 46 e seus itens I, II, V, VII e VIII; artigo 47 e seus itens I, II, III, IV, V, VI e VIII; artigo 48; artigo 49 e seus itens I a VII; artigo 50 e seus itens I e II, e seus §§1º e 2º; artigo 52; artigo 53; artigo 54 e seus §§2º, 3º e 5º; artigo 55 e seu parágrafo único e item I; artigo 56; artigo 57 e seu parágrafo único; artigo 58 e seu item I, e seu parágrafo único; artigo 59 e seu parágrafo único; artigo 60 e seus itens I, II e III, e seu parágrafo único e alíneas a e b; artigo 61 e seus §§1º e 2º; §§4º e 5º do artigo 62; artigo 63 e seu item I e seu parágrafo único; artigo 64 e alíneas b e c de seu §1º, e seu §2º; §§1º e 5º artigo 65; artigo 67 e seu §1º; §4º do artigo 68; artigo 69 e seu §2º e alíneas a, b e c; artigo 71 e seus parágrafos; artigo 72 e seus itens I, II e III; artigo 73 e seus §§1º, 2º, 3º e 4º, alíneas a, b, e c do §5º, e §§6º, 7º e 8º; artigo 74; §3º do artigo 76; artigo 77 e seus §§1º e 2º; artigo 78 e seus §§1º e 2º; artigo 79 caput; artigo 80; artigo 81; artigo 82; artigo 83 e seus itens I, II, III, IV, V, VII, VIII, IX, X, XI, XII, XIII, XIV, XV, XVI, XVII, XVIII e XIX; artigo 84 seus itens I a VII, e seu parágrafo único; artigo 85 e seus parágrafos; artigo 87 e seus itens I, II e III; artigo 89; artigo 90 e seu §2º; artigo 91 e alíneas a, b e c do item II e III, e parágrafo único; artigo 92 e seus §§1º e 2º; artigo 93 e seu parágrafo único; artigo 94 e seus §§1º e 3º; artigo 95 e seu §2º; artigo 96; artigo 97 e seus itens I a IV, e seus §§1º a 3º; artigo 99, caput; artigo 100 e seus itens I, II e III e seu §1º; artigo 101 e seus itens I, alíneas a e b, II, e seus §§1º, 2º e 3º; §2º do artigo 102; artigo 103 e seus itens I e II, e seu parágrafo único; artigo 105 e seu parágrafo único; artigo 107 e seus itens I a V; artigo 108 e seus itens I e II e seus §§1º e 2º; artigo 109 e seus itens I, II e III; artigo 110 e seus itens I, II e III; artigo 111; artigo 112 e seus §§1º e 2º; artigo 114 e seu item I, alíneas f, g, j, l, m e n, item II, alínea c, alíneas a, b e c do item III; artigo 115 e seu parágrafo único e alíneas a, b, c e d; artigo 116 e seu §2º; artigo117 e seu item I, alíneas a e c, item II e parágrafo único; artigo 119 e seus itens III, IV, V, VI, VII, IX e X, e seus §§1º e 2º; artigo 120; artigo 121, alíneas a e b de seu §2º; artigo 122 e seus §§1º, 2º e 3º; artigo 123 e seus itens I a IV, e seu parágrafo único; item II do artigo 124 e alínea b do seu item I; artigo 125; artigo 126 e seus itens I, alíneas a e b, II, III, e seus §§1º e 2º; artigo 127; artigo 129; artigo 130 e seus itens I a VIII; artigo 131 e seus itens I a IV; artigo 133 e seus itens, seu §1º, alíneas a e b, e seus §§2º a 5º; artigo 134 e seu §1º; artigo 135; artigo 136 e seus itens I, II, alínea b, III, IV, seu §1º e alíneas a, b e c, e seus §§2º e 6º; artigo 137; §1º do artigo 138; artigo 139; artigo 140 e seus itens I, alíneas a, b e c, e II, alíneas a e b e números 1, 2 e 3; artigo 141 e seus itens I, II e III; artigo 142 e seus §§1º, 2º e 3º, alíneas a, b e c do item II do artigo 144; artigo 145 e seu parágrafo único e alíneas a, b e c; artigo 149 e seus itens I, II, III, IV, V, VI e VIII; artigo 150 e seus §§1º a 7º, 9º e 10, 12 a 17, 19 e 20, 23 a 27, 30 a 32, 34 e 35; artigo 152 e seus itens I e II, e seus §§1º, 2º, alíneas a a f e 3º; artigo 153 e seu §1º; artigo 154; artigo 155; artigo 156; itens I, II, III, IV e VI do artigo 157 e seus §§2º, 3º, 5º, 7º, 8º, 9º e 10; artigo 158 e seus itens I a XV e XVIII a XXI, e seu §1º; artigo 159 e seus §§1º e 2º; artigo 160 e seus itens I, II e III; artigo 161 e seus §§I a IV; artigo 162; artigo 163 e seus §§1º e 3º; artigo 164 e seu parágrafo único; artigo 165 e seu parágrafo único; artigo 166 e seus itens I, II e III, e seus §§1º e 2º; artigo 167 e seus §§1º, 2º e 3º; §§1º, 2º e 3º, seus itens I a V, do artigo 168; artigo 169 e seus §§1º e 2º; parágrafo único do artigo 170; artigo 171 e seu parágrafo único; e artigo 172 e seu parágrafo único;
CONSIDERANDO as emendas modificativas e supressivas que, por esta forma, são ora adotadas quanto aos demais dispositivos da Constituição, bem como as emendas aditivas que nela são introduzidas;
CONSIDERANDO que, feitas as modificações mencionadas, tôdas em caráter de Emenda, a Constituição poderá ser editada de acôrdo com o texto que adiante se pública,
PROMULGAM a seguinte Emenda a Constituição de 24 de janeiro de 1967:
Art. 1º A Constituição de 24 de janeiro de 1967 passa a vigorar com a seguinte redação:"

Por isso há de se iniciar a pesquisa sobre o princípio constitucional da solidariedade na Constituição do Brasil a partir da exposição dos valores descritos pelo constituinte de 1987/88 no preâmbulo daquele documento.

2. *Debates constituintes*. Duas notas cabem, inicialmente, sobre a discussão havida no processo constituinte daquele período no Brasil.

A primeira refere-se à circunstância de que o preâmbulo foi discutido e votado pela Assembleia Constituinte de 1987/88, como todos os outros itens do texto constitucional que se lhe seguem. Não se tem, pois, enunciado largado a esmo no texto constitucional, como se fora um lenço largado sobre um móvel. Pensou-se, debateu-se e concluiu-se sobre o preâmbulo, como sobre todos os demais temas e textos inseridos no sistema constitucional.

A segunda observação diz com a veracidade dos fatos subjacente ao declarado no preâmbulo da Constituição brasileira de 1988.

No enunciado preambular se tem que "Nós, representantes do povo brasileiro...", numa referência à origem legítima do poder constituinte originário, que é o povo.

Representa-se, democraticamente, o povo pela eleição, realizada para finalidade e cargo específicos (cada qual dos cargos de chefia do Poder Executivo e dos legisladores, no Poder Legislativo).

Entretanto, a Assembleia que elaborou o texto constitucional foi convocada por um decreto exarado pelo então Presidente da República. Foi a solução encontrada para se ter a transição do regime ditatorial para o Estado Democrático de Direito.

Aquela Assembleia não foi convocada nem atuou com a função constituinte exclusiva. Parte da sociedade brasileira pleiteava esse modelo de função única. Campanhas foram levadas a efeito nesse sentido, sem sucesso. O desempenho daquela Assembleia deu-se com vistas à elaboração da nova Constituição e, também, da legislação infraconstitucional no período de 1987 até 5 de outubro de 1988. E, durante aquele período, prevalecia a Emenda (denominada nº 1) de 1969, observada como Constituição do País até a tarde da promulgação da nova.

Prevalecendo, então, o modelo de indicação pelos exercentes do poder instalado de parte de senadores (vulgarmente conhecidos como *biônicos* e que compunham um terço do total de cargos do Senado Federal), cujo mandato não terminava em 1986, senão em 1990, eles se mantiveram em seus respectivos cargos e participaram da Assembleia como se *representantes* do povo fossem. Não eram.[37]

Anote-se, ainda, que, no modelo tradicional e ainda vigente no Brasil, senador representa o Estado, ficando a representação do povo com os deputados. A presença de senadores em Assembleia Constituinte desnatura a soberania desse órgão. Além do que, aqueles constituídos como *senadores biônicos*, somados aos constituintes originários, imbuídos de específicos interesses decorrentes de sua manutenção nos cargos, já se impunha algum constrangimento, quando não limite, ao poder soberano peculiar à função constituinte originária.

---

[37] A Assembleia Constituinte contava com 487 deputados e 49 senadores eleitos em 1986. Acrescia o grupo 23 senadores eleitos indiretamente em 15 de novembro de 1982.

Essa circunstância não enodoa nem diminui a legitimidade dos trabalhos constituintes levados a efeito e que geraram a Constituição de 1988. Apenas demonstra o inegável afastamento entre o anunciado ideal e o efetivado e real.

Esse quadro mostra a transação política encenada, para se ter a travessia de um a outro regime até a formalização do modelo democrático no Brasil.

3. *Sob a proteção...* Naqueles trabalhos constituintes, o tema mais marcante da discussão sobre o preâmbulo relacionava-se ao da invocação de Deus no enunciado inaugural do texto normativo. Propunha-se repetir o que se tivera em algumas Constituições brasileiras precedentes, exceção feita à de 1891 e à Carta de 1937.[38]

Valeram-se os constituintes de 1987/88, no item específico, de pesquisas nas quais se concluía ser a grande maioria do povo brasileiro católica ou que se anunciava como tal. Somada a este dado, a tradição constitucional que repetia a referência decidiu-se, não sem debates e até mesmo alguma, mesmo parca, adversação como mencionado, que seria mantida a referência. Mais pelo aspecto cultural de uma religiosidade perpassada, historicamente, e pela doutrina e prática da religião católica, se optou por esse acolhimento. E até mesmo aqueles que consideravam indevida a referência concluíram que, estando o poder originário no povo e sendo ele majoritariamente católico, ao menos na retórica, não haveria mal em manter a locução.

Nem se cogite extrair daquela anotação alguma desmesura ou esgarçamento da laicidade estatal, o que configuraria erro grosseiro. O Supremo Tribunal Federal julgou, mais de uma vez, a questão relativa aos dizeres constitucionais e legais referentes a símbolos religiosos, incluídos aqueles materialmente expostos em equipamentos públicos. Considerou-os, sempre, manifestações culturais extraídas de sua valoração pela maioria do povo brasileiro, sem interferência nas escolhas constituintes relacionadas à laicidade do Estado.[39]

4. *Estado Democrático de Direito.* A referência constante do preâmbulo de reunirem-se os integrantes da Assembleia "para instituir um Estado Democrático..."

---

[38] O Deputado José Genoíno propôs, na Comissão de Sistematização, fosse a expressão retirada do texto constante do substitutivo do Relator naquele órgão. O argumento então defendido foi no sentido de que a invocação formal banalizava a ideia de divindade que está em toda parte e não calhava com a natureza jurídica da Constituição de um Estado laico.

[39] Nesse sentido, por exemplo, o ARE nº 1239095, no qual se questionava a aposição de crucifixo em prédios públicos, incluídos aqueles do Poder Judiciário, foi julgado no sentido da inocorrência de sua inadequação ou invalidade jurídica. Naquele julgamento, enfatizei, em meu voto, que "O que se determina constitucionalmente é a) a neutralidade do Estado em relação às religiões, não podendo privilegiar umas em detrimento de outras; b) atuação no sentido de assegurar a todos as liberdades de culto, de crença e de organização religiosa. Estado laico não significa Estado contrário a religiões, mas a definição de que Estado e (uma) Igreja (ou várias que fossem) são separados, não se adotando alguma religião específica ou própria do Estado. O Estado não tem religião, mas garante às pessoas que elas livremente possam ter. O Estado laico é neutro em relação às religiões e em relação às Igrejas, respeitando e garantindo o respeito a todos os credos e a todas as formas de exercício da fé adotada pelos indivíduos. O laicismo caracteriza a organização estatal que suporta ou tolera a religião, quase como se fora um desprezo em relação a ela, não prezando a fé e o seu exercício religioso pela pessoa que crê e pretende desempenhar o que lhe parece próprio do seu culto. Nesse quadro é que, como Estado laico que é o Brasil, respeitam-se todas as religiões, mas não se adota alguma, o que é constitucionalmente vedado. 13. Por isso, a questão posta nos autos de aposição de símbolos religiosos em repartições públicas demanda a análise da religião também pelo seu aspecto histórico-cultural. Não se há como negar ser a religião elemento que integra o patrimônio cultural brasileiro". O tema da religiosidade garantida livremente às pessoas e da laicidade do Estado, definido como característica do sistema brasileiro, também foi questionado e julgado na ADI nº 4.439, na qual concluiu o Supremo Tribunal pela validade do ensino religioso confessional como disciplina facultativa dos horários normais das escolas públicas de ensino fundamental.

é a dicção constituinte determinante da passagem do Estado autoritário, no qual as leis se submetiam aos governantes, que as alteravam, faziam e refaziam segundo seus humores e interesses, para outro figurino político-jurídico, no qual os governantes como os governados se submetem às normas de Direito.

E também a continuidade da frase aproveitada no texto de ser o objetivo da reunião instituir um Estado Democrático com destino certo, a saber, "assegurar o exercício dos direitos sociais e individuais, a liberdade, a segurança, o bem-estar, o desenvolvimento, a igualdade e a justiça como valores supremos", desenha o modelo estatal democrático afirmado.

O verbo assegurar tem o sentido objetivo de se impor ao Estado garantir o exercício dos direitos que se espraiam, expressos ou não, no texto que compõe o corpo normativo da Constituição.

Vindo em fase subsequente a um período ditatorial, no qual direitos fundamentais, como a vida digna, as liberdades de pensamento, de expressão e até mesmo de locomoção, foram cerceados pelos agentes estatais, sendo assim, não apenas frontalmente desrespeitados, o anuncia constitucional do modelo de Estado Democrático, cuja destinação se fez, então, expressa, traz o signo da reinvenção de um Brasil para além dos ferros, dos calabouços e dos cala-bocas das mais de duas décadas antecedentes.

Alvíssaras constitucionais são a inscrição constante no frontispício do novo sistema fundamental, entregando-se ao povo brasileiro um documento de que ele se fez avalista e credor.

Os direitos enaltecidos naquela proclamação inaugural do texto constitucional são definidos também ali e expressamente como "valores supremos de uma sociedade fraterna, pluralista e sem preconceitos, fundada na harmonia social...".

Para o objeto específico deste trabalho, há de se acentuar que, indicada como valor supremo, a fraternidade da sociedade indica o princípio da solidariedade como fundamento constitucional, objetivado e aprofundado no corpo de suas normas.

Constitucionalmente assinalado, o valor propõe. Constitucionalmente posto, o princípio impõe. Então, valor constitucional é proposição, princípio constitucional é imposição. O primeiro é sinal da rota hermenêutica a seguir e cumprir; o segundo é definição normativa a se efetivar.

Na construção constitucional brasileira de 1988, fraternidade é valor, solidariedade é princípio. A primeira orienta; a segunda obriga.

Incluída e divulgada sempre como um dos elementos do lema da Revolução Francesa de 1789, a fraternidade não é inserida entre os direitos listados na Declaração dos Direitos do Homem e do Cidadão, que difundiu os valores acolhidos, tornando-se fonte de outros importantes documentos de igual teor, que passaram a vicejar em todo o mundo, na construção civilizatório-democrática iniciada naquele período revolucionário no Ocidente.

À fraternidade referiu-se Etienne de la Boétie, a quem é geralmente atribuída a descrição filosófica desse elemento.[40] Robespierre incluiu, em discurso de dezembro de

---

[40] "... certes, s' il y a rien de clair ni d' apparent en la nature, et ou il ne soit pas permis de faire l' aveugle, c' est cela, que la nature, la ministre de dieu, la gouvernante des hommes nous a tous faits de meme forme, et comme il semble, a même moule, afin de nous entreconnaître tous pour compaignons ou plutòt pour frères..."

1790, o lema *liberdade, igualdade e fraternidade*, que sugeria fosse estampado em bandeiras e uniformes. Um como outro, o filósofo e o revolucionário realçaram a fraternidade como o elemento determinante da ação conjugada das pessoas na busca de uma sociedade livre e de iguais. Entretanto, a fraternidade como princípio somente comparece expressamente na Constituição francesa de 1848, em cuja al. IV de seu preâmbulo estatui que a República "a pour principe la Liberté, l'Égalité et la Fraternité". Conquanto tomada como base dos deveres cívicos e iguais de todas as pessoas, não havia a expressão daquele princípio como se teve naquele documento do séc. XIX. Em 1848 sobreveio a locução explícita, a partir do projeto de Constituição apresentada por Armand Marrast, deputado pelo Haute-Garonne, que afirmou ser dogma da República "la fraternité servant d'origine aux institutions, inspirant les lois de son souffle, animant l'État tout entier de son esprit". Divisa constitucional fundamental da República, a fraternidade ingressa no texto das normas constitucionais francesas de 1946, fazendo-se constar em seu preâmbulo, al. 12: "La nation proclame la solidarité et l'égalité de tous les Français devant les charges qui résultent des calamités nationales". Essa referência à divisa da nação francesa é reiterada no art. 2º da Constituição francesa de 1946 e, sem a mesma expressão, se considera embasar o sistema daquele povo estabelecido em 1958.

Desde as suas primeiras apresentações pelos constituintes e legisladores, o vínculo político a embasar a união entre as pessoas afirmava a fraternidade como consequente necessário do fundamento e da legitimidade do sistema democrático. Conjugou-se sempre aquele valor ao princípio da igualdade, garantindo-se também a liberdade, porque a comunidade se dotaria, pela união igual e livre da cidadania, de força perante os tiranos com tentativas de cerceá-la.

Mais ainda, a alusão a uma sociedade fraterna ganha vigor e justificativa sociopolítica e também jurídica na opção pela República, da qual se extrai a referência à fraternidade como entoada por Tiradentes, em seu depoimento constante dos autos da Devassa da Conjuração Mineira. O conjurado declamava buscar, com os seus companheiros, uma República florente, a dizer, uma sociedade na qual prevaleceria a virtude cívica pela fraternidade. A remissão à qualidade florente a emoldurar aquele ideal republicano realça a virtude cívica que os revolucionários dos oitocentos tinham como liame das relações que consolidariam as lutas comuns pelas liberdades e pelo reconhecimento da igualdade de todas as pessoas.[41]

Sem conteúdo específico de Direito (o conceito aproxima-se mais da Filosofia e da Teologia), a fraternidade como valor supremo exposto no preâmbulo constitucional há de ser explicada em seu conteúdo de modo que o aproxime da objetividade, característica

---

faut il croire que faisant ainsi les parts aux uns plus grandes, aux autres plus peteites, ele voulait faire place à la fraternelle afefection, afin qu'elle eut ou s' emploir, ayant les uns pluuissance de donner aide, les autres besoin d 'en recevoir... si ele nous a donné a tous ce grand présent de la voix et de la parole pour nous accointer et fraterniser d'avantage et faire par la commune et mutuelle déclaration de nos pensées une communion de ses volontés; et si ele a taché par tous moiens de serrer et estreindre si fort le noeud de notre aliance et societé... il ne faut pas faire doute que nous ne soyons tous naturellement libres, puiss que nous sommes tous compaignons et ne peut tomber en l' entendement de personne que natureza ait mis aucun en servitude nous ayant tous mis em compaignie..." (BOÉTIE, Etienne de la. *Le discours de la servitude volontaire*. São Paulo: Brasiliense, 1987. p. 45/46).

[41] Tiradentes parece utilizar-se da palavra florente no sentido de uma República que florescia, para a qual lutaram os conjurados mineiros dos oitocentos, e também na ideia do brilho dourado (florescente) de que aquelas plagas mineiras eram fontes permanentes, com seus ouros servindo à ganância dos exploradores.

do sistema jurídico. Como ensina Friedrich Muller, "[a] linguagem sempre tem — *v.g.* na literatura, na linguagem cotidiana, na linguagem dos jornais ou de livros informativos (*Stachbucher*) — caráter de signo, caráter de representação, e isso significa num sentido de vários significativos: ela tem um caráter de representante (*stellvretretercharakter*) da realidade; se ela apontar para a realidade, ela evoca associações de ou juízos sobre partículas da realidade. Em virtude da referência social, do nexo de decisão e do caráter de vigência da normatividade jurídica especificamente aumentados e formalizados, esse estado de coisas reaparece mais fortemente nas funções, nas estruturas e nos métodos do trabalho jurídico".[42]

A fraternidade como valor determinante de um modelo jurídico ao qual se reconhece teor voltado à legitimação do sistema jurídico formulado permite que se labore em favor da horizontalidade das relações, sem intolerância nem animosidade entre as pessoas. Elas unem-se na perspectiva do bem comum. A ideia da necessária comunhão entre as pessoas, independente de distinções, é que impõe o reconhecimento da igual liberdade de todos os seres humanos em vinculação cívica que formou e conformou a cidadania no Estado moderno. Por isso a ideia originária de fraternidade, no período revolucionário francês dos oitocentos, forjou-se como dever cívico e patriótico, dotando-se de um sentido de universalidade de direitos. A dimensão horizontal das relações pode, então, estabelecer-se em reconhecimento à possível convivência de todas as pessoas com base na liberdade reconhecida pela igual condição humana ostentada pelos seres viventes em determinada comunidade política. Na base dessa nova estruturação sociopolítica do Estado moderno estava o processo de democratização de acordo com paradigma até então inédito.

A fraternidade é anunciada, então, como uma *liga*, espécie de identidade sociopolítica da sociedade aproveitada constitucionalmente a demonstrar a legitimidade da elaboração, interpretação e aplicação da norma jurídica. Assim ela é apresentada na doutrina do Direito.[43]

Remete-se à fraternidade a Declaração Universal dos Direitos Humanos da ONU, de 1948, que, diferente da francesa, que também marcou a civilização humana a partir do final dos oitocentos, estampou em seu art. 1º: "Todos os seres humanos nascem livres e iguais em dignidade e em direitos. Dotados de razão e de consciência, devem agir uns para com os outros em espírito de fraternidade".

Pelo seu aspecto de dever fundamental de cada pessoa para com todas as outras, a permear as relações horizontais na sociedade, independente das diferenças na estrutura e no desenvolvimento das funções e atividades desempenhadas, a fraternidade fundamenta modelos jurídicos como o que, nas democracias, conforma o sufrágio

---

[42] MULLER, Friedrich. *Direito, linguagem e violência*. Porto Alegre: Sérgio Antônio Fabris, Editor, 1995, p. 44.

[43] Disserta Ronald Dworkin que "... a melhor defesa da legitimidade política — o direito de uma comunidade política de tratar seus membros como tendo obrigações em virtude de decisões coletivas da comunidade — vai ser encontrada não onde os filósofos esperam encontrá-la — no árido terreno dos contratos, dos deveres de justiça ou das obrigações de jogo limpo, que poderiam ser válidos entre os estranhos –, mas no campo mais fértil da fraternidade, da comunidade e de suas obrigações concomitantes... Se podemos compreender nossas práticas como apropriadas ao modelo de princípios, podemos sustentar a legitimidade de nossas instituições e as obrigações políticas que elas pressupõem, como uma questão de fraternidade, e deveríamos portanto tentar aperfeiçoar nossas instituições em tal direção (DWORDIN, Ronald. *O Império do Direito*. São Paulo: Martins Fontes, 1999, p. 249 e ss.).

universal. Prevalece, então, a ideia-força de que o "sangue cívico" idêntico de todas as pessoas integrantes da comunidade política nos una e nos obrigue fraternalmente uns aos outros seres humanos que compõem a nossa paisagem humana.

É o que se põe no art. 29 da Declaração Universal dos Direitos Humanos da ONU,[44] a afirmar o que se adensa e impõe, com sua natureza preambular e eficácia própria e distinta das normas do corpo constitucional permanente, no preâmbulo da Constituição do Brasil.

A menção à fraternidade no introito da Constituição brasileira opera como sinal no rumo da otimização necessária das normas constitucionais com intensidade suficiente para ser objetivada em seu aproveitamento. Quer-se dizer, não seria aceitável adotar-se a fraternidade como valor, dotado de alguma eficácia, ainda que não com o vigor normativo próprio do que se expõe no corpo permanente do ordenamento jurídico-constitucional, se se deixasse ao espaço da subjetividade própria dos afetos aquele elemento.

Delineado o conteúdo objetivo do valor, utiliza-se aquele dado preambular como fundamento de julgamentos. É o que se tem na jurisprudência constitucional do Supremo Tribunal, na qual se invoca aquele valor como fundamento de decisões judiciais.[45] A fraternidade apoia e respalda os fundamentos adotados no controle de

---

[44] "Art. 29. 1. O indivíduo tem deveres para com a comunidade, fora da qual não é possível o livre e pleno desenvolvimento de sua personalidade. 2. No exercício deste direito e no gozo destas liberdades ninguém está sujeito às limitações estabelecidas pela lei com vista exclusivamente a promover o reconhecimento e o respeito dos direitos e liberdades dos outros e a fim de satisfazer as justas exigências da moral, da ordem pública e do bem estar numa sociedade democrática. 3. Em caso algum estes direitos e liberdades poderão ser exercidos contrariamente aos fins e aos princípios das Nações Unidas".

[45] Sobre a fraternidade como princípio e não como valor, vide FONSECA, Reynaldo Soares da. *O princípio constitucional da fraternidade*: seu resgate no sistema de justiça. Belo Horizonte: D'Plácido, 2019.
No Supremo Tribunal Federal, por exemplo, tem sido reiterado o acolhimento da fraternidade como fundamento de julgados. Assim, por exemplo, na ADI nº 2649, Relatora a Ministra Cármen Lúcia, se expôs: "Ementa: AÇÃO DIRETA DE INCONSTITUCIONALIDADE: ASSOCIAÇÃO BRASILEIRA DAS EMPRESAS DE TRANSPORTE RODOVIÁRIO INTERMUNICIPAL, INTERESTADUAL E INTERNACIONAL DE PASSAGEIROS – ABRATI. CONSTITUCIONALIDADE DA LEI N. 8.899, DE 29 DE JUNHO DE 1994, QUE CONCEDE PASSE LIVRE ÀS PESSOAS PORTADORAS DE DEFICIÊNCIA. ALEGAÇÃO DE AFRONTA AOS PRINCÍPIOS DA ORDEM ECONÔMICA, DA ISONOMIA, DA LIVRE INICIATIVA E DO DIREITO DE PROPRIEDADE, ALÉM DE AUSÊNCIA DE INDICAÇÃO DE FONTE DE CUSTEIO (ARTS. 1º, INC. IV, 5º, INC. XXII, E 170 DA CONSTITUIÇÃO DA REPÚBLICA): IMPROCEDÊNCIA". No voto fiz constar, em capítulo específico, o fundamento constitucional aproveitado: "O contexto constitucional: valores sociais da solidariedade e do bem-estar e o valor supremo da sociedade fraterna e sem preconceitos. 10. Devem ser postos em relevo os valores que norteiam a Constituição e que devem servir de orientação para a correta interpretação e aplicação das normas constitucionais e apreciação, ou não, da Lei nº 8899/94 a eles. 11. Vale, assim, uma palavra, ainda que brevíssima, ao preâmbulo da Constituição, no qual se contém a explicitação dos valores que dominam a obra constitucional de 1988. Ali se esclarece que os trabalhos constituintes se desenvolveram "para instituir um Estado democrático, destinado a assegurar o exercício dos direitos sociais e individuais, a liberdade, a segurança, o bem-estar, o desenvolvimento, a igualdade e a justiça como valores supremos de uma sociedade fraterna, pluralista e sem preconceitos...". Não apenas o Estado haverá de ser convocado para formular as políticas públicas que podem conduzir ao bem estar, à igualdade e à justiça, mas a sociedade haverá de se organizar segundo aqueles valores, a fim de que se afirme como uma comunidade fraterna, pluralista e sem preconceitos.
No Brasil, cuidando com especificidade o tema, leciona José Afonso da Silva que os preâmbulos, "as mais das vezes... fazem referência explícita ou implícita a uma situação passada indesejável, e postulam a construção de uma ordem constitucional com outra direção, ou uma situação de luta na perseguição de propósitos de justiça e liberdade; outras vezes, seguem um Princípio básico, político, social e filosófico, do regime instaurado pela Constituição... em qualquer dessas hipóteses, os preâmbulos valem como Orientação para a interpretação e aplicação das normas constitucionais. Têm, pois, eficácia interpretativa e integrativa" (SILVA, José Afonso da. *Comentário contextual à Constituição*. SP: Malheiros, 2006, p. 22).
Tem-se na jurisprudência do Supremo Tribunal Federal: RE nº 1.101.937 — Relator o Ministro Alexandre de Moraes: "Ementa: CONSTITUCIONAL E PROCESSO CIVIL. INCONSTITUCIONALIDADE DO ART. 16 DA

constitucionalidade também das políticas públicas, nos casos em que esse exercício estatal for pleiteado ao Poder Judiciário. Em avanço previsível e aprimoramento necessário aos modelos de controle de constitucionalidade (inicialmente incidente apenas sobre ato normativo específico, mas atualmente voltado a omissões ou ações deficientes de normas, ou formulação e implementação de políticas públicas), o aproveitamento dos valores supremos, dentre os quais maiormente o da fraternidade, impõe-se ao juiz, por se ter aprendido, no curso da história das instituições constitucionais, haver muitas maneiras de se cumprir a Constituição e também muito mais maneiras de a descumprir. O controle judicial de constitucionalidade há de dispor de meios e modos para impedir a prevalência de qualquer mazela, direta ou indireta, contrária à plena efetividade

---

LEI 7.347/1985, COM A REDAÇÃO DADA PELA LEI 9.494/1997. AÇÃO CIVIL PÚBLICA. IMPOSSIBILIDADE DE RESTRIÇÃO DOS EFEITOS DA SENTENÇA AOS LIMITES DA COMPETÊNCIA TERRITORIAL DO ÓRGÃO PROLATOR. REPERCUSSÃO GERAL. RECURSOS EXTRAORDINÁRIOS DESPROVIDOS... 2. O sistema processual coletivo brasileiro, direcionado à pacificação social no tocante a litígios meta individuais, atingiu status constitucional em 1988, quando houve importante fortalecimento na defesa dos interesses difusos e coletivos, decorrente de uma natural necessidade de efetiva proteção a uma nova gama de direitos resultante do reconhecimento dos denominados direitos humanos de terceira geração ou dimensão, também conhecidos como direitos de solidariedade ou fraternidade".

Afirmando a força do valor supremo da fraternidade como constante do preâmbulo da Constituição, o RMS nº 26.071, Relator o Ministro Carlos Britto e também o *habeas corpus* nº 94.163, também relatado pelo Ministro Carlos Britto, de cujo voto se fez constar que interpretação que facilita a reinserção do egresso do sistema penitenciário atende a "perspectiva da construção do tipo ideal de sociedade que o preâmbulo de nossa Constituição caracteriza como fraterna". Ainda sob a Relatoria do Ministro Carlos Britto, o HC nº 92435, que anotou em seu voto que "o preâmbulo da Constituição brasileira faz da justiça — e justiça em sentido formal — um dos valores supremos daquilo por ele mesmo chamado de 'sociedade fraterna, pluralista e sem preconceito". A Primeira Turma do Supremo Tribunal acolheu aquela fundamentação nos julgados desses casos determinando a interpretação a ser conferida ao princípio da não culpabilidade penal e da melhor aplicação das normas mencionadas naqueles processos.

No mesmo rumo interpretativo, tomando como base o valor supremo da sociedade fraterna exposta no preâmbulo da Constituição de 1988, o Ministro Carlos Britto voltou ao ponto na ADI nº 3.510/DF: "Ementa: CONSTITUCIONAL. AÇÃO DIRETA DE INCONSTITUCIONALIDADE. LEI DE BIOSSEGURANÇA. IMPUGNAÇÃO EM BLOCO DO ART. 5º DA LEI Nº 11.105, DE 24 DE MARÇO DE 2005 (LEI DE BIOSSEGURANÇA). PESQUISAS COM CÉLULAS-TRONCO EMBRIONÁRIAS. INEXISTÊNCIA DE VIOLAÇÃO DO DIREITO À VIDA. CONSTITUCIONALIDADE DO USO DE CÉLULAS-TRONCO EMBRIONÁRIAS EM PESQUISAS CIENTÍFICAS PARA FINS TERAPÊUTICOS. DESCARACTERIZAÇÃO DO ABORTO. NORMAS CONSTITUCIONAIS CONFORMADORAS DO DIREITO FUNDAMENTAL A UMA VIDA DIGNA, QUE PASSA PELO DIREITO À SAÚDE E AO PLANEJAMENTO FAMILIAR. DESCABIMENTO DE UTILIZAÇÃO DA TÉCNICA DE INTERPRETAÇÃO CONFORME PARA ADITAR À LEI DE BIOSSEGURANÇA CONTROLES DESNECESSÁRIOS QUE IMPLICAM RESTRIÇÕES ÀS PESQUISAS E TERAPIAS POR ELA VISADAS. IMPROCEDÊNCIA TOTAL DA AÇÃO. I - O CONHECIMENTO CIENTÍFICO, A CONCEITUAÇÃO JURÍDICA DE CÉLULAS-TRONCO EMBRIONÁRIAS E SEUS REFLEXOS NO CONTROLE DE CONSTITUCIONALIDADE DA LEI DE BIOSSEGURANÇA... A pesquisa científica com células-tronco embrionárias, autorizada pela Lei nº 11.105/2005, objetiva o enfrentamento e cura de patologias e traumatismos que severamente limitam, atormentam, infelicitam, desesperam e não raras vezes degradam a vida de expressivo contingente populacional (ilustrativamente, atrofias espinhais progressivas, distrofias musculares, a esclerose múltipla e a lateral amiotrófica, as neuropatias e as doenças do neurônio motor). A escolha feita pela Lei de Biossegurança não significou um desprezo ou desapreço pelo embrião "in vitro", porém u'a mais firme disposição para encurtar caminhos que possam levar à superação do infortúnio alheio. Isto no âmbito de um ordenamento constitucional que desde o seu preâmbulo qualifica 'a liberdade, a segurança, o bem-estar, o desenvolvimento, a igualdade e a justiça' como valores supremos de uma sociedade mais que tudo 'fraterna'. O que já significa incorporar o advento do constitucionalismo fraternal às relações humanas, a traduzir verdadeira comunhão de vida ou vida social em clima de transbordante solidariedade em benefício da saúde e contra eventuais tramas do acaso e até dos golpes da própria natureza. Contexto de solidária, compassiva ou fraternal legalidade que, longe de traduzir desprezo ou desrespeito aos congelados embriões 'in vitro', significa apreço e reverência a criaturas humanas que sofrem e se desesperam. Inexistência de ofensas ao direito à vida e da dignidade da pessoa humana, pois a pesquisa com células-tronco embrionárias (inviáveis biologicamente ou para os fins a que se destinam) significa a celebração solidária da vida e alento aos que se acham à margem do exercício concreto e inalienável dos direitos à felicidade e do viver com dignidade (Ministro Celso de Mello)".

constitucional ou mitigadora de sua mais ampla dimensão para o cumprimento dos objetivos que se impõem.

Os valores supremos apresentados no preâmbulo da Constituição brasileira obrigam a que se reconheça que o Estado que não se organiza para o atendimento eficaz, a instituição estatal que não impede inobservância e a estrutura sociopolítica que não se volta ao pleno atendimento daqueles conteúdos contrariam o sistema constitucional. Afinal, o Estado que permite que seus agentes, por ação ou omissão, matem cidadãs e cidadãos induz ao fratricídio, não à fraternidade na sociedade.

Por isso é que se há de reconhecer que o Estado que permite a criança dormir com fome, que seja a mulher assassinada epidemicamente em clima de violência anunciada e conhecida, que viva a pessoa sem acesso à educação, o idoso sem garantia de sistema de saúde, que compassa com gente que lê a igualdade pela espessura da pele não pode ser considerado fraterno, pluralista e sem preconceitos. Insista-se não se dever menoscabar a força jurídica de baixa intensidade, mas de incontornável presença e contida eficácia do preâmbulo. Há de se reconhecer a inoperância democrática dessa sociedade. Não é que seja fácil a construção dessa sociedade e o respeito eficaz a esses valores. Mas há que se comprometer a cidadania com eles. Bem declarava Ruy Barbosa, em sua profissão de fé, "eu não troco a justiça pela soberba. Eu não deixo o direito pela força. Eu não esqueço a fraternidade pela intolerância. Eu não substituo a fé pela superstição; a realidade pelo ídolo".[46]

5. *Princípios constitucionais brasileiros — Título I.* O Título I da Constituição brasileira de 1988 — *Dos princípios fundamentais* — alicerça, escora e nivela a construção jurídico-normativa fundamental que se interpreta sempre para sua atualização legitimadora, que é função jurídica e política permanente.[47]

Os valores constitucionalmente explicitados incrustam-se nos princípios fundamentais, condensando-se em normas de cujo descumprimento não se pode validamente cogitar. Nesses princípios são definidos os contornos e o conteúdo básico das opções políticas do constituinte originário, desenhando-se neles o núcleo da estrutura básica do Estado e os direitos e deveres das pessoas. Esse conjunto de princípios contém a raiz a sustentar o Estado democrático em relação à sociedade e também a formulação do modelo de sociedade e os direitos da cidadania a serem assegurados pelo ente estatal.

A norma matriz na qual se expõe o princípio fundamental é de aplicação imediata e eficácia plena, condensando, em seu teor, o que ordena a interpretação, a aplicação e a integração das normas constitucionais e infraconstitucionais.

No título I da Constituição do Brasil se tem a descrição da ética constitucional do sistema vigente, perpassando todas as normas de princípios ou regras que compõem o ordenamento jurídico. A ética da fraternidade política, realçada em sua feição pluralista e formulada sem admissão do preconceito, entranha-se no sistema constitucional e carimba a identidade que marca o direito e define a diretriz da jurisprudência constitucional que

---

[46] *In*: MEIRELES, Cecilia. *Rui*. Rio de Janeiro: Nova Fronteira, 1999, p. 75.
[47] Desde a Emenda Constitucional de 3 de setembro de 1926, que alterou dispositivos da Constituição de 1891, há referência, nos textos constitucionais brasileiros, a princípios constitucionais de maneira explícita, além daqueles implícitos ou decorrentes do regime adotado. Cf. inc. II do art. 6º da Constituição de 1891, alterada pela Emenda de 1926.

há de prevalecer. O agir estatal e o social, singular ou coletivo, afirmam a sua validade a partir do acatamento dos princípios ético-constitucionais dominantes, realce conferido àqueles qualificados como fundamentais.

6. O art. 3º da Constituição do Brasil. Os fundamentos da República brasileira postos, explicitamente, no art. 1º da Constituição conjugam-se com o princípio da solidariedade, cuja expressão surge, pela vez primeira no texto constitucional, no art. 3º.

A inegável importância de se interpretarem os princípios postos no art. 3º, fixados expressamente no traçado explícito e incontornável das finalidades específicas do Brasil, acoplados àqueles do art. 1º, incluído o da dignidade da pessoa humana, está em eles amalgamam-se juridicamente, uns sendo emanação e complementação dos outros. E é esse indissolúvel vínculo jurídico-político que impede retrocessos, desfazendo o que conquistado na ética civilizatória do humanismo.

Ali se estabelecem os objetivos da República. Seja qual for o governo eleito, a ideologia predominante, o pensamento prevalecente, o constituinte cuidou de pronunciar os fins específicos do Estado nacional a serem cumpridos nos provimentos estatais e no proceder social. Deles não se pode afastar governo ou governante algum. Deles não se há de arredar qualquer pessoa, mesmo particular, física ou jurídica. O distanciamento ou a contrariedade àqueles objetivos, a elaboração de algum plano ou projeto político ou ação particular, que conduza ao inverso do que estabelecido como objetivo da República, viciam de inconstitucionalidade o proceder estatal ou mesmo particular.

República é comunidade, forma de governo do Estado, modo de viver do seu povo. A solidariedade declarada princípio normativo juridiciza o que o valor fraternidade anuncia. Aquela densifica, no Direito, o que essa anuncia como vetor mestre do sistema. A solidariedade é o fio de Ariadne do sistema constitucional de uma sociedade fraterna, a permitir que os movimentos e as mudanças — próprios da existência — do sistema democrático de Direito não percam o rumo a ser seguido para a consecução dos fins a que se destina a vida em comunidade política. O direito é obra humana a serviço do ser humano. Por isso, todos os seus acertos e erros, suas possibilidades e limitações. Sua única legitimidade é o fim de servir a humanidade, em sua singularidade e em seu desdobrar-se coletivamente, no espaço e no tempo.

O valor do humanismo é a única medida de justiça do Direito. O desumano é ilegítimo; o que contraria a essência do ser humano em sua liberdade e dignidade é injusto. Fora do humano a arquitetura jurídica perde o seu sentido de instrumento de justiça em cada caso e em todas as circunstâncias. Nesse sentido a lição de Gerson de Britto Melo Boson, que ensinava que "o homem atual parece querer tão somente desfrutar do prazeroso, ignorando seu compromisso com a Ética, com a história e com o processo civilizatório. ... Até hoje, nada esperei do tigre, da zebra e nem do gato. Todos eles ... são seres aprisionados pelo mundo da natureza. ... No seu modo absoluto de ser, e no seu modo relativo, circunstancial de efetivar-se, a liberdade é indispensável ao mundo do homem...".[48]

Deve ser afastado o argumento inconsistente, exposto por ignorância ou reacionarismo, de que a interpretação sobre os objetivos fundamentais perfilhados seria arbitrada, a dizer, adotada sem limites claros ou rigorosos pelo intérprete constitucional.

---

[48] BOSON, Gerson de Britto Melo. Em defesa da ética e da liberdade. *Revista da UEMG*, ano I, n. 6, p. 2.

A invalidade dessa retórica está em que ao intérprete compete, sempre, fundamentar, com rigor e objetividade, suas ações, sejam elas judiciais, governamentais, administrativas ou legislativas, pautando-se elas pela necessidade, pela realidade e pela possibilidade de concretizar os fins a que se destina o provimento. O controle de atos e omissões estatais ou de particulares, ínsito ao regime democrático, faz-se pelo cotejo entre o ato questionado, seu fundamento fático, jurídico ou sociopolítico e a finalidade buscada. O descompasso entre estes elementos retira a validade do cometimento estatal.

6.1. Consta do art. 3º da Constituição do Brasil serem os "objetivos fundamentais da República Federativa do Brasil: I - construir uma sociedade livre, justa e solidária; II - garantir o desenvolvimento nacional; III - erradicar a pobreza e a marginalização e reduzir as desigualdades sociais e regionais; IV - promover o bem de todos, sem preconceitos de origem, raça, sexo, cor, idade e quaisquer outras formas de discriminação".

Os valores supremos de "uma sociedade fraterna, pluralista e sem preconceitos", enunciados no preâmbulo, dotam-se de densidade normativa e natureza obrigatória na pronúncia finalística voltada a "construir" "uma sociedade livre, justa e solidária".

Aparece, assim, então, de maneira expressa pela primeira vez em texto constitucional brasileiro, o princípio da solidariedade como dever imposto ao Estado e à sociedade, quer dizer, determinação de fins e definição do rumo das tarefas a serem levadas a efeito para se dar concretude ao sistema formulado pelo constituinte originário.[49]

Os objetivos traçados constitucionalmente impõem-se a todas as pessoas como o liame da comunhão cívica que congrega e estabelece os modelos legítimos de convivência sociopolítica e o traçado econômico desenhado.

Objetivo é posto como ponto a ser atingido, daí a utilização do verbo *construir*. Duas notas se extraem daquela dicção constitucional. A primeira diz com o momento histórico da elaboração constitucional, que parte de um quadro retratado pelo constituinte de 1987/88, mostrando uma sociedade que precisava ser renovada em sua moldura política e jurídica, a refletir necessária reinvenção da relação sociedade/Estado.

Não se há de desconhecer que o Brasil se reconstitucionalizava naquele processo constituinte, redemocratizava-se a sociedade naquela década, republicanizava-se o povo em busca de outra comunidade, que fosse fraterna, pluralista e igualitária.[50] Mais ainda,

---

[49] Leciona J. J. Gomes Canotilho que "quando confrontadas com os fins, as tarefas aparecem geralmente caracterizadas por um elemento específico: o dever jurídico... Significa... que a realização de tarefas se assume como tendo um carácter de 'imposição instrumental', ou melhor, como dever de actividade finalisticamente orientado. A assinalada 'deverosidade' da actividade legislativa (referidos a propósito do excesso do poder legislativo) ganha, agora, nova precisão. É nas imposições constitucionais com determinação de fins e fixação de tarefas que se capta o sentido da 'pirâmide dirigente' e a especificidade do caráter vinculado da legislação concretizador: os fins constitucionais requerem uma legislação 'atualizadora' e concretizadora das 'tarefas' por eles determinada" (CANOTILHO, J. J. Gomes. *Constituição dirigente e vinculação do legislador*. Coimbra: Coimbra Editora, Ltda., 1982, p. 286).

[50] Aproveitada por Tancredo Neves, candidato vencedor no Colégio Eleitoral que elegeu o primeiro presidente civil após mais de duas décadas de ditadura militar e de ditadores militares, a expressão "Nova República" era mote de campanha política e nem era inédita. Na Argentina, em período próximo àquele da campanha eleitoral no Brasil de 1984, teve também lugar processo eleitoral que pôs fim ao período ditatorial lá praticado. E também a sua campanha tinha o mesmo objetivo de impor-se uma nova etapa republicana democrática para aquele povo latino. Mote de campanha, mas condensava, de forma superiormente articulada, a busca que explodiu do povo desses Estados por uma sociedade democrática e um Estado legítimo de Direito. A trágica experiência de nossos povos não se compadecia mais com a imposição ditatorial que asfixiava as liberdades, desconhecia igualitarismo, grunhia os dentes contra os descontentes, matava os resistentes e silenciava, pelo medo, os não "alinhados".

cuidava-se de não esquecer a dramática história dos povos do Brasil, erguida a partir dos escombros do escravismo, da esbórnia do ouro espoliado, da ferida de matos e matutos dizimados pelo poder tirano dos exploradores. Naquela fase da história, o tempo era de lembrar para não esquecer. Mais de duas décadas de ditadura calaram uma geração, mataram tantos de outra, quebraram pernas, ânimos e perspectivas de tantos!

Havia de se fazer um país! Cumprir, quem sabe, a profecia de Darcy Ribeiro, que augurava que "os povos latino-americanos são, como nós mesmos, povos novos, em fazimento. Tarefa infinitamente mais complexa, porque uma coisa é reproduzir no além-mar o mundo insosso europeu, outra é o drama de refundir altas civilizações, um terceiro desafio, muito diferente, é o nosso, de reinventar o humano, criando um novo gênero de gente, diferente de quantas haja. ... Nós, brasileiros ... somos um povo em ser, impedido de sê-lo. Um povo mestiço na carne e no espírito, já que aqui a mestiçagem nunca foi crime ou pecado. Nela fomos feitos e ainda continuamos nos fazendo. Essa massa de nativos oriundos da mestiçagem viveu por séculos sem consciência de si, afundada na ninguendade. Assim foi até se definir como uma nova identidade étnico-nacional, a de brasileiros. Um povo, até hoje, em busca de seu destino".[51]

Vida é construção. Direito também. O aproveitamento do verbo *construir* pelo constituinte brasileiro atesta que a República buscada haveria de ser uma realidade a se erigir a partir da arquitetura constitucional articulada. Constrói-se o que ainda não existe ou não está aprontado. O Estado serve ao ser humano, foi criado para lhe permitir expandir-se como ser individual na socialidade com as outras pessoas. Assim, o ser humano tem chance de se fazer feliz, ter uma vida venturosa. Na individualidade o humano se constrange, fragiliza-se e aniquila-se, ao fim.[52]

Não se cuida de definir como objetivo construir o povo, mas um modelo de sociedade na qual às pessoas sejam asseguradas as liberdades que identificam as humanidades, a justiça social que iguala, em dignidade, todas as pessoas em seus direitos fundamentais, a solidariedade que consolida a convivência fraterna entre os seres humanos. A ambiência sociocultural, refletida na cultura desenvolvida pelo povo, a política, experimentada a partir da ideia de justiça formulada e praticada como Direito, é promovida e garantida pelo Estado e pela sociedade mesma nos modelos democráticos concebidos e praticados.

A construção desta sociedade de liberdades, justiça e solidariedade, posta constitucionalmente como objetivo da República brasileira, impõe que as opções políticas, legislativas, governamentais e administrativas do Estado sejam adequadas, eficientes e oportunas para o atingimento daquela finalidade, sob pena de, contrariando-a, ser considerada juridicamente inválida.

Apenas fazer transição de pessoas nos cargos de poder não satisfazia. Era urgente que se alterassem as estruturas e a dinâmica do poder. Remendo não conserta, maquia. Nós, o povo, queríamos nova roupagem a cobrir o novo espírito republicano a bater no coração do Brasil. A sociedade alevantava-se cantante a entoar o salmo da democracia e tomar ruas e praças. Fez-se ela, então, fraterna, alegre e plural. O constituinte ouviu a serenata da democrata e elaborou a partitura com a escrita histórica do que ressaía das vozes populares.

[51] RIBEIRO, Darcy. *O povo brasileiro*. São Paulo: Companhia das Letras, 1995, p. 447.

[52] Leciona José Afonso da Silva que "construir, aí, tem sentido contextual preciso. Reconhece que a sociedade existente no momento da elaboração constitucional não era livre, nem justa, nem solidária. Portanto, é signo linguístico, que impõe a tarefa de construir não a sociedade — porque esta já existe — mas a liberdade, a justiça e a solidariedade a ela referidas" (SILVA, José Afonso da. *Op. cit.*, p. 46).

E nem se cogite que, por ser aquela *obrigação de construir* objetivo posto em norma constitucional, não seria fundamento possível de ser aproveitado em controle de constitucionalidade de ato normativo, lei ou política pública. Como observado antes, não há norma constitucional despojada de força impositiva a exigir o seu integral respeito. Se não se impõe uma única via para o seu acatamento, há de se atentar a que não se contrarie o que nela se dita. Assim, ato estatal ou particular que desatenda ou possa conduzir ao cerceamento ilegítimo das liberdades, à injustiça social, ao egoísmo formulado e aplicado em norma ou providências públicas é constitucionalmente inválido. Reitere-se inexistir pretenso — e falso — argumento de excessivo subjetivismo no entendimento afirmado a partir ou sobre princípios constitucionais. A transcendência normativa, a vinculatividade, a primariedade e a aderência determinam a impositividade de pleno atendimento ao que no sistema valorativo e principiológico se contém.

6.2. *Liberdades.* Mordaça que estrangula o grito fortalece a voz a clamar pela libertação. O açoite fere a carne, mas não mutila o ideal. Mata-se o ser humano, mas não se extingue a humanidade.

Iluminadas as praças com as cores da cidadania plural, o Brasil de 1986 (período das eleições para a Assembleia Constituinte que redigiria a nova Constituição do Brasil) estampou-se um mapa de país no qual a liberdade se apurava. A cidadania cantante de 1984 ("enquanto os homens exercem seus podres poderes/ morrer e matar de fome, de raiva e de sede... eu quero aproximar o meu cantar vagabundo/ daqueles que velam pela alegria do mundo, indo mais fundo, fins e bens e tais...", trovejava Caetano Velloso) antecipava o que dois anos depois seria ecoado nas ruas brasileiras na campanha eleitoral de 1986. A poesia enaltecia o que se buscava para o bem viver brasileiro: "você tem sede de quê? Você tem fome de quê? ... A gente não quer só comida/ a gente quer comida, diversão e arte/ a gente não quer só comida/ a gente quer saída para qualquer parte...".

Liberdade não é retórica. Sua falta condena. De onde venha o cerceio, sua carência definha a toda humanidade que há em cada pessoa. Nas liberdades para as quais a sociedade há de ser organizada para permitir o respirar pleno das humanidades fundamenta-se o agir legítimo do Estado democrático.

Sobrevivente de um tempo proibitivo e desprimoroso de não direitos, a cidadania brasileira aspirava a liberdades. Mais de duas décadas sufocada, o ar constituinte recendia democracia. Daí o Presidente da Assembleia Constituinte, Deputado Ulysses Guimarães, ter apelidado o documento promulgado como "o Estatuto do Homem da Liberdade e da Democracia".

A sociedade livre legitima só limitações imprescindíveis à convivência no espaço de todas as pessoas. No ambiente das liberdades movimenta-se a cultura, na qual se plasma a ideia de justiça a prevalecer em cada sociedade e em todos e diferentes momentos da história que a humanidade constrói. Por isso, sem liberdade não há justiça. Sem justiça não há democracia. E o círculo virtuoso da humanidade completa-se com a certeza de que sem democracia não há liberdade.

A dicção constitucional objetivando seja construída uma sociedade livre e justa combina, assim, em suas normas do corpo permanente, os valores assinalados pelo constituinte desde o preâmbulo da Constituição. O desenho do Estado Democrático de Direito constitucionalizado no sistema normativo fundamental posto em 1988 no Brasil conjuga os valores e princípios que se completam para modelar as estruturas e as instituições jurídicas, políticas e sociais, que alicerçam e permitem a construção continuada das liberdades a serem fruídas na sociedade justa.

Na norma posta no inc. I do art. 3º da Constituição de 1988 se expõe o sentimento constitucional definidor do sistema promulgado. Esse o elemento definidor do espírito da Constituição do Brasil, a conduzir os comportamentos de todos os agentes públicos e os que atuam em ambientes particulares, pessoas físicas ou jurídicas, na interpretação, no cumprimento e no fazer cumprir o Direito democrático. A lei não é justa por ser formalmente lei. Nos termos contemplados nos valores listados no preâmbulo da Constituição e dos princípios que se expressam no inc. I do seu art. 3º, lei é justa para ser lei.

A integração dos valores e dos princípios enunciados constitucionalmente dá a dimensão multiforme, aberta, conglobante e permanentemente em construção das liberdades. Em sua característica de infinitude, própria da essência humana, a liberdade se reinventa e avança, mesmo em momentos históricos em que a tirania busca açaimá-la. A liberdade é infinita como a vida humana. Seus interregnos e paradas não a dizimam. A vida é mais. A liberdade é plena, conquanto não absoluto o seu exercício. Ela compassa-se com o outro, o céu e o inferno de cada um.

"As liberdades das almas, ai! Com letras se elabora...", poetava Cecília Meireles, do que se poderia extrair e lembrar que as liberdades das pessoas no Direito se afloram. As liberdades são todas. O sistema exemplifica algumas sem menoscabar qualquer outra antes não pensada (a liberdade no mundo que se movimenta em espaços digitais não era cogitada, por óbvio, sobrevindo agora a preocupação com a inovação e a proteção de dados pessoais para garantir a individualidade livre e assegurada em sua privacidade).

A Constituição brasileira realça, entre outras, a liberdade de pensamento (inc. IV do art. 5º), a liberdade de consciência e de crença, a liberdade religiosa (inc. VI do art. 5º), a liberdade de convicção filosófica ou política (inc. VIII do art. 5º), a liberdade à expressão da atividade intelectual, artística, científica e de comunicação (inc. IX do art. 5º e art. 220), a liberdade de qualquer trabalho, ofício ou profissão (inc. XIII do art. 5º), a liberdade de locomoção (inc. XV do art. 5º), a liberdade de reunião e de associação (incs. XVI, XVII e XVIII do art. 5º), a liberdade de informar-se e de ser informado (inc. XIV do art. 5º), a liberdade econômica (art. 170 e seu parágrafo único), a liberdade de aprender, ensinar, pesquisar e divulgar o pensamento, a arte e o saber (inc. II do art. 206), a liberdade cultural para produzir e ter acesso aos bens culturais (arts. 215 e 216), dentre outras liberdades humanas.

Livre é a sociedade na qual as manifestações responsáveis das liberdades e seu exercício legítimo voltam-se ao pleno desenvolvimento individual, ao atendimento das vocações pessoais e à promoção e respeito aos interesses públicos.

Essa construção social é objetivo do Estado obrigando-o a promover as estruturas, organizar as instituições, afirmar os direitos, garantir o seu exercício para todas as pessoas, viabilizando os meios e executando as políticas públicas necessárias para que cada qual e todos os seres tenham respeito efetivo à sua dignidade pessoal e ao acolhimento social no atendimento a suas demandas.

6.3. *Solidariedade.* Não sendo apenas o Estado responsável por dar concretude àqueles objetivos, mas atuar no sentido de dotar de meios e dos modos sociopolíticos, jurídicos e econômicos para a eles se chegar, é dever incontornável para, assim, a sociedade atuar, em seus diversos e livres atores e setores, para a consecução das finalidades da República. E, então, expõe-se na Constituição o intento objetivo de se ter uma sociedade solidária, garantidora da liberdade e da justiça para todas as pessoas.

Surge, então, pela vez primeira na Constituição brasileira de 1988, a referência à solidariedade como princípio e fim a que se há de voltar a República Federativa. Não é a única referência expressa a esse princípio (a solidariedade intergeracional vem expressa no art. 225, por exemplo, referindo-se à questão ambiental), mas, no inc. I do art. 3º, se qualifica aquele dado como marca essencial do sistema estabelecido, extraído mesmo do valor de fraternidade, no qual laborou o constituinte.

Ainda numa referência ao momento histórico da elaboração da obra constitucional de 1988, a ditadura — como não é raro acontecer — conduz à reunião dos que a ela se contrapõem. O que então, nós, brasileiras e brasileiros cantávamos registrava nosso espírito cívico e era no sentido de que "você me abre seus braços e a gente faz um País".[53] O compromisso constitucional da cidadania facilita quando se tem um objetivo comum e um alvo contrário a encobrir diferenças e realçar a comunidade. A solidariedade faz-se urgente, necessária e claramente posta.

O princípio constitucional da solidariedade desdobra, explicita e densifica o valor da fraternidade na sociedade, convertendo-se em princípio, como antes mencionado. Sua inclusão expressa no texto constitucional obriga o legislador, o governante, o administrador, o juiz e assinala o rumo juridicamente correto do intérprete e do aplicador do Direito, seja ele agente estatal ou sujeito particular. A sociedade é o todo. A obrigação pela solidariedade, de todas as pessoas.

Passa pelo resgate da efetividade do princípio da solidariedade a superação dos resquícios de incivilidade, quando não mesmo de barbárie, que, cínica ou sub-repticiamente, se escondem em tratados e mesmo normas jurídicas, ao argumento da necessidade de submissão de alguns grupos a outros, tudo em benefício dos vencedores de uma pretensa pacificação, imposta pelos mais fortes — e o Direito é formulado, no plano interno dos Estados ou no internacional entre Estados, pelos que chegam ao pódio político.[54]

---

[53] *Fullgás* é música de Marina Lima e Antônio Cícero, de 1984.
[54] Observou François Mitterand, no colóquio "Le tribos ou l'Europe", em 1992, que "Impossible, lorsqu'on analyse l'histoire de notre continent, de ne pas être frappé par la crise récurrente de la conscience civile européenne, marquée par une vénalité omniprésente, par les haines religieuses, par une soif brutale de conquête. Mais cette expérience elle-même s'est traduite, suivant un processus qui va s' accélérant, par une meilleure connaissance des contours moraux de l'Europe, à mesure qu'en divers temps et divers lieux les plus brillants hommes de culture opposaient à la barbarie avide et intolérante des conquérants la sagesse et la dignité des peuples conquis; et l'idée a fait son chemin, selon laquelle on ne peut remédier plus efficacement à la dégénérescence des esprits qu'en faisant siens les sentiments et les idéaux sur quoi, depuis des siècles, l'Europe fonde sa vocation unitaire. Dans ce patrimoine de formes et de traditions distinctes, mais que des liens idéaux nous ont rendues communes, on peut même désigner la condition première de toute unification politique et la base la plus solide d'une intégration des diverses collectivités nationales dans une nouvelle citoyenneté européenne. Étudier et éclairer quelques moments significatifs de ce complexe mouvement spirituel, sans cesse menacé par les forces qui nient la raison et l'universalisme de la dignité et de la liberté humaines... tous les traités de ce siècle, en particulier les traités isus de 1914 et de 1918, à commencer par le traité de Versailles, mais aussi, le traité de 1945 et tous ceux qui s'em suivi, ont toujours été des traités d'injustice qui ont, pour satisfaire la gloire du vainqueur ou son instinct de puissance ou ses intérêts immédiats, toujours nié les réalités historiques, géographiques, spirituelle ou éthiniques. Le drame de la future guerre était toujours inscrit dans le règlement de la paix precedente" (MITTERAND, François. *Onze discours sur l' Europe, 1982-1995*. Paris: Éditions de la Maison des schiences de l'homme, 1995).

Por isso é que a solidariedade adquiriu, em construção doutrinária e positivação normativa que vem desde os primórdios do constitucionalismo social, a natureza de categoria jurídica dotada de vigor autônomo, quer dizer, vale por si mesma, sendo o dado identificador da legitimidade do comportamento estatal ou social. Egoísmo não faz direito, que direito é comunhão. E como bem anotava Duguit, "le fondement du droit est la solidarité ou interdépendance sociale, que tous les membres de la societé sont bligés par la règle de droit de ne rien faire qui soit contraire à la solidarité sociale et de faire tout ce qui est en leur poucoir pour en assurer la réalisation, que s'il y a de des droits, is dérivent de cette obligation, que tout homme a le pouvoir d'accomplir son devoir social et de s'opposer à ce que quiconque l'empêche de l'accomplir. ...le droit étant ainsi fondé sur la solidarité sociale s'impose aux détenteurs de la puissance politique, à l'Etat, qu'il en resulte pour lui l'obligation de ne faire aucune loi susceptible de porter atteinte au libre développement de l'activié individuelle, parce que ce libre développément est nécessaire pour que le solidarité sociale puisse se réaliser et se dévélopper. L'État peut toutefois limiter le libre développement des activités individuelles, mais seulement dans la mesure où cela est nécessaire pour que ces activités indivdiduelles ne se gênent pas réciproquement: il peut limiter la liberte de chacun dans la mesure où ceci está nécessaire pour proteger la liberte de tous".[55]

Na Filosofia, solidariedade foi considerada — e talvez ainda continue a ser — como uma opção subjetiva decorrente da generosidade, inerente ou qualidade de uma pessoa. Com esse predicamento, não se considerava solidariedade um dever.

Entretanto, no constitucionalismo contemporâneo, como antes registrado, solidariedade ostenta teor objetivado, sendo categorizada como princípio qualificado como dever jurídico impostergável do Estado nos espaços de intermediação submetida ao sistema normativo e de cada integrante da cidadania. Ser solidário é ser parte — *in solido* — de um todo, partícipe de uma sociedade reunida e unida para um fim comum. Logo, não se insere no ordenamento jurídico como virtude, de configuração subjetiva e aleatória, aptidão decorrente de um temperamento ou de uma escolha pessoal. Aliás, a união solidária das cidadãs e dos cidadãos é que mantém a integridade ética, jurídica e política da sociedade política e a torna sólida, compondo-se sob o signo da permanência e da autonomia individual e soberania estatal. Ser parte e partícipe desta soberania impõe deveres decorrentes exatamente da solidariedade, que congrega os membros da cidade política estatal. É a vinculação dos membros do corpo sociopolítico que permite a solidez e a perenidade da comunidade, impedindo a gasificação ou esboroamento do Estado, em situações de crise ou desorganização.[56]

---

[55] DUGUIT, Léon. *Op. cit.*, v. III, p. 641.

[56] Para André Comte-Sponville, "... devedores são ditos solidários, na linguagem jurídica, se cada um pode e deve responder pela totalidade da soma que tomaram emprestada coletivamente. Isso tem suas relações com a solidez, de que a palavra provém: um corpo sólido é um corpo em que todas as partes se sustentam (em que as moléculas... são mais solidárias do que nos estados líquidos ou gasosos), de tal sorte que tudo o que acontece com uma acontece também com a outra ou repercute nela. Em suma, a solidariedade é antes de mais nada o fato de uma coesão, de uma interdependência, de uma comunidade de interesses ou destino. Ser solidários, nesse sentido, é pertencer a um mesmo conjunto e partilhar, consequentemente — quer se queira, que não, quer se saiba, quer não — uma mesma história" (COMTE-SPONVILLE, André. *Pequeno Tratado de Grandes Virtudes*. São Paulo: Martins Fontes, 1995, p. 98). Seja anotado que aquele autor tem a palavra solidariedade como fraca ou "pequena", afirmando que o de que necessita parte do mundo mais sofrida (a referência específica é a África) é de generosidade e de justiça, não de solidariedade. Entretanto, no rigor do Direito — não da Filosofia, nem

No Estado Democrático de Direito, os interesses comuns são definidos no sistema normativo, não ficando ao nuto, menos ainda ao arbítrio do governante ou do legislador. Por isso, o delineamento do que há de ser legitimamente adotado como política pública, na legislação e na Administração Pública, não é escolha que não possa ser cotejada com os objetivos afirmados nos princípios a serem seguidos. Tem-se, assim, o controle de constitucionalidade ou de legalidade de leis e atos normativos, mas também das políticas públicas, tudo fundamentado no princípio da solidariedade como em qualquer outro plasmado no sistema jurídico.

6.4. *A sintaxe dos princípios.* Postos no primeiro dos objetivos definidos no inc. I do art. 3º da Constituição do Brasil, os princípios mesclam-se aos que se seguem, numa sequência conjugada de conteúdos.

Especialmente o princípio da solidariedade, expresso no objetivo estampado naquele dispositivo, reafirma-se no inc. II daquele mesmo art. 3º, no qual se estampa ser objetivo da República "garantir o desenvolvimento nacional".

Diferente do que se teve em outros documentos constitucionais brasileiros, nos quais havia a afirmação de ser princípio jurídico o desenvolvimento econômico (inc. V da Carta de 1967 e art. 160 da Emenda de 1969), o constituinte de 1988 expôs objetivo diverso, afirmado para a República, a vincular todas as pessoas, estatais e particulares. Esse afirma-se na garantia do desenvolvimento nacional.

Na topografia constitucional de 1988, o desenvolvimento nacional sucedeu ao desenvolvimento econômico e o que era afirmado para a ordem econômica passou a embasar a arquitetura normativa da República Federativa. Estendeu-se a finalidade buscada porque, para além da ordem econômica, também a ordem social e todos os cuidados do Estado e da sociedade devem se voltar ao atingimento daquele objetivo. Note-se não se desvencilharem as questões econômicas e as sociais para o desenvolvimento nacional. Mas essa vai além daquele quadrante antes desenhado sobre o tema. O conveniente entendimento que restringia o desenvolvimento ao seu aspecto econômico desatentava aos compromissos que devem ser de todas as pessoas e a finalidade de beneficiar todas as pessoas com o que se viesse a obter e à sustentabilidade dos processos de desenvolvimento.

A Constituição brasileira mencionava, em sua versão normativa originária, o desenvolvimento nacional equilibrado (§1º do art. 174) e, com a Emenda Constitucional nº 132, de 2023, passou a mencionar, expressamente, o desenvolvimento sustentável (§6º do art. 92B do Ato das Disposições Constitucionais Transitórias considerando a ênfase que passou a ter a questão ambiental e climática, que, pela urgência de cuidado demandada, integra as principais preocupações para a atual e as futuras gerações e para a sobrevivência mesma do planeta e do ser humano).

---

dela se desfazendo, menos ainda se desconsiderando —, é a solidariedade que impõe um agir objetivamente posto como dever cívico, como categoria específica e consequências tipificadas e apuráveis em termos de responsabilidade jurídica e política. Inegável, pois, a distância entre o olhar filosófico daquele autor e o cuidado jurídico do tema em sua dimensão normativa positiva no ordenamento brasileiro.
Diferente da visão filosófica, para Carlos Campos, por exemplo, o Direito há de oferecer tratamento diverso ao tema. Para esse jusfilósofo "a solidariedade não é mais do que a coesão em torno de certos interesses essenciais e que se manifesta no sentimento de socialidade. É propriamente uma técnica, como o sentimento em que se traduz, dos interesses, como o direito ou outra estrutura política qualquer" (CAMPOS, Carlos. *Sociologia e Filosofia do Direito.* Belo Horizonte: Editoral Cardal Ltda., 1961, p. 39).

Baseando-se na Declaração sobre o Direito ao Desenvolvimento, adotado pela Resolução nº 41/128 da Assembleia Geral da ONU em 1986, o direito ao desenvolvimento é considerado como "um processo econômico, social, cultural e político abrangente, que visa ao constante incremento do bem-estar de toda a população e de todos os indivíduos com base em sua participação ativa, livre e significativa no desenvolvimento e na distribuição justa dos benefícios daí resultantes". Essa organização internacional afirma-se "preocupada com a existência de sérios obstáculos ao desenvolvimento, assim como à completa realização dos seres humanos e dos povos, constituídos, *inter alia*, pela negação dos direitos civis, políticos, econômicos, sociais e culturais, e considerando que todos os direitos humanos e as liberdades fundamentais são indivisíveis e interdependentes, e que, para promover o desenvolvimento, devem ser dadas atenção igual e consideração urgente à implementação, promoção e proteção dos direitos civis, políticos, econômicos, sociais e culturais, e que, por conseguinte, a promoção, o respeito e o gozo de certos direitos humanos e liberdades fundamentais não podem justificar a negação de outros direitos humanos e liberdades fundamentais...".

O direito ao desenvolvimento,[57] listado entre outros igualmente afirmados como fundamentais, teve expressão supranacional adotada naquele documento: "art. 1º. §1. O direito ao desenvolvimento é um direito humano inalienável, em virtude do qual toda pessoa e todos os povos estão habilitados a participar do desenvolvimento econômico, social, cultural e político, para ele contribuir e dele desfrutar, no qual todos os direitos humanos e liberdades fundamentais possam ser plenamente realizados".

O direito ao desenvolvimento põe em realce a natureza integrativa dos direitos humanos. Todas as liberdades são expansivas, como a experiência humana mesma, traduzindo-se em novas expressões que se estendem, historicamente, para cobrir cada vez mais as plurais dimensões da humanidade. Assim, aquele Direito não se restringe a uma compreensão apenas do fenômeno econômico, relacionando-se aos Estados e às pessoas. Nessa configuração jurídico-normativa de Direito Internacional e no Direito Constitucional brasileiro, o direito ao desenvolvimento inclui direitos constitucionais políticos, sociais, econômicos, civis e culturais. E impõe deveres a todos os seres em relação a todas as pessoas.

Em sua concepção introdutória do direito fundamental ao desenvolvimento, que, posteriormente, foi adotada pela ONU, Etiene-R Mbaya explicitava as três maneiras de manifestar-se: "1. O dever de todo Estado levar em conta, nos seus atos, os interesses de outros Estados (ou de seus súditos); 2. Ajuda recíproca (bilateral ou multilateral) de caráter financeiro de outra natureza, para a superação das dificuldades econômicas (inclusive com auxílio técnico dos países subdesenvolvidos e estabelecimento de preferências de conteúdo em favor desses países, a fim de liquidar déficits); e 3. Uma coordenação sistemática de política econômica".[58]

O desenvolvimento idealizado com esse domínio integral das vidas humanas e dos ambientes, onde se põem todos os seres a existir, fundamenta-se no fator insuperável da solidariedade. Somente o desenvolvimento solidário da humanidade assegura a

---

[57] BONAVIDES, Paulo. *Curso de Direito Constitucional*. São Paulo: Malheiros, 2016, p. 584.
[58] *Apud* BONAVIDES, Paulo. *Op. cit.*, p. 585. Mahbub ul Haq, juntamente com Amartya Sen, estabeleceu o IDH como uma medida geral e sistematizadora do desenvolvimento humano.

factibilidade e a efetividade dos direitos humanos para todas as pessoas. Daí nele se conter o dever de cooperação fraterna, não como um sonho, mas como possibilidade exequível.

O desenvolvimento nacional mencionado na Constituição brasileira diz com o desenvolvimento humano de todas as pessoas e com o direito de todas elas disporem de condições de vida digna, para o que não se restringe a definição constitucional aos parâmetros econômico-financeiros, inteirando-se o seu sentido pela superação sistemática do que limita a condição humana e reduz as oportunidades e as vocações das pessoas.

Não se cerceia a liberdade apenas pela ausência dos meios financeiros. Mas também pela carência de meios econômico-financeiros se privam de direitos fundamentais as pessoas, especialmente quando são aqueles meios guardados em pequenas bolsas ou em cofres de acesso limitado a grupo seleto e elitizado. Mantêm-se cativos por outras algemas, que impedem passos a trilhar talentos, a saber de si e dos outros no mundo, a conhecer o que a história poderia lhes ter ensinado para traçar o seu rumo seguinte, para fruir das artes o belo e o bom que se criam, enfim, as tribulações são tantas e muitas. Como lembrado por Amartya Sen, há que se atentar à relação entre rendas e realizações, entre mercadorias e capacidades, entre riquezas econômicas e possibilidades, pelo que não se pode considerar o crescimento econômico como um fim em si mesmo, nem se pode assegurar recursos apenas para pequenos grupos a dominar Estados e pessoas.[59]

Enquanto se mantiverem estruturas nas quais alguns sejam tão ricos que possam pagar pela liberdade do outro tão vulnerável, que precise se submeter ao primeiro, o desenvolvimento humano solidário não terá sido atingido.

Os direitos sociais, culturais e econômicos impõem cooperação entre as pessoas, no plano interno, e entre os Estados, no plano internacional. E nem se há de imaginar como factível que, fora da solidariedade como princípio jurídico e dever de todas as pessoas, se tenha a composição normativa imprescindível para se dar concretude aos objetivos afirmados e à aplicação dos princípios estabelecidos no ordenamento jurídico.

Para garantir que as legislações, as políticas públicas e os programas de ações governamentais se encaminhem no sentido de assegurar o desenvolvimento nacional e sustentável, há que se manterem interligados os elementos político, econômico, social, histórico, cultural e ambiental. Essa compreensão do ser humano como sujeito central do desenvolvimento estimulou as ações estatais e sociais no sentido de irem além do econômico-financeiro, sem excluir esse dado da compreensão integral do conceito. Também nessa percepção de desenvolvimento guarda-se o convencimento de ser ele um processo contínuo e expansivo, como reconhecido na declaração do direito ao desenvolvimento da ONU, de 1993, na qual se acentuava a centralidade da pessoa humana no desenvolvimento, afirmando-se, ainda, no §1º do art. 2º daquele documento dever ela ser "participante ativa e beneficiária" na conquista e efetividade desse direito.

Nesse rumo e reafirmando a concepção abrangente de desenvolvimento, reiterou-se no item 10 da Declaração e Programa de Ação de Viena de 1993, extraída da Conferência Mundial sobre Direitos Humanos, o direito ao desenvolvimento como "direito universal e inalienável e parte integrante dos direitos humanos fundamentais. (...) a pessoa humana é o sujeito central do desenvolvimento".

---

[59] SEN, Amartya. *Desenvolvimento como Liberdade*. São Paulo: Companhia das Letras, 2000.

Desde a aceitação do entendimento de que a avaliação do desenvolvimento de um Estado apenas pelo seu PIB (produto interno bruto) inferioriza ao aspecto meramente utilitarista o ser humano e suas relações, concluiu-se pela imprescindibilidade de que a convicção abrangente haveria de prevalecer para que se tivesse a efetividade dos direitos humanos e as liberdades como possíveis de serem fruídas por todas as pessoas. Enfatizara o Papa João Paulo II que "um desenvolvimento somente econômico não está em condições de libertar o homem; pelo contrário, acaba até por o escravizar mais". Fique claro não se negar a importância de rendas e recursos para a garantia e expansão permanente dos direitos sociais, das condições materiais básicas e necessárias ao bem viver com saúde, dignidade e oportunidades para o desenvolvimento humano de todos. O que se enfatiza é não poder ser este o único dado a se considerar para compor o conceito de desenvolvimento aproveitado nas legislações e, no Brasil, no sistema constitucional. Até mesmo porque o seu exclusivo aproveitamento poderia manter a condição desigualada e iníqua de alguns tendo todas as condições e perspectivas de pleno desenvolvimento, negado a outras pessoas. Apenas aos primeiros seria reservado o direito de ter esperanças e viver suas ideias, restando a outras pessoas o exclusivo viés de ver e viver sem o brilho da idealidade que faz venturosa a experiência humana.[60] O desenvolvimento humano solidário, direito e dever estabelecido para todas as pessoas, é expresso no §2º do art. 2º da Declaração sobre o Direito ao Desenvolvimento: "§2º. Todos os seres humanos têm responsabilidade pelo desenvolvimento, individual e coletivamente, levando-se em conta a necessidade de pleno respeito aos seus direitos humanos e liberdades fundamentais, bem como seus deveres para com a comunidade, que sozinhos podem assegurar a realização livre e completa do ser humano e deveriam por isso promover e proteger uma ordem política, social e econômica apropriada para o desenvolvimento".

A Agenda 2030 da ONU, aprovada em 2015 pelos cento e noventa e três Estados-membros que a compõem, traça um plano global de ação para o desenvolvimento sustentável, estabelecendo dezessete objetivos e cento e sessenta e nove metas a serem atingidas até 2030.

Aquela agenda reconhece a plural realidade no planeta e respeita as prioridades de cada povo, de cada Estado soberano, mas reconhece que o atingimento daqueles objetivos depende da atuação de cidadãs e cidadãos, dos particulares, da sociedade civil, do setor privado e dos entes estatais nacionais, além da atuação dos organismos internacionais.[61] Os dezessete objetivos daquela Agenda 2030 são: erradicação da pobreza; fome zero e agricultura sustentável; saúde e bem-estar; educação de qualidade; igualdade de

---

[60] Observa Amartya Sen que "o desenvolvimento pode ser visto como um processo de expansão das liberdades reais que as pessoas desfrutam. O enfoque das liberdades contrasta com visões mais restritas de desenvolvimento, com as que identificam desenvolvimento com crescimento do Produto Nacional Bruto, aumento de rendas pessoais, industrialização, avanço tecnológico ou modernização social... O crescimento do PNB ou das rendas individuais e obviamente pode ser relevante como meio de expandir as liberdades desfrutadas pelos membros da sociedade. Mas as liberdades dependem também de outros determinantes, como as disposições dependem também de outros determinantes como as disposições sociais e econômicas (por exemplo, os serviços de educação e saúde) e os direitos civis" *Op. cit.*, p. 17.

[61] No preâmbulo daquela Agenda se tem ser ela "um plano de ação para as pessoas, para o planeta e para a prosperidade. Ela também busca fortalecer a paz universal com mais liberdade". A Agenda 2030 conta com cinco pilares, que são pessoas, planeta, prosperidade, paz e parcerias.

gênero; água potável e saneamento básico; energia acessível e limpa; trabalho decente e crescimento econômico; indústria; inovação e infraestrutura; redução das desigualdades; cidades e comunidades sustentáveis; consumo e produção responsáveis; ação contra a mudança global do clima; vida na água; vida terrestre; paz; justiça e instituições eficazes; e parcerias e meios de implementação.

O desenvolvimento humano solidário sustentável expande a definição — que, no Brasil, tem sede constitucional — de desenvolvimento nacional e torna dever ético-jurídico, social e político e responsabilidade de todas as pessoas a atuação solidária para o presente e para preservar gerações futuras.

Deve ser enfatizado também que, na experiência constitucional brasileira, o desenvolvimento solidário humano, nacionalmente objetivado nos termos do inc. II do art. 3º, não desatenta do ambiente econômico. Longe disso, ele é revelado no cuidado da ordem econômica (Tít. VII) e reiterado na referência posta no §4º do art. 174, do qual consta a expressa chamada ao legislador para estabelecer "as diretrizes e bases do planejamento do desenvolvimento nacional equilibrado, o qual incorporará e compatibilizará os planos nacionais e regionais de desenvolvimento".

Merece realce a mudança havida na interpretação do princípio da dignidade humana, que, no texto constitucional brasileiro de 1988, se fosse compreendido em sentido mais restrito ou na literalidade da norma do inc. III do art. 1º da Constituição, estaria limitado à pessoa. Há definição legal precisa de pessoa no Direito brasileiro. Mas a dignidade humana, no entendimento ampliado pelo dever da solidariedade incutido no princípio abrigado constitucionalmente, dilata o que poderia se conter por interpretação mais restrita daquela norma jurídica. No art. 2º do Código Civil brasileiro (Lei nº 10.406/2002) se tem que "a personalidade civil da pessoa começa do nascimento com vida; mas a lei põe a salvo, desde a concepção, os direitos do nascituro".

Tem-se no inc. III do art. 1º da Constituição do Brasil ser um dos fundamentos da República a dignidade *da pessoa* humana. A interpretação do sistema constitucional, ênfase dada ao princípio da solidariedade intergeracional, dever de todas as pessoas em relação a todas, prescinde e supera aquela referência à pessoa. A dignidade põe-se na identidade humana, sem que se tenha a restrição a uma ou a todos os seres viventes agora e os que vierem na experiência humana possível. Por isso, mesmo os ainda não viventes, aqueles que vierem depois de nossa passagem, futuras gerações, têm igual direito à dignidade, pela sua própria e só condição humana, que lhe traduz a essência.[62] A dignidade repousa no coração de toda a humanidade.

---

[62] No julgamento da Arguição de Descumprimento de Preceito Fundamental — ADPF nº 54, reconheceu o Supremo Tribunal Federal ser necessária interpretação das normas referentes à proibição de interrupção da gravidez à luz do princípio da dignidade humana. Considerados os direitos da gestante e aqueles inerentes ao feto, que ainda não é pessoa, mas detém, pela sua essência humana, direitos resguardados pela ordem jurídica, o julgamento foi conclusivo no sentido de ser "inconstitucional interpretação de a interrupção da gravidez de feto anencéfalo ser conduta tipificada nos artigos 124, 126 e 128, incisos I e II, do Código Penal". No julgado, encareceu-se que a dignidade humana da gestante ficaria comprometida quando, por interpretação jurídica, se concluísse ser crime a interrupção da gravidez de feto anencéfalo. A colisão de direitos, reconhecida naquele julgamento, deveu-se ao reconhecimento de que a dignidade humana alcança o feto, conquanto não seja ele considerado, juridicamente, pessoa. Sem embargo, na análise do quadro normativo se concluiu pela dignidade e pela liberdade da gestante na situação apresentada.

A despeito de tantos tratados internacionais assinados pelos Estados nacionais, do reconhecimento da diversidade que enriquece a humanidade e de tantos sistemas de direitos humanos exaltados e fortalecidos, as dificuldades para a concretização do direito ao desenvolvimento solidário humanitário não têm se mostrado tarefa fácil. Nem se imaginaria que seria tarefa singela posta às sociedades. Ponderava Gerson de Britto Mello Boson que "toda cultura tem ... bases axiológicas e possui, por assim dizer, um plano de desenvolvimento, ainda que disso não se apercebam seus protagonistas, ou mesmo nunca cheguem ao cumprimento cabal dessa virtualidade. Trata-se de uma concepção do mundo, de uma cosmovisão estruturada num sistema de valores hierarquizados, que funcionam como pontos de orientação histórica a percorrer. Nisso descansa o seu destino. Ao mesmo tempo que propósitos a realizar, esse sistema valorativo é — sempre atual — um conteúdo da cultura em que comungam os grupos por ela responsáveis. Todavia, a sua realização não é como o deslizar tranquilo na superfície de um lado".[63] O que perpassa e fundamenta as peculiaridades dos povos e suas múltiplas culturas, para se chegar à tradução de uma humanidade comprometida, no plano interno dos Estados e no internacional entre Estados, é o conjunto de direitos humanos essenciais à vida digna. Essa a responsabilidade posta ao respeito e comprometimento de todas as pessoas individuais e estatais. As dificuldades apuradas aumentam a responsabilidade e o sentido de dever cívico e humanitário de cada pessoa. A solidariedade não é passiva, omissiva nem frágil. Ela impõe compromisso, perseverança e coragem.

O nazismo do séc. XX parece ecoar em algumas perigosas vozes contemporâneas, ultradireitistas e reacionárias, vociferando discursos e propondo falso e tirânico globalismo, que reinventa e tenta reimplantar regimes expulsivos, mais que excludentes, a eliminar o homem de sua condição de dignidade e respeito até mesmo a si, por fazê-lo crer-se despojado de honradez e respeito social pela sua só condição humana.

As tecnologias digitais e seus donos, com seus algoritmos dirigidos por interesses particulares, mudaram as sociedades e as formas de experiências e relações entre as pessoas, entre os povos e na forma de exercício dos poderes estatais e sociais, buscando estenderem-se até sobre os Estados. As mesmas tecnologias que aproximam as pessoas podem destruir suas identidades, aferrolhar suas liberdades e aniquilar as fronteiras do poder estatal. À soberania estatal segue-se, agora, a noção de soberania digital. Não se há desconhecer que se fala facilimamente com o desconhecido do outro lado do planeta. Mas, às vezes, o que se apresenta como alguém é apenas uma máquina fazendo-se passar por gente. Parece ser cada vez mais frequente e difícil conversar com o irmão ao lado, ou até ver a pessoa indorme e faminta sob a marquise do outro lado da porta. O encontro humano é tão estreito e difícil quanto necessário e fértil. E é de perto que se vê o outro. É sempre mais complexo sustentar o olhar que nos enxerga. A globalização e a enorme complexidade das relações humanas/desumanas, enredadas nas invisíveis redes digitais, fizeram, num átimo de tempo da história, com que cada pessoa se tornasse mais responsável, cúmplice ou autor, pelo que ocorre em qualquer lugar sobre a terra. Tornou-se impossível permanecer inerte e insensível à atrocidade dos sofrimentos particulares ou coletivos a que se assiste, ao sofrimento em numerosas telas,

---

[63] BOSON, Gerson de Britto Mello. *Op. cit.*, p. 119.

que quanto mais ligam imagens mais desligam sentimentos. Nem se imaginam a que se está mais humanamente ligado. A globalização não é igual nem desenvolve igualmente pessoas e povos. Há os que globalizam e os que "são globalizados". O destino humano não é uma fatalidade, mas uma construção. Os desenvolvimentos solidários e humanos atendem os interesses minimamente existenciais para todas as pessoas. Afinal, o que é determinado não precisa ser determinante.

Não se há de submeter, pois, a uma contingência criada pelos interesses exclusiva ou superiormente econômicos para se explicar o que não está para ser explicado, mas para ser resolvido de maneira coerente com o princípio da dignidade da pessoa humana pela só assunção do dever ético-constitucional da solidariedade. O desenvolvimento solidário sustentável e humanitário é direito dos povos e impõe-se como dever ético-jurídico de todas as pessoas em relação aos que vivem agora e às futuras gerações. Consta mesmo da Declaração do Direito ao Desenvolvimento, de 1986, que "§1º. Os Estados têm a responsabilidade primária pela criação das condições nacionais e internacionais favoráveis à realização do direito ao desenvolvimento". No Brasil, em 1988, os constituintes declararam, expressamente, ser esse um objetivo a se cumprir com rigor e cooperação entre todas as pessoas. Por isso a solidariedade informa o desenvolvimento em sua dimensão dúplice, como direito e como dever ético não apenas do Estado, mas de todos os membros da sociedade humana.

6.5. *Erradicação da pobreza e da marginalização.* Põe-se como objetivo da República (inc. III do art. 3º da Constituição) *erradicar a pobreza e a marginalização e reduzir as desigualdades sociais e regionais.*

O Direito Constitucional formula-se, no Estado contemporâneo, sob o signo do mínimo existencial sem o qual não há dignidade humana. Existência sem o mínimo de condição humana respeitada é indigna, injusta e, no sistema brasileiro, inconstitucional. Falta o Estado, omite-se a sociedade; não a sociedade ícone ou abstrata, mas cada qual de seus membros.

Onde vigia a dor da fome dorme uma indignidade. Onde prospera a pobreza extrema, promove-se uma desumanidade.

Pobreza é estado de escassez do mínimo necessário para se ter autonomia biopsicológica e social. A falta de rendas e recursos minimamente necessários para a subsistência é tocada pela carência de outros que não apenas o direito fundamental de se alimentar com decência. Sem o necessário para se prover, para se sustentar e garantir o sustento de seus dependentes, o ser humano perde a sua condição autônoma. Não apenas o físico é atingido pela pobreza. A sua condição humana de ser a buscar a existência digna (art. 170), que é além da matéria não trivial de sobrevivência, compromete-se pelos dois fatores que fragilizam o ser humano e o vulneram, quais sejam, o medo e a vergonha. E nem haveria por que senti-los. Mas a complexidade humana vai muito além do corpo alimentado bem ou mal. O medo da fome, o medo do dia seguinte, o da doença e de todas as formas de desproteção pessoal e social enfraquecem e entorpecem o ser humano. Lançado às intempéries de necessidade mínimas desatendidas, o ser humano afasta-se da via pela qual seguem as sociedades e esconde-se ou conduz-se à margem delas. Adjacente às realidades sustentadas da convivência humana, aquele que não conta com o mínimo para existir torna-se suscetível a todas as contingências físicas, sociais e econômicas do viver à margem. Ambulante sem rumo e sem propósito que não o de não se deixar abater ou morrer, perde-se a vida e todas as venturosas possibilidades que nela se pode usufruir.

Pelo Pacto Internacional dos Direitos Econômicos, Sociais e Culturais, adotado pela ONU em 1966 e ratificado pelo Brasil em 1992, se estabeleceu: "Artigo 11. §1º. Os Estados-partes no presente Pacto reconhecem o direito de toda pessoa a um nível de vida adequado para si próprio e para sua família, inclusive à alimentação, vestimenta e moradia adequadas, assim como uma melhoria contínua de suas condições de vida. Os Estados-partes tomarão medidas apropriadas para assegurar a consecução desse direito, reconhecendo, nesse sentido, a importância essencial da cooperação internacional fundada no livre consentimento. §2º. Os Estados-partes no presente Pacto, reconhecendo o direito fundamental de toda pessoa de estar protegida contra a fome, adotarão, individualmente e mediante cooperação internacional, as medidas, inclusive programas concretos, que se façam necessários para: 1. Melhorar os métodos de produção, conservação e distribuição de gêneros alimentícios pela plena utilização dos conhecimentos técnicos e científicos, pela difusão de princípios de educação nutricional e pelo aperfeiçoamento ou reforma dos regimes agrários, de maneira que se assegurem a exploração e a utilização mais eficazes dos recursos naturais. 2. Assegurar uma repartição equitativa dos recursos alimentícios mundiais em relação às necessidades, levando-se em conta os problemas tanto dos países importadores quanto dos exportadores de gêneros alimentícios".

A Constituição brasileira estabeleceu como objetivo da República a erradicação da pobreza e da marginalização como dever da sociedade fraterna e do Estado socialmente responsável traçados desde o seu preâmbulo.

A pobreza é estado de carência para o mínimo necessário a se conduzir a existência. A pobreza extrema é situação de miséria, ausência absoluta de condições de sobrevivência material, social ou econômica para se dispor dos meios imprescindíveis para se sustentar como indivíduo.

Como observa Florence Tourette, "Si dans un premier temps, le siècle qui vien de s'écouler avait pu nous laisser entrevoir la fin des pauvres, avec les Trente glorieuses et l'État providence, les dernières décénies ont récusé cet espoir. Au passage du nouveau millènaire, les pauvres s'imposent avec une force particulière et interrogent notre capacite à constituer une société solidaire. La question de la solidarité, et donc celle de la viabilité de la société humaine, est nécessairement à la frontière des sciences humaines, sociales et juridiques. Cependant, il est important de mettre en évidence une évolution dans la perception de cette réalité, qui tend à se juridiciser".[64]

O mundo gerou riquezas e pobrezas. E tomou-as como se fossem distribuídas aleatoriamente, para o usufruto de alguns, para o sofrimento de outros. Como se as pobrezas fossem dados de fato aleatório. Não são! A questão da pobreza — problema e desafio de todas as pessoas — é antiga e infelizmente presente em todo o mundo. O verbo mesmo aproveitado pelo constituinte brasileiro de 1987/88 — erradicar — dá bem a exata noção de sua profundidade histórica e do desafio que se põe para a sua eliminação e substituição por outro quadro, mais humano, urgente e necessário, o da

---

[64] TOURETTE, Florence. *Extrême pauvreté et droits de l'homme*. Paris: Les Presses Universitaires de la Faculté de Droit de Clérmont-Ferrand, 2001, p. 3.

igual condição de vivência das pessoas com condições mínimas para uma existência digna, como também posto expressamente no texto normativo constitucional brasileiro (art. 170). Pobreza diz com a vida (ou com sobrevida), portanto é tema constitucional de centralidade incontestável. A realidade social e política é o cenário da realidade jurídico-constitucional.

A pobreza é caracterizada pela carência de recursos materiais que permitam à pessoa dotar-se de condições mínimas de prover o seu sustento físico, a sua saúde mental e a sua interação social, pela indisponibilidade de meios mínimos para ter acesso à satisfação de suas necessidades elementares, segundo os padrões da sociedade na qual vive. A extrema pobreza é caracterizada como miséria. Nessa circunstância a pessoa não conta com o mínimo para subsistir com autonomia física, mental e social. A miséria impõe privação de meios mínimos para a pessoa se manter e a fome machuca. Essa ferida não é fado, é descaso e indignidade. O corpo humano e o seu espírito doem em condições de anormalidade, abstinência ou carência do que lhe é da essência.[65]

A pobreza e mais ainda a sua face mais cruel, a miséria, conduz à precarização da vida, a dizer, à condição de incerteza não apenas do seu futuro, mas do seu presente e de seu próximo passo na vida. Gente não é equilibrista. Sua natureza é de pé no chão para olhar com tranquilidade as estrelas. A fragilidade do que é precário instabiliza a pessoa e o medo percorre fácil as catacumbas sombrias da alma e da mente humanas.

A pobreza gera, ainda, a marginalização, que desgasta a organização social, puindo as relações justas e igualitárias buscadas nas democracias. A pobreza tem o perverso efeito de excluir da via histórica pela qual trilha seus passos a cidadania, deixando à margem do poder decisório aqueles que não se igualam nas condições socioeconômicas e políticas aos que titularizam os cargos estatais de decisão. Surgem as organizações urbanas com suas periferias, distanciando no espaço das moradas o que se distanciara nas contas bancárias e nos processos políticos. As margens a desenhar "os de fora e os de dentro" da organização social e dos postos de poder e de decisão vêm de longe. Os palácios reservaram os aposentos separados e requintados dos poderosos política e financeiramente dos "outros". Esses nem tinham nome de referência, meros serviçais a prestar-se ao gosto dos primeiros. No Brasil, a casa grande com seus requintes inacessíveis e os sem nomes ensombreados nos cafundós das senzalas não se acabaram com a Lei nº 3.353 (denominada de Lei Áurea de 13 de maio de 1888). Não é trivial nem suave a assertiva de Carolina Maria de Jesus a denunciar que "Em 1948, quando começaram a demolir as casas térreas para construir os edifícios, nós, os pobres que residíamos nas habitações coletivas, fomos despejados e ficamos residindo debaixo das pontes. É por isso que eu denomino que a favela é o quarto de despejo de uma cidade. Nós, os pobres, somos os trastes velhos".

Em 2024, considerou-se mais de um bilhão de pessoas em estado de pobreza. Esse dado corresponde a mais de 11% da população mundial. Quase 30% das crianças do mundo, quer dizer, mais de trezentos e trinta milhões de crianças, estão nesta

---

[65] José Afonso da Silva leciona que "quando a pobreza se aprofunda ao ponto de a pessoa não dispor do mínimo à sua subsistência, faltando até o trabalho, então se tem a pobreza absoluta, que é a miséria, com o que a pessoa se torna excluída. E aí se tem a marginalização, porque a pessoa, nesse estado de penúria, fica à margem da vida" (SILVA, José Afonso da. *Op. cit.*, p. 47).

situação de pobreza e mais de 13% dos adultos também. Essas pessoas teriam de viver (ou sobreviver) com menos de U$2,15 por dia. Em junho de 2024, o Fundo das Nações Unidas para a Infância (UNICEF) noticiou que uma em cada quatro crianças com até quatro anos de idade sofria de pobreza alimentar grave, com todas as consequências que esse quadro acarreta de comprometimento físico, psíquico, mental e social. Esse trágico quadro atingiria mais ainda meninas, pessoas negras e indígenas, a maioria localizada em regiões específicas do mundo.

Em 1990, quer dizer, dois anos após a promulgação da Constituição, em cujo inc. III do art. 3º se explicita o objetivo de erradicar a pobreza e a marginalização no País, o Brasil ainda contava com trinta e dois milhões de brasileiros que tinham como "prato do dia" a fome. Anote-se que, em 24 de janeiro de 1992, o Brasil ratificou a Resolução nº 2.200-A da Assembleia Geral das Nações Unidas, na qual se tem o Pacto Internacional dos Direitos Econômicos, Sociais e Culturais, em que se previa, expressamente, o reconhecimento de toda pessoa com nível de vida "adequado" para cada qual e para a respectiva família, incluindo-se nesse núcleo básico a alimentação, a vestimenta e a moradia. A proteção contra a fome está expressa naquele Pacto (§2º do art. 11), como está ali positivado o dever dos Estados-partes de adotarem as medidas necessárias para fazer face àquele direito, providenciando cada qual programas concretos para aquele provimento, até mesmo por cooperação internacional. Estabelecia-se, então, a solidariedade internacional, a dizer, os Estados atuando harmoniosa e colaborativamente para chegar ao resultado buscado.

O compromisso-dever de erradicar a pobreza e a marginalização é do Estado e de toda a sociedade. Seria impensável sequer imaginar que o objetivo da República assim posto pudesse ser atingido apenas pela atuação do Estado. E não faltaram ações exemplares de solidariedade a buscar promover a superação do dramático quadro de mais de trinta milhões de pessoas em condição de pobreza. Assim, a demonstrar que somos cada pessoa com todas as outras responsáveis por fazer a história, Herbert de Souza, apelidado Betinho, produziu a *Campanha da Cidadania contra a Fome, a Miséria e pela Vida*. Anunciava ele ao povo que "o Brasil foi produzindo, ao longo da história, a riqueza e a miséria. Mas nós nos acostumamos com ela. Nós nos acostumamos com a pobreza como se ela fosse um fato absolutamente natural. Mas a pobreza, com o tempo, se transformou em indigência e a riqueza se transformou em escândalo. E nós, então, estamos assustados. Estamos assustados com o País em que vivemos. Estamos assustados com a falta de futuro. E estamos assustados com o presente, que faz da vida das grandes cidades um pesadelo e que faz da vida do campo uma continuada pobreza e miséria. Mas chegou o momento de reverter esse quadro. De erradicar a miséria. De acabar com a pobreza. De não achar mais natural que tudo isso aconteça. De mobilizar as consciências, de mobilizar a cidadania, de mobilizar cada pessoa para tornar essa questão não uma questão do governo, não uma questão do Estado, não numa questão do outro, mas numa questão de cada um, um problema a ser resolvido por todos, solidariamente, e de forma concreta... Trata-se de matar a fome de trinta e dois milhões. A fome não espera, a fome não pode esperar dez anos para ser resolvida, como uma reforma estrutural ou mesmo uma reforma agrária. A fome precisa de comida já... é preciso que a sociedade também diga que erradicar a fome é a sua prioridade absoluta. ... da população pobre, que é maioria, dentro dela, nas casas ou nas ruas, existem seres que nunca se perguntaram como elas iriam sobreviver sem a solidariedade dos pais, das mães, da sociedade. Milhões de crianças brasileiras, milhões de crianças brasileiras que passam fome, que têm que trabalhar aos dez anos de idade, que têm de sair às ruas para levar o resultado para suas famílias; que não têm escolas adequadas, que não têm saúde; cerca de cento e cinquenta mil crianças morrem de fome e de miséria neste País, são seis Vietnãs por ano sem nenhuma bomba explodida nas nossas cabeças, mas sim nas nossas consciências". Foram criados milhares de comitês de cidadãs e cidadãos sem burocracia, "sem esperar nada, sem verticalismo" na ação da cidadania contra a fome. O objetivo exposto pelo Betinho, que conseguiu adesão e colaboração de toda a sociedade, era mudar a face do Brasil: de uma "sociedade desumana" para uma *face humana*, "da fome para a fartura".

Em 1997, Ruth Cardoso, esposa do então Presidente da República Fernando Henrique Cardoso, lançou o Projeto Comunidade Solidária. Cadastrando voluntários para prestar serviços não remunerados em entidades sem fins lucrativos, o programa implantou centros de prestação de serviços essenciais às comunidades carentes para fazer face às necessidades nelas comprovadas e superar as dificuldades que a pobreza impõe.

No triênio 2020 a 2022, o número de pessoas pobres, no Brasil, subia a trinta e um milhões de pessoas, baixando para vinte e sete milhões e quatrocentos mil aproximadamente em 2023. Desse total, de 27,5% (vinte e sete e meio por cento) estavam em condição de miséria. Em 2025, o Brasil, cuja população é de aproximadamente duzentos e treze milhões de habitantes, tem pouco menos pessoas em estado de pobreza e de miséria do que apresentava em 1988 ou em 1990 (ano do lançamento da Campanha da Cidadania contra a Fome, liderada por Betinho). Em 1988, ano da promulgação da Constituição da República, o Brasil tinha pouco mais de cento e quarenta e cinco milhões de habitantes. Em 1990, ano de início da Campanha da Cidadania contra a Fome, a Miséria e pela Vida, divulgava-se que o Brasil tinha aproximadamente cento e cinquenta milhões de habitantes. Portanto, os trinta e dois milhões de pessoas em situação de pobreza representavam, então, um quinto da população total do País. Em 2024, os quase trinta milhões de pessoas naquela condição, em números divulgados pelos órgãos estatais competentes (basicamente o Ministério de Desenvolvimento Social e Combate à Fome do Governo Federal), correspondem a aproximadamente quinze por cento da população brasileira. Não é pouca gente, descuidada constitucionalmente pela sociedade e pelo Estado, incapaz, até agora, de dar estrito cumprimento à ordem da Constituição no sentido de erradicar a pobreza e a marginalização. O traçado constitucional vem sendo descumprido ou deficitariamente cumprido pelo Estado e pela sociedade brasileira, pelo que os quase (15%) quinze por cento da população ainda não é livre de apuros socioeconômicos, marginalizações e discriminações advindas das precárias condições em que vive. Desacata-se a ordem constitucional de se adotarem as políticas públicas e os comportamentos particulares segundo a exigência da solidariedade, não apenas sob o prisma filosófico ou político, mas também jurídico. Nesse caso, a violação é aos direitos fundamentais, pondo-se em causa a eficácia do direito à dignidade humana, não apenas de agentes e entidades estatais, senão também dos particulares.[66] É humanamente

---

[66] Assim discorre, por exemplo, Florence Tourette, segundo a qual "... au coeur du droit, ce serait finalement principalement les droits de la personne humaine et le concept de dignité humaine qui permettraient de

inaceitável que ainda se tenha de denunciar e não superar o denunciado por Carolina de Jesus, que lembrava: "... no dia 13 de maio de 1958 eu lutava contra a escravatura atual — a fome".

Não se aspira, constitucionalmente, a um Estado filantrópico, mas um Estado que construa, promova e respeite a sociedade fraterna, fundada no princípio jurídico da solidariedade. A erradicação da pobreza haverá de se dar, da parte dos agentes e órgãos estatais, pela adoção de políticas públicas que possibilitem a superação daquela condição. Para tanto, haverá que se adotar programas de educação e de saúde, que permitam a cada indivíduo a sua permanente reinvenção pessoal e social. Não se afastará o Estado do dever de desempenhar funções que expressem a solidariedade. Entretanto, como anotado por Edgar Morin, "l'Etat assume de plus en plus des fonctions de solidarité, mais de façon anonyme, impersonnelle, tardive. Il est devenu, selon l'expression d'Octavio Paz, un 'ogre philanthropique'. L'Etat assistantiel est de plus en plus indispensable et contribue à la dégradation de solidarités concrètes, sans pour autant répondre aux problèmes de plus en plus criants de la solidarité sociale".[67] O que a solidariedade constitucionalmente definida impõe ao Estado e à sociedade é a criação de condições sociopolíticas e econômicas, para que cada qual possa exercer suas liberdades e seus talentos para o próprio crescimento e o benefício de todas as pessoas. Afinal, como denunciava Luiz Gonzaga, "mas doutô uma esmola a um homem qui é são/ ou lhe mata de vergonha ou vicia o cidadão".[68] Nem é que a entrega de valores para que se tenha acesso ao mínimo para o sustento não seja tantas vezes imprescindível. Não se ensina nadar a quem se está afogando: primeiro se salva. Somente depois se oferece a ele a oportunidade de aprender para não voltar a correr o mesmo risco, ensinava minha mãe. O que há a ser cumprido juridicamente é a cada um, segundo a sua necessidade, a partir do planejamento e da execução de políticas e programas públicos (estatais ou sociais) voltados à erradicação da pobreza e da marginalização.

A não erradicação da pobreza e da marginalização — na forma utilizada pelo constituinte ao positivar a norma do inc. III do art. 3º da Constituição — patenteia cuidar-se de um processo sociopolítico e econômico transformador, a se dar pela necessária eliminação de mal social com raízes profundas, estruturadas, por isso o verbo utilizado tem o sentido de arrancar pela raiz; erradicar. Busca-se suprimir de uma sociedade desigualada e estratificada uma cultura estabelecida para alguns ganharem sobre outros. Não se cuida de tarefa simples, daí por que se cogita de um processo, mas que, como denunciava Herbert de Souza, não poderia esperar. A fome tem urgência, a indignidade reclama diligência. Quase quatro décadas após a promulgação da Constituição do Brasil, é socialmente perverso e juridicamente ilegítimo o contingente de quase quinze por cento (15%) da população pobre, em situação de extrema pobreza e sem dados sobre as diferentes e novas (além das velhas) e cruéis formas de marginalização (como a estada em ruas e praças sem teto que não o céu, sem abrigo que não um papelão como colchão,

---

problématiser au niveau juridique le questionnement social soulevé par la présence et la persistance de la grande pauvreté... Les droits de l'homme tout comme la dignité renvoient à ce qui fait l'homme dans la plenitude" (*Op. cit.*, p. 10).

[67] MORIN, Edgar. *Pour une politique de civilisation*. Paris: Arléa, 2002, p. 18.

[68] Luiz Gonzaga — *Vozes da seca*.

sem afeto que não o de um vira-lata vez ou outra). A vulnerabilidade humana parece ter aumentado, a despeito do avanço da ciência e da ligeireza das tecnologias. O atraso humano soca a face cidadã de uma sociedade cega para seus desafios e suas inegáveis possibilidades.

Deve ser encarecido que, na sequência do início do novo momento constitucional brasileiro, em 1993, o legislador brasileiro elaborou a Lei nº 8.742, na qual se dispôs sobre a organização da assistência social. Naquele documento legal se fez constar, já no art. 1º, a obrigação do Estado de prover "os mínimos sociais" para "garantir o atendimento às necessidades básicas". E, no parágrafo único do art. 2º daquela Lei, estabeleceu-se como um dos objetivos da assistência social que "a assistência social ... visando ao enfrentamento da pobreza, à garantia dos mínimos sociais, ao provimento de condições para atender contingências sociais e à universalização dos direitos sociais". Não se perdeu de vista, portanto, desde os primeiros anos de vigência da Constituição de 1988, ser dever do Estado atuar para "enfrentar" a pobreza de modo a se chegar à sua erradicação, na forma prevista no inc. III do art. 3º.

Por não se ter erradicado a pobreza e a marginalização no Brasil nem no mundo, acrescido da ciência que as cidadãs e os cidadãos passaram a ter de seus direitos, erigiu-se em preocupação de todos os entes estatais ou organismos internacionais o que antes era apenas ocupação de algumas pessoas. Mais de um bilhão de pessoas no mundo vivendo em situação de pobreza não pode mais passar desapercebido. Até mesmo porque compromete e instabiliza os ricos com suas riquezas nunca partilhadas. Ficam eles inseguros em relação àqueles que integram essa parcela significativa da humanidade e que reclamam o que lhes é devido em sistema que assegura o mínimo existencial para todos. Põe-se, assim, que a pobreza, a marginalização e a exclusão configuram problema a ser resolvido, determinando-se o repensamento mesmo dos modelos de poder estatal cogitados e praticados.

Assim, em 2015, como parte central da Agenda 2030, a ONU estabeleceu os Objetivos de Desenvolvimento Sustentável (ODS), considerado um chamamento global para se eliminar a pobreza, proteger o meio ambiente e o clima saudável, garantindo-se, assim, para todas as pessoas a efetividade do direito à paz em condições de prosperidade. Sem negar a necessidade de se garantir o crescimento econômico conciliado com a proteção ambiental e a garantia dos direitos fundamentais, a começar pela promoção de condições para o integral respeito à dignidade humana para a atual e as futuras gerações, apela-se à construção de cenários em que se tenha a preservação de condições de vida saudável no planeta, com o resgate e a recomposição do que avariado e destruído até agora.

O conjunto de dezessete objetivos apresentados para 2030 recebeu o acréscimo, às finalidades explicitadas, de meios e instrumentos idealizados para a sua concretização. E por se ter por certo que o Estado isoladamente não é capaz desta transformação que se mostra imperiosa sem a cooperação e a atuação conjugada da sociedade é que a ONU recorreu à colaboração e às parcerias.

Nas quatro dimensões em que se desdobram os dezessete objetivos e as cento e sessenta e nove metas estabelecidas naquele documento, são realçados os aspectos social (no qual se enaltece a necessidade de se proporcionarem condições para a vida digna a todas as pessoas), econômico (no qual se enfatizam o desenvolvimento, a inovação e as condições de trabalho e emprego), ambiental (encarecendo-se a preservação e o aproveitamento ambiental de forma sustentável e responsável para a atual e futuras gerações, atentando-se às condições climáticas para a garantia da vida saudável no planeta e a sobrevivência do próprio planeta) e, nem sempre mencionado, o institucional, no qual se relevam os meios a serem acolhidos para se viabilizar e atingir os objetivos afirmados. Pelos dezessete objetivos globais estabelecidos pela cúpula da ONU, busca-se, primariamente, acabar com a pobreza, combater as desigualdades e as injustiças, com a adoção de novo modelo de desenvolvimento solidário e sustentável, para se conter as mudanças ambientais e climáticas destrutivas das condições vitais no planeta.

Para esse estudo, há que se considerar, especialmente, os seguintes objetivos havidos naquele documento e que demonstram a conjugação do que exposto naquele documento com o que se tem estabelecido no inc. III do art. 3º da Constituição do Brasil. Tem-se naqueles Objetivos de Desenvolvimento Sustentável (ODS): "1. Acabar com a pobreza em todas as suas formas, em todos os lugares; 2. Acabar com a fome, alcançar a segurança alimentar e a melhoria da nutrição e promover a agricultura sustentável; 3. Assegurar uma vida saudável e promover o bem-estar para todas e todos em todas as idades". Na ODS 1 se estabelece a meta de, até 2030, ser erradicada a pobreza para todas as pessoas em todos os lugares, considerando-se a condição de miserabilidade ou de extrema pobreza que acomete alguém e a ela impõe viver com menos de US$1,90 por dia.[69]

---

[69] Os dezessete Objetivos de Desenvolvimento Sustentável da ONU expõem-se no sentido de: "1. Acabar com a pobreza em todas as suas formas, em todos os lugares; 2. Acabar com a fome, alcançar a segurança alimentar e a melhoria da nutrição e promover a agricultura sustentável; 3. Assegurar uma vida saudável e promover o bem-estar para todas e todos, em todas as idades; 4. Assegurar a educação inclusiva e equitativa e de qualidade, e promover oportunidades de aprendizagem ao longo da vida para todas e todos; 5. Alcançar a igualdade de gênero e empoderar todas as mulheres e meninas; 6. Assegurar a disponibilidade e gestão sustentável da água e saneamento para todas e todos; 7. Assegurar o acesso confiável, sustentável, moderno e a preço acessível à energia para todas e todos; 8. Promover o crescimento econômico sustentado, inclusivo e sustentável, emprego pleno e produtivo e trabalho decente para todas e todos; 9.Construir infraestruturas resilientes, promover a industrialização inclusiva e sustentável e fomentar a inovação; 10. Reduzir a desigualdade dentro dos países e entre eles; 11.Tornar as cidades e assentamentos humanos inclusivos, seguros, resilientes e sustentáveis; 12. Assegurar padrões de produção e de consumo sustentáveis; 13. Tomar medidas urgentes para combater a mudança climática e seus impactos; 14.Conservação e uso sustentável dos oceanos, dos mares e dos recursos marinhos para o desenvolvimento sustentável; 15. Proteger, recuperar e promover o uso sustentável dos ecossistemas terrestres, gerir de forma sustentável as florestas, combater a desertificação, deter e reverter a degradação da terra e perda da biodiversidade; 16. Promover sociedades pacíficas e inclusivas para desenvolvimento sustentável, proporcionar o acesso à justiça para todos e construir instituições eficazes, responsáveis e inclusivas e todos os níveis; e 17. Fortalecer os meios de implementação e revitalizar a parceria global para o desenvolvimento sustentável".
Cuidou a ONU de desdobrar e esmiuçar os objetivos de cada ODS, explicitando quanto aos três primeiros objetivos, referentes à eliminação da pobreza e da fome no planeta, assegurando a segurança alimentar e o bem estar para uma vida saudável: "ODS 1. Acabar com a pobreza em todas as suas formas, em todos os lugares 1.1 Até 2030, erradicar a pobreza extrema para todas as pessoas em todos os lugares, atualmente medida como pessoas vivendo com menos de US$1,90 por dia; 1.2 Até 2030, reduzir pelo menos à metade a proporção de homens, mulheres e crianças, de todas as idades, que vivem na pobreza, em todas as suas dimensões, de acordo com as definições nacionais; 1.3 Implementar, em nível nacional, medidas e sistemas de proteção social adequados, para todos, incluindo pisos, e até 2030 atingir a cobertura substancial dos pobres e vulneráveis 1.4 Até 2030, garantir que todos os homens e mulheres, particularmente os pobres e vulneráveis, tenham direitos iguais aos recursos econômicos, bem como o acesso a serviços básicos, propriedade e controle sobre a terra e outras formas de propriedade, herança, recursos naturais, novas tecnologias apropriadas e serviços financeiros, incluindo microfinanças; 1.5 Até 2030, construir a resiliência dos pobres e daqueles em situação de vulnerabilidade, e reduzir a exposição e vulnerabilidade destes a eventos extremos relacionados com o clima e outros choques e desastres econômicos, sociais e ambientais: 1.a Garantir uma mobilização significativa de recursos a partir de uma variedade de fontes, inclusive por meio do reforço da cooperação para o desenvolvimento, para proporcionar meios adequados e previsíveis para que os países em desenvolvimento,

Esse cenário de continuado processo de ineficiência ou de eficácia deficitária no ambiente sociopolítico em face da Constituição ou, ainda, de não atingimento do objetivo de erradicação da pobreza e da marginalização, mantém ainda insuperado aquele estado de coisas. Há, em algumas situações, até mesmo o incremento das

---

em particular os países menos desenvolvidos, implementem programas e políticas para acabar com a pobreza em todas as suas dimensões; 1.b Criar marcos políticos sólidos em níveis nacional, regional e internacional, com base em estratégias de desenvolvimento a favor dos pobres e sensíveis a gênero, para apoiar investimentos acelerados nas ações de erradicação da pobreza; ODS 2. Acabar com a fome, alcançar a segurança alimentar e melhoria da nutrição e promover a agricultura sustentável; 2.1 Até 2030, acabar com a fome e garantir o acesso de todas as pessoas, em particular os pobres e pessoas em situações vulneráveis, incluindo crianças, a alimentos seguros, nutritivos e suficientes durante todo o ano; 2.2 Até 2030, acabar com todas as formas de desnutrição, incluindo atingir, até 2025, as metas acordadas internacionalmente sobre nanismo e caquexia em crianças menores de cinco anos de idade, e atender às necessidades nutricionais dos adolescentes, mulheres grávidas e lactantes e pessoas idosas; 2.3 Até 2030, dobrar a produtividade agrícola e a renda dos pequenos produtores de alimentos, particularmente das mulheres, povos indígenas, agricultores familiares, pastores e pescadores, inclusive por meio de acesso seguro e igual à terra, outros recursos produtivos e insumos, conhecimento, serviços financeiros, mercados e oportunidades de agregação de valor e de emprego não agrícola; 2.4 Até 2030, garantir sistemas sustentáveis de produção de alimentos e implementar práticas agrícolas resilientes, que aumentem a produtividade e a produção, que ajudem a manter os ecossistemas, que fortaleçam a capacidade de adaptação às mudanças climáticas, às condições meteorológicas extremas, secas, inundações e outros desastres, e que melhorem progressivamente a qualidade da terra e do solo; 2.5 Até 2020, manter a diversidade genética de sementes, plantas cultivadas, animais de criação e domesticados e suas respectivas espécies selvagens, inclusive por meio de bancos de ementes e plantas diversificados e bem geridos em nível nacional, regional e internacional, e garantir o acesso e a repartição justa e equitativa dos benefícios decorrentes da utilização dos recursos genéticos e conhecimentos tradicionais associados, como acordado internacionalmente; 2.a Aumentar o investimento, inclusive via o reforço da cooperação internacional, em infraestrutura rural, pesquisa e extensão de serviços agrícolas, desenvolvimento de tecnologia, e os bancos de genes de plantas e animais, para aumentar a capacidade de produção agrícola nos países em desenvolvimento, em particular nos países menos desenvolvidos; 2.b Corrigir e prevenir as restrições ao comércio e distorções nos mercados agrícolas mundiais, incluindo a eliminação paralela de todas as formas de subsídios à exportação e todas as medidas de exportação com efeito equivalente, de acordo com o mandato da Rodada de Desenvolvimento de Doha; 2.c Adotar medidas para garantir o funcionamento adequado dos mercados de commodities de alimentos e seus derivados, e facilitar o acesso oportuno à informação de mercado, inclusive sobre as reservas de alimentos, a fim de ajudar a limitar a volatilidade extrema dos preços dos alimentos ODS; 3. Assegurar uma vida saudável e promover o bem-estar para todos e todos, em todas as idades; 3.1 Até 2030, reduzir a taxa de mortalidade materna global para menos de 70 mortes por 100.000 nascidos vivos; 3.2 Até 2030, acabar com as mortes evitáveis de recém-nascidos e crianças menores de 5 anos, com todos os países, objetivando reduzir a mortalidade neonatal para pelo menos por 1.000 nascidos vivos e a mortalidade de crianças menores de 5 anos para pelo menos 25 por 1.000 nascidos vivos; 3.3 Até 2030, acabar com as epidemias de AIDS, tuberculose, malária e doenças tropicais negligenciadas, e combater a hepatite, doenças transmitidas pela água, e outras doenças transmissíveis; 3.4 Até 2030, reduzir em um terço a mortalidade prematura por doenças não transmissíveis via prevenção e tratamento, e promover a saúde mental e o bem-estar; 3.5 Reforçar a prevenção e o tratamento do abuso de substâncias, incluindo o abuso de drogas entorpecentes e uso nocivo do álcool; 3.6 Até 2020, reduzir pela metade as mortes e os ferimentos globais por acidentes em estradas; 3.7 Até 2030, assegurar o acesso universal aos serviços de saúde sexual e reprodutiva, incluindo o planejamento familiar, informação e educação, bem como a integração da saúde reprodutiva em estratégias e programas nacionais; 3.8 Atingir a cobertura universal de saúde, incluindo a proteção do risco financeiro, o acesso a serviços de saúde essenciais de qualidade e o acesso a medicamentos e vacinas essenciais seguros, eficazes, de qualidade e a preços acessíveis para todos; 3.9 Até 2030, reduzir substancialmente o número de mortes e doenças por produtos químicos perigosos, contaminação e poluição do ar e da água do solo; 3.a Fortalecer a implementação da Convenção-Quadro para o Controle do Tabaco em todos os países, conforme apropriado; 3.b Apoiar a pesquisa e o desenvolvimento de vacinas e medicamentos para as doenças transmissíveis e não transmissíveis, que afetam principalmente os países em desenvolvimento, proporcionar o acesso a medicamentos e vacinas essenciais a preços acessíveis, de acordo com a Declaração de Doha, que afirma o direito dos países em desenvolvimento de utilizarem plenamente as disposições do acordo TRIPS sobre flexibilidades para proteger a saúde pública e, em particular, proporcionar o acesso a medicamentos para todos; 3.c Aumentar substancialmente o financiamento da saúde e o recrutamento, desenvolvimento e formação, e retenção do pessoal de saúde nos países em desenvolvimento, especialmente nos países menos desenvolvidos e nos pequenos Estados insulares em desenvolvimento; 3.d Reforçar a capacidade de todos os países, particularmente os países em desenvolvimento, para o alerta precoce, redução de riscos e gerenciamento de riscos nacionais e globais de saúde".

circunstâncias adversas ao disposto constitucionalmente, com a exclusão de pessoas do convívio social solidário decorrente, em parte, de egoísmo cívico, aquele pelo qual se mantém quadro de irresponsabilidade de cada pessoa em relação a todas as outras, em demonstração de degradação da moralidade republicana e democrática. A solidariedade constitucionalmente estabelecida, que impõe a erradicação da pobreza e da marginalização, reúne as pessoas na sociedade integrada, democrática e humanista, na qual haverá de prosperar a afabilidade em vez do ódio, os consentimentos esclarecidos em vez da divergência violenta e ignorante, sem sentido nem sentimento. Anota Edgar Morin que "une société ne peut progresser en compléxité que si ele progresse en solidarité: em effet, la complexité croissante comporte des libertés croissantes, des possibilites d'initiative accrues, des possiblités aussi bien fécondes que destructrices et génératrices de désordre. L'extrême désordre cesse d'être fécond. Il devient même principalement destructeur, et l'extrême complexité se dégrade alors en désintégration du tout en élements disjoints.. ... la seule solution intégratrice à la complexité est le développement de la solidarité véritable...".[70]

A privação de meios minimamente necessários para a vivência humana física, mental, psíquica e social da pessoa esvazia qualquer pretensão de efetividade dos direitos humanos. A indigência física e mental imposta por uma estrutura social impeditiva de aquisição de condições minimamente necessárias à sobrevida de alguém é a marca da frustração do direito fundamental à dignidade humana.

Assim é que, na concepção constitucional democrática, erigiu-se como responsabilidade da sociedade e do Estado a garantia de se ter acesso ao mínimo existencial, sem o qual a sobrevivência não se mostra viável. A pessoa privada de qualquer meio para sobreviver, crucificada na madeira infame de sua injusta fome, é um não sujeito de direitos, apesar de todas as declarações internacionais ou normas vigentes sobre direitos fundamentais.

A ideia da necessidade de se assegurar meios para a atenuação da carência pessoal pode ser mencionada em textos ou referências desde a Idade Média. Então, a sociedade encarregava-se de oferecer alguma assistência àqueles desprovidos de meios mínimos de sobrevivência. Na Inglaterra, as *Poor Laws*, vigentes desde o séc. XVI, cuidavam do obrigatório arrimo aos trabalhadores desprovidos de autossuficiência e em situação de desamparo. Há mesmo quem vislumbre precedente da garantia do que agora se nomeia como mínimo existencial no art. 21 da Constituição francesa de 1793, em cujo art. 21 se dispunha: "Le secours public sont une détte sacrée. La société doit la subsistence aux citoyens malheureux, soit en leur procurant du travail, soit en assurant les moyens d'exister à ceux qui sont hors d'état de travailler".

No Brasil, a Carta Imperial de 1824 estabeleceu, no item XXXI do art. 179, que "a Constituição também garante os socorros públicos", o que conduziu à compreensão de que competia ao Império o provimento das necessidades urgentes e excepcionais dos necessitados.[71]

---

[70] MORIN, Edgar. *Op. cit.*, p. 48.
[71] Comenta Pimenta Bueno sobre esse dispositivo da Carta Imperial que "o governo, em circunstâncias ordinárias, não tem a obrigação de sustentar ou manter os particulares, nem ele teria recursos para cumprir essa tarefa; eles devem viver de sua indústria e previdência. Em casos, porém, excepcionais, ou de calamidades públicas,

Em 1933, Pontes de Miranda doutrinava sobre os novos direitos do homem, incluindo entre eles o direito público subjetivo à subsistência. Afirma ele, então, a necessidade de ser garantido pelo Estado o mínimo vital ao necessitado,[72] antecipando o que viria a ser assegurado no item 34 do art. 113 da Constituição de 1934.[73] Em sua palavra, o autor explicava que, "como direito público subjetivo, a subsistência realiza, no terreno da alimentação, das vestes, da habitação, o *standard of living* segundo três números variáveis para maior indefinidamente e para menor até o limite, limite que é dado, respectivamente, pelo indispensável à vida quanto à nutrição, ao resguardo do corpo e à instalação. É o mínimo vital absoluto. Sempre, porém, que nos referimos ao mínimo vital, deve-se entender o mínimo vital relativo, aquele que, atentando-se às circunstâncias de lugar e de tempo, se fixou para cada zona em determinado período. ... O mínimo vital relativo tem de ser igual ou maior que o absoluto".[74]

Duas décadas depois da lição pontiana, tem-se o aproveitamento do mesmo tema, agora na Alemanha. Aquele conceito é formulado, naquele país, inicialmente por Otto Bachof, em 1950, sendo aproveitado pelo Tribunal Federal Administrativo em 1954. A Alemanha do pós-Segunda Guerra Mundial enfrentava o dramático cenário sociopolítico de fome, miséria nas cidades e nos campos, com mais de vinte milhões de desabrigados em todo o País. A luta, então, era pela sobrevivência em conjuntura sobremaneira dificultada pelo rigoroso inverno de 1946, a acarretar maior carência de bens essenciais à alimentação até mesmo para fazer face aos reclamos do bem-estar, e pela escassez também de combustíveis.

Então, aquele jurista teorizou sobre a plausibilidade do direito subjetivo de que cada necessitado seria titular e para cujo provimento mínimo haveria de se haver e agir o Estado Social, assim enunciado na Lei Fundamental de Bonn. Então, em 1954, o Tribunal Administrativo alemão reconheceu esse direito subjetivo do indivíduo desprovido de condições mínimas para prover-se materialmente a fim de exigir a assistência social do Estado.

A partir de então se cuidou de definir o critério necessário de avaliação para se impor esse agir estatal obrigatório, para se assegurar a efetividade do princípio constitucional da dignidade humana. O que então se definiu foi uma obrigação positiva

---

de peste, inundação, secas, falta de colheitas, grandes incêndios ou outros males semelhantes, ir em seu auxílio, dar-lhes a sua proteção, não só é dever social, como a humanidade, e o próprio interesse da segurança pública, o exige... Além dos socorros diretos, um governo ilustrado ministra outros muitos valiosos mediatamente, pela proteção com que anima e auxilia os hospitais de caridade, os asilos de expostos e de mendigos, e muitos outros estabelecimentos pios... O Estado recolhe vantagens do seu zelo" (BUENO, José Antonio Pimenta. *Op. cit.*, p. 429).

[72] Leciona Pontes de Miranda, em sua obra sobre os novos direitos do homem, a saber, o direito ao trabalho, o direito à educação, o direito à subsistência, o direito à assistência e o direito ao ideal.

[73] "34) A todos cabe o direito de prover á propria subsistencia e á da sua família, mediante trabalho honesto. O poder público deve amparar, na forma da lei, os que estejam em indigência".

[74] MIRANDA, Pontes de. *Os novos direitos do homem*. Rio de Janeiro: Ed. Alba Ltda., p. 28. Deve ser realçado que a referência ao mínimo vital de Pontes de Miranda é utilizada de forma diferente por Ingo Sarlet, que distingue daquele conceito o de mínimo existencial, prevalecente na doutrina, na jurisprudência e nas políticas públicas. Para esse autor, o mínimo vital refere-se aos bens garantidores da existência física da pessoa, sendo mais restrito do que o que se há de conter no conceito de mínimo existencial, que garante também o acervo de direitos e bens que asseguram padrão de inclusão de todas as pessoas no patrimônio social, cultural e político (Cf. SARLET, Ingo. *Jurisdição constitucional, democracia e direitos fundamentais*. Salvador: Juspodivm, 2012, p. 251).

do Estado, qual seja, a de garantir auxílio material imprescindível à pessoa carente, a fim de lhe permitir existir e desenvolver-se em sua plenitude humana. Não significa o afastamento da obrigação ética de toda a sociedade, seja diretamente, seja por parcerias. A colaboração de todas as pessoas é o caminho para o atingimento do objetivo de garantia do mínimo existencial.

A referência à existência digna comparecia nos textos constitucionais, incluído o de Weimar de 1919, em cujo art. 151 se previa que "a organização da vida econômica deve corresponder aos princípios da justiça e ter como objetivo a garantia de uma existência digna a todos".

Antes daquela, a Constituição do México de 1917 tinha estabelecido, em seu art. 26, que o Estado organizaria sistema de planejamento democrático para garantir o desenvolvimento nacional, submetendo a ordem econômica e a propriedade a regime definido em conformidade com o interesse público (art. 27).

No Brasil, em 1934, a Constituição então promulgada também inseriu, em seu art. 115, a previsão de organizar-se a ordem econômica "conforme os princípios da justiça e as necessidades da vida nacional, de modo que possibilite a todos existência digna. Dentro desses limites, é garantida a liberdade econômica".

A despeito daquelas normas, não se elaborou nem se praticou modelo estatal ao qual se pudesse exigir, administrativa ou judicialmente, um mínimo a garantir a existência digna a cada pessoa que se provasse em condições de privação do essencial para sobreviver, menos ainda de maneira digna. Daí a importância realçada naquela decisão da teorização de Otto Bachof e a construção dos fundamentos que viria a ser, primeiramente, aproveitada em 1954 pelo Tribunal Administrativo alemão.

Em 1975, o Tribunal Constitucional alemão proferiu decisão, revestida de valor histórico de precedente transformador, na qual concluiu pelo dever do Estado social de garantir assistência social para garantir condições mínimas para a existência humana digna a quem não pudesse produzir, com autonomia dos meios necessários para sua sobrevivência. Cuidava-se, então, de recurso contra julgado de Tribunal estadual que declarara inconstitucional norma previdenciária então vigente, segundo a qual a idade máxima para o recebimento de pensão por órgãos era vinte e cinco anos. O Tribunal estadual concluíra que, em se tratando de órfãos portadores de deficiência física ou mental que impossibilitava a autonomia da pessoa, aquele limite não poderia prevalecer, sendo de se afastar a incidência da norma para se prestigiar e dotar de efetividade o princípio da dignidade humana. A atuação estatal do dever de assistência social a essas pessoas foi considerada pelo Tribunal Constitucional alemão "parte dos deveres mais evidentes de um Estado Social (cf. BVerfGE 5, 85 [198]; 35, 202 [236]). Isto inclui necessariamente a ajuda social ao cidadão que, em razão de deficiência física ou mental, tem seu desenvolvimento pessoal e social impedido, sendo incapaz de prover seu sustento próprio. A sociedade estatal deve, em todo o caso, garantir-lhe as condições mínimas para uma existência humanamente digna e deve, além disso, esforçar-se para, na medida do possível, incluí-lo na sociedade, estimular seu adequado tratamento pela família ou por terceiro, bem como criar as necessárias instituições de cuidado. Esse dever geral de proteção não pode, naturalmente, terminar em razão de um determinado limite de idade. Ele deve, pelo contrário, corresponder à respectiva necessidade de amparo social".⁷⁵ Esse direito fundamental reconhecido, de se pleitear a atuação protetiva do Estado, que, então, passa a dever ao necessitado aquele provimento, passou a ser reconhecido como implícito, mas autônomo e de plena exequibilidade e exigibilidade em todos os sistemas democráticos, voltados à garantia do respeito e da realização dos direitos humanos. Sem o mínimo de condições materiais mínimas não há como se assegurar a autodeterminação da pessoa, privada assim de sua liberdade e de qualquer sentido de dignidade respeitada. O direito subjetivo fundamental e vinculante ao dever prestacional mínimo pelo Estado impõe-se como elemento do processo de libertação que os sistemas constitucionais devem assegurar às pessoas. É esse movimento de libertação que promove e movimenta o processo civilizatório humanista e democrático. A retórica jurídica sem ação correlata necessária permite a coisificação do ser humano, o que é a negativa da civilização e da humanidade mesma.⁷⁶

Diferente do que se passou na jurisprudência e na prática legislativa e administrativa alemãs, que extraíram dos princípios constitucionais e do Décimo Segundo Livro do Código Social alemão a base jurídica do sistema de segurança social e, então, fizeram ali realçar o direito subjetivo ao mínimo existencial,⁷⁷ o direito subjetivo à atuação estatal devida, para aquele provimento, no Brasil, deflui diretamente de normas constitucionais nas quais se contêm deveres expressos do Estado e da sociedade. Quer do que se tem no objetivo da República de *erradicar a pobreza e a marginalização e reduzir as desigualdades sociais e regionais*, quer do enfoque no conjunto de fundamentos do Estado Democrático de Direito, listados no art. 1º, quer, ainda, se considere a extensa lista dos direitos fundamentais individuais e coletivos exposta no art. 5º, especial foco voltado à norma do §2º daquele dispositivo, no qual se põe que "Os direitos e garantias expressos nesta Constituição não excluem outros decorrentes do regime e dos princípios por ela adotados, ou dos tratados internacionais em que a República Federativa do Brasil seja

---

⁷⁵ A despeito daquela conclusão o Tribunal Constitucional alemão reformou o julgado recorrido, ao fundamento de que a norma previdenciária questionada não contrariaria a Lei Fundamental porque fora elaborada no espaço de competência e de conformação do legislador para definir os meios necessários para a garantia daquele direito protetivo contra a indigência.

⁷⁶ Cabe mencionar que, em 2010, o Tribunal Constitucional alemão proferiu importante decisão sobre a matéria, avançando nos fundamentos que adotara mais de três décadas antes, marcando o cuidado do tema na jurisdição constitucional do mundo ocidental. No BVerfGE 125, cuidou-se da garantia do mínimo existencial e da reserva do possível aplicando-se para a solução do caso submetido àquele juízo novos argumentos. Nesse caso, pôs-se em questão lei apelidada de Hartz IV, referência feita a Peter Hartz, empresário e integrante da direção da Volkswagen S.A., dirigente da comissão que elaborou projeto de lei voltada à regulamentação de prestações sociais para desempregados. Aquele projeto se tornou a Quarta Lei de Prestações Modernas de Serviços no Mercado do Trabalho. Impugnavam-se, naquele processo, normas que garantiriam o mínimo existencial para pessoas desempregadas em face do princípio do Estado Social (art. 20 da Lei Fundamental de Bonn). As normas questionadas foram declaradas inconstitucionais, ao argumento de que, direito subjetivo como é o mínimo existencial, a definição e a atualização dos critérios legislativos comprobatórios do cumprimento daquele direito repousam no espaço da atuação legislativa legítima. É dever do legislador demonstrar, com clareza e transparência, os critérios e procedimentos de cálculo utilizados para programas e planejamentos aproveitados para a definição do mínimo existencial, esmiuçando as prestações eventuais e extraordinárias dos provimentos fixados.

⁷⁷ A Lei Fundamental de Bonn (*Grundgesetz*) não lista, em seu corpo de normas permanentes, os direitos sociais, ressalva feita à proteção à maternidade (art. 6º, VI). Entretanto, em seu art. 1º se estabeleceu a dignidade humana e os direitos humanos como direitos básicos "art. 1º. Dignidade humana — direitos humanos — força juridicamente vinculativa dos direitos fundamentais. 1. A dignidade humana é inviolável. Respeitá-la e protegê-la é dever de toda autoridade estatal. 2. O povo alemão reconhece, portanto, os direitos humanos invioláveis e inalienáveis como base de toda a comunidade, da paz e da justiça no mundo...".

parte", e dos direitos sociais afirmados nos arts. 6º e seguintes (todos da Constituição do Brasil), o constituinte de 1987/88 não negligenciou, nem abstraiu ou deixou ao cuidado do intérprete constitucional resolver sobre o dever estatal de garantir o mínimo existencial, até mesmo porque ele conforma o modelo constitucional adotado.

O que se põe em discussão é o critério a se acolher como válido e legítimo para a sua conformação e exigência tanto para os Poderes Legislativo e Executivo quanto, principalmente, para o atuar legítimo e autocontido a assumir o Poder Judiciário.[78] Posta uma questão judicialmente, não compete e, portanto, não pode o(a) juiz(a) deixar de oferecer a resposta constitucionalmente devida, ainda que insuficiente ou negativa às demandas formuladas (quando carecerem elas de fundamento jurídico ou quando falecer competência ao julgador para julgar o caso apresentado).

A questão principal posta no Brasil, neste tema, está na abstração dos critérios aptos a garantir o mínimo existencial. Não se poderia cogitá-lo tão aberto que permitisse nele ingressar e prosperar o subjetivismo, máxime do julgador, nem se poderia afirmá-lo hermético em padrões previamente fixados, que objetivariam o atuar estatal de qualquer órgão e função, mas o fariam desapegar da realidade a que se teria de aplicar, de modo que o mínimo existencial poderia ser esvaziado do seu sentido e de sua finalidade protetiva. Ademais, sempre é prudente acentuar que os critérios a serem adotados, para se chegar à definição, em cada tempo, lugar e modo, do mínimo existencial, são relativos e engajados, pelo que mutantes. O Estado brasileiro e a sociedade também são devedores aos mais carentes, assim mantidos em tantas quadras históricas, para atender interesses particulares dos que detiveram o poder e mantiveram engrenagem contrária aos direitos de grande parte vulnerável da população. Sem contextualizar o Direito Constitucional não se tem aplicação coerente com os fins a que ele se destina. No caso brasileiro, os objetivos são expressos no Brasil e retratam uma história de continuada prática patrimonialista, elitista e refratária à concretização dos direitos humanos. Por isso, em cada situação apresentada ao Estado administrador ou ao Estado juiz, há que se atentar à ponderação dos princípios para concluir no sentido constitucionalmente posto e republicanamente buscado. Como o sistema de direitos fundamentais é expansivo, não se poderia cogitar também de circunscrever no tempo os direitos a serem acobertados para aquela garantia. Atualmente, sabe-se que, no mínimo existencial, há de se incluir, por exemplo, a garantia de condições ambientais e climáticas necessárias à saúde desta e das pessoas que no futuro vierem a construir novas humanidades.

Não se afigura próprio imaginar-se que a ausência de dados concretos específicos e previamente definidos de forma fechada e imutável poderia frustrar a efetividade do direito subjetivo ao mínimo existencial. Em situação específica, os direitos amalgamados e previstos constitucionalmente como acervo material da dignidade humana se patenteiam

---

[78] Em 1989, logo após a promulgação da Constituição de 1988, Ricardo Lobo Torres debruçou-se sobre o tema do *mínimo existencial e direitos fundamentais* (cf. TORRES, Ricardo Lobo. O mínimo existencial e os direitos fundamentais. *In*: *Revista de Direito Administrativo*, Rio de Janeiro, n. 177, jul./set. 1989). Para aquele autor, sem o mínimo existencial não há espaço para o exercício das liberdades. Ele considera ainda, como parte da doutrina, esse dever estatal como decorrência intransponível do princípio da igualdade, da dignidade humana e do regime que preside o Estado Social. Distingue entre o dever prestacional do Estado e os direitos sociais, que também retratam obrigações sociais positivas do ente estatal, caracterizando-se o mínimo existencial como um veio por onde seguir e de onde não se pode escusar nem sequer o legislador para esvaziar o que estaria contido na garantia da dignidade humana e na suposição necessária de condição para o exercício das liberdades.

e hão de ser garantidos administrativa ou judicialmente. O que tem de ser objetivado, em cada caso, individual ou de uma coletividade, é o quadro fático e a demonstração da carência máxima a demandar a responsabilidade mínima do Estado para a imediata superação do estado de indigência material, social e jurídica do necessitado. A prestação estatal será garantida mediante avaliação dos dados concretamente apresentados e subsumidos às normas jurídicas garantidoras da humanização das condições de vivência e de convivência. O mais é coisificação do ser humano e desumanização das relações sociais. Direito faz-se para a vida, não para a desvida.

No Supremo Tribunal Federal, relatou o Ministro Celso de Mello a Arguição de Descumprimento de Preceito Fundamental nº 45. Um partido político questionou, então, o veto aposto pelo Presidente da República à Lei nº 10.707, que cuidava de Diretrizes Orçamentárias para 2003, na qual se teriam diminuído os recursos destinados a ações e serviços públicos de saúde, o que descumpriria preceitos fundamentais constitucionalmente definidos. Em sua decisão, o Ministro Relator concluiu possível a atuação judicial para a garantia do mínimo existencial, fazendo constar da ementa: "A questão da legitimidade constitucional do controle e da intervenção do Poder Judiciário em tema de implementação de políticas públicas, quando configurada hipótese de abusividade governamental. Dimensão política da jurisdição constitucional atribuída ao Supremo Tribunal Federal. Inoponibilidade do arbítrio estatal à efetivação dos direitos sociais, econômicos e culturais. Caráter relativo da liberdade de conformação do legislador. Considerações em torno da cláusula da 'reserva do possível'. Necessidade de preservação, em favor dos indivíduos, da integridade e da intangibilidade do núcleo consubstanciador do "mínimo existencial". Viabilidade instrumental da Arguição de descumprimento no processo de concretização das liberdades positivas (direitos constitucionais de segunda geração)".[79]

---

[79] Naquela decisão o Ministro Celso de Mello realçou que "Cabe assinalar... consoante já proclamou esta Suprema Corte — que o caráter programático das regras inscritas no texto da Carta Política "não pode converter-se em promessa constitucional inconsequente, sob pena de o Poder Público, fraudando justas expectativas nele depositadas pela coletividade, substituir, de maneira ilegítima, o cumprimento de seu impostergável dever, por um gesto irresponsável de infidelidade governamental ao que determina a própria Lei Fundamental do Estado" (RTJ 175/1212-1213, Rel. Min. CELSO DE MELLO). Não deixo de conferir, no entanto, assentadas tais premissas, significativo relevo ao tema pertinente à "reserva do possível" (STEPHEN HOLMES/CASS R. SUNSTEIN, "The Cost of Rights", 1999, Norton, New York), notadamente em sede de efetivação e implementação (sempre onerosas) dos direitos de segunda geração (direitos econômicos, sociais e culturais), cujo adimplemento, pelo Poder Público, impõe e exige, deste, prestações estatais positivas concretizadoras de tais prerrogativas individuais e/ou coletivas. É que a realização dos direitos econômicos, sociais e culturais — além de caracterizar-se pela gradualidade de seu processo de concretização — depende, em grande medida, de um inescapável vínculo financeiro subordinado às possibilidades orçamentárias do Estado, de tal modo que, comprovada, objetivamente, a incapacidade econômico-financeira da pessoa estatal, desta não se poderá razoavelmente exigir, considerada a limitação material referida, a imediata efetivação do comando fundado no texto da Carta Política. Não se mostrará lícito, no entanto, ao Poder Público, em tal hipótese — mediante indevida manipulação de sua atividade financeira e/ou político-administrativa — criar obstáculo artificial que revele o ilegítimo, arbitrário e censurável propósito de fraudar, de frustrar e de inviabilizar o estabelecimento e a preservação, em favor da pessoa e dos cidadãos, de condições materiais mínimas de existência. Cumpre advertir, desse modo, que a cláusula da "reserva do possível" — ressalvada a ocorrência de justo motivo objetivamente aferível — não pode ser invocada, pelo Estado, com a finalidade de exonerar-se do cumprimento de suas obrigações constitucionais, notadamente quando, dessa conduta governamental negativa, puder resultar nulificação ou, até mesmo, aniquilação de direitos constitucionais impregnados de um sentido de essencial fundamentalidade... os condicionamentos impostos, pela cláusula da "reserva do possível", ao processo de concretização dos direitos de segunda geração - de implantação sempre onerosa —, traduzem-se em um binômio que compreende, de um

Esse entendimento consolidou-se no Supremo Tribunal brasileiro e tem sido acolhido com frequência, considerando-se sempre ser o mínimo existencial intangível e irredutível em seu conteúdo necessário à satisfação das necessidades primárias da pessoa humana. Na esteira daquela compreensão se sedimentou, na jurisprudência constitucional brasileira, que a omissão, a inércia ou o deficitário provimento pelo Poder Público das providências legislativas, administrativas ou governamentais, que impeçam o pleno atendimento ao mínimo existencial, desrespeita o específico objetivo de erradicar a pobreza e a marginalização, em sequência de descumprimento também do dever de solidariedade que fundamenta e determina as bases da ação política legítima. O não fazer estatal para garantir a superação do estado de privação material e social a conduzir à indigência jurídica de direitos fundamentais comprova a persistência da condição de desigualdade e imutabilidade do quadro sociopolítico que a Constituição do Brasil determina seja transformado para se chegar ao Estado do bem-estar mínimo para todas as pessoas.[80]

Na doutrina, há duas objeções a esses fundamentos constitucionais aplicados na jurisprudência constitucional brasileira atual.

Pela primeira, tem-se que o conceito de mínimo existencial seria um estreitamento indevido na doutrina e na prática jurídica e política, pois o ser humano tem direito "ao máximo" em termos de quantidade e de qualidade dos direitos fundamentais. A observação soa mais como um protesto levemente juvenil, considerando ser obviedade jurídica e política que a vida se volta para a plenitude, não para o acanhamento. Quanto

---

lado, (1) a razoabilidade da pretensão individual/social deduzida em face do Poder Público e, de outro, (2) a existência de disponibilidade financeira do Estado para tornar efetivas as prestações positivas dele reclamadas. Desnecessário acentuar-se, considerado o encargo governamental de tornar efetiva a aplicação dos direitos econômicos, sociais e culturais, que os elementos componentes do mencionado binômio (razoabilidade da pretensão + disponibilidade financeira do Estado) devem configurar-se de modo afirmativo e em situação de cumulativa ocorrência, pois, ausente qualquer desses elementos, descaracterizar-se-á a possibilidade estatal de realização prática de tais direitos... se tais Poderes do Estado agirem de modo irrazoável ou procederem com a clara intenção de neutralizar, comprometendo-a, a eficácia dos direitos sociais, econômicos e culturais, afetando, como decorrência causal de uma injustificável inércia estatal ou de um abusivo comportamento governamental, aquele núcleo intangível consubstanciador de um conjunto irredutível de condições mínimas necessárias a uma existência digna e essenciais à própria sobrevivência do indivíduo, aí, então, justificar-se-á, como precedentemente já enfatizado — e até mesmo por razões fundadas em um imperativo ético-jurídico —, a possibilidade de intervenção do Poder Judiciário, em ordem a viabilizar, a todos, o acesso aos bens cuja fruição lhes haja sido injustamente recusada pelo Estado".

[80] Confira-se, por exemplo, a tese de repercussão geral, votada pelo Supremo Tribunal Federal, no Recurso Extraordinário nº 1.008.166, Relator o Ministro Luiz Fux: "A tese da repercussão geral fica assim formulada: 1. A educação básica em todas as suas fases — educação infantil, ensino fundamental e ensino médio — constitui direito fundamental de todas as crianças e jovens, assegurado por normas constitucionais de eficácia plena e aplicabilidade direta e imediata. 2. A educação infantil compreende creche (de zero a 3 anos) e a pré-escola (de 4 a 5 anos). Sua oferta pelo Poder Público pode ser exigida individualmente, como no caso examinado neste processo. 3. O Poder Público tem o dever jurídico de dar efetividade integral às normas constitucionais sobre acesso à educação básica". No mesmo sentido também o RE-AgR nº 464.143, Relatora a Ministra Ellen Gracie, constando da ementa: "Direito Constitucional e Direito da criança e do adolescente. Agravo regimento em recurso extraordinário. Garantia estatal de vaga em creche. Prerrogativa constitucional. Ausência de ingerência no poder discricionário do Poder Executivo. Precedentes. 1. A educação infantil é prerrogativa constitucional indisponível, impondo ao Estado a obrigação de criar condições objetivas que possibilitem o efetivo acesso a *creches* e unidades pré-escolares. 2. É possível ao Poder Judiciário determinar a implementação pelo Estado, quando inadimplente, de políticas públicas constitucionalmente previstas, sem que haja ingerência em questão que envolve o poder discricionário do Poder Executivo. 3. Agravo regimental improvido".

mais o Estado e a sociedade propiciarem meios e modos de cada pessoa ter todas as suas precisões e vontades realizadas, melhor a experiência política desse povo e mais eficiente esse Estado. Entretanto, os bens materiais essenciais, imprescindíveis para a sobrevivência, a impedir a dor das fomes e o padecimento dos frios, a carência de teto e a desilusão da desesperança, são os que não podem deixar de ser supridos pela comunhão da cidadania, construtores como são todas as pessoas, integrantes da sociedade solidária e justa. Esse mínimo pode ser avaliado objetivamente. A pobreza material, principalmente a extremada, situação de miséria, arruína a pessoa e indigna toda a sociedade. O mínimo para existir com dignidade não significa — nem poderia — o todo de bens e serviços que possibilitam a dilatação das possibilidades humanas. O Estado não substitui a pessoa e a sociedade. Estado é meio. O que é infinito é a humanidade. Os desejos e os quereres mudam e alargam-se no correr da vida, mais ainda em sociedade de consumos de bens materiais, na qual se criam necessidades para oferecer bibelôs e bens que parecem supri-las. Monetizaram-se os vendedores dos bens que se vão fazendo precisos, mesmo quando gerações inteiras, em outros modelos de mundo e de vida, viveram sem eles. Vejam as tecnologias, as modas e seus modismos, que parecem básicos e inexistiam até há muito pouco tempo. Nada disso é desconhecido nem vai cessar. Mas o que persiste como vital e, para além do que é a vida, medular para a existência digna (inc. III do art. 1º e *caput* do art. 170 da Constituição do Brasil) há de ser objetivado nos cenários de vida pessoal e social submetidos ao crivo do Estado prestador de serviços e administrador da coisa pública.

Não parece razoável, portanto, o comentário apresentado sobre se dever afastar o conceito de mínimo existencial porque ao Estado e à sociedade caberia prover o máximo. O máximo é sempre o ideal buscado, o mínimo é o necessário que nunca pode ser negado.

Pela segunda objeção havida na exposição de alguns doutrinadores, a indeterminação do conteúdo do mínimo existencial, a ser resolvida judicialmente quando apresentado o tema ao julgador constitucional, tenderia a permitir o ativismo judicial, com a possibilidade de contrariedade ao princípio da separação dos poderes e à trivialização do direito ao mínimo existencial, arguido em situações desfundadas.

Também essa observação — conquanto não tão débil ou infundada quanto a primeira — não se sustenta nem ensombreia a consistência dos fundamentos adotados no Judiciário brasileiro para a aplicação do direito subjetivo ao mínimo existencial. E isso é apurado e julgado com elementos objetivos, como próprio do Direito. Na conjugação inicial, aproveitada na jurisprudência constitucional brasileira, do direito ao mínimo existencial com os direitos sociais, não houve confusão nas decisões e nos julgamentos dos dois fundamentos. Buscou-se, em cada julgado, dotar de máxima efetividade o princípio da dignidade humana, extraindo-se do sistema constitucional as possibilidades nele havidas e para que todas as pessoas possam ter assegurada a sua condição essencial de sobrevivência. Nem se poderia aventar ser situação considerada como excesso judicial a verificação de cada quadro submetido ao crivo do Poder Judiciário para concluir sobre o direito postulado na busca de se assegurar a sobrevivência. Anote-se que ao juiz não é dado escolher o que julgar. Onde há alguém se afirmando em situação de penúria do seu direito à própria dignidade de vida, haverá de atuar o juiz avocado. Atuação judicial fundamentada não é excessiva, nem pode ser. Antes, haverá de ser ela sempre fundamentada, objetiva, justa e imparcial, principalmente, baseada no direito posto à observância solidária e comprometida de todas as pessoas.[81]

Sempre é relevante anotar que, a partir da consolidação da jurisprudência constitucional e, principalmente, da sensibilização das cidadãs e dos cidadãos brasileiros sobre seus direitos fundamentais, também os governos mais recentes da história do País passaram a ter no mínimo existencial um compromisso e uma determinante de seus programas de ação.

De se comentar que, no Brasil, a adoção do conceito de mínimo existencial estendeu-se da jurisprudência constitucional para a expressão legislativa, na esteira da qualificação expressa dos objetivos da República na Constituição de 1988. Assim é que se tem, por exemplo, nos incs. XI e XII do art. 6º da Lei nº 8.078, de 1990 (Código do Consumidor), alterada pela Lei nº 12.741, de 2012, dentre os direitos básicos do

---

[81] No sentido de explicitar a função judicial obrigatória para garantir o mínimo existencial, mesmo com as dificuldades da alegada reserva do possível, cf. por exemplo o ARE nº 727.864-Agr., Relator o Ministro Celso de Mello, julgado em 4.11.2014, cuja ementa é a seguinte: EMENTA: RECURSO EXTRAORDINÁRIO COM AGRAVO (LEI Nº 12.322/2010) — CUSTEIO, PELO ESTADO DE SERVIÇOS HOSPITALARES PRESTADOS POR INSTITUIÇÕES PRIVADAS EM BENEFÍCIO DE PACIENTES DO SUS ATENDIDOS PELO SAMU NOS CASOS DE URGÊNCIA E DE INEXISTÊNCIA DE LEITOS NA REDE PÚBLICA — DEVER ESTATAL DE ASSISTÊNCIA À SAÚDE E DE PROTEÇÃO À VIDA RESULTANTE DE NORMA CONSTITUCIONAL — OBRIGAÇÃO JURÍDICO-CONSTITUCIONAL QUE SE IMPÕE AOS ESTADOS — CONFIGURAÇÃO, NO CASO, DE TÍPICA HIPÓTESE DE OMISSÃO INCONSTITUCIONAL IMPUTÁVEL AO ESTADO — DESRESPEITO À CONSTITUIÇÃO PROVOCADO POR INÉRCIA ESTATAL (RTJ 183/818-819) — COMPORTAMENTO QUE TRANSGRIDE A AUTORIDADE DA LEI FUNDAMENTAL DA REPÚBLICA (RTJ 185/794-796) — A QUESTÃO DA RESERVA DO POSSÍVEL: RECONHECIMENTO DE SUA INAPLICABILIDADE, SEMPRE QUE A INVOCAÇÃO DESSA CLÁUSULA PUDER COMPROMETER O NÚCLEO BÁSICO QUE QUALIFICA O MÍNIMO EXISTENCIAL (RTJ 200/191-197) — O PAPEL DO PODER JUDICIÁRIO NA IMPLEMENTAÇÃO DE POLÍTICAS PÚBLICAS INSTITUÍDAS PELA CONSTITUIÇÃO E NÃO EFETIVADAS PELO PODER PÚBLICO — A FÓRMULA DA RESERVA DO POSSÍVEL NA PERSPECTIVA DA TEORIA DOS CUSTOS DOS DIREITOS: IMPOSSIBILIDADE DE SUA INVOCAÇÃO PARA LEGITIMAR O INJUSTO INADIMPLEMENTO DE DEVERES ESTATAIS DE PRESTAÇÃO CONSTITUCIONALMENTE IMPOSTOS AO PODER PÚBLICO — A TEORIA DA "RESTRIÇÃO DAS RESTRIÇÕES" (OU DA "LIMITAÇÃO DAS LIMITAÇÕES") — CARÁTER COGENTE E VINCULANTE DAS NORMAS CONSTITUCIONAIS, INCLUSIVE DAQUELAS DE CONTEÚDO PROGRAMÁTICO, QUE VEICULAM DIRETRIZES DE POLÍTICAS PÚBLICAS, ESPECIALMENTE NA ÁREA DA SAÚDE (CF, ARTS. 6º, 196 E 197) — A QUESTÃO DAS "ESCOLHAS TRÁGICAS" — ACOLMATAÇÃO DE OMISSÕES INCONSTITUCIONAIS COMO NECESSIDADE INSTITUCIONAL FUNDADA EM COMPORTAMENTO AFIRMATIVO DOS JUÍZES E TRIBUNAIS E DE QUE RESULTA UMA POSITIVA CRIAÇÃO JURISPRUDENCIAL DO DIREITO — CONTROLE JURISDICIONAL DE LEGITIMIDADE DA OMISSÃO DO PODER PÚBLICO: ATIVIDADE DE FISCALIZAÇÃO JUDICIAL QUE SE JUSTIFICA PELA NECESSIDADE DE OBSERVÂNCIA DE CERTOS PARÂMETROS CONSTITUCIONAIS (PROIBIÇÃO DE RETROCESSO SOCIAL, PROTEÇÃO AO MÍNIMO EXISTENCIAL, VEDAÇÃO DA PROTEÇÃO INSUFICIENTE E PROIBIÇÃO DE EXCESSO) — DOUTRINA — PRECEDENTES DO SUPREMO TRIBUNAL FEDERAL EM TEMA DE IMPLEMENTAÇÃO DE POLÍTICAS PÚBLICAS DELINEADAS NA CONSTITUIÇÃO DA REPÚBLICA (RTJ 174/687 — RTJ 175/1212-1213 — RTJ 199/1219-1220) — EXISTÊNCIA, NO CASO EM EXAME, DE RELEVANTE INTERESSE SOCIAL... PRECEDENTES. 3. RESPONSABILIDADE SOLIDÁRIA DAS PESSOAS POLÍTICAS QUE INTEGRAM O ESTADO FEDERAL BRASILEIRO, NO CONTEXTO IMPOSTO AO PODER PÚBLICO — A TEORIA DA "RESTRIÇÃO DAS RESTRIÇÕES" (OU DA "LIMITAÇÃO DAS LIMITAÇÕES") EM EXAME, DE RELEVANTE INTERESSE SOCIAL DO SISTEMA ÚNICO DE SAÚDE (SUS) — COMPETÊNCIA COMUM DOS ENTES FEDERADOS (UNIÃO, ESTADOS-MEMBROS, DISTRITO FEDERAL E MUNICÍPIOS) EM TEMA DE PROTEÇÃO E ASSISTÊNCIA À SAÚDE PÚBLICA E/OU INDIVIDUAL (CF, ART. 23, II). DETERMINAÇÃO CONSTITUCIONAL QUE, AO INSTITUIR O DEVER ESTATAL DE DESENVOLVER AÇÕES E DE PRESTAR SERVIÇOS DE SAÚDE, TORNA AS PESSOAS POLÍTICAS RESPONSÁVEIS SOLIDÁRIAS PELA CONCRETIZAÇÃO DE TAIS OBRIGAÇÕES JURÍDICAS, O QUE LHES CONFERE LEGITIMAÇÃO PASSIVA "AD CAUSAM" NAS DEMANDAS MOTIVADAS POR RECUSA DE ATENDIMENTO NO ÂMBITO DO SUS — CONSEQUENTE POSSIBILIDADE DE AJUIZAMENTO DA AÇÃO CONTRA UM, ALGUNS OU TODOS OS ENTES ESTATAIS — PRECEDENTES. RECURSO DE AGRAVO IMPROVIDO". No mesmo rumo também o RE nº 795.749-AgR; RE nº 763.667-AgR.

consumidor: "XI - a garantia de práticas de crédito responsável, de educação financeira e de prevenção e tratamento de situações de superendividamento, preservado o mínimo existencial, nos termos da regulamentação, por meio da revisão e da repactuação da dívida, entre outras medidas; XII - a preservação do mínimo existencial, nos termos da regulamentação, na repactuação de dívidas e na concessão de crédito".

Aquelas disposições foram regulamentadas pelo Decreto nº 11.150, de 2022. Nesse documento se cuidou, especificamente, da "preservação e o não comprometimento do mínimo existencial, para fins de prevenção, tratamento e conciliação, administrativa ou judicial, de situações de superendividamento em dívidas de consumo...". Essa normatividade refere-se às relações de consumo. Mas o mínimo existencial é questão prioritária e refere-se ao que nem sequer tem o suficiente para consumir. Essa regulamentação cuida, portanto, de impedir que, pelo comprometimento desenfreado de bens patrimoniais, pelo superendividamento, se ponha a própria pessoa em condições de despojar-se do mínimo existencial. A importância de se pôr em relevo aquela norma diz com a constatação de o Estado brasileiro reconhecer e adotar o conceito de mínimo existencial, acolhendo o que se sedimentou no ambiente jurisprudencial, fixando-se o mínimo, financeiramente, imprescindível para a sobrevivência.[82] A adoção daquela locução aproveitada pelo legislador e pelo órgão governamental competente apresenta a dimensão negativa da proteção havida no mínimo existencial. Não se permite que a pessoa extraia de si o mínimo, para atender a um chamamento viciado e referente a interesses alheios aos de sua sobrevivência autônoma. O superendividamento é uma arapuca financeira na qual o incauto se envolve. Sua imprevidência vitimiza-o e colhe também a sociedade, que passa a se responsabilizar pela sua sobrevivência. Impõe-se, assim, ao Estado legislador a tarefa de refrear os interesses que conduzem à cilada social e financeira em detrimento do agente imprevidente. Esse mínimo existencial definido na legislação infraconstitucional representa a) o acatamento da definição a partir dos princípios constitucionais; b) o assentimento de que esse conceito tem a dupla dimensão que se impõe, em qualquer de suas faces, para a conformação do legislador e o reconhecimento de sua competência válida.

No trato do tema relativo ao mínimo existencial, questão que se põe, para a dramática escolha do administrador público e do órgão julgador, relaciona-se aos limites dos recursos imprescindíveis para integral cumprimento às demandas sociais dos necessitados. A vulnerabilidade de grupos de pessoas faz-se cada vez mais patente e atinge número sempre maior de pessoas. Essa circunstância deve-se a causas como o aumento da população sem o correspondente incremento das iguais condições de vida para todas as pessoas; a imigração forçada pelas guerras, que motivaram as fugas de pessoas em busca de alguma situação de paz para viver, mas que as tornaram, em grande parte, degredados e ambulantes apátridas, novos metecos constrangidos e aperreados; à urbanização, que propiciou e estimulou a mudança do campo para a cidade de número maior de pessoas, nela não havendo planejamento e execução de políticas

---

[82] Aquele decreto vem sendo substituído para a necessária atualização de valor definidor do mínimo existencial visando ao específico fim nele cuidado, a saber, o limite de endividamento para evitar o comprometimento daquele básico imprescindível para a sobrevivência. Assim, por exemplo, o Decreto nº 11.567, de 2023, alterou os valores fixados naquel'outro documento normativo.

garantidoras dos direitos minimamente necessários para uma vida digna, com trabalho, moradia, equipamentos para o lazer, condições de locomoção a todas as pessoas. As drogas, o alcoolismo e os vícios de diversificada natureza adoecem as pessoas e são molas virulentas a empurrá-las para breus sociais. Na sociedade, a maioria das pessoas cega-se à vista do seu outro eu brumoso, camuflado como coisa pelos lixos empoeirados que cobrem as chagas sociais. Legiões de seres humanos em situação de rua desabitam calçadas e os baixios de marquises bolorentas e imundas. E há mesmo os que querem desertar até mesmo esses espaços à pessoa exilada da sociedade, sem ter de sair do seu lugar! Projeta-se uma arquitetura hostil, que impõe mais uma agressão para impedir o acesso das pessoas excluídas até mesmo dos espaços públicos. O pasmo de Manuel Bandeira ainda nos assalta: "vi ontem um bicho/ na imundície do pátio/ catando comida entre os detritos./quando achava alguma coisa... engolia com voracidade... o bicho não era um cão,/não era um gato,/ não era um rato./ O bicho, meu Deus, era um homem".[83] Já não é possível saber facilmente quem é o bicho.

    A fome é um cativeiro. Não há como se cogitar seriamente de liberdades da pessoa cativa pela fome, pelo frio, pela indigência social e financeira para acessar o mínimo para ter direito a ter alguma esperança de alcançar a dignidade.

    A crueldade insana campeando nas sociedades contemporâneas atemoriza, de um lado, e impõe, de outro, ações solidárias de todas as pessoas. Não se desobriga o Estado. Obriga-se ele e também cada cidadã, cada cidadão. Não fazer morrer não é suficiente para ajudar a viver. Semeado o egoísmo, colhem-se fome e injúria. Colhida a fome, o prato servido é o da violência e respectiva insegurança socioeconômica. Por isso é que à humanidade se impõe ética, social e juridicamente ação comprometida e responsável de todas as pessoas em relação a todas as outras. Na democracia se busca a inclusão. O que a indigência física, mental, psíquica e social produz é a segregação. A fome é o exílio da pessoa em si mesma, desterrada de direitos fundamentais. As violências que contra aquelas pessoas se praticam, à parte a jurídica, pela negação de seus direitos fundamentais, multiplicam-se desde a física (meninas e mulheres são estupradas, feridas, assassinadas preferencialmente até mesmo mais que os meninos e os homens) até a psicológica (com a sua escravização a drogas e a outras pessoas, às quais se submetem como exercício de vassalagem). A injúria inconstitucional mostra-se mais evidente em quadro de realidade adversa à dignidade humana, mostrando, em determinados cenários, em locais e para grupos mais vulnerabilizados e em estado de sofrimento por estrutura socioeconômica de carências do básico, seus dentes afiados de forma mais escancarada.

    Com alguma frequência se indaga se o mínimo existencial seria conceito extensivo às pessoas jurídicas. Em geral e ainda na atualidade a resposta tem sido negativa. Aquele conteúdo relaciona-se à dignidade humana, inaplicável à pessoa criada pelo Direito, obviamente sem o predicado humanitário que qualifica o ser humano e o põe na centralidade dos direitos e dos cuidados solidários impostos eticamente à sociedade e ao Estado. Embora se tenha reconhecido, na Constituição brasileira e na jurisprudência constitucional, alguns direitos fundamentais também à pessoa jurídica, como, por

---

[83] Manuel Bandeira. *O bicho*.

exemplo, aquele referente ao direito ao acesso gratuito às instâncias judiciais, quando comprovada a insuficiência de meios para se fazer representar por advogado de sua escolha e arcando os custos do processo,[84] tanto não significa a igual aplicação daquele conceito e respectivas práticas garantidoras do mínimo existencial para a pessoa jurídica.

Na linha da promoção dos direitos fundamentais foi expedido, em 2009, o Decreto nº 7.053,[85] no qual se estabelece o cuidado normativo para a superação desse estado de coisas contrário à dignidade humana em relação às pessoas em situação de rua. Entre aqueles em situação de rua distinguem-se os que "estão na rua" e os que são identificados como "sendo de rua". Os primeiros têm algum núcleo ou referência familiar ou social, conquanto dele afastado, enquanto os integrantes do outro grupo não têm sequer referência pessoal a vinculá-los a algum agrupamento humano de afeto e compromisso pessoal. As quase trezentos e trinta mil pessoas em situação de rua no Brasil vêm aumentando a cada ano, em demonstração da ineficácia ou do *déficit* de aptidão das políticas até aqui adotadas pelo Poder Público e pelas práticas sociais.[86]

Em 2000, pela Emenda Constitucional nº 26, se alterou o art. 6º da Constituição de 1988, do qual constam direitos sociais fundamentais. Passou a ser norma expressa ser direito social, além da educação, da saúde, do trabalho, do lazer, da segurança, da previdência social, da proteção à maternidade e à infância, da assistência aos desamparados (constantes da ordem originariamente formulada e promulgada em 1988), também *a moradia*. Em 2010 sobreveio a Emenda Constitucional nº 64, que incluiu entre aqueles direitos sociais fundamentais a alimentação, e, em 2015, com nova alteração promovida pela Emenda Constitucional nº 90, se acrescentou naquele rol o direito ao lazer. Como antes mencionado, o direito à moradia é previsto no Pacto Internacional dos Direitos Econômicos, Sociais e Culturais da ONU, de 1996 (§1º do art. 11), ratificado pelo Brasil em 1992.

O direito à moradia já era extraído da norma constitucional do inc. IX do art. 23 da Constituição do Brasil. Nela se estabelece a competência comum dos entes federados

---

[84] Por exemplo, na Ação Direta de Inconstitucionalidade nº 4.636 concluiu o Supremo Tribunal Federal "tanto a expressão 'insuficiência de recursos' quanto 'necessitados' podem aplicar-se tanto às pessoas físicas quanto às pessoas jurídicas. Lembro que não há, em princípio, impedimento insuperável a que pessoas jurídicas venham, também, a ser consideradas titulares de direitos fundamentais, não obstante estes, originalmente, terem por referência a pessoa física. Acha-se superada a doutrina de que os direitos fundamentais se dirigem apenas às pessoas humanas. Os direitos fundamentais suscetíveis, por sua natureza, de serem exercidos por pessoas jurídicas podem tê-las por titular. Assim, não haveria por recusar às pessoas jurídicas as consequências do princípio da igualdade, nem o direito de resposta, o direito de propriedade, o sigilo de correspondência, a inviolabilidade de domicílio, as garantias do direito adquirido, do ato jurídico perfeito e da coisa julgada... Podemos concluir, assim, que as pessoas jurídicas são titulares do direito à inafastabilidade da jurisdição (art. 5º, XXXV) e dos direitos do tipo procedimental, como o direito a ser ouvido em juízo e o direito ao juiz predeterminado por lei, o direito à igualdade de armas e o direito à ampla defesa (HC 70.514, DJ 27.6.1997)..." (Rel. Min. Gilmar Mendes — Julgamento em 4.11.2021).

[85] Define-se naquele documento a população em situação de rua como "o grupo populacional heterogêneo que possui em comum a pobreza extrema, os vínculos familiares interrompidos ou fragilizados e a inexistência de moradia convencional regular, e que utiliza os logradouros públicos e as áreas degradadas como espaço de moradia e de sustento, de forma temporária ou permanente, bem como as unidades de acolhimento para pernoite temporário ou como moradia provisória". No Brasil, desde 2009, há, na Secretaria de Direitos Humanos do Governo Federal (em geral, reprisados nos Estados da Federação, para atuar nos espaços próprios à competência de cada qual) ou no Ministério de Direitos Humanos, órgão especialmente encarregado de formular programas e planejar ações em benefício dessas pessoas.

[86] O aumento do número de pessoas em situação de rua no Brasil, em 2024, foi de 25% em relação ao ano anterior, o que demonstra a carência ou ineficiência de políticas estruturantes para se superar o estado de coisas apresentado.

(União, Estados, Distrito Federal e Municípios) para promover programas de construção de moradias e melhorar as condições habitacionais e de saneamento básico.

O direito à moradia (como todos aqueles listados no art. 6º da Constituição do Brasil de 1988) escancara a contrariedade do cenário real à prescrição constitucional.

Todos os planejamentos e programas expostos em todos os Estados (máxime naqueles historicamente devedores das populações mais carentes econômica e socialmente, como os da América Latina e África) demonstram a escolha trágica dos governos e juízes para a transformação deste quadro e o integral cumprimento dos direitos fundamentais de todas as pessoas, pelo menos em relação ao mínimo existencial. Sua implementação depende de recursos, que são finitos e, mais ainda, limitados. Definidos os marcos financeiros dos recursos com os quais se há de contar para a implementação das políticas públicas e sociais garantidoras do mínimo existencial, o que há é a escolha entre os objetivos que se dão a serem concretizados. Opostas as exigências a serem atendidas para a plena eficácia dos direitos que compõem o acervo fundamental básico ao limite patrimonial governamental ou de particulares, fica para as pessoas e órgãos competentes e responsáveis a tarefa de selecionar, definir e priorizar o que não pode deixar de ser feito.

Também na Alemanha se iniciou o emprego da expressão que viria a se divulgar como o princípio da reserva do possível (*Vorbehalt des môglichen*). Em 1972, o Tribunal Federal da Alemanha julgou caso (BVERFGE 33,303 - *Numerus clausus*) no qual se questionava o direito ao acesso a curso de medicina e o dever do Estado de fazer face a seu embolso. Naquele precedente, o Tribunal Constitucional alemão analisou a constitucionalidade de leis de admissão às Universidades Bávaras de Hamburg e Baviera, nas quais se previam limitações ao acesso ao ensino superior do curso de medicina. A alegação pôs-se quanto à validade daquelas leis em razão do item I do art. 12 da Lei Fundamental de Bonn, no qual se prescreve que "todos os alemães têm o direito de eleger livremente a sua profissão, o lugar de trabalho e de aprendizagem. O exercício profissional pode ser regulamentado por lei ou com base em lei". Não atendidas todas as demandas pelo limite do número de vagas, os candidatos que não obtiveram o acesso, aguardando novas vagas oferecidas, alegaram que a sua liberdade de exercício profissional e de aprendizagem estaria desatendida. Concluiu-se naquele julgado terem sido comprovados grandes esforços para a superação das dificuldades para o pleno e integral atendimento dos interesses e que o percentual de estudantes atendido era superior ao percentual do número de habitantes da República Federal. Então se afirmou que, "Se o número das pessoas recusadas aumentar excessivamente, como no caso do curso de medicina, até muito além da metade dos candidatos, o direito protegido constitucionalmente de admissão restará ameaçado de tornar-se inócuo. Em virtude desses efeitos, não se pode negar que o *numerus clausus* absoluto se encontre à margem do constitucionalmente aceitável. ... Mesmo na medida em que os direitos sociais de participação em benefícios estatais não são desde o início restringidos àquilo existente em cada caso, eles se encontram sob a reserva do possível, no sentido de estabelecer o que pode o indivíduo, racionalmente falando, exigir da coletividade. (...) Por outro lado, um tal mandamento constitucional não obriga, contudo, a prover a cada candidato, em qualquer momento, a vaga do ensino superior por ele desejada, tornando, desse modo, os dispendiosos investimentos na área do ensino superior dependentes exclusivamente da demanda individual frequentemente flutuante e influenciável por variados fatores. (...) Fazer com que os recursos públicos só limitadamente disponíveis beneficiem apenas uma parte privilegiada da população, preterindo-se outros importantes interesses da coletividade, afrontaria justamente o mandamento de justiça social, que é concretizado no princípio da igualdade".[87] Conquanto não conste expressamente do fundamento apresentado a incapacidade do Estado atender todos os interesses dos demandantes, o aproveitamento do princípio da razoabilidade evidencia conclusão no sentido de que não seria legítimo, nem exigível que recursos fossem dirigidos a alguns, em situação então de privilégio, em detrimento de outros reclamos sociais. A reserva do possível configuraria, assim, barreira ou pelo menos contenção aos interesses dos particulares. Naquele caso, não se negaram direitos, nem se afirmou incapacidade financeira — argumento mais frequentemente utilizado, por exemplo, no Brasil nos casos submetidos ao Supremo Tribunal Federal —, mas a proporcionalidade e a razoabilidade do que pleiteado, considerando-se outros benefícios igualmente legítimos da sociedade. Não se cuidou, ali, especificamente da capacidade orçamentária e financeira do Estado, mas da razoabilidade do emprego pleiteado em relação a outros interesses legitimamente apurados na sociedade.

Os conceitos amadurecem, como todas as coisas da vida. E enxertam-se com novos elementos, admitem outros conteúdos e adotam novas conformações ao sabor das percepções e dos reclamos que se vão surgindo e expandindo na forma. O Direito ajeita-se às necessidades e ideias da sociedade. Sem sua permanente atualização, perderia a legitimidade e a adequação a seu fim de realizar a ideia de justiça presente na sociedade. Essa ideia também é mutante.

Assim, se, naquela primeira formulação jurisprudencial afirmada pelo Tribunal Constitucional alemão, a ponderação do princípio da razoabilidade exauria ou atendia, com suficiência, o objetivo de se julgar o caso *numerus clausus* e se impedir privilégio na sociedade bávara, as questões tornam-se mais candentes nas sociedades em que a carência se acirra pela escassez de recursos econômico-financeiros e fartura de demandas sociais.

A reserva do possível é ainda posta, na jurisprudência constitucional de Estados ocidentais, pelo menos em parte, em termos equivalentes àqueles aproveitados na jurisprudência alemã, mas a eles se acrescem os dados da realidade fática e administrativa a tornar trágicas as escolhas a serem feitas em cada quadro apresentado para decisão judicial ou governamental. A tensão havida na formulação dessa equação jurídico-política em face dos dados socioeconômicos é permanente. É tormentosa a análise e a conclusão sobre qual o equilíbrio a se garantir da eficácia das políticas públicas com a prevalência da obrigação estatal de prover o mínimo estatal em face de sua igual responsabilidade de reservar-se para o possível de ser realizado com os recursos econômico-financeiros disponíveis. No Brasil, é frequente a submissão desse tema ao Supremo Tribunal Federal, sendo a resposta, na atualidade, no sentido de que a) não há como o ente estatal descumprir ou omitir-se no seu dever de garantir o mínimo existencial, até mesmo pelo superprincípio constitucional da dignidade humana, que por ele se dá a respeitar e que não pode ser sobrepujado; b) não se pode afastar a jurisdição constitucional em nome

---

[87] SCHWAABE, Juergen. *Cinquenta anos de jurisprudência do Tribunal Constitucional Alemão*. Konrad-Adenauer-Stiftung, 2005, p. 662.

do princípio da separação de poderes, abrigado constitucionalmente para o resguardo do eficiente exercício das competências, não para anular os deveres do Estado.[88]

As objeções mais comuns no Brasil, quanto às ações e aos recursos constitucionais em questionamento sobre a reserva do possível e a determinação judicial de agir o Estado para a prestação de serviços ou entrega de bens ou procedimentos, referem-se a saúde e educação. Para o cumprimento de decisão judicial, especialmente os chefes do Poder Executivo estadual e também os do municipal afirmam ter de administrar recursos que comprometeriam parcela do total orçamentário em favor de algumas poucas pessoas, deixando-se de aplicar e executar políticas que atenderiam toda a população. Assim, por exemplo, em matéria de moléstias graves e raras, cujos tratamentos são

---

[88] Cf. por exemplo, acórdão de 2008 do Supremo Tribunal Federal, exarado no Agravo Regimental na Suspensão de Tutela Antecipada nº 223, Relator para o acórdão o Ministro Celso de Mello, do qual consta como ementa "VÍTIMA DE ASSALTO OCORRIDO EM REGIÃO DO ESTADO DE PERNAMBUCO AO QUAL SE ATRIBUI OMISSÃO NO DESEMPENHO DA OBRIGAÇÃO DE OFERECER À POPULAÇÃO LOCAL NÍVEIS EFICIENTES E ADEQUADOS DE SEGURANÇA PÚBLICA — PRÁTICA CRIMINOSA QUE CAUSOU TETRAPLEGIA À VÍTIMA E QUE LHE IMPÔS, PARA SOBREVIVER, DEPENDÊNCIA ABSOLUTA EM RELAÇÃO A SISTEMA DE VENTILAÇÃO PULMONAR ARTIFICIAL — NECESSIDADE DE IMPLANTAÇÃO DE MARCAPASSO DIAFRAGMÁTICO INTRAMUSCULAR (MARCAPASSO FRÊNICO) — RECUSA DO ESTADO DE PERNAMBUCO EM VIABILIZAR A CIRURGIA DE IMPLANTE DE REFERIDO MARCAPASSO, A DESPEITO DE HAVER SUPOSTAMENTE FALHADO EM SEU DEVER CONSTITUCIONAL DE PROMOVER AÇÕES EFICAZES E ADEQUADAS DE SEGURANÇA PÚBLICA EM FAVOR DA POPULAÇÃO LOCAL (CF, art. 144, "caput") — DISCUSSÃO EM TORNO DA RESPONSABILIDADE CIVIL OBJETIVA DO ESTADO (CF, art. 37, §6º) — TEORIA DO RISCO ADMINISTRATIVO — DOUTRINA — PRECEDENTES — ANTECIPAÇÃO DE TUTELA CONCEDIDA EM FAVOR DA VÍTIMA, NA CAUSA PRINCIPAL, PELO SENHOR DESEMBARGADOR RELATOR DO PROCESSO — SUSPENSÃO DE EFICÁCIA DESSA DECISÃO POR ATO DA PRESIDÊNCIA DO SUPREMO TRIBUNAL FEDERAL — MEDIDA DE CONTRACAUTELA QUE NÃO SE JUSTIFICAVA EM RAZÃO DA AUSÊNCIA DE SEUS PRESSUPOSTOS — DIREITO À VIDA E À SAÚDE — DEVER ESTATAL DE ASSISTÊNCIA À SAÚDE RESULTANTE DE NORMA CONSTITUCIONAL (CF, arts. 196 e 197) — OBRIGAÇÃO JURÍDICO-CONSTITUCIONAL QUE SE IMPÕE AO PODER PÚBLICO, INCLUSIVE AOS ESTADOS-MEMBROS DA FEDERAÇÃO — CONFIGURAÇÃO, NO CASO, DE TÍPICA HIPÓTESE DE OMISSÃO INCONSTITUCIONAL IMPUTÁVEL AO ESTADO DE PERNAMBUCO — DESRESPEITO À CONSTITUIÇÃO PROVOCADO POR INÉRCIA ESTATAL (RTJ 183/818-819) — COMPORTAMENTO QUE TRANSGRIDE A AUTORIDADE DA LEI FUNDAMENTAL DA REPÚBLICA (RTJ 185/794-796) — A QUESTÃO DA RESERVA DO POSSÍVEL: RECONHECIMENTO DE SUA INAPLICABILIDADE, SEMPRE QUE A INVOCAÇÃO DESSA CLÁUSULA PUDER COMPROMETER O NÚCLEO BÁSICO QUE QUALIFICA O MÍNIMO EXISTENCIAL (RTJ 200/191-197) — O PAPEL DO PODER JUDICIÁRIO NA IMPLEMENTAÇÃO DE POLÍTICAS PÚBLICAS INSTITUÍDAS PELA CONSTITUIÇÃO E NÃO EFETIVADAS PELO PODER PÚBLICO — A FÓRMULA DA RESERVA DO POSSÍVEL NA PERSPECTIVA DA TEORIA DOS CUSTOS DOS DIREITOS: IMPOSSIBILIDADE DE SUA INVOCAÇÃO PARA LEGITIMAR O INJUSTO INADIMPLEMENTO DE DEVERES ESTATAIS DE PRESTAÇÃO CONSTITUCIONALMENTE IMPOSTOS AO PODER PÚBLICO — A TEORIA DA "RESTRIÇÃO DAS RESTRIÇÕES" (OU DA "LIMITAÇÃO DAS LIMITAÇÕES") — CARÁTER COGENTE E VINCULANTE DAS NORMAS CONSTITUCIONAIS, INCLUSIVE DAQUELAS DE CONTEÚDO PROGRAMÁTICO, QUE VEICULAM DIRETRIZES DE POLÍTICAS PÚBLICAS, ESPECIALMENTE NA ÁREA DA SAÚDE (CF, ARTS. 6º, 196 E 197) — A QUESTÃO DAS "ESCOLHAS TRÁGICAS" — A COLMATAÇÃO DE OMISSÕES INCONSTITUCIONAIS COMO NECESSIDADE INSTITUCIONAL FUNDADA EM COMPORTAMENTO AFIRMATIVO DOS JUÍZES E TRIBUNAIS E DE QUE RESULTA UMA POSITIVA CRIAÇÃO JURISPRUDENCIAL DO DIREITO — CONTROLE JURISDICIONAL DE LEGITIMIDADE DA OMISSÃO DO PODER PÚBLICO: ATIVIDADE DE FISCALIZAÇÃO JUDICIAL QUE SE JUSTIFICA PELA NECESSIDADE DE OBSERVÂNCIA DE CERTOS PARÂMETROS CONSTITUCIONAIS (PROIBIÇÃO DE RETROCESSO SOCIAL, PROTEÇÃO AO MÍNIMO EXISTENCIAL, VEDAÇÃO DA PROTEÇÃO INSUFICIENTE E PROIBIÇÃO DE EXCESSO) — DOUTRINA — PRECEDENTES DO SUPREMO TRIBUNAL FEDERAL EM TEMA DE IMPLEMENTAÇÃO DE POLÍTICAS PÚBLICAS DELINEADAS NA CONSTITUIÇÃO DA REPÚBLICA (RTJ 174/687 — RTJ 175/1212-1213 — RTJ 199/1219-1220) — RECURSO DE AGRAVO PROVIDO". No mesmo sentido são numerosos os julgados do Supremo Tribunal Federal, como por exemplo: RE nº 795.749 AgR — Relator o Ministro Celso de Mello; ARE nº 1.269.451 — AgR, Relator o Ministro Edson Fachin; RE nº 566.471, Redator para o Acórdão Roberto Barroso; RE nº 1.219.482 — Agr. Reg., Relator o Ministro Celso de Mello; RE nº 1.008.166, Relator o Ministro Luiz Fux.

dispendiosos, a admoestação é frequente e permanente. Daí a expressão escolha trágica. O constitucionalismo contemporâneo não se compatibiliza com a escolha entre uma vida a ser garantida à custa de investimentos estatais e sociais e os interesses contrapostos de muitos. Cada qual e todas as pessoas têm o direito de viver dignamente com o que a ciência, a medicina e o conhecimento humano oferecem para suas boas condições de cuidados básicos, para o recobro da saúde e o acesso ao saber acumulado pela sociedade. A pessoa que, por carências particulares intransponíveis, não possa fazer face ao essencial para a sua vida digna sem o apoio estatal ou social não renuncia à sua dignidade nem se exila de sua humanidade. Não se há de distinguir as pessoas humanas segundo o que a conta bancária possa assegurar no mínimo para viver. A morte de uma pessoa pela inércia do Estado não se justifica por ter ele atendido direitos milhares outros que sejam com os recursos que negou à necessitada.

Não se pense seja desconhecida a relatividade dos pleitos formulados, que precisam ser analisados antes de sobre eles decidir; nem se cogite seja desconhecida da justiça constitucional a exaustividade dos recursos financeiros. A equação é tão ingrata quanto laboriosa, embora singelamente incontornável.

A conquista e correspondente sedimentação de direitos é um contínuo, não se poderia imaginar diferente o processo de formulação e acolhimento dos critérios necessários para se chegar ao equilíbrio da equação mínimo existencial e reserva do possível. O que é inadmissível, no constitucionalismo democrático, é o platonismo constitucional, que pode equivaler ao esvaziamento ou, no mínimo, ao enfraquecimento dos direitos fundamentais. Não se há de esperar que as burras estatais estejam repletas para se dar por exigíveis os direitos fundamentais, especialmente para os necessitados. O provimento do necessário para viver com dignidade é que garante a higidez e a eficácia do sistema constitucional democrático. A Administração Pública e o legislador mesmo devem aprimorar, permanentemente, normas e procedimentos objetivos, inteligíveis e transparentes sobre os critérios para apuração e conclusão do atendimento ao mínimo existencial e sobre as razões que sobrelevam em cada caso. A jurisprudência predominante, no Brasil, sobre o mínimo da reserva do possível, em matéria de saúde, por exemplo, tem se afirmado no sentido de ser imprescindível a identificação precisa dos critérios a serem sopesados para a solução a ser oferecida em casos específicos. Essa clareza pode assegurar não apenas alguma confiança da pessoa interessada como diminuiria a judicialização.[89] Anote-se, ainda, que a relatividade dos critérios é diferente

---

[89] O Supremo Tribunal Federal vem reiterando esse entendimento, o que se faz sempre mais necessário considerando que, especialmente durante o período da pandemia de covid 19, o volume de processos em todo o País cresceu significativamente. Não se adoeceu apenas pelo vírus corona, senão pelo que ele provocou no corpo humano e também no corpo social, nas relações entre as pessoas. No RE nº 566.471, com repercussão geral, foram balizados fatores e orientações para a atuação administrativa legítima em matéria de saúde. Os casos são múltiplos, porque as demandas têm causas e desdobramentos diferenciados. Assim, por exemplo, há casos em que a carência do medicamento ou do procedimento médico decorre de omissão administrativa; em outros, não se reconhece a eficácia do tratamento, ainda assim buscado pela pessoa interessada; em outros, ainda, há admissão do medicamento não aceito pelos órgãos competentes como a Comissão Nacional de Incorporação de Tecnologias do Sistema Único de Saúde — Comitec e a Agência Nacional de Saúde (Anvisa), sendo de se verificar a atuação oportuna e motivada delas; casos outros há em que há discordância, no setor de saúde, sobre a eficácia ou a disponibilidade científica do medicamento ou do procedimento e há que se concluir sobre a sua aplicação e admissão como parte do mínimo existencial e da busca da dignidade humana. Há, ainda, situações em que a ausência de decisão administrativa da pessoa interessada decorre da carência de demonstração de haver algo aplicável com garantia de eficiência para o tratamento. As soluções possíveis vão desde o uso *off*

no tempo e no espaço. Estados há nos quais os serviços públicos essenciais e as políticas públicas adotadas superaram as carências de sua população do mínimo existencial e dispõem de condições econômico-financeiras e fiscais para fazer face às demandas urgentes. Conquanto avancem as carências na igual proporção dos novos conhecimentos, das novas ciências, das novas possibilidades para a humanidade e sejam limitados os recursos materiais e econômicos para atender à totalidade do que se procura na vida pessoal e social, é indiscutível que a fome de comida e de condições mínimas para a existência digna mantém-se atual e permanente e não deixa espaço nem cenário para o retrocesso jurídico e social.

A proibição do retrocesso social caracteriza-se como princípio democrático. O processo civilizatório democrático promove a continuidade da senda de conquistas e consolidações de direitos. O seu conteúdo e o seu continente, entretanto, reelaboram-se a cada tempo e em cada lugar. Não se supunha que direitos conquistados, até mesmo aqueles considerados como essenciais para o usufruto da dignidade da vida, pudessem ser aquilatados segundo o lucro que pudessem dar, titularizando-os quem por cada um deles pudesse pagar. A vida é valor em si, os bens que a fazem confortável são avaliados em preços cada vez mais avultados e difíceis de serem saldados por todos. Aquele que de meios não disponha, autonomamente, para desobrigar-se do que lhe é cobrado não raramente pode ser deixado à margem do sistema socioeconômico. Isso é o que o sistema jurídico democrático não se dá a permitir, por despojado de legitimidade e contrariar a trajetória da humanidade com solidariedade.

Ao estabelecer a Constituição do Brasil de 1988 ser objetivo da República *erradicar a pobreza e a marginalização*, pôs-se como ordem a ser cumprida pelo Estado e pela sociedade a transformação, retirando, desde a raiz, algo tido como malefício desumano a contaminar a vida política do País. A proibição do retrocesso social aplica-se, plenamente, àquele objetivo expresso, dado a obrigatório e incontornável cumprimento. O que se busca erradicar dá bem o desígnio constitucionalmente definido de não permitir o retorno de algo extirpado, para que as suas nefastas consequências, eliminadas, não voltem a sobressair.

No Brasil, para o objetivo expressamente afirmado na Constituição de erradicar a pobreza e a marginalização, a aplicação do princípio da proibição do retrocesso é retilínea e imediata. Esse princípio que prevalece, na atualidade, no Direito Constitucional

---

label até a negativa pelas consequências negativas que podem advir e pela ausência de dados da medicina de evidência a fundamentar a decisão administrativa ou judicial. Há também as moléstias raras, para as quais nem sempre há orientação científica e médica clara e para as quais os órgãos administrativos teriam de investir somas elevadas, mas se negam pela ausência de demonstração de eficiência, ficando ao juiz o dever de julgar a espécie apresentada. Há multiplicidade de situações, sujeitas com frequência ao Poder Judiciário, que, no desempenho da jurisdição constitucional, sopesa os princípios constitucionais, a carência apresentada e o direito buscado numa relação que expõe, de outra parte, o administrador público, competente a zelar pelos recursos públicos e apenas empregá-los nos casos e para os fins fixados nas normas jurídicas.

Em 20.9.2024, o Supremo Tribunal Federal aprovou a súmula vinculante nº 60, fixando parâmetros para a observância judicial, nos casos de pleitos de medicamentos, a fim de que sejam atendidos os direitos fundamentais, especialmente aqueles referentes à saúde, sem comprometimento das condições econômico financeiros dos entes federados. É o enunciado daquela súmula vinculante: "O pedido e a análise administrativos de fármacos na rede pública de saúde, a judicialização do caso, bem ainda seus desdobramentos (administrativos e jurisdicionais), devem observar os termos dos 3 (três) acordos interfederativos (e seus fluxos) homologados pelo Supremo Tribunal Federal, em governança judicial colaborativa, no tema 1.234 da sistemática da repercussão geral RE 1.366.243".

democrático, refere-se às conquistas relativas aos direitos fundamentais. Não podem, pois, depois de reconhecidas e inseridas no ordenamento como protetivas e garantidas às cidadãs e aos cidadãos, ser destruídas, anuladas ou combalidas, por se cuidarem de avanços da humanidade, não de dádivas estatais passíveis de serem expropriadas segundo voluntarismos governamentais ou opiniões de momento ou eventuais maiorias parlamentares. Não se tem por legítimo retroceder em item legislativo afirmador do patrimônio ético, jurídico e essencial à dignidade vital do ser humano. Reitere-se, essas são conquistas de toda a humanidade, e, em determinado sistema, a sociedade assegura, pela ação do legislador, a transposição de um degrau civilizatório, não sendo benesse nem favor de um governante ou de uma lei. Os direitos conquistados, especialmente aqueles que representam avanço da humanidade no sentido do aperfeiçoamento da vida em sociedade, revelada nos direitos fundamentais, individuais e sociais, não podem ser desprezados ou desconhecidos, devendo, antes, ser encarecidos e ampliados. Sua extração ou revogação do sistema legislativo, quando tanto se mostrar necessário, haverá de ser pela substituição, refazimento ou recriação por outras medidas, que compensem e deixem sem dano o patrimônio de bens essenciais à vida digna, reconhecidos e alçados à condição de núcleo essencial dos direitos fundamentais.

Por esse princípio, tendo sido determinado direito componente do núcleo básico de direitos fundamentais introduzido no sistema constitucional, integra-se ele ao cabedal de bens jurídicos insuscetíveis ao confisco por decisão superveniente do legislador, incluído nessa vedação o constituinte derivado reformador. O seu conteúdo e o ponto de não retorno constitucional de direitos fundamentais e o desenho desse núcleo são ditados pelas condições, ideário, conquistas e conformações sociopolíticas em cada tempo e lugar. O que se assegura pelo princípio é que, alcançado um nível civilizatório tido como mínimo para a vida digna, reconhecida essa conquista por determinado sistema jurídico, não se há de considerar legítima a sua exclusão.[90] Esse proceder estatal oscilante e errático instabiliza a sociedade, gerando insegurança no titular do direito conquistado e extirpado do seu acervo do mínimo jurídico, econômico e social. Não se busca a imutabilidade dos direitos nem do ideário e ideologia predominantes nas sociedades em diferentes fases da história. O que se pretende, no Direito democrático, é impedir a involução do percurso humano civilizatório em detrimento dos mais vulneráveis e marginalizados.[91]

---

[90] Confira-se o voto do Min. Sepúlveda Pertence na ADI nº 2.065, na qual, embora vencido, registrou aquele grande magistrado que, "... quando, já vigente a Constituição, se editou lei integrativa necessária à plenitude da eficácia, pode subsequentemente o legislador, no âmbito de sua liberdade de conformação, ditar outra disciplina legal igualmente integrativa de preceito constitucional programática ou de eficácia limitada, mas não pode retroceder — sem violar a Constituição — ao momento anterior de paralisia de sua efetividade pela ausência de complementação legislativa ordinária reclamada para implementava efetiva de uma norma constitucional".

[91] Para J.J. Gomes Canotilho, "o princípio da proibição de retrocesso social pode formular-se assim: o núcleo essencial dos direitos sociais já realizado e efetivado através de medidas legislativas ('leis de segurança social', 'lei do subsídio do desemprego', 'lei do serviço de saúde') deve considerar-se constitucionalmente garantido sendo inconstitucionais quaisquer medidas estatais que, sem criação de outros esquemas alternativos ou compensatórios, se reduzam na prática a uma 'anulação', 'revogação' ou 'aniquilação' pura e simples desse núcleo essencial. Não se trata, pois, de proibir o retrocesso social captado em termos ideológicos ou de garantir em abstracto um *status quo* social, mas de proteger direitos fundamentais sociais sobretudo no seu núcleo essencial. A liberdade de conformação do legislador e inerente autorreversibilidade têm como limite o núcleo essencial já realizado" (CANOTILHO, J.J. Gomes. *Constituição dirigente e vinculação do legislador*. Coimbra: Almedina. 1982, p. 333).

Se há uma reserva do legislador, também há uma reserva de humanidade em progresso civilizatório contra a qual não se pode investir o Estado normativo nem o judicial.

A proibição do retrocesso social combina-se com o princípio da solidariedade. Geração que sobrevenha a atuar de forma destrutiva sobre o antes integrado ao patrimônio de bens jurídicos essenciais das pessoas esbarra no respeito obrigatório ao antes conquistado. Um momento histórico de avanços humanitários não pode ser desfeito por egoísmo geracional em detrimento do que veio antes e ao que se experimentará depois. A solidariedade entre gerações conjuga-se com o princípio da proibição do retrocesso social para que os modismos, incluídos os ideológicos, não desintegrem a humanidade e suas conquistas, especialmente aquelas granjeadas com lutas e em benefício de todos ou da maioria das pessoas.[92]

Não é legítimo o ordenamento constitucional no qual se tenha como permitido o desfazimento de indicadores legais densificadores do mínimo existencial em inegável esvaziamento dos direitos fundamentais. Essa regressão jurídica aniquila o princípio mesmo da dignidade humana, retomando-se, ainda que de forma sutilmente maquiada nos regimes iliberais, novas formas de se manterem cativas as pessoas. A liberdade projeta-se para dignificar, avanço no processo vital de libertação do ser humano, pelo que todo recuo normativo a esvaziar sua possiblidade de realização representa um recuo (in)civilizatório e (des)humanitário.

A Constituição brasileira estabelece anteparo normativo a retrocesso jurídico-social em tema de direitos essenciais reconhecidos no sistema e inseridos no patrimônio de bens jurídicos fundamentais conformadores do núcleo básico essencial. No §4º do art. 60 daquele documento se põe que "não será objeto de deliberação a proposta de emenda tendente a abolir... os direitos e garantias individuais".

Assim, no sistema brasileiro vigente, quanto aos direitos fundamentais, máxime em se cuidando do mínimo existencial garantidor da dignidade humana, o princípio da proibição do retrocesso social está posto em norma expressa. O avanço permanente no sentido da concretização dos direitos fundamentais componentes do mínimo existencial não pode ser objeto sequer de proposta posta à deliberação, se nela houver elementos que se inclinem ou dos quais possa derivar a fragilização, a diminuição dos direitos fundamentais. Abolir — o verbo utilizado pelo constituinte em cláusula imodificável até mesmo pelo reformador — importa, na interpretação daquela norma, revogar, cancelar, o que significa não apenas extrair do sistema um direito, mas esvaziá-lo do seu significado central ou de sua finalidade. A invalidação indireta pela fragilização ou diminuição do direito tende à sua abolição. Por isso, nem pode o órgão constituinte reformador

---

[92] Nesses períodos tensos, nos anos mais recentes, nos quais as conquistas democráticas e as liberdades individuais e os compromissos sociais põem-se em proeminente risco, o que se apregoa com o iliberalismo e a globalização digital deslegalizada e deslegitimada é o oposto deste princípio do não retrocesso social. Em práticas econômicas e ambientais predatórias e egoístas, tem-se a tentativa de grave retrocesso aos parâmetros do século XVIII, quando o homem tinha apenas alguns parcos direitos individuais, formalmente postos e garantidos sem qualquer força ou eficácia, sem que se obrigassem, ainda, o Estado e a sociedade a, solidariamente, comprometer-se econômica e politicamente para a concretização dos direitos mínimos de todas as pessoas, para que cheguem a uma convivência digna, respeitosa e pacífica. O grave desse momento histórico, que nega direitos democráticos imprescindíveis à dignidade humana, é que esse modelo antecedente — e que se acreditava acabado para sempre (ou erradicado) —, encontra voz e vez em dirigentes que, escolhidos alguns mesmos pelas urnas, submetem-se aos comandos exclusivos da economia, que financiam as campanhas eleitorais e, depois, cobram a promissória ao preço dos direitos recuados e pessoas mais e mais marginalizadas.

processar a proposta de emenda que promova retrocesso social nem se desconsidera o direito do constituinte de segundo grau de negar-se a participar de tal deliberação. As numerosas emendas constitucionais promovidas na Constituição do Brasil de 1988 alteraram a configuração do regime jurídico de alguns direitos sociais incluídos no ordenamento fundamental. Parece evidente que o princípio da vedação do retrocesso social não impede mudanças no desenho material dos direitos sociais assegurados no sistema. O que se tem por proibida é a mudança que tenda a abolir direitos tidos como componentes do núcleo essencial do mínimo existencial.

As discussões não são parcas nesta matéria.[93] Em primeiro lugar porque a mundialização das relações econômicas ensejou, nas últimas décadas, modificações do traçado caracterizador desses direitos. Conquanto não se petrifiquem as normas nas quais se cuidam dos direitos fundamentais individuais ou sociais e políticos, a modificação de feitio constitucional ou pela legislação infraconstitucional pode engendrar, de forma direta ou sub-reptícia, alteração que esvazie o conteúdo mínimo caracterizador e

---

[93] Antes mesmo do advento da Constituição de 1988, admitiu o Supremo Tribunal Federal o controle de constitucionalidade de propostas de emendas que contrariassem o núcleo imodificável da Carta de 1969. Esse núcleo normativo, apelidado popularmente de *cláusulas pétreas*, foi objeto de questionamento por mandado de segurança, impetrado por parlamentares (Senadores Itamar Franco e Antonio Mendes Canale), que defenderam ser titulares de direito líquido e certo de não participar de deliberação sobre proposta de emenda tendente a abolir a República e a Federação (itens tidos como imodificáveis naquela ordem vigente). No Mandado de Segurança nº 20.257, Relatado pelo Ministro Décio Miranda, aquela ação recebeu ementa no sentido de que "Mandado de segurança contra ato da Mesa do Congresso que admitiu a deliberação de proposta de emenda constitucional que a impetração alega ser tendente a abolição da republica. —Cabimento do mandado de segurança em hipóteses em que a vedação constitucional se dirige ao próprio processamento da lei ou da emenda, vedando a sua apresentação (como é o caso previsto no parágrafo único do artigo 57) ou a sua deliberação (como na espécie). Nesses casos, a inconstitucionalidade diz respeito ao próprio andamento do processo legislativo, e isso porque a Constituição não quer — em face da gravidade dessas deliberações, se consumadas — que sequer se chegue a deliberação, proibindo-a taxativamente. A inconstitucionalidade, se ocorrente, já existe antes de o projeto ou de a proposta se transformar em lei ou em emenda constitucional, porque o próprio processamento já desrespeita, frontalmente, a Constituição...".
Na vigência da Constituição de 1988, tem havido questionamento reiterado sobre a validade constitucional de emendas constitucionais nas quais os autores das ações alegam descumprimento do §4º do art. 60 da Constituição. Assim, por exemplo, a Ação Direta de Inconstitucionalidade nº 939, na qual o Supremo Tribunal Federal concluiu pela inconstitucionalidade parcial da Emenda Constitucional nº 3, de 1993, afirmando que "1. Uma Emenda Constitucional, emanada, portanto, de Constituinte derivada, incidindo em violação a Constituição originária, pode ser declarada inconstitucional, pelo Supremo Tribunal Federal, cuja função precípua é de guarda da Constituição (art. 102, I, "a", da CF). 2. A Emenda Constitucional nº 3, de 17.03.1993, que, no art. 2º, autorizou a União a instituir o IPMF, incidiu em vício de inconstitucionalidade, ao dispor, no parágrafo 2º desse dispositivo, que, quanto a tal tributo, não se aplica "o art. 150, III, "b", e VI", da Constituição, porque, desse modo, violou os seguintes princípios e normas imutáveis (somente eles, não outros): 1. o princípio da anterioridade, que e garantia individual do contribuinte (art. 5º, §2º, art. 60, §4º, inciso IV, e art. 150, III, "b" da Constituição); 2. o princípio da imunidade tributária recíproca (que veda a União, aos Estados, ao Distrito Federal e aos Municípios a instituição de impostos sobre o patrimônio, rendas ou serviços uns dos outros) e que e garantia da Federação (art. 60, §4º, inciso I, e art. 150, VI, "a", da CF); 3. a norma que, estabelecendo outras imunidades impede a criação de impostos (art. 150, III) sobre: "b": templos de qualquer culto; "c"): patrimônio, renda ou serviços dos partidos políticos, inclusive suas fundações, das entidades sindicais dos trabalhadores, das instituições de educação e de assistência social, sem fins lucrativos, atendidos os requisitos da lei; e "d"): livros, jornais, periódicos e o papel destinado a sua impressão...". Até mesmo normas infraconstitucionais que regulamentam o objeto cuidado em Emenda Constitucional declarada inválida juridicamente são também declaradas inconstitucionais e retiradas do mundo jurídico, ao argumento de que elas são "arrastadas" no fluxo da inconstitucionalidade apurada judicialmente. Retirada a sua base constitucional tornam-se elas inválidas.
Frequente é esse questionamento pela via do controle abstrato, como se pode anotar, por exemplo, das Ações Diretas de Inconstitucionalidade nºs 6.254. 6.255, 6.256 e 6.258, nas quais se questionam normas da Emenda Constitucional nº 103, de 2019 (ainda pendentes de conclusão) e também a Ação Direta de Inconstitucionalidade nº 7.212, julgada parcialmente procedente o pedido formulado para se declarar inválidas as normas dos arts. 3º, 5º e 6º da Emenda Constitucional nº 123, de 2022 (julgamento em 1º de agosto de 2024), dentre outras.

garantidor do direito havido como fundamental. Nesses escorços legislativos se poderia, então, abolir direitos fundamentais, o que esbarra no óbice oposto pelo constituinte originário, no núcleo constitucional qualificado e imodificável pela proibição do retrocesso social. Ainda que se cogitasse da denominada dupla revisão constitucional, a dizer, uma reforma primeira da Constituição para excluir do elenco fundamental direito já inserido no patrimônio de bens jurídicos fundamentais da pessoa para, depois, levar-se a efeito nova reforma constitucional adequada à nova tessitura normativa, a contrariedade estaria demonstrada, pois seria solapar o sistema constitucional e confiscar o mínimo existencial já assegurado pelo avanço civilizatório.

Insista-se em que não se pretende a absurda situação de se aventar a absoluta imutabilidade dos contornos jurídicos e dos regimes normativos adotados em cada tempo e lugar. O que é intangível, na caminhada do constitucionalismo humanismo, é a mudança que desenraíza o compromisso ético da solidariedade entre gerações para negociar por alguns (ou muitos) trocados financeiros o espírito que reúne a sociedade e preserva a sua integridade, a sua coesão e os seus compromissos comunitários. Alguma possibilidade de mudança no delineamento constitucional da matéria posta como limite material à ação do constituinte reformador poderia ser cogitada, desde que a) o povo participasse de forma direta, objetiva e decisiva sobre a matéria e seus novos contornos jurídico-constitucionais; b) não se relacionasse aos direitos fundamentais individuais, coletivos, sociais ou políticos, pois na descaracterização destes, haveria a substituição do coração da Constituição e seria a sua derrocada e substituição por outro sistema. Os limites materiais à ação reformadora do sistema constitucional são intangíveis. A abolição do que concebido como cerne imodificável romperia a segurança dos direitos e a evolução civilizatória esboçada como conquista de uma geração para o benefício de todas as pessoas. A abrangência e o resguardo das cláusulas tidas como limitadoras à ação do constituinte reformador são examinados até mesmo em controle de constitucionalidade judicialmente efetivado, a fim de não se conduzir pela via obscura e subjetivista trilhada pelo constituinte reformador. Respeitada a inviolabilidade daquelas matérias, resguardados ficam o princípio da vedação do retrocesso social e o sequestro de direitos fundamentais com o correspondente esvaziamento de conquistas sociopolíticas. Não seria estável, menos ainda soberana, como se põe na caracterização contemporânea da Constituição se não se mantivessem hígidas e intocáveis as normas que guardam os direitos fundamentais adquiridos e garantidos pelo sistema. A estabilidade da Constituição é que dita a solidez da democracia nela concebida, desenhada e ordenada.

A variável econômico-financeira está na base do que se pode produzir para subsidiar e permitir o avanço dos serviços a serem prestados para o benefício das pessoas. Mas não se pode permitir a arquitetura avessa ou restritiva da liberdade humana e todas as suas possibilidades de realização. Torna-se, então, imprescindível a busca constante pelo equilíbrio daquela equação econômico-social para que nem se delire quanto às possibilidades de se incluir como necessário a ser garantido nem se frustre a humanidade digna pela proteção objetiva do mínimo existencial para todas as pessoas. Se não é fácil formular-se e menos ainda efetivar-se a equação mínimo existencial e reserva do possível, mais difícil é cogitar de um constitucionalismo tido como democrático para aquém do humano, essência, princípio e finalidade do Direito. E é por isso também que o princípio da proibição do retrocesso social opera no seio do sistema como bloqueio a limitar o Estado, que cria e recria o direito e fundamenta o movimento institucional segundo a dinâmica da vida em sociedade, sem eliminar a essência de humanidade e solidariedade que preside o núcleo legitimador do direito democrático.[94] O retrocesso social e jurídico do mínimo existencial impõe-se porque, sem esse básico para viver com dignidade, a pessoa sobrevive em cativeiro. E o Direito põe-se para as liberdades. Essa somente se afirma e se garante na democracia. A regressão ao não direito pela negativa do mínimo existencial, ao argumento de dispêndios descartáveis, é um retorno aos ferros. A democracia constrói-se para a libertação. Na dúvida, impera a dignidade. Na interpretação, impõe-se a justa humanidade.

Cabe, ainda, uma palavra a respeito do dever jurídico de erradicação da pobreza e da marginalização, constitucionalmente previsto e decorrente do objetivo da República definido com essa expressão normativa, quadro sobre o qual não se reflete tanto, conquanto penível a negativa dos direitos fundamentais a serem minimamente protegidos, conquanto o máximo deles é que realize a plena concretização do sistema constitucional.

Cuida-se da situação da entrega e proteção desse mínimo existencial para as pessoas que, por decisão judicial do Estado mesmo, em atendimento às normas vigentes no Direito positivo, estão temporariamente excluídas dos espaços de exercício de liberdade plena, para cumprimento de pena judicialmente imposta. O penalmente condenado à prisão — no sistema de responsabilidade criminal ainda prevalecente em todo o mundo — não é exilado de sua dignidade. Na lista de direitos fundamentais individuais constitucionalmente estabelecida o preso é mencionado, expressamente, em normas. Nelas se definem os direitos inerentes a seu estado momentâneo, que é o período de cumprimento da pena em regime de limites ao exercício de sua liberdade de locomoção e eventuais outras restrições à sua autonomia (incs. LXI a LXVII do art. 5º). Com população carcerária atual de mais de seiscentos e cinquenta mil pessoas, os órgãos administrativos encarregados diretamente do sistema penitenciário brasileiro parecem fazer distinção que a Constituição não admite e que, se algum intérprete quisesse fazê-la, incorreria em erro grosseiro. O ser é digno pela sua essência humana. Essa não se perde pelo cometimento de erros, incluídos os mais graves. Esfacelar a dignidade pelo quebrantamento físico, psíquico, pela degradação da humanidade mesma da pessoa, ao argumento de que ele estaria *a pagar pelo que fez*, atropela a Constituição e indigna toda a humanidade. O preso é retirado de sua paisagem social pelo Estado para o cumprimento da lei, que estabelece o sistema penal, e pelo órgão judicante, que aplicou a norma ao caso criminal específico, após observância do devido processo legal. O mínimo existencial, que não se cumpre ao servir um refogado sem substância e sem higiene como se fosse alimento suficiente; muitas vezes se mantendo o encarcerado em cubículos, nos quais nem sequer há espaço para cada um poder se deitar no período de repouso; no qual

---

[94] Observa Carlos Campos, em tempos anteriores à concepção e aplicação do princípio da proibição do retrocesso social pela jurisprudência, que "A vida tende a realizar-se em sentido afirmador. A vida humana, porém, se encontra diante do fato irremovível da coexistência, e a sua afirmação só se torna plenamente possível se ela coincide com esse fato. As instituições morais, jurídicas, políticas, em que a coexistência se organiza, são aqui propriamente leis irremovíveis de vida ao serviço da vida. O Estado de Direito, como coroamento do processo de afirmação elaborada no plano da coexistência, é a técnica irredutível de sua realização" (CAMPOS, Carlos. *Op. cit.*, p. 420).

não se assegurem condições mínimas de higidez física, mental e de saúde, é Estado que nega o mínimo existencial a parcela identificada da população, ao argumento de que, pelo castigo, não pela pena, pela mutilação, não pela reeducação, se dissuadiria o intento criminoso. O Estado de direito impõe seja eliminado o crime; não, aniquilado o criminoso. Essa tormentosa e urgente tarefa entregue ao Estado brasileiro não pode persistir como se a vida digna fosse privilégio dos *bem comportados* juridicamente. E como se o condenado e, por extensão, suas famílias tivessem de ser feridos e estigmatizados em seu presente e em seu futuro pela falta cometida, não poucas vezes gravíssima, cruel, contrária ao Direito, nem por isso com resposta de Direito que seja mais perversa ou devastadora que o crime mesmo. Exterminar criminosos, de forma direta ou indireta, pelo quebrantamento de sua dignidade, não elimina o crime. Antes, fomenta mais violência, ceifa vidas e derrota a única coisa que faz o apenado pensar em rever seus passos e acertar outra trilha, segundo o Direito: a esperança de que tem outra chance de se reinventar como cidadã ou cidadão. A dignidade humana é maior que o erro jurídico, por maior que ele seja. Gente não é troféu para ser exibido, vivo ou morto, como se o Estado e seus agentes pudessem ostentar cabeças e corpos mortos-vivos, para mostrar-se acima e melhor que o apenado. Pena não é suplício, penitenciária não é masmorra. O direito à vida digna de cada pessoa em relação a todas as outras impõe responsabilidade penal e igual responsabilidade estatal pelo cumprimento do Direito.

A humanidade é frágil, a vida é incerta, a crença é necessária para que se possa aperfeiçoar como indivíduo ou como sociedade. Negar a alguém o mínimo existencial ao argumento de que a pessoa teria deixado de merecê-lo e submetê-lo à barbárie do não direito é extorquir-lhe o reconhecimento de sua humanidade mesma. Esquece-se o agente que assim atua de que a pessoa mais perigosa do mundo é a que nada mais tem a perder. Quem acha ter perdido a sua dignidade não tem mais algo a perder. O marco civilizatório é apenas um verniz que recobre a humanidade digna que habita cada pessoa e a torna única e sujeito de respeito, com direitos que não podem ser retirados de seu patrimônio individual único. Removida dele a polidez que convida à convivência, o que resta de personalidade e identidade ao condenado não autoriza a sociedade a dele esperar compromisso ou fraternidade, quando lhe tenha sido negado o gesto de solidariedade, que seria próprio humanamente e pertinente juridicamente.

Na base de todo o sistema democrático de Direito está o princípio da solidariedade. A eficácia do sistema democrático confere segurança a todas as pessoas: a quem se conduz de maneira coerente e harmoniosa com o sistema jurídico e também a quem o transgride, que responde pela sua desobediência na forma da legislação vigente. O sistema jurídico e sua efetividade jurídica e social permitem à cidadania confiança nas instituições e algum sossego social pela previsibilidade do que é possível na vida se prever.

Também pela certeza de ter a sociedade civilizada atingido esse ponto do não retorno sociojurídico dos direitos fundamentais para a garantia e eficácia do princípio da dignidade humana

6.6. *Redução das desigualdades sociais e regionais.* Define-se, ainda, no inc. III do art. 3º da Constituição serem objetivos da República *reduzir as desigualdades sociais e regionais* e, direta e necessariamente conjugado com esse edito, em seu inc. IV, *promover o bem de todos, sem preconceitos de origem, raça, sexo, cor, idade e quais outras formas de discriminação*.

O bem de todas as pessoas é promovido pelo reconhecimento e pela prática no sentido da afirmação não apenas da igualdade, estaticamente considerada, conquistada e protegida, mas pela igualação, com a dinâmica daquele princípio a se expandir e assegurar a essência dignificante de cada ser humano. A promoção do bem de todos, na locução constitucional, casa-se com o objetivo do desenvolvimento nacional (inc. II do art. 3º), pelo qual se tem o alargamento das condições de evolução sociopolíticas e econômicas numa sociedade, em benefício da transformação mais abrangente da cidadania.

O objetivo assim definido na Constituição há que receber conteúdo específico, daí a sua combinação com o inciso antecedente, de impor-se a redução das desigualdades sociais e regionais e proibir-se o preconceito de origem, raça, sexo, cor, idade ou qualquer outra forma de discriminação.

O Estado existe para diligenciar no sentido de que, pela ação e impulsão de providências criadoras de ambiente sociopolítico e econômico, sejam garantidos os direitos constitucionalmente assegurados. É em cenário propício que se concretizam os direitos postos no ordenamento jurídico democrático. Direito não produz milagre. A cidadania promove transformações, as mais inesperadas. Mas se o Direito não é milagreiro — e não é —, é ele o sistema que sinaliza caminhos pelos quais se possa trilhar a concretização dos direitos e proteger a humanidade digna de cada pessoa e de toda a sociedade.

Todo Estado tem como causa e finalidade primária promover o bem de todas as pessoas. Mas a República reclama repúblicos. E essa não é construção simples. O interesse pessoal, particular frequentemente domina e direciona comportamentos, até mesmo daqueles responsáveis por atender o interesse primário da comunidade. Agentes públicos são integrantes da complexa sociedade em que vivemos, com nossos vícios e também com nossas virtudes. Não há anjos nem apenas demônios.

O objetivo de promover o bem comum constitucionalmente previsto deixa o traçado determinante para que a República brasileira cumpra ideários e proveja demandas histórica e reiteradamente negadas ou não alcançadas de todo o povo brasileiro, principalmente as necessidades básicas de significativa e maltratada parcela da população.

Na história brasileira, o final do séc. XIX reorienta a forma de governo sem alterar nem os personagens proeminentes do poder político nem a forma de exercício do poder estatal. A República foi mais um meio que um princípio com finalidades democráticas. Um meio para se manter a mesma estrutura, ou pelo menos, o mesmo grupo de poderosos nos cargos do poder estatal. Sem fundamento popular nem movimentos populares a sustentar, foi sem lamúria nem arroubo que se assistiu ao esboroar de um império monárquico frágil e desanimado.[95] O povo brasileiro não se fez protagonista

---

[95] Expõe Leôncio Basbaum que "... a República não era um anseio popular, geral... nem mesmo no passado histórico. A república era aspiração de uma parte intelectualizada das classes médias, nada mais... para um país estruturalmente agrário, baseado na grande propriedade, sem classe média mais ou menos forte e alfabetizada, uma massa popular desorganizada e sem consciência social e sem participação política, o regime monárquico parecia o mais indicado. Não é, aliás, outro motivo que a República brasileira, como outras repúblicas sul-americanas, têm tão pouco de república e seus presidentes não têm passado de pequenos reis... ele só podia desabar, como de fato desabou, no meio da mais absoluta indiferença popular" (BASBAUM, Leôncio. *Op. cit.*, v. I, p. 239).

com a chegada da República. A *res*, que deveria ser pública, manteve-se particularizada e patrimonializada. Buscou-se bem de grupos identificados, afastando-se até mesmo a inclusão de todos na noção de povo cujos benefícios básicos justificariam a existência e o proceder estatal. Anotava Darcy Ribeiro que "o povo-nação não surge no Brasil da evolução de socialidade, em que grupos humanos se estruturam em classes opostas, mas se conjugam para atender as necessidades de sobrevivência e progresso. Surge, isso sim, da concentração de uma força de trabalho escrava, recrutada para servir a propósitos mercantis alheios a ela, através de processos tão violentos de ordenação e repressão que constituíram, de fato, um contínuo genocídio e um etnocídio implacável. Nessas condições, exacerba-se o distanciamento social entre as classes dominantes e as subordinadas, e entre estas e as oprimidas, agravando as oposições para acumular, debaixo da uniformidade étnico-cultural e da unidade nacional, tensões dissociativas de caráter traumático. Em consequência, as elites dirigentes, primeiro lusitanas, depois luso-brasileiras e, afinal, brasileiras, viveram sempre e vivem ainda sob o pavor pânico do alçamento das classes oprimidas".[96]

O Estado brasileiro sempre promoveu, diferente e superiormente, o bem de alguns. Esses enricam às custas de outros, mantidos os últimos à margem dos direitos fundamentais, das potencialidades com que poderiam se realizar mais e melhor em benefício de todas as pessoas, despojados não poucas vezes do mínimo necessário mesmo para sobreviver, o que se dirá da possibilidade de viver com dignidade.

Ao priorizar os interesses de alguns em detrimento de outros, estruturando-se uma organização social cimentada em preconceitos, pelos quais se impingia desvalor humano a larga parcela da população, como as mulheres, os negros, os indígenas, o Estado desenvolveu instituições a serviço de uma minoria privilegiada à custa dos desvalidos. É, ainda, Darcy Ribeiro que observava que "essa primazia do lucro sobre a necessidade gera um sistema econômico acionado por um ritmo acelerado de produção do que o mercado externo dela exigia, com base numa força de trabalho afundada no atraso, famélica, porque nenhuma atenção se dava à produção e reprodução das suas condições de existência. Em consequência, coexistiram sempre uma propriedade empresarial, que às vezes chegava a ser a maior do mundo, e uma penúria generalizada da população local".[97]

Essa organização estatal favorável a alguns poucos em desvantagem de tantas parcelas da população cristalizou fracionamento social dramático. Aqueles que se beneficiaram arvoraram-se em titulares de direitos superiores como se por um direito divino, vestindo as roupagens dos ungidos, incapazes sequer de se sentirem igualados aos demais seres da sociedade brasileira. Os andrajos com que se cobriam aquelas pessoas incapacitadas de se vestirem segundo suas escolhas eram tidos como suficientes, pois a elas se reservavam os borralhos. Pior ainda, a falta de roupas adequadas para cobrir os corpos das pessoas pobres era tida como falta de bom gosto. E cunharam-se frases a reforçar que algumas pessoas sequer teriam capacidade para querer. Afinal, diziam, gosto não se discute. Mas gosto se discute por ser resultado de cultura. E é certo que cultura

---

[96] RIBEIRO, Darcy. *O povo brasileiro*. São Paulo: Companhia das Letras, 1995, p. 23.
[97] RIBEIRO, Darcy. *Op. cit.*, p. 442.

se discute, especialmente quando em sua base está o desmerecimento de outra pessoa e sua capacidade socioeconômica, para fazer opções segundo sua leitura do belo e do bom. Cunharam-se teorias e propagaram-nas para justificar a enorme distância entre pessoas ricas e não ricas, as pobres ou esmoleres. Escolas foram instaladas voltadas ao interesse e conveniência das pessoas ditas de posses. As pessoas despossuídas de bens foram espoliadas de direitos a libertar-se de uma para outra condição socioeconômica e política mais favorável à sua vocação e aperfeiçoamento individual e social.

Para além de estrutura tão torta e tirânica tatuou-se na mente e no sentido da coletividade que seria imutável essa organização e que quanto menor a mudança social mais conveniente para os detentores de privilégios. Foram poucas as pessoas que viram além do propagado e teimaram em não esmorecer diante de tão arraigada e pouco humana estrutura estatal. O Estado dá-se a ser organização para todas as pessoas, não para aquelas aquinhoadas ou que se assenhoram de bens, vantagens e poderes até mesmo sobre as outras.

O constituinte brasileiro de 1987/88 poderia silenciar sobre esse objetivo — promover o bem de todos —, considerando ser a justificativa da sociedade estatal, se a) o Estado brasileiro tivesse organizado uma República de comunhão voltada para o bem de todas as pessoas, o que a história não mostra; b) os preconceitos não tivessem sido fincados e reforçados para manter a imutabilidade de uma organização socioeconômica de regalias de algumas pessoas e preconceitos contra outras.

Esse o cenário retratado pelo constituinte, disposto a transformar para respeitar a dignidade humana pela só condição de ser pessoa, e que define a República como dever a se cumprir por políticas públicas que, nos termos do que se enuncia desde o preâmbulo da Constituição, reconheçam valores supremos de uma sociedade fraterna, pluralista e sem preconceitos. O panorama histórico conduziu à enunciação preambular expressa e à formulação dos objetivos estampados no art. 3º, impondo-se deveres ao Estado e à sociedade. A discriminação, que gera hostilidade, repúdio e intolerância, descoincide e impede o processo democrático garantidor da libertação histórica e da igualação humanizadora.

Dever cumprir o desenvolvimento nacional para promover o bem comum (incisos II e IV do art. 3º da Constituição do Brasil) significa ordem de que o poder estatal há de ser exercido em benefício de todas as pessoas, não apenas de grupos específicos de nacionais. Assim se afirma o rumo necessário do Estado, as políticas públicas a serem implementadas para a libertação das algemas historicamente postas a grupos populacionais, cujas histórias foram suprimidas ou desviadas, para atender a padrões definidos pelos detentores do poder. Por eles foram subjugados esses indivíduos, pois aqueles movimentos nunca os valorizaram. Fizeram-nos serventes a interesses e vontades alheias, exilados de suas vocações e ideais. Pessoas negras, indígenas, mulheres, indivíduos com alguma deficiência e outros tidos como diminutos ao olhar canhoto dos detentores do poder estatal foram acantonados e destinados a espaços físicos, mentais, familiares, sociais e políticos reduzidos em suas possibilidades de vida digna e livre. Aliás, não há dignidade no cativeiro, qualquer que seja o cenário no qual se dê a cumpri-lo. O destino daquelas pessoas foi subtraído da livre escolha e decisão de cada qual. Pior, incutiu-se nelas e fizeram-nas crer na ideia de que eram incapazes como indivíduos íntegros e cidadãs ou cidadãos para, em igualdade de condições a homens brancos médios ocidentais e legatários de direitos, riquezas e poderes, ser parte e partícipe do projeto e do processo de humanidades reconstruídas a cada dia. Poderosos autointitulados senhores da vida e da morte de toda a cidadania desempenharam — e ainda buscam, em várias partes do mundo contemporâneo, como sempre, a exercer — o domínio da história. A cidadania foi, em grande parte, por eles conceituada e exercida segundo sua conveniência e deliberação. A coisificação de parcela enorme de gentes[98] produziu pirâmides de prédios e injustiças, emparedando física ou social e politicamente pessoas para prestar o que seriam honrarias aos senhores dos poderes. Os deserdados da história e dos poderes, feitos objetos de interesses e de vontades particulares aproveitadas no espaço que seria de todas as pessoas — o bem teria de ser comum —, tiveram pés, mãos, olhos e vidas amarradas nas senzalas escurecidas pela indignidade e indigência. No Brasil, como em outras partes do mundo, as senzalas demoraram a se extinguir e a iniquidade ainda persiste em quadrantes inexplicáveis em terras de extensão e ausências nas quais cabem produções, trabalhos e realizações de todas as pessoas para todas. A fome de comida e de direitos no Brasil é uma estupidez e um desaforo histórico. A imensidão dessas plagas brasileiras contrasta com a ideia sequer de precisar tanta privação para mostrar e abocanhar um poder que nem cabe nas goelas sem voz de razão dos que teimam em manter afastadas legiões de famintos de víveres materiais, mentais, sociais e culturais para o digno viver. Quem não tem luz própria se apavora com a sombra alheia. A luz da democracia sempre assombrou os poderosos ilegítimos.

Em panorama histórico de tantas desventuras antidemocráticas, o constituinte brasileiro de 1987/88 expressou, no inc. IV do art. 3º, o que prescindiria afirmar em tese, mas que, no concreto Brasil de tantas dores, fez-se necessário como traçado explícito de rota estabelecida como princípio e fim do agir estatal legítimo, qual seja, o de promover o bem de todos no empenho do desenvolvimento nacional, para tanto se afastando preconceito de origem, raça, sexo, cor, idade e quais outras formas de discriminação. Esse é o sentido também de conjugação desse dizer constitucional com a determinação de reduzir as desigualdades sociais e regionais. A desigualdade não parece ter um fim nessa sofrida humanidade. Como poetava Carlos Drummond de Andrade, "a injustiça não se resolve/ à sombra do mundo errado/murmuraste um protesto tímido/ mas virão outros".[99] Mas as desigualdades desumanas e desumanizadoras não podem prosperar sem a ação do Estado e da sociedade no sentido de reduzi-las, a fim de não se ter alguém a quem se negue o direito magno e essencial do viver digno, igual a todas as outras pessoas em sua humanidade e única — distinta de outras as outras — em sua identidade. A igualdade humana é da essência da convivência da vida e da reverência na morte. Antígonas não passam, porque contra os ideais de humanidade há os interesses particulares da venalidade.

---

[98] Em sua obra *O Continente*, Erico Veríssimo descreve diálogo do Padre Alonzo com Rodrigo, no qual se anota a indigência mental com que se trata o tema da escravidão. O pároco observa que "Os escravos nesta província são muito mais bem tratados que em qualquer outra parte do Brasil! Eu queria que vosmecê visse como os senhores de engenho tratam os negros lá no norte". E Rodrigo volta a indagar: "mas vosmecê não respondeu a minha pergunta... Será que Deus não fez os homens iguais?" (VERISSIMO, Erico. *O Continente*. Porto Alegre: Globo, 1952, p. 252).

[99] ANDRADE, Carlos Drummond de. *Consolo na praia*.

No Brasil, o princípio constitucional mais vezes repetido expressamente, no ordenamento inaugurado em 1988, é o da igualdade. É que, historicamente, nossa chaga social mais intensa e doída é a da desigualdade.

O princípio da igualdade é apresentado como matriz e presença inafastável do espírito da Constituição de 1988 desde o seu preâmbulo, como antes registrado. E perpassa o sistema normativo em sua estrutura inteira, demarcando o seu curso, a sua composição, determinando a forma legítima de sua interpretação e, especialmente, a aplicação a ser conferida a cada qual das normas compreendidas no ordenamento jurídico nacional.

A marca da desigualdade que permeou e ainda persiste no Brasil impôs ao constituinte de 1987/88 realce singular ao princípio da igualdade. Diferente do que se continha nos textos constitucionais antes vigentes, na Constituição de 1988 se inaugurou o cuidado dos direitos fundamentais individuais e coletivos (tít. II — art. 5º) com o singular destaque ao princípio da igualdade, antes mesmo da identificação do titular.[100] Pela primeira vez no constitucionalismo brasileiro se incluiu aquele princípio no *caput* dos direitos fundamentais e com relevo exponencial a destacá-lo mesmo em sua expressão primeira: "todos são iguais perante a lei, sem distinção de qualquer natureza...". O relevo primacial dado ao princípio representa a) a marca de proposta transformadora para um Brasil de tantos desigualados no curso da nossa história e de tantas feridas não cicatrizadas e calcificadas em sociedade sedenta de reconhecimento de direitos; b) o encadeamento do ideário sinalizador do espírito predominante e a se cumprir segundo o novo ordenamento constitucional; c) a admissão de que sem igualdade não há efetiva liberdade e sem ela a democracia para todas as pessoas não prospera, não se realizando, então, os fins do Estado democrático de direito declarado no art. 1º da Constituição.

Nem é que seja, tecnicamente, primorosa a opção do constituinte na formulação exposta no *caput* do art. 5º da Constituição do Brasil de 1988. A Comissão temática da Assembleia Constituinte sobre direitos e garantias fundamentais propôs mesmo que o *caput* daquele dispositivo se restringisse ao enunciado do princípio da igualdade. Nas discussões que se seguiram se concluiu, entretanto, que seria atecnia demasiada manter-se apenas a referência ao princípio da igualdade e dele extrair todos os direitos listados na sequência das normas. Resultou, então, a fórmula mais abrangente de direitos fundamentais enunciados no *caput* do art. 5º, mas com manutenção da igualdade com ênfase primordial na descrição normativa.

Essa sinalização constitucional representa a reafirmação do movimento transformador de uma realidade social que exige mudança da sociedade e da ação estatal voltada à consecução desse objetivo constitucionalmente definido. A disposição exposta na fórmula normativa escolhida pelo constituinte brasileiro encadeia-se aos valores supremos da sociedade, retratados e exibidos no preâmbulo e nas normas referentes aos princípios democráticos do Estado (art. 1º da Constituição), e afirma o patrimônio de bens

---

[100] As Constituições que antes vigoraram no Brasil e nas quais há referência expressa ao princípio da igualdade sempre o incluíram, mas com menor relevo ao direito à liberdade e à segurança e à propriedade, sem a sua inserção no *caput* dos artigos correspondentes aos direitos individuais. E nem se ignore que a topografia das normas constitucionais aponta o destaque dado a cada tema cuidado. Assim, as Constituições de 1891 (§2º do art. 72); de 1934 (inc. 1º do art. 113); a Carta de 1937 (item 1º do art. 122); a Constituição de 1946 (§1º do art. 141); a Carta de 1967 (§1º do art. 150); e a Carta de 1969 — apelidada por atenuante de conveniência (§1º do art. 153).

jurídicos essenciais da pessoa humana e os deveres do Estado no sentido de promover, proteger e expandir o processo de igualação, ligando a história do povo brasileiro em suas fases passadas, presente e com comprometimento para um futuro democrático, justo e fraterno para os que vierem depois das gerações atuais.

A igualação que se impõe para a construção de uma sociedade fraterna e sem preconceitos (preâmbulo), justa e solidária (inc. I do art. 3º), na qual se promova o bem de todas as pessoas (inc. IV do art. 3º), deriva, no cenário constitucional brasileiro, do reconhecimento do passado repleto de crueldades praticadas na forja da discriminação agressiva e na certeza de que a história não é um fado, mas um construto. Arquitetado um caminho político de interesses particulares dominantes do espaço público estatal, de experiências preconceituosas, pelas quais são mais que desigualadas as pessoas, são invisibilizadas as denominadas minorias, as quais se pretende ainda sejam mantidas no silêncio oculto do não ser político, social e econômico, há que se reinventar o traçado, idealizar-se outro povo e erguer-se outra nação.

A igualdade integra o lema da Revolução Francesa de 1789, compondo as ideias que embasaram a formulação do Estado moderno, superando-se o individualismo para engendrar a vontade geral que seria una e heterogênea. Sem diferenciar, como elaborado por Rousseau, a vontade de todos da vontade geral, coube a Hobbes enfrentar as carências de sua teoria, mas acrescentar a seu pensamento o que tem sido considerado "uma (das) *chaves mais notáveis*" do direito político na modernidade.[101]

A introdução daquele fator político na divisa revolucionária dos oitocentos deveu-se, historicamente, a uma classe emergente, composta de não nobres nem clérigos. O denominado terceiro Estado francês compreendia burgueses (moradores dos burgos que desenvolviam suas atividades econômicas fora da sujeição aos suseranos, conquanto não necessariamente fora dos limites físicos dos feudos), camponeses, servos, comerciantes, artesãos, que se associaram em corporações de ofícios, obtendo cartas de franquia para terem e manterem seus lucros e fazendo, então, crescer os espaços de sua habitação e trabalho. Pressionados com a cobrança de tributos feudais e dízimos, abespinhados por crises que se sucederam, especialmente no final do séc. XVIII, e com as condições climáticas (secas, enchentes, carência de alimentos pelas más colheitas), essa classe correspondia a quase 80% da população francesa no final do séc. XVIII. A partir do panfleto do Abade Emmanuel Sieyès, no qual se formulou a distinção entre poder constituinte e poder constituído, se afirmou que "Les avantages par lesquels les citoyens diffèrent entre eux sont au délà du caracterère de citoyen. Les inégalités de proprieté et d'industrie sont comme les inégalités d'âge, de sexe, de taille, etc. Elles ne dénaturent

---

[101] Assevera Simone Goyard-Fabre que "... a tese mais nova e mais importante por suas consequências jurídicas é, em Hobbes, a da igualdade dos indivíduos... na filosofia de Hobbes, a igualdade... não é a dos homens perante o tribunal divino. O estudo antropológico ensina que a igualdade é o correlato da postulação individualista do sistema e tem uma dimensão filosófica quase existencial −, isso precisamente, marcará de modo duradouro o pensamento moderno. 'Todos os homens são naturalmente iguais', declara Hobbes. A favor da ficção metodológica da 'condição natural dos homens', ele apresenta, inicialmente, uma prova físico-mecânica dessa igualdade: os homens têm uma capacidade igual de se matar uns aos outros... Hobbes apresenta a seguir um argumento de natureza psicointelectual: 'Quanto às faculdades do espírito... nelas encontro, entre os homens, uma igualdade mais perfeita ainda do que sua igualdade de forças'... segundo ele, a prudência 'é distribuída igualmente a todos os homens para as coisas às quais se aplicam igualmente...'" (GOYARD-FABRE, Simone. *Os princípios filosóficos do direito político moderno*. São Paulo: Martins Fontes, 1999, p. 81-82).

point l'égalité du civisme".[102] Os social, econômica e politicamente desigualados lutaram e obtiveram o direito de ter direitos e de serem titulares de direitos às liberdades. Esse reconhecimento formalizou-se no art. 1º da Declaração dos Direitos do Homem e do Cidadão de 1789, do qual consta que "Les hommes naissent et demeurent libres et égaux en droits. Les distinctions sociales ne peuvent être fondées que sur l'utilité commune".

No Brasil constitucional — mesmo naquele formalizado no período do Império monárquico —, sempre se expressou respeito ao princípio da igualdade.[103] No Brasil real, aquele magno princípio ainda não se cumpriu, na inteireza do sistema jurídico, até os dias atuais. Disso adveio a definição principiológica do objetivo republicano de reduzir as desigualdades sociais e regionais e promover o bem de todos sem preconceitos de qualquer natureza. Tudo se concentra e fecunda o princípio da igualdade em sua dimensão histórica dinâmica e expansiva. A esfera protetiva dos direitos fundamentais alarga-se pela necessidade de se dar cumprimento ao objetivo de promover o bem de todas as pessoas, sem preconceitos de origem, raça, sexo, cor, idade e quaisquer outras formas de discriminação, para que o desenvolvimento de todas as pessoas prospere (nacionalmente, portanto), reduzindo-se, então, as desigualdades sociais e regionais. A história humana mostra a permanente conquista da igualação, porque a igualdade, como também a liberdade, não é estática, não está pronta. É mesmo como o ser humano, um ser em sendo. Fazendo-se ser sempre.

O enunciado normativo-constitucional da proibição de preconceito não erradica a discriminação odiosa, entranhada em pensamentos e comportamentos individuais ou coletivos. O que o direito precisa garantir, para dar cumprimento ao princípio da igualdade, é a revelação dos preconceitos por comportamentos nos quais eles se exibem, direcionando atitudes ou estreitamento de outras pessoas em detrimento das quais eles se mostram. Todo preconceito é violento e impõe sofrimento a quem é seu alvo. E nem

---

[102] SIEYÈS, Emmanuel. Qu'est-ce que le Tiers Etat? Paris: Presses Universitaires de France, 1982, p. 88.
[103] O item XIII do art. 179 da Carta Imperial de 1824 dispunha: "A Lei será igual para todos, quer proteja, quer castigue, o recompensará em proporção dos merecimentos de cada um". A prodigiosa lição sobre esse princípio naquele período monárquico é da pena de Pimenta Bueno: "Embora... exista essa desigualdade importante e incontestável, por outro lado, é fora de dúvida que todos os homens têm a mesma origem e destino, ou fim idêntico. Todos têm o mesmo direito de exigir que os outros respeitem os seus direitos de alegar que uns não nasceram para escravos, nem outros para senhores; que a natureza não criou privilégios, favores e isenções para uns, penas, trabalhos e proibições para outros; enfim, que não tirou uns da cabeça de Brama, e outros do pó da terra. Consequentemente, qualquer que seja a desigualdade natural ou casual dos indivíduos a todos os outros respeitos, há uma igualdade que jamais deve ser violada, e é a da lei, quer ela proteja, quer castigue; é a da justiça, que deve ser sempre uma, a mesma e única para todos sem preferência ou parcialidade alguma. É de justiça que cada homem seja senhor de si próprio, que tenha igual liberdade de procurar satisfazer suas necessidades por seu trabalho, de elevar-se nas condições sociais por seus serviços e merecimentos, e de obter em proporção deles justa recompensa" (BUENO, J. A. Pimenta. *Direito Público e Análise da Constituição do Império*. Brasília: Senado Federal, 1978, p. 412).
As Constituições do Brasil da República foram expressas quanto ao princípio da igualdade (§2º do art. 72 da Constituição de 1891; item 1 da Constituição de 1934 que acrescentou à fórmula mais genérica da anterior — *Todos são iguais perante a lei* — a vedação de privilégios e discriminações: "Todos são eguaes perante a lei. Não haverá privilégios, nem distincções, por motivo de nascimento, sexo, raça, profissões proprias ou dos paes, classe social, riqueza, crenças religiosas ou idéas políticas"; §1º do art. 122 da Carta de 1937; §1º do art. 1141 da Constituição de 1946; §1º do art. 150 da Carta de 1967, como acréscimo também, no texto, da proibição de distinções por sexo, raça, trabalho, credo religioso e convicções políticas, e a indicação de que "o preconceito de raça será punido pela lei"; §1º do art. 153 da Carta de 1969, repetindo-se, quase na literalidade, o dispositivo da Carta anterior.

precisa ato específico para se expor o preconceito. Ele passa pelo olhar, pela inércia, pelo desleixo com o outro, pelo desprezo pela pessoa e segue até o mais acintoso desdém e a estúpida soberba.

A vedação de preconceito baseia-se na ideia mesma de que a convivência solidária impõe o compromisso de vincular-se às outras pessoas com que convivem por ser, cada uma delas, sua igual em dignidade humana. O preconceito impede a libertação da pessoa que hostiliza. Fica ela sempre aprisionada em seu próprio olhar vesgo e avaro, impossibilitando a libertação do sujeito alvo da intolerância, atrofiado em espaço pessoal, sociopolítico e econômico, do qual se tem dificuldade de superar pelo agir do preconceituoso.

A aquisição e a consolidação de direitos fundamentais compõem processo histórico expansivo e compreensivo, como antes observado. Por isso os verbos constitucionalmente aproveitados, no Direito brasileiro, são construir (uma sociedade), promover (o bem de todas as pessoas) em redução das desigualdades sociais e regionais.

Desde os primeiros textos declaratórios de direitos, nos quais apresentado o princípio da igualdade (art. 1º da Declaração dos Direitos do Homem e do Cidadão de 1789), a interdição do preconceito se impôs como óbice ao agir estatal que distinguisse entre iguais. Esse o clássico sentido outorgado ao princípio jurídico da igualdade: nele se contém o dever de tratar iguais os iguais e desigualmente os desiguais na medida de sua desigualdade.[104] Essa igualdade de iguais ocultava os preconceitos contra os desigualados pela cor da pele, pelo sexo, pela idade, pela origem e quantos fossem os critérios subjetivos de se impor o afastamento e a diminuição sociopolítica e econômica dos que não eram bem-vindos aos clubes dos selecionados e igualados entre si. A igualdade era, então, formalmente anunciada em norma constitucional ou em tratados internacionais, sem a determinação, paralela e necessária, de adoção de providências para promover-se a dinâmica da igualação e a expansão do princípio da igualdade pela integração dos historicamente desigualados.[105]

---

[104] É de Ruy Barbosa a repetição daquele clássico entendimento, repetido historicamente à exaustão, mas com grau de aplicação dificultada por tantas formas de interesses particulares, não poucos maquiando preconceitos sórdidos e egoístas. Escreveu Ruy aos moços: "A parte da natureza varia ao infinito. Não há, no universo, duas cousas iguais. Muitas se parecem umas às outras. Mas todas entre si diversificam... A regra da igualdade não consiste senão em quinhoar desigualmente os desiguais, na medida em que se desigualam. Nesta desigualdade social, proporcionada à desigualdade natural, é que se acha a verdadeira lei da igualdade. O mais são desvarios da inveja, do orgulho, ou da loucura. Tratar com desigualdade a iguais, ou a desiguais com igualdade, seria desigualdade flagrante, e não igualdade real. Os apetites humanos conceberam inverter a norma universal da criação, pretendendo, não dar a um, na razão do que vale, mas atribuir o mesmo a todos, como se todos se equivalessem. Esta blasfêmia contra a razão e a fé, contra a civilização e a humanidade, é a filosofia da miséria, proclamando em nome dos direitos do trabalho e, executada, não faria senão inaugurar, em vez da supremacia do trabalho, a organização da miséria" (BARBOSA, Ruy. *Oração aos Moços*. Brasília: Edições do Senado Federal. Vol. 271, 2019, p. 36). O mundo mudou e o Direito abriu-se para ser mais justo, mais democrático, mais fraternalmente pensado. Aquelas ideias adotadas por Ruy Barbosa expandiram-se e algo do dito ficou aquém do que o ser humano é capaz em ambiente sociopolítico solidário.

[105] Observa Simone Godyard-Fabre que "A analítica da condição humana feita por Hobbes está no polo oposto do holismo socioólítico descrito por Aristóteles: os homens, na sua constituição natural igual, têm não só aptidões iguais, mas também necessidades iguais, os mesmos meios para satisfazê-las e a mesma esperança de atingir seus fins, tendendo todos esses parâmetros para sua preocupação igual de preservar suas vidas. Por conseguinte, não existem entre os indivíduos diferenças ou desigualdades que determinem a sua complementariedade..." (*Op. cit.*, p. 83).

Deve ser encarecido que se reconheceu, no Direito brasileiro, a igualdade *perante* a lei. Outros povos constituíram esse princípio como igualdade *na* lei. A primeira seria mais restritiva (em sua interpretação e aplicação, conforme a gramática do enunciado), por permitir a compreensão de que a execução da lei haverá de se dar de forma igual para todas as pessoas sujeitas ao comando normativo. Tinha-se, assim, a igualdade formal. Mostrou-se pouco e ineficiente ao processo de libertação humana a garantia da igualdade formalizada segundo o parâmetro de iguais entre iguais, sem outros recursos para se alterar os quadros cristalizados numa sociedade hierarquizada, elitista e, nesse quadro, excludente. O critério definidor da igualdade e da diferença fixava-se, então, segundo traçado sociopolítico discriminador de acordo com os interesses predominantes e ditados pelos senhores dos dinheiros e das predileções dos que se arvoraram em donos do poder estatal. Que não se cede facilmente poder![106] Em sociedade hierarquizada ou estamental, os direitos não são reconhecidos nem garantidos igualmente a todas as pessoas, conquanto todas sejam reconhecidas como sujeitos de direito, mas não dos mesmos iguais direitos e oportunidades.[107] O entendimento firmado sobre a necessidade de não se interpretar restrita e literalmente aquela dicção constitucional (ainda atualmente adotada na Constituição brasileira, *caput* do art. 5º) deu-se pelo reconhecimento de que, a se aproveitar aquela hermenêutica, o princípio se dirigiria apenas ao legislador, que poderia introduzir distinções discricionariamente.[108]

Em Estados que adotam aquele entendimento — o que não ocorre no Brasil, desde as primeiras fases do constitucionalismo —, a igualdade se dá a partir e na aplicação da lei, o que enfraquece e quase esvazia a fundamentalidade do princípio. Elaborada a legislação, todos se submeteriam igualmente a ela. Mas ela poderia discriminar. Mostra-se, então, a insuficiência do princípio.

---

[106] Na Constituição Italiana, por exemplo, segue-se a concepção distintiva na filosofia política, realçada, por exemplo, por Norberto Bobbio, segundo o qual "é necessário distinguir de modo mais preciso a igualdade perante a lei da igualdade de direito, da igualdade nos direitos... e da igualdade jurídica. A expressão igualdade de direito é usada em contraposição a igualdade de fato, correspondendo quase sempre à contraposição entre igualdade formal e igualdade material..." (BOBBIO, Norberto. *Igualdade e Liberdade*. Rio de Janeiro: Ediouro, 1997, p. 29).

[107] Idem, ibidem.

[108] Anotava Francisco Campos que "O princípio da igualdade perante a lei tem, assim, por principal destinatário o legislador. Este não pode legislar por via de ordens ou medidas, destinadas a reger apenas os casos que ele entenda de privilegiar, excluindo do tratamento que dá a estes os casos que com eles estão em relação de identidade ou de igualdade. A lei é uma regra de direito, e o legislador dispõe por via geral e, assim, não lhe é lícito escolher ou privilegiar determinadas situações, a não ser que estas sejam, por si mesmas, singulares ou privilegiadas... Não é lícito à lei discriminar entre indivíduos os casos entre os quais existe uma relação de igualdade, conferindo a uns vantagens ou regalias que não se tornem extensivas aos casos ou indivíduos que se encontram na mesma situação que a lei tomou como base, critério ou razão para o tratamento que dispensou aos primeiros... Não é verdade, portanto, que o destinatário do princípio constitucional da igualdade não seja o legislador, mas tão somente a autoridade incumbida de aplicar a lei... Seria, evidentemente, fora de propósito que, reconhecido ao legislador o poder de excetuar ao mandamento do princípio de igualdade perante a lei, se cominasse ao aplicador da lei o dever de aplica-la de acordo com o princípio e, por conseguinte, contra a vontade do legislador e em divergência com os termos da lei. A igualdade perante a lei rege a aplicação da lei, precisamente porque o princípio em que é constitucionalmente enunciada rege o legislador e constitui uma regra destinada a disciplinar os seus impulsos ou a evitar a versatilidade e o arbítrio na legislação... Como o princípio de igualdade perante a lei obriga o legislador e, em seguida, a sete, a autoridade incumbida de aplicar a lei, no momento de sua aplicação, particularmente quando feita por via judicial, é dever do juiz aplica-la com a extensão ou a amplitude necessária a tornar efetivo o princípio constitucional da igualdade perante a lei, violado pelo legislador" (CAMPOS, Francisco. *Direito Administrativo*. Rio de Janeiro, 1958, v. II, p. 188 e 190).

Como acentuado, no Brasil, a despeito da repetição da fórmula articulada no *caput* do art. 5º, não se interpreta nem se aplica aquele princípio como dirigido ao legislador. Todos os órgãos e todas as instituições estatais e todas as pessoas na sociedade submetem-se a ele, no sentido proibitivo da discriminação e do preconceito e como determinante para o agir promotor de ações para a igualação.

Insuficiente a concepção da igualdade como princípio com conteúdo formal, mas sem a expansividade qualificadora dos direitos fundamentais, não se teria o seu cumprimento integral. A amostragem histórica do que é capaz de desumanizar o ser humano com as tragédias das guerras, especialmente aquelas do séc. XX; os movimentos sociais de reivindicação de direitos pela igualação de mulheres e de homens, de pessoas negras e de brancas ou miscigenadas; a ciência por todas as pessoas do direito de ter direitos; a identificação de que a indigência material ou sociopolítica de algumas pessoas as mata física, psicológica e politicamente, impedindo a expectativa salutar de melhoria de vida para si mesmas, para os seus conviventes e para os seus descendentes, evidenciaram a necessidade de se repensar o conteúdo, a interpretação e a forma de se dar integral cumprimento àquele princípio.

O constitucionalismo declaratório formal de direitos cedeu ao constitucionalismo protetivo substancial de direitos. Viria, na sequência, o constitucionalismo do Estado promotor de condições para o exercício dos direitos.

O constitucionalismo protetivo de direitos hospedou a igualdade material, aquela que projeta a garantia de mesmas oportunidades para que se tenha a transmutação do princípio. Nele se passou a ler o direito a critérios de identificação de pessoas que são iguais não apenas na forma e na situação posta, mas na reinvenção das condições sociopolíticas e econômicas aptas a habilitar a cidadania, a ser parte e partícipe com iguais possibilidades no processo político. O Estado — até mesmo em seu nome entidade constituída para manter quadro organizado e estabelecido, em coerência com direitos previamente definidos — abandona a sua inércia (no sentido de nada fazer, apenas impedindo que se avance sobre o que está feito e adquirido como patrimônio individual de direitos e bens). Evolui o Estado, tornando-se pessoa política atuante e mutante, obrigando-se a fazer o necessário, no sentido de promover, estimular e propiciar condições para que se dinamizem as mudanças na sociedade em construção rumo à igualação dos que foram desigualados historicamente, dos que são alvos de preconceitos e diminuídos nos seus direitos efetivados.

O Estado ganha nova configuração jurídica e política para se garantirem as demandas sociais. Constitucionaliza-se a institucionalidade ativa, para se assegurar a igualdade material. Concluiu-se e definiu-se, no Direito e na Política, não ser bastante a retórica constitucional, sendo imprescindível a ação estatal segundo a Constituição, para o respeito e promoção da igualdade. Inaugurou-se o constitucionalismo da solidariedade e da transformação, comprometido com o movimento, voltado à transformação da sociedade, para que se implementem as condições socioambientais políticas e econômicas. Somente assim os direitos anunciados no texto normativo poderão ser integralmente implementados em contexto reconfigurado. O Estado deixa a condição de pessoa política inerte em face dos direitos fundamentais.

O Estado promotor da igualação para dignificar cada qual e todas as pessoas humanas é que se reinstitucionalizou na normatividade compromissada da obra constitucional brasileira de 1988. E assim precisava ser, para se superarem as enormes e injustas desigualdades, que adoeceram a história passada e a vivência presente das gentes brasis.

Da igualdade formal à igualdade material e desse ponto à igualação, impulsionada ou apoiada pelo Estado em colaboração com a sociedade, mudaram-se as práticas sociopolíticas, as demandas cívicas, as possibilidades socioeconômicas, principalmente, adiantaram-se as consciências de direitos fundamentais no País e em todo o mundo.

O reconhecimento constitucional de direitos iguais não impede a barreira do preconceito a obstar a implementação daquele princípio. Concluiu-se que não bastava afirmar normativamente o direito. Fazia-se mister afirmar ações pelas quais se levasse à superação do preconceito. Foi nos Estados Unidos dos anos sessenta do séc. XX que se estabeleceu, pela Ordem Executiva nº 10.925, o *Equal Opportunity Employment Committee*, órgão competente para impedir contratação ou anular contratos de empresas que não implementassem as novas orientações governamentais voltadas à proibição de segregação racial no serviço público norte-americano. Surge, então, pela vez primeira em documento oficial, a expressão ação afirmativa. Nela não se compreendia, ainda, todo o sentido que viria a se estender e ser aproveitado em significativa mudança do conceito e da aplicação do princípio da igualdade. No *Civil Rights Act*, aprovado em julho de 1964 pelo Congresso norte-americano, foram estatuídas medidas legais antidiscriminação, repetindo-se a vedação contra práticas discriminatórias no serviço público. Entretanto, apenas na Ordem Executiva nº 11.246, de 1965, promulgada pelo Presidente Lyndon Johnson, definiu-se a ação afirmativa como procedimento adotado para se promover a igualdade racial em contratações, promovendo-se a igualação. Não se mantinha mais apenas o sentido negativo da discriminação. Passou-se a adotar, desde então, o sentido positivo de impulsionamento ou estímulo de condutas para a superação dos preconceitos.

A afirmação de ações para superar-se o estágio de mero anúncio do direito à igualdade em normas jurídicas está em que a discriminação negativa (a que desvaloriza a pessoa discriminada) somente pode ser suplantada pela discriminação positiva, aquela determinante de comportamentos que distingam pessoas desigualadas historicamente, dotando-as de igualdade de oportunidades e de condições sociopolíticas mais justas. Supre-se, então, dívida histórica com as pessoas desigualadas em desvalor humano e permite-se que elas possam se integrar e serem inseridas nos ambientes sociopolíticos e econômicos dos quais foram marginalizadas por preconceito estrutural ou conjuntural. São essas ações que permitem que, pela atuação social reunida, se formem os laços que conjugam, em vez de separar. Suplantam-se os preconceitos, substituindo-os por novos conceitos. E esses formam-se a partir da convivência que a afirmação da igualdade propicia pelo convívio.

Sem oportunidades estabelecidas verticalmente e com perspectivas distintas, para o resgate do que antes distinguido a menor em relação a certos grupos de pessoas, não se construirá o ambiente sociopolítico necessário para chegar à comunhão edificante no novo desenho socioestatal constitucionalmente delimitado para o respeito aos valores supremos expostos no preâmbulo da Constituição e para a reestruturação da sociedade que seja livre, justa e solidária e a reinstitucionalização do Estado Democrático de Direito. Desiguala-se, então, no ponto de partida para se igualar na finalidade mais justa a ser obtida. Estabelecem-se oportunidades iguais com ofertas de condições educacionais, de saúde, de apoio ambiental e comunitário diferenciadas e legítimas, para se compor o equilíbrio social pela efetiva igualdade de direitos.[109]

A definição das políticas de ações afirmativas consolidou-se a partir das práticas norte-americanas, amplamente divulgadas e aproveitadas em outros países.

Entretanto, é importante realçar não ter sido nos Estados Unidos a primeira experiência desse novo olhar e nova prática voltada à implementação de conteúdo reinventado do princípio da igualdade.

A Índia parece ter sido o primeiro Estado a definir critérios de discriminação positiva. Conquanto fossem adotadas, antes mesmo de sua independência, práticas de reserva de cargos para os não brâmanes no serviço público e também em instituições educacionais, foi em sua primeira Constituição que se introduziu aquela definição de ações afirmativas com o estabelecimento de cotas. A Índia debateu na Assembleia Constituinte a matéria, que contava com a simpatia de Bhimrao Ramji Ambedkar, mais conhecido como Babasaheb e apelidado de pai da Constituição, Ministro da Justiça e Presidente do Comitê encarregado da elaboração da Constituição para aquela instituição colegiada. Atuante contra a discriminação social contra *dalits*, mulheres e trabalhadores, ele muito influenciou a elaboração da Constituição da Índia, promulgada em 1949 (a Índia tornou-se independente da Inglaterra em 1947), com início de vigência em 26 de janeiro de 1950. No art. 46 daquele documento se estabeleceu que quinze por cento (15%) dos cargos dos órgãos de governo seriam destinados aos *scheduled castes* (antes denominados *dalits*) e sete e meio (7,5%) aos *scheduled tribes* (denominados *adivasis*). Também nos arts. 330 e 331 foram definidos cargos reservados nas legislaturas providenciais e nacionais para aqueles grupos (*scheduled castes* e *scheluded tribes*) e, no art. 335, cotas para os *dalits*. A Constituição indiana proíbe discriminação para ingresso nas instituições de ensino (art. 29) e dispõe sobre o controle do cumprimento dessas ações (art. 338), determinando a nomeação de agente com a função de formular e apresentar relatórios para o Parlamento sobre o implemento das ações. Não se exauriram as medidas de discriminação positiva e de compensação naquelas previsões constitucionais. Na década de setenta do séc. XX, foram estendidas as cotas a grupos não incluídos naqueles antes mencionados, afirmando-se a sua condição de também terem sofrido discriminação sociopolítica e econômica. Em 1977, o novo governo que assumiu o governo indiano (Janata Party) nomeou a Segunda Comissão das Classes Atrasadas (*Second Backward Classes Commission*), apelidada Mandal Commision, por ter sido chefiada por Baby B. P. Mandal. O objetivo dessa Comissão foi definir os parâmetros definidores de quais seriam as "classes atrasadas" e as providências a serem adotadas para o resgate desses atrasos.

---

[109] Para Norberto Bobbio, "Um discurso não muito diverso deve ser feito acerca do outro princípio de igualdade, considerado como um dos pilares do Estado de democracia social (tal como o princípio da igualdade perante a lei representou um dos pilares do Estado liberal): o princípio da igualdade de oportunidade, ou de chances, ou de pontos de partida... não é supérfluo, ao contrário, chamar a atenção para o fato de que, precisamente a fim de colocar os indivíduos desiguais por nascimento nas mesmas condições de partida, pode ser necessário favorecer os mais pobres e desfavorecer os mais ricos, isto é, introduzir artificialmente ou imperativamente, discriminações que de outro modo não existiriam, como ocorre, de resto, em certas competições esportivas, nas quais se asseguram aos concorrentes menos experientes uma certa vantagem em relação aos mais experientes. Desse modo, uma desigualdade torna-se um instrumento de igualdade pelo simples motivo de que corrige uma desigualdade anterior: a nova igualdade é o resultado de equiparação de duas desigualdades" (BOBBIO, Norberto. *Igualdade e liberdade*. Rio de Janeiro: Ediouro, 1997, p. 30 e 32).

Em 1980, aquela Comissão entregou ao governo, então chefiado por Indira Gandhi, o relatório. Dele constaram três mil duzentos e quarenta e oito castas tidas como atrasadas, totalizando mais de 50% da população indiana e compreendendo mais de trezentos e cinquenta milhões de pessoas. Também constou daquele relatório um rol de diligências a serem levadas a efeito para a superação do atraso daquelas classes, como, por exemplo, a definição de que no total de 27% cotizados para os *scheduled cast* e *sheluded tribes* não se incluiriam as vagas para os pertencentes às classes atrasadas e a relativização da idade máxima para o ingresso no serviço público para essas castas e classes. Desinteressado o governo chefiado por Indira Gandhi em implementar as providências sugeridas pela Comissão Mandal, somente na década seguinte, em 1990, o novo Primeiro Ministro Vishwanth Pratap Singh decidiu efetivar as providências recomendadas. O número de cargos assegurados aos integrantes das denominadas *classes atrasadas*, as *scheduled cast* e as *scheduled tribes* subiu para quase quarenta e oito (48%) do total que seria reservado. Embora esse governo não tenha se mantido por longo período, em parte devido à adoção dessas medidas, é inegável que marcou tal posição. Mesmo a Suprema Corte daquele País tendo declarado inconstitucional outra resolução sobre a matéria pelo governo que se seguiu (o acréscimo de critério econômico para abrigar nos percentuais de cargos reservados pessoas mais pobres), foram mantidas algumas conquistas, como o afastamento do critério de casta como determinante na seleção dos candidatos escolhidos para os cargos, devendo se observar o nível educacional e profissional.

Não é raro ter-se, na doutrina, menção à África do Sul como país a ter adotado ações de reservas de vagas no serviço público e nos cargos governamentais desde a década de cinquenta do séc. XX. Não eram ações afirmativas, senão reservas de vagas em detrimento da maioria do povo desprestigiado e sofrido, colonizado e mantido em novas formas de afastamento do poder estatal. Desde 1948, sob o regime do *apartheid*, aplicou-se política e estabeleceram-se privilégios para os que constituíam minoria numérica como eram os brancos. O povo daquele Estado era majoritariamente composto de africanos e outros grupos não brancos. Aquela experiência política revela, de fato, discriminação negativa com base em preconceito e desvalor contra a maioria do povo, aos descolonizados mas não libertados integrantes daquela sociedade. Aquela experiência apenas demonstra que, até a derrocada do *apartheid* na década de noventa, as reservas de cargos de maior projeção sociopolítica para os brancos demonstravam a manutenção de regime opressivo da maioria para o favorecimento da minoria detentora do poder. Somente pela palavra poderosa de Nelson Mandela, em 1991, passou-se a debater e decidir sobre ações afirmativas na África do Sul no sentido constitucionalmente adotado, quer dizer, voltado a colmatar os prejuízos sociais, políticos, econômicos e jurídicos de populações inteiras, despojadas de sua dignidade pessoal, cultural e política. Com ele foi elaborada a Constituição provisória (promulgada em 1993 e com vigência a partir de 1994), na qual se encareceu a questão da igualdade não apenas formal, mas material e engajada no compromisso transformador para o benefício de todas as pessoas e superando-se o atraso da discriminação contra tão grande parcela de africanos. Dispôs-se naquele documento que "a sociedade deve tratar como legítima qualquer medida que objetive a proteção adequada e o avanço de pessoas que sofreram discriminação no passado". A eleição de Nelson Mandela como Presidente da África do Sul em 1994 permitiu que a política de ações afirmativas passasse a ser cumprida pelo *Public Service Act*.

Com a Constituição da África do Sul, promulgada em dezembro de 1996 e início de vigência em fevereiro de 1997, constitucionalizou-se, expressamente, a escolha pela igualação expansiva e inclusiva com a adoção de políticas de ações afirmativas (cap. 2, art. 9º, da Constituição da África do Sul).[110]

Nos Estados Unidos, de onde partiram as ideias e práticas mais divulgadas sobre o sistema de ações afirmativas, especialmente implementadas pelo critério de cotas ou reservas de cargos e posições de participação e poder social e estatal, após as primeiras medidas adotadas na década de sessenta do séc. XX, entidades particulares, especialmente instituições de ensino superior, passaram a adotar iguais medidas. Esses projetos foram objeto de questionamentos sociais e mesmo judiciais. Em 1978, no caso *Regents of the University of California* vs. *Bakke*, um estudante branco questionou a validade da reserva de vagas da Faculdade de Medicina. Alegou que lhe teria sido indeferido o pedido de inscrição, ao argumento de violação daquele programa de cotas em face do *equal protection clause*, previsto na 14ª Emenda à Constituição norte-americana. Ponderou-se, naquela ação, que, se de cada cem vagas, dezesseis destinavam-se a grupos minoritários, e, ainda, observando-se que a maioria das oitenta e quatro remanescentes, depois de retiradas aquelas, era provida por estudantes latinos ou negros pelas características populacionais da Califórnia, haveria desproporcional diminuição de vagas para pessoas que não fossem parte da minoria de direitos efetivados, como ele, homem branco. O caso submetido à Suprema Corte norte-americana dividiu os votos dos juízes, tendo sido a questão decidida pelo voto de Lewis F. Powell, Jr., que aceitou os argumentos de quatro dos integrantes daquele órgão no sentido de que a adoção do critério racial rígido para definição de cotas violaria o *Civil Rights Act* de 1964, pelo que Bakke haveria de ser admitido na Escola de Medicina. Entretanto, prevaleceu a conclusão da Corte de ser constitucionalmente admissível o uso do critério de raça, nas instituições de ensino superior, se viesse a ser um dos parâmetros adotados para a configuração do sistema de ações afirmativas. Outras universidades norte-americanas passaram, então, a adotar critérios de ampliação das oportunidades para os distanciados socialmente em períodos anteriores, permitindo-se, assim, a melhoria da participação de todas as pessoas nos ambientes socioeconômicos, educacionais e políticos. Essas discussões seguiram-se como, por exemplo, na década de noventa do séc. XX, quando decidiu a Corte de Apelação do 5º Circuito, no caso *Hopwood* vs. *Texas* ser inconstitucional o programa de ação afirmativa da Faculdade de Direito do Texas. Esse resultado foi revertido em 2003 pela Suprema Corte no caso Grutter vs. Bolllinger. Então se questionava a medida adotada pela Faculdade de Direito da Universidade de Michigan. Nesse processo, considerou-se constitucional o programa levado a efeito pela Escola, na esteira do precedente adotado no julgamento do caso

---

[110] "9. Equality 1. Everyone is equal before the law and has the right to equal protection and benefit of the law. 2. Equality includes the full and equal enjoyment of all rights and freedoms. To promote the achievement of equality, legislative and other measures designed to protect or advance persons, or categories of persons, disadvantaged by unfair discrimination may be taken. 3. The state may not unfairly discriminate directly or indirectly against anyone on one or more grounds, including race, gender, sex, pregnancy, marital status, ethnic or social origin, color, sexual orientation, age, disability, religion, conscience, belief, culture, language and birth.4. No person may unfairly discriminate directly or indirectly against anyone on one or more grounds in terms of subsection (3). National legislation must be enacted to prevent or prohibit unfair discrimination.5. Discrimination on one or more of the grounds listed in subsection (3) is unfair unless it is established that the discrimination is fair".

Bakke vs. *Regents of the University of California*, quer dizer, o critério de raça poderia ser utilizado nos programas de ações afirmativas pela fixação de cotas para determinados grupos, desde que não fosse parâmetro único e absolutamente rígido para a definição.

Dificuldades sempre se impuseram na sequência histórica de aquisição de direitos, em especial no que diz com a promoção da igualação das pessoas historicamente desigualadas e desfavorecidas e pelo seu construído desvalor, por preconceito e conveniências socioeconômicas e políticas (o ser humano usado como objeto ou máquina para produzir em benefício dos donos da produção ou mantido em situação de servidão ou exclusão do poder para se preservar o estado de conveniência dos detentores de todos os poderes). Assim, em junho de 2023, a Suprema Corte norte-americana concluiu, no caso *Students for Fair Admissions* vs. *Harvard*, pelo voto de seis dos seus nove juízes, ser inconstitucional a adoção do critério de raça como padrão legítimo para admissão de estudantes de grupos minoritários nas instituições de ensino superior. Considerado como retrocesso ao que se tinha construído legal e jurisprudencialmente sobre o princípio da igualdade, em sistemática expansiva e inclusiva de grupos minoritários na implementação de seus direitos, o recuo representa um alerta no sistema democrático. Nesse, liberdades e igualação combinam-se para a dignificação de toda a humanidade. Estreitar essa vereda que já se tinha rompido, para o cabimento de todas as humanidades, representa também retraimento dos espaços democráticos e solidários de convivência política com respeito a todas as pessoas, atribuindo-lhes iguais oportunidades. Nessa sequência nebulosa e perigosa para a democracia, divisada em anos recentes, em 21 de janeiro de 2025, o Presidente norte-americano assinou a Ordem Executiva 14173, determinando o fim de ações afirmativas em contratos federais e a imposição de licença remunerada ou exoneração dos funcionários selecionados em razão do critério de diversidade, de equidade e de inclusão.[111]

Essas experiências internacionais divulgavam a nova compreensão do princípio da igualdade e da necessidade de se reduzirem as desigualdades e se promover o bem de todas as pessoas, não de parcelas delas, em respeito à dignidade humana e à legitimidade democrática.

Na Constituição brasileira de 1988, os objetivos da República de reduzir as desigualdades sociais e regionais e proibir os preconceitos de origem, raça, sexo, cor, idade e quaisquer outras formas de discriminação combinam-se para que se chegue à promoção do bem de todas as pessoas. Há uma determinante — reduzir as desigualdades — e um critério proibitivo de ação legítima (*sem preconceitos...*) para a formação completa da sociedade que se põe à construção, quer dizer, livre, justa e solidária (inc. I do art. 3º).

---

[111] Executive Order 14173 of January 21, 2025 Ending Illegal Discrimination and Restoring Merit-Based Opportunity — By the authority vested in me as President by the Constitution and the laws of the United States of America, it is hereby ordered: Section 1. Purpose. Longstanding Federal civil-rights laws protect individual Americans from discrimination based on race, color, religion, sex, or national origin. These civil-rights protections serve as a bedrock supporting equality of opportunity for all Americans. As President, I have a solemn duty to ensure that these laws are enforced for the benefit of all Americans. Yet today, roughly 60 years after the passage of the Civil Rights Act of 1964, critical and influential institutions of American society, including the Federal Government, major corporations, financial institutions, the medical industry, large commercial airlines, law enforcement agencies, and institutions of higher education have adopted and actively use dangerous, demeaning, and immoral race- and sex-based preferences under the guise of so-called ''diversity, equity, and inclusion'' (DEI) or ''diversity, equity, inclusion, and accessibility'' (DEIA) that can violate the civil-rights laws of this Nation...

Não há liberdade na solidão; nem há solidariedade no viver egoísta, trancada a pessoa em si mesmo. Como ensina Bobbio, "todas as liberdades são solidárias; uma puxa a outra, uma não pode existir sem a outra".[112]

O ordenamento fundamental promulgado em 1988 reafirma a essência de Constituição comprometida com a travessia sociopolítica no rumo da libertação das pessoas com oportunidades material e efetivamente iguais, reinventando a sociedade para que o bem seja promovido para o respeito e o atendimento da dignidade de todas as pessoas.

A trajetória injusta e ingrata de desumanidades cometidas historicamente no Brasil ainda mostra seu rastro e permite ver os passos trilhados apenas por grupos seletos. À margem da rota escolhida sem presença de todas as pessoas se mantiveram legiões inteiras de pessoas desassistidas e desalentadas de direitos e de bens. As políticas e os sistemas de direitos positivados no curso histórico do Brasil fizeram-se cegos a multidões de escravizadas e escravizados, surdos aos lamentos de súditas e súditos assim considerados por governantes e administradores contentados por vassalagem. Democracia reclama cidadãs e cidadãos livres e responsáveis. Ulysses Guimarães bradou a carência democrática e cívica que a Constituição promulgada na tarde de 5 de outubro de 1988 vinha suprir e prover: "... é só cidadão quem ganha justo e suficiente salário, lê e escreve, mora, tem hospital e remédio, lazer quando descansa. Num país de 30 milhões, 401 mil analfabetos, afrontosos vinte e cinco por cento da população, cabe advertir a cidadania começa com o alfabeto".[113]

Pela formulação constitucional do princípio da igualdade ativa, material e expansiva, para a igualação dos historicamente desigualados, promovia-se o resgate necessário e urgente de um Brasil de quantas desigualdades quantas as incontáveis injustiças com que se povoou.

A Constituição reitera, expressamente, a proibição do preconceito em outros dispositivos além do inc. IV do art. 3º. Não é desimportante a sua presença implícita já no inc. III do art. 1º. Preconceito é violência que indigna. Logo, o respeito à igual dignidade de cada qual afasta o preconceito por lhe ser contrário. Alguém que tenha sofrido pela discriminação ilegítima relata o fato alegando-se sentir-se *indignado*. O preconceito é uma indignidade. E causa indignação a quem tenha sido seu centro. A Constituição brasileira repete a palavra preconceito, nas normas que estabelecem a sua vedação, e reforça essa escolha proibitiva ao expressar o *repúdio ao racismo* (inc. VIII do art. 4º) e definir como crime inafiançável e imprescritível a *prática do racismo* (inc. XLIII do art. 5º).

Como antes sobrelevado, a formulação normativa eleita pelo constituinte de 1987/1988, com ênfase específica ao princípio da igualdade, atendeu a demanda social categórica, no sentido de reinventar a sociedade brasileira, pondo abaixo e superando as desigualdades que cimentaram o dramático quadro, no qual se desenvolveram as relações de poder estatal e social, no curso de uma história porejada de preconceitos açulados para nunca passar. Mas haveria que passar. A injustiça há que ser sempre passageira breve. A travessia é da humanidade digna, afinal.

A Constituição brasileira fez mais para avivar o princípio da igualdade. No *caput* do art. 37 priorizou, entre os princípios determinantes a serem observados pela

---

[112] BOBBIO, Norberto. *As ideologias e o poder em crise*. Brasília: Editora Universidade de Brasília, 1994, p. 92.
[113] Discurso de Ulysses Guimarães no Ato de Promulgação da Constituição de 1988, em 5 de outubro.

Administração Pública direta ou indireta, o da impessoalidade. Republicanizou-se, então, no texto constitucional expresso, a igualdade definidora da legítima ação das pessoas federadas e seus entes administrativos. A impessoalidade importa em não considerar privilégios ou preconceitos em relação à pessoa usuária do serviço público ou interessada em dele participar de forma direta (como servidora ou, por exemplo, no controle da atuação administrativa exercendo direito de petição, questionamentos judiciais pela via de ações próprias como a popular). Não é fácil promover a igualação, é muito difícil observar a impessoalidade. No Brasil, todas as pessoas são favoráveis à República, seus princípios e suas regras, mas, em geral, para que sejam aplicados a outros que não o interessado. A coisa pública é patrimonializada e privatizada desde os primórdios do processo de formação do Estado brasileiro. Antes até. Não é deslembrado o pleito personalíssimo formulado por Pero Vaz de Caminha e dirigido ao Rei de Portugal na carta na qual relata o "descobrimento" dessas terras *brasilis*.[114] Não tem sido tarefa simples dar concretude à igualdade segundo critérios que se legitimam pelo interesse público e afastar o tratamento personalíssimo, que beneficia aqueles que ostentam características pessoais de natureza socioeconômica ou pelas relações sociais. Invisibilizada a prática de utilização de espaços públicos para atender interesses particulares, por se cuidarem de favores que se trocam entre negociantes do Estado, tem se mostrado difícil erradicar-se ela e cumprir-se o princípio constitucional. O nepotismo desafia a Administração Pública e até mesmo o Poder Judiciário.[115] E há formas de se personalizar e maquiar a impessoalidade a pretexto de atender a critério de mérito, que não pode impedir a igualação para se conservarem os mesmos quadros sociopolíticos nos ambientes mantidos pelos sempre mesmos grupos da comunidade.

A redução das desigualdades não será efetivada se não se cumprirem critérios novos para a integração de toda a comunidade política nos bens fundamentais jurídicos, materiais e políticos com os quais se relaciona no espaço de convivência. Enquanto alguns trilharem as vias centrais com todos os confortos propiciados pelo conhecimento e pela produção humana e outros forem mantidos à margem, carentes do mínimo necessário

---

[114] Ali solicita o escriba "E pois que, Senhor, é certo que tanto neste cargo que levo como em outra qualquer coisa que de Vosso serviço for, Vossa Alteza há de ser de mim muito bem servida, a Ela peço que, por me fazer singular mercê, mande vir da ilha de São Tomé a Jorge de Osório, meu genro — o que d'Ela receberei em muita mercê. Beijo as mãos de Vossa Alteza. Deste Porto Seguro, da vossa Ilha da Vera Cruz, hoje, sexta-feira, 1º dia de maio de 1500". O pedido ali apresentado respeita ao genro de Pero Vaz de Caminha, preso por assalto e agressão.

[115] No Brasil, o Supremo Tribunal Federal fez editar a Súmula nº 13, segundo a qual "A nomeação de cônjuge, companheiro ou parente em linha reta, colateral ou por afinidade, até o terceiro grau, inclusive, da autoridade nomeante ou de servidor da mesma pessoa jurídica investido em cargo de direção, chefia ou assessoramento, para o exercício de cargo em comissão ou de confiança ou, ainda, de função gratificada na administração pública direta e indireta em qualquer dos Poderes da União, dos Estados, do Distrito Federal e dos Municípios, compreendido o ajuste mediante designações recíprocas, viola a Constituição Federal". A despeito desse enunciado, tem-se flexibilizado a sua aplicação introduzindo-se critérios novos a alargar as hipóteses de admissibilidade de pessoas pelas características e vinculações pessoais de interessados. Da característica dos cargos públicos para os quais se escolhem as pessoas (alegando-se, por exemplo, que sendo de natureza política o cargo não haveria como se manter a proibição de escolha por decisão subjetiva e incontrastável do autor da nomeação; ou que, mesmo sendo possível estimular-se ou permitir-se troca de favores com cargos públicos, se a interessada ou o interessado tiver se concursado, ainda que para cargo inteiramente diverso e para cuja seleção não se exige igual qualificação, não estaria enquadrado na hipótese prevista no enunciado) até o afastamento de controle judicial possível ao argumento de que seria espaço de discricionariedade do administrador público, o certo é que se mostra tendência no sentido de retroceder, silenciosa e sub-repticiamente, no direito republicano conquistado e sumulado.

para existirem e se aventurarem na vida com dignidade e respeito, a violência continuará a incitar as guerras particulares ou estatais.

Não se cogita de unanimidade de tratamentos nem de uniformidade de comportamentos. O que se impõe pelo princípio da igualdade é o cuidado do direito com as iguais dignidades e liberdades que ditam as políticas pelas quais se ampliam os grupos de pessoas aptas a executar e fazer respeitar os direitos fundamentos de todas as pessoas.

O que legitima a medida adotada em relação a uma pessoa pelo Estado é o fator de discrímen utilizado e o nexo necessário, direto e lícito com a finalidade que com ele se busca. Há que se distinguir, pois, no dito constitucional proibitivo de preconceito seja qual for o fator determinante da ação discriminatória. Assim, ao determinar a Constituição brasileira dê-se a promoção do bem de todos sem preconceitos, com todo o rigor gramatical há de se interpretar a norma e a ela dar integral cumprimento. Preconceito, no Brasil, é crime.[116] Especialmente no que se refere a preconceito de raça, cor, gênero e idade, o ambiente sociopolítico brasileiro continua distando dos valores, princípios e objetivos constitucionais de fraternidade, igualdade e solidariedade.

Preconceito é vedado pelo sistema de Direito vigente no Brasil. Não significa que não se adotem fatores legítimos de discrímen no ordenamento jurídico e nas políticas públicas adotadas. A distinção por preconceito é vedada; aquela feita para igualar desigualados apresenta-se na Constituição mesma com o objetivo de superar as separações ilegítimas e indignas práticas no curso da história.

Especificamente quanto à raça, as políticas de ação afirmativa antes mencionadas, não poucas vezes, são adotadas no Brasil (como em outras partes do mundo), para se promover a transformação sociopolítica necessária, a fim de que o bem a cuja realização se volta o Estado e a sociedade estenda-se a todas as pessoas. Elas não foram suficientes até agora para se ter a superação dos preconceitos e no destratamento — até mesmo estatal — conferido às pessoas negras.[117] Mas continuam imprescindíveis para que se chegue ao fim da igualação e superação dos preconceitos, que é a pretensão buscada.

---

[116] Assim, por exemplo, a Constituição determina ser a prática do racismo "crime inafiançável e imprescritível, sujeito a pena de reclusão, nos termos da lei" (inc. XLII do art. 5º). Menos de um ano após a promulgação da Constituição, em 5.1.1989, sobreveio a Lei nº 7.716, na qual se definiram os crimes resultantes de preconceito de raça, cor, etnia, religião ou procedência nacional (art. 1º). Quanto à discriminação racial, o Brasil elaborou a Lei nº 1.390, de 1951, a sua primeira contrária ao racismo, pela qual se considerava contravenção penal a recusa de algum serviço público ou particular "por preconceito de raça ou de cor". O ditame constitucional vigente, que qualificou como crime a prática de preconceito por raça, estendida pela Lei nº 7.716 a discriminação decorrente de raça, cor, etnia, religião ou procedência nacional, alçou a expressão ou exposição do preconceito a tipo penal específico. Aquela Lei foi alterada pela Lei nº 9.459, de 1997, e, depois, pela Lei nº 14.532, de 2023. Em 2010, instituiu-se o Estatuto da Igualdade Racial pela Lei nº 12.288 e, em 2023, se incluiu no Governo Federal o Ministério da Igualdade Racial. Desde 2003, há órgãos no Brasil para promover a igualação considerando a necessidade de se superar o racismo que ainda preponderar na sociedade brasileira. Há que se torná-la solidária. Onde a igualdade é ditada pela espessura da pele não se há crer em solidariedade acolhida.

[117] Em julgamentos no Supremo Tribunal Federal se demonstrou a diferente postura e atuação até mesmo de agentes estatais em relação às pessoas negras. No julgamento do Recurso Extraordinário nº 635.659, o Ministro Alexandre de Moraes descreveu, em voto, o quadro dramático de desigualdades e preconceitos inda prevalecente, com gravíssimas consequências para as pessoas discriminadas. Afirmou ele, então: "A mediana para a caracterização de tráfico de maconha para os presos analfabetos é 32,257g; para quem tem segundo grau completo, a mediana é 40g; para os portadores de diploma de curso superior, a mediana é 49g. Se você é um usuário ou um traficante analfabeto, você vai ser preso por tráfico com 32g; com segundo grau completo, a mediana vai para 40g; se você fizer faculdade, 49g. De analfabeto para curso superior, a diferença é de 52%. A conduta é igual? A conduta é a mesma; as condutas são idênticas. Se alguém com curso superior, volto a insistir, é flagrado em uma esquina

O preconceito é insidioso, perverso e, em geral, covarde. Não se escancara para deixar ver sua sordidez.[118] Ciente disso, o constituinte brasileiro de 1987/88 especificou o único caso de ação afirmativa estabelecida em norma originária do texto constitucional promulgado em 1988. No inc. VIII do art. 37 se tem a determinação de reserva de "percentual dos cargos e empregos públicos para as pessoas portadoras de deficiência...". Não há ser humano perfeito, cada qual tem seus limites. Mas a apresentação de limitações ou necessidades específicas pode acanhar os desempenhos e restringir o exercício de autonomia de que cada qual dispõe. Apenas o saber de si e de seus limites e a solidariedade, que une no compartilhamento de experiências, deficiências e capacidades, ampliando as possibilidades de todas as pessoas, superariam, pela inclusão formal e material, direitos e venturas, para se construir uma nação justa.

Também as condições diversas e adversas na sociedade determinam a necessidade de se destacarem alguns grupos, a eles oferecendo mais oportunidades para se chegar ao mesmo patamar de civilização e dignidade dos, historicamente, mais bem fornidos de bens e direitos, como para os mais pobres, carentes de oportunidades para se aperfeiçoarem como seres humanos, como profissionais, como realizadores de seus talentos em benefício da humanidade.

---

com 32,35g, usuário; se é um analfabeto, traficante. Não há justiça nisso. Podemos entender que os dois são traficantes ou que os dois são usuários. O que não é possível é, com a mesma quantidade de droga, com as mesmas condições de apreensão, com as mesmas circunstâncias fáticas, alguém só ser considerado traficante, com 52% a mais de peso, somente por ter curso superior. Isso não é possível. No caso da idade, é pior ainda. No caso do critério idade, a variação é mais desproporcional. A mediana para caracterização de tráfico de maconha para suspeitos em torno de 18 anos é de 23,90g; então, um jovem, 23,90g; tráfico; para suspeitos até 30 anos, 36g; para suspeitos pegos com mais de 30 anos, 56g. Vejam, em torno de 18 anos, 23,90g; mais de 30, 56g, 134% a mais. Alguém com 30 anos pode ter mais do que o dobro de droga do jovem na mediana caracterizado como usuário; e o jovem é traficante. Já vamos somando duas questões para o analfabeto jovem — sempre a mediana é lá embaixo. Mais de 30, com curso superior, está quase 136% acima. Volto a insistir: podemos considerar que os dois são traficantes ou que os dois são usuários. O que não dá é, porque um tem 18 anos e o outro tem 32, um ser traficante e o outro usuário. Só esses dados demonstram porque, a partir dessa nova lei, lotamos nossos presídios com jovens analfabetos ou com primeiro grau incompleto — porque a mediana deles é baixa —, e, na sequência, com mulheres. Vejam, o que visualizamos, os dados comprovam estatisticamente. Quanto mais velho e de maior instrução, mais difícil ser caracterizado como traficante. Mesmo que você tenha 120% a mais de droga, na mediana você precisa ter 134% a mais. Alguma coisa está errada, e não há um manual para isso. Na verdade, isso foi sendo construído culturalmente. É o preconceito estrutural em relação ao jovem analfabeto".

[118] Na Antiguidade, as pessoas que não se comprovassem "úteis" para o trabalho ou para a guerra eram mortas. Mais frágeis que o normal da limitação humana, o recém-nascido igualmente era eliminado, lançado como era do alto das cordilheiras do Taijeto, no Peloponeso, Grécia. Na Tábua IV da Lei das XII Tábuas se tem que "o filho nascido monstruoso seja morto imediatamente". A barbaridade dos tempos atuais adotou outras formas de violência. Invisível ainda na atualidade, o preconceito contra a pessoa com limitações especiais físicas, mentais ou psicológicas manifesta-se com variado grau de violência, impondo tratamento desigual não segundo a condição insuficiente de cada pessoa, mas pelo preconceito. A integração de todas as pessoas passa pela presença dos diferentes no meio daqueles que não ostentem a mesma condição, mas que se reúnem para formar a coletividade de iguais em sua capacidade para desenvolver cada qual os seus pendores em benefício comum. Desde 1983, a Organização Internacional do Trabalho — OIT aprovou a Convenção nº 159, entronizada no sistema brasileiro pelo Decreto nº 129, de 1991. Nela se dispôs sobre a obrigação dos Países signatários instituírem política sobre reabilitação profissional e emprego para pessoas com deficiência com o objetivo de promover novas condições e aprimorar as oportunidades para essas pessoas no mercado regular de trabalho (arts. 1º e 2º) Art. 1º - 1 - Para efeitos desta Convenção, entende-se por "pessoa deficiente" todas as pessoas cujas possibilidades de obter e conservar um emprego adequado e de progredir no mesmo fiquem substancialmente reduzidas devido a uma deficiência de caráter físico ou mental devidamente comprovada.
2 - Para efeitos desta Convenção, todo o País Membro deverá considerar que a finalidade da reabilitação profissional é a de permitir que a pessoa deficiente obtenha e conserve um emprego e progrida no mesmo, e que se promova, assim a integração ou e reintegração dessa pessoa na sociedade... Art. 2º - De acordo com as condições nacionais, experiências e possibilidades nacionais, cada País Membro formulará, aplicará e periodicamente revisará a política nacional sobre reabilitação profissional e emprego de pessoas deficientes".

A Constituição do Brasil de 1988 apontou os rumos de superação do quadro de preconceitos e desvalorização pessoal, estimulada como foi historicamente, para a manutenção da reserva de poderes aos mesmos de sempre, desde os primeiros tempos do Estado brasileiro. Seria mesmo impossível constitucionalizar-se o Estado Democrático de Direito no art. 1º do novo ordenamento fundamental sem se atentar a que quase metade da população, composta por mulheres, é destratada socialmente, desigualada juridicamente, silenciada historicamente e invisibilizada economicamente. Cabe uma palavra sobre o preconceito contra as mulheres no processo social e político brasileiro. Como em relação às pessoas negras, igualmente destratadas e subpostas em funções sociais e estatais, desde os primeiros tempos do descobrimento, sem se pôr cobro a esta atrocidade social de escravidões formais e informais, também às mulheres se reservou papel de somenos na política, nas relações sociais e na economia. A ela cabia, reverente e subordinada aos senhores, obedecer e cuidar. O dever de cuidar — que é da humanidade em relação a quem necessitar de apoio, olhar ou colo — foi reservado à mulher, nada se revertendo do seu empenho em valia financeira, social ou reconhecimento pelo trabalho, dito do lar, ou doméstico, para se definir o diminuto e exclusivo espaço que lhe era reservado e no qual se haveria de manter.

O Brasil nunca foi solidário com as mulheres. Nem sequer as considerava mais que coisa, objeto apropriável e submetidas aos borralhos das casas e aos caprichos voluntariosos dos homens. Não que em outros países a destinação subalterna, para a qual foi empurrada a mulher, fosse muito distinta. A crueldade tem faces diversas. A do Brasil é, além de tudo, cínica. A mudança histórica da Corte portuguesa para o Brasil foi escrita sob a legenda de um homem: ensinam livros e mestres que a *Corte de João VI* chegou às terras do Brasil em janeiro de 1808. Não havia D. João VI em 1808. Em março de 1808 uma mulher era a titular do poder português, a Rainha Dona Maria I. Somente quase uma década depois, em 1816, com a morte da Rainha, D. João VI foi coroado Rei de Portugal.

Não foi diferente com a independência formal do Brasil de Portugal em 1822. Dona Leopoldina, Princesa Real e Substituta Regente, dirigiu os trabalhos da reunião do Conselho de Estado, no Paço da Boa Vista, em 2 de setembro de 1822. Então se encaminhou a decisão de se declarar a independência do Brasil de Portugal. A correspondência preparada foi por ela enviada ao Príncipe Regente, D. Pedro.[119] O seu recebimento por essa autoridade gerou a decisão formalizada com a Proclamação da Independência. Entretanto, não se registrou na história oficial alguma participação da Princesa Regente substituta, que estava no Paço no auge dos acontecimentos que conduziram ao desfecho da separação do Brasil da Metrópole.

Essa leitura histórica não é diferente em relação aos períodos prévios, às lutas pela independência. As mulheres não faltaram ao Brasil, não se abdicaram da luta pelas liberdades pessoais e políticas. Na Conjuração Mineira, em finais do séc. XVIII, Hipólita Jacinta Teixeira de Melo foi personagem central nas discussões e decisões levadas a efeito

---

[119] Dela partiu a indicação da independência em carta enviada, pelas mãos do mensageiro Paulo Bergaro, ao Príncipe, constando a sua advertência: "o Brasil será em vossas mãos um grande país... o Brasil vos quer para seu monarca. Com o vosso apoio ou sem vosso apoio ele fará a sua separação. O pomo está maduro, colhei-o já, senão apodrece" *In*: OBERACKER JR., Carlos Henrique. *A Imperatriz Leopoldina. Sua vida e sua época*. Rio de Janeiro: Conselho Federal de Cultura, 1973, p. 281.

pelos participantes do movimento em Vila Rica. Requintada social e intelectualmente, debatia os temas e adotou medidas para o êxito do objetivo libertário definido pelos denominados inconfidentes mineiros e para a proteção dos partícipes, quando descoberto e punido o conjunto de pessoas que então lutou pela independência. Em seus territórios, na Ponta do Morro, no arraial de Prados, então Comarca de Rio das Mortes, Minas Gerais, Dona Hipólita recebeu gentes tidas como irresignadas e insurgentes, que acorriam a seus serões e compreendiam aqueles que não se curvaram às exigências do insaciável Fisco da Coroa portuguesa. Manteve-se resoluta e resistente mesmo após a derrota do movimento, registrando "quem não é capaz para as coisas não se meta nelas. E mais vale morrer com honra que viver com desonra". Impôs-se como voz de quem age por ciência e consciência, para planejar a conquista das liberdades, para assegurar o apoio aos conjurados julgados e para se manter íntegra mesmo após a derrocada do movimento. Sobre tão importante e inegável papel desempenhado por Dona Hipólita nada constou nos documentos históricos referentes ao período. Não se registrou, nos autos da Devassa, sua atuação objetiva, central e constante na Conjuração. Entretanto, seus bens foram confiscados pela Coroa portuguesa, em confissão do Visconde de Barbacena sobre a condição ocupada por ela na denominada inconfidência mineira, então considerado crime de lesa-majestade, para o qual prevista aquela pena. O confisco de todos os seus bens, incluídos aqueles que teriam de ser ressalvados pela meação conjugal, configuram o reconhecimento de sua condição de conjurada. Passados mais de duzentos anos da Inconfidência Mineira, em 1999, o então Governador de Minas Gerais reconheceu a condição resistente, combatente e importante de Hipólita Jacinta Teixeira de Melo e a ela outorgou a Medalha da Inconfidência em Ouro Preto, em 21 de abril, iniciando, formalmente, assim, o resgate de sua memória e de sua significação para o processo de independência e de lutas impenitentes das mulheres pelas liberdades amáveis. Em 2023, seu nome foi inscrito no Panteão da Inconfidência em Ouro Preto e, em 2025, seu nome foi inscrito no Livro dos Heróis e Heroínas da Pátria, pela Lei nº 15.086. Quanto tempo! Quantas lutas antes e quantas haverá para as mulheres terem direitos iguais, reconhecidos e respeitados! Não foi diferente o silêncio que encapuzou as lutas de Bárbara de Alencar, de Maria Quitéria, de Maria Filipa, dentre tantas mulheres que se insurgiram sobre todas as formas de opressão, incluída a que atingia todo o povo das terras do Brasil. Foram solidárias todas elas e muitas mais com o povo brasileiro, com os cuidados com os seus e com a cidadania. O Brasil não em sido solidário com as mulheres!

O que foi imposição de silêncio e ocultação histórica da mulher, pela ação planejada que excluiu de possibilidades de participação mulheres em todo o mundo, transformou-se, agora, em matança acintosa. Matam-se mulheres por elas serem o que são: mulheres. A desumanidade faz-se mortalha das mulheres. Em 2023, mais de oitenta e cinco mil mulheres ou meninas foram mortas dolosamente e quase 60% dos crimes foram consumados por seus parceiros ou por membros da família em todo o mundo, segundo dados do Anuário da ONU mulheres. Esse número revela que todos os dias foram assassinadas 140 mulheres em todo o mundo. No Brasil, em 2024, o Anuário de Segurança Pública apontou que pelo menos um mil e trezentos e oitenta e sete mulheres foram assassinadas por razões relacionadas ao gênero, em média de quatro feminicídios por dia. Foram registrados, naquele ano, setenta e oito mil e quatrocentos e sessenta e três estupros, com a média diária de duzentos e catorze casos.

Triste história de um povo que assassina suas meninas e suas mulheres e arrota normas afirmando o Estado Democrático de Direito voltado à construção de uma sociedade livre, justa e solidária.

Direito é verbo. Justiça é vida. Injustiça é negação do verbo, e morte é o fim da vida. A indignidade arquitetada e praticada desrespeita os princípios de direito e desatende os fins da vida comunitária e solidária.

Desde a década de setenta do séc. XX, as mulheres brasileiras passaram a se reunir e a reagir para tornar efetivos jurídica e socialmente seus direitos. Ditadura não gosta de direitos. Menos ainda de mulheres ou qualquer grupo que resolva alardear e lutar por direitos fundamentais. Tirano tem a sanha de achar que fundamental somente ele. Delírios que nunca morrem! Se a palavra Direito tem timbre feminino, os preconceitos aliam-se aos arroubos covardes que os gritos tornam atos de violência. Em Recife, na trevosa década de tantas dores brasileiras como a de setenta do séc. XX, advogadas foram recusadas em concurso para a magistratura e, em Juiz de Fora, um magistrado declarou que mulher jamais seria de corpo de jurados na jurisdição por ele titularizada. As advogadas brasileiras deram início ao movimento que abriria as primeiras cunhas para o processo de identificação e formalização de direitos igualados para mulheres e homens no ordenamento jurídico brasileiro. Com o lema *diferentes, mas não desiguais* iniciaram elas ações de protesto contra os preconceitos que as impediam de seguir seus talentos e vocações, que as discriminavam e dificultavam seus desejos e realizações. Grupos de mulheres, como, por exemplo, o Brasil Mulher, reuniram-se, desvencilhando-se do Centro da Mulher Brasileira, para postular direitos não garantidos, a maioria deles sequer incluída no ordenamento jurídico. A Convenção sobre a Eliminação de Todas as Formas de Discriminação contra a Mulher (CEDAW), adotada pela Assembleia Geral das Nações Unidas em 1979, deu relevo ao sentido da dignidade humana compreensiva da igualdade de tratamento e respeito a direitos iguais para mulheres e homens. Em seus *consideranda* se estampa que a "Declaração Universal dos Direitos Humanos reafirma o princípio da não discriminação e proclama que todos os seres humanos nascem livres e iguais em dignidade e direitos e que toda pessoa pode invocar todos os direitos e liberdades proclamados nessa Declaração, sem distinção alguma, inclusive de sexo...". Aquele documento, ratificado pelo Estado brasileiro em 2002, pelo Decreto nº 4.377, traz o reconhecimento de ser "necessário modificar o papel tradicional tanto do homem como da mulher na sociedade e na família". Então, para o cumprimento dos objetivos transformadores fixados, firmou-se o comprometimento dos Estados-partes daquele documento de adotar medidas adequadas, legislativas e de outras naturezas, com sanções pela prática de discriminações contra a mulher, e estabelecer a proteção jurídica de seus direitos, "para eliminar a discriminação" contra ela praticada por qualquer pessoa, organização ou empresa.[120]

---

[120] Na triste e perversa história do Brasil contra a mulher a legislação sempre atendeu os interesses discriminatórios praticados contra ela. Desde as Ordenações Filipinas, que foram aplicadas no País até o advento do Código Penal imperial, aprovado em 1830 e vigente a partir de 1831, em períodos anteriores à formação independente do Estado nacional, a previsão misógina e androcêntrica, características dos portugueses, estampa-se o desvalor da mulher. Previa-se nas normas ordenadas que "achando o homem casado sua mulher em adultério, licitamente poderá matar assim a ela, como o adúltero" (título XXXVIII do Livro V). Se fosse o amante da classe da nobreza e o marido traído, plebeu, não poderia ele algo fazer para "defender a sua honra". Essa norma suscitou e sustentou tese de Direito Penal amplamente adotada em tribunais de júri pela história brasileira até 2023, quando o

Nos trabalhos constituintes de 1987/88 não havia mulheres na Mesa Diretora do Congresso. Em década na qual assassinatos de mulheres explodiram e deram força e sequência aos movimentos sociais de resistência e pleitos de pacificação (realce dado ao movimento *Quem ama não mata*), grupos de mulheres, apelidados de *Lobby do batom*, compareceram à Assembleia para expor direitos e pleitear sua inclusão no ordenamento constitucional. A se construir uma sociedade solidária, com compromissos e responsabilidade pela promoção do bem de todas as pessoas, sem preconceitos de origem, cor, idade e sexo, há que se cuidar de romper com o passado de feminicídios e acanhamentos de direitos, semear um presente de trabalhos em comunhão e fazer frutificar um futuro de liberdades e dignidades.

Na sequência combinada de normas, própria de sistema jurídico democrático, a igualação pôs-se no dispositivo constitucional como destaque para o tema de gênero, a fim de dotar de efetividade jurídica e social os valores da fraternidade e do pluralismo sem preconceitos, anunciado no preâmbulo daquele documento. Consta do inc. I do art. 5º a norma segundo a qual "Todos são iguais perante a lei, sem distinção de qualquer natureza... I - homens e mulheres são iguais em direitos e obrigações, nos termos desta Constituição".

O especial cuidado da igualdade reconhecida em normas não é suficiente para a efetividade dos direitos, como demonstram os alucinados números de feminicídios e outras formas de violência física, psicológica, econômica e política contra a mulher. Mas, se não é bastante, inegável que é imprescindível. Somente a partir das normas que reconhecem direitos surgirão instrumentos jurídico-constitucionais hábeis a fazer valer o que já conquistado, para a dignificação de todas as pessoas, independente do gênero.

A alteração do estatuto da igualdade de gênero perpassa a Constituição do Brasil. Alterou-se, por norma constitucional, a qualificação e os direitos dos membros da família, afirmando-se, no §5º do art. 226: "Os direitos e deveres referentes à sociedade conjugal são exercidos igualmente pelo homem e pela mulher".

Supremo Tribunal Federal, julgando a Arguição de Descumprimento de Preceito Fundamental nº 779, declarou inconstitucional a interpretação da legislação e a utilização da interpretação sobre a possibilidade de haver feminicídio sob o argumento de ser o assassinato legítima defesa da honra do autor do assassinato e ter a conduta da vítima o que teria provocado a prática criminosa. Na trágica defesa formulada por conhecido advogado brasileiro, a vítima do feminicídio teria "provocado suicídio por mãos alheias", pelo que essas não mereceriam pena. Em 2024, o Supremo Tribunal Federal, na Arguição de Descumprimento de Preceito Fundamental nº 1.107, Relatora a Ministra Cármen Lúcia, conferiu interpretação conforme à Constituição à legislação processual penal vigente para excluir a possibilidade de se arguir, em Tribunal de Júri, a vida pregressa da vítima como causa de crimes contra a dignidade sexual, constando da ementa do caso: "Alegada conduta omissiva e comissiva do Poder Público no combate à violência contra a mulher. Processos de apuração e julgamento de crimes contra a dignidade sexual. Questionamentos quanto ao modo de vida e à vivência sexual pregressa da vítima. Ofensa aos princípios da igualdade e da dignidade da pessoa humana. Arguição julgada procedente". Concluiu-se naquele julgado: "Arguição julgada procedente para i) conferir interpretação conforme à Constituição à expressão "elementos alheios aos fatos objeto de apuração" posta no art. 400-A do Código de Processo Penal, para excluir a possibilidade de invocação, pelas partes ou procuradores, de elementos referentes à vivência sexual pregressa da vítima ou ao seu modo de vida em audiência de instrução e julgamento de crimes contra a dignidade sexual e de violência contra a mulher, sob pena de nulidade do ato ou do julgamento, nos termos dos arts. 563 a 573 do Código de Processo Penal; ii) fica vedado o reconhecimento da nulidade referida no item anterior na hipótese de a defesa invocar o modo de vida da vítima ou questionar quanto à vivência sexual pregressa com essa finalidade, considerando a impossibilidade do acusado se beneficiar da própria torpeza; iii) conferir interpretação conforme ao art. 59 do Código Penal, para assentar ser vedado ao magistrado, na fixação da pena em crimes sexuais, valorar a vida sexual pregressa da vítima ou seu modo de vida e iv) assentar ser dever do magistrado julgador atuar no sentido de impedir essa prática inconstitucional, sob pena de responsabilização civil, administrativa e penal".

O advento de nova ordem constitucional não transforma a cultura plasmada na sociedade. Mas ela configura marco imprescindível para o advento de nova conformação social e política. A transformação do quadro normativo tem relevância como ponto de inflexão e possibilidades para os espaços que podem ser recriados na experiência humana, remodelando-se o modo de vida na sociedade. No inc. III do §1º do art. 40 e nos inc. I e II do §7º do art. 201, por exemplo, se estampam normas sobre aposentadoria e regime previdenciário, para a servidora e o servidor público e para a trabalhadora e o trabalhador, que demonstram o empenho da sociedade em reconhecer e se solidarizar com a mulher em seus diferentes papéis, possibilitando vislumbrar-se mudança na condição feminina.

Também evoluiu o Direito no cuidado às pessoas nos espaços judiciais. O direito à jurisdição é assegurado como fundamental, desde as primeiras declarações de direito do séc. XX especialmente (arts. 8º e 10 da Declaração dos Direitos Humanos da ONU). A garantia do direito à jurisdição dota de efetividade direitos proclamados nas Declarações Internacionais de Direitos Humanos e nas normas constitucionais sobre a matéria. Quanto aos trabalhadores, muitas vezes mais vulneráveis economicamente e em subordinação que poderia enfraquecê-los quando confrontados judicialmente com os empregadores, a criação mesma da Justiça do Trabalho brasileira, pelo Decreto nº 1.237, de 2.5.1939 (com vigência iniciada em 1.5.1941), norteou-se pela definição da possibilidade de se ter tratamento distinto para as partes, a fim de se contrabalançarem os pratos da balança da justiça. Essa a explicação para a organização desse ramo do Poder Judiciário e para a imprescindibilidade de se buscar a conciliação como fase incontornável nas causas submetidas àquele juízo especializado. Ao desequilíbrio socioeconômico e à dependência do trabalho e do emprego pelos mais vulneráveis respondeu-se com jurisdição com meios impeditivos de vulnerabilizar e desigualar mais ainda os direitos dos trabalhadores. Não se questionam as razões consideradas para esse tratamento distinto em tema de contorno fino e sensível, como é o da imparcialidade da justiça e de seus integrantes juízes.

A maturação institucional conduziu à reorganização dos modelos de prestação jurisdicional em todo o mundo, não diferente do que está acontecendo no Brasil. Também com a necessidade de se garantir a prestação plena e substantiva da jurisdição, novas especializações de juízos foram institucionalizadas.[121]

---

[121] Pelas dificuldades do confronto de partes em matéria processual, especialmente criminal, em especial violências que atingem crianças e mulheres em ambiente doméstico, cuidou-se, no Brasil, de se garantir a possibilidade de se institucionalizarem varas de enfrentamento à violência das pessoas. Não apenas o esmero intelectual e processual das magistradas e dos magistrados forma melhor os órgãos julgadores e permite pensar em julgamentos mais adequados à legislação com conhecimento específico e aperfeiçoado, como as instalações e os servidores atuantes nesses juízos adotam meios e modos para a preservação da dignidade processual, não se permitindo o desconforto de uma parte da ação constrangida ou até mesmo amedrontada em face do órgão julgador e da outra parte. Por isso se montam espaços específicos nos quais há, por exemplo, ambientes para as mulheres deixarem seus filhos durante as audiências, quando for o caso, com acompanhamento de especialistas em psicologia, quando tanto se fizer mister, dentre outras medidas que tornam mais fáceis humanamente e mais dignas administrativamente as condições de recebimento de quem se mostra em estado de desconforto ou constrangimento em demanda judicial.
No Brasil, a omissão do Estado conduziu ao questionamento de comportamentos criminais não conhecidos e julgados adequadamente em órgãos transnacionais, como se deu no Caso nº 12.051, de que foi parte Maria da Penha Maia Fernandes (conhecido como Caso Maria da Penha). Depois de ver negligenciado, pelo Poder Judiciário brasileiro, o direito à vida, ameaçada gravemente pelas lesões e tentativa de homicídio praticadas em ambiente doméstico, recorreu à Comissão Interamericana de Direitos Humanos da Organização dos Estados

Alçar a igualdade de gênero não teria sido suficiente sem a interpretação e a aplicação simultânea das medidas legais e administrativas garantidoras da vedação do preconceito. A Constituição brasileira modelou cenário normativo que possibilita a travessia de uma sociedade machista e preconceituosa para outra, justa e igualitária, na qual pessoas iguais em dignidade não permaneçam à margem da humanidade, construída sob os escombros de barbaridades perpetradas pela coisificação dos seres humanos, todos voltados à libertação para a construção do seu destino.

Para ser plenamente aplicado o princípio da solidariedade há que ser legítimo o critério adotado. Por ele haverá de se comprovar a necessidade de se desigualar para igualar e incluir.[122] Superando-se o quadro de marginalização e separação dos diferentes é que se pode reinventar a construção social superando-se fases pretéritas, pelas quais deixadas à margem tantas pessoas, por preconceitos e interesses subalternos. No Brasil, como em outras experiências infelizes pelo mundo, há preconceitos e discriminações em graus diversos até mesmo entre integrantes de um mesmo grupo social. Assim, por exemplo, há preconceito contra a mulher. Mas ele se manifesta mais cruel e vertical quanto a mulheres que não tiveram iguais oportunidades sociais, econômicas e políticas para buscarem, com liberdades, sua vocação; ou mulheres negras em condições economicamente difíceis para se prover e a seus dependentes são muito mais frequentemente sujeitas a preconceitos do que aquelas que puderam fazer livremente suas opções. É grave e doída a denúncia de Carolina Maria de Jesus ao clamar: "Não digam que fui rebotalho,/ que vivi à margem da vida./ Digam que eu procurava trabalho,/ mas fui sempre preterida".

O que determina a legitimidade do processo sociopolítico solidário pela igualação transformadora é o fator aproveitado pelo legislador ou órgão administrativo, ou mesmo por entidade particular, e a sua vinculação à finalidade, que também haverá de ser válida juridicamente. Sempre que, por preconceito ou malquerença conceitual, alguém discriminar e separar alguém do convívio, de sua via ou de sua oportunidade pratica ato proibido pelo Direito. Toda discriminação odiosa é inválida e configura preconceito, cuja manifestação é vedada.

O mandamento constitucional de promoção do "bem de todos, sem preconceitos de origem, raça, sexo, cor, idade e quaisquer outras formas de discriminação" afasta a validade da utilização de critério que signifique ou revele prejulgamento por

---

Americanos, tendo sido condenado o Brasil. Desde ontem, além da Lei nº 11.340, de 7 de agosto de 2006, elaborada para coibir violência doméstica e familiar contra a mulher, novas leis foram elaboradas no sentido de instrumentalizar a prevenção e a repressão à violência contra a mulher.
Em movimento permanente, as mulheres incomodaram e persistem a inquietar os que se aboletaram em cargos de poder estatal ou social e que concluem estarem a perder poder, escanteando-as. Pela força, não pelo convencimento, mantiveram a desvalorização das mulheres na experiência comum, na possiblidade de sua participação em todos os campos do conhecimento e da sociabilidade cooperativa em benefício de uma humanidade mais pacífica e livre. E contra a força sempre haverá a luta pela justiça.

[122] Anota Joaquín Arce y Flórez-Valdéz que "La igualdad no significa, por tanto, que todos deban ser tratados de la misma manera: la igualdad ... significa también desigualdad de trato, sobre todo a favor de aquellos que se encuentran en una situación de inferioridad, respecto de quienes ostentan una posición ventajosa. ... lo que en principio supone la igualdad es que 'todas las personas merecen la misma consideración ante la ley, que todas participan en el poder y que son los mismos sus derechos y obligaciones'. Pero no puede reconducir, en modo alguno, a un severo igualitarismo" (ARCE Y FLÓREZ-VALDÉZ, Joaquín. *Los principios generales del Derecho y su formulación constitucional*. Madrid: Editorial Civitas S.A., 1990, p. 162).

razões subjetivas, arbitrárias e prejudiciais, como padrão válido para se estabelecer a desigualação de tratamento para a igualdade material. A Constituição estabelece como punível ("a lei punirá") qualquer discriminação atentatória aos direitos e liberdades fundamentais (inc. XLI do art. 5º). A ordem dirigida ao legislador impõe-lhe o dever de estabelecer punição, sem escolha ou exclusão, a prática contrária aos direitos fundamentais que pudesse ser levada a efeito sem consequência jurídica punitiva. No mesmo norte, criminaliza a prática do racismo (forma especial e cruel de preconceito, destrutivo da igualdade) (inc. XLII do art. 5º).

Afastadas as vedações constitucionalmente expressas (cor, raça, religião, etnia, origem, idade, por exemplo — inc. IV do art. 3º) com as quais não se pode compadecer o legislador nem o aplicador da legislação, sob pena de incorrer em inconstitucionalidade, o fator desigualador aproveitado haverá de ser avaliado para conclusão sobre a sua legitimidade, considerando-se o critério adotado e a finalidade buscada com a prática. Assim, o gênero poderá ser eventual e motivadamente critério definidor de determinada política quando se voltar a objetivo específico a ser cumprido por homem ou mulher. Por exemplo, para se chegar à paridade de gênero em tribunais, o Conselho Nacional de Justiça determinou, no processo de expansão da participação equânime de mulheres e homens nos órgãos do Poder Judiciário, a obrigatoriedade de observância de escolha de mulheres para se superar a sub-representação do gênero feminino, nos casos de provimento dos cargos judiciais em comissão e na inclusão alternada de umas e de outros nas listas encaminhadas ao titular do Poder Executivo, para escolha e nomeação de cargos de juízas e juízes (Resoluções nºs 155/2018 e 540/2023). Vale o mesmo comportamento legislativo e administrativo ao se reservar percentuais de cargos a serem providos por etnias indígenas ou por pessoas negras, entre outros determinantes da inclusão, para se suplantar quadro histórico de preconceitos e inferiorização de umas por outras pessoas. Proibida, assim, é a utilização do fator idade por mero preconceito, quer dizer, para discriminar e impedir alguém, por exemplo, de participar de concurso público ou ingressar no serviço público em razão de sua idade mínima ou máxima. O que se busca, assim, é a superação do etarismo, quer dizer, o preconceito decorrente de idade mínima ou máxima. Entretanto, nem é absoluto esse dado (a Constituição mesma estabelece os casos em que esse fator é considerado, como, por exemplo, idade mínima de trinta e cinco anos para Presidente, Vice-Presidente da República, Senador e Ministro do Supremo Tribunal Federal e trinta anos para Governador de Estado, vinte e um anos para Deputado Federal ou Estadual, Prefeito e dezoito anos para Vereador — art. 14 e seus incisos da Constituição), nem se impede a definição, até mesmo por particulares, de distinção de idade máxima para determinados cargos, sempre proibido o preconceito como critério definidor do comportamento. Permite-se, legitimamente, a fixação de idade máxima em decorrência do sistema previdenciário, quando se permite aposentadoria pelo sistema público especial, mas se veda o reingresso após a idade máxima, pois se teria novo vínculo com iguais consequências de seguridade em duplicidade, o que retira a possibilidade de outra pessoa ter também acesso.[123]

---

[123] Sobre esse tema o Supremo Tribunal Federal sumulou o seguinte enunciado: "Súmula 683 - O limite de idade para a inscrição em concurso público só se legitima em face do art. 7º, XXX, da Constituição, quando possa ser justificado pela natureza das atribuições do cargo a ser preenchido". Nesse sentido, por exemplo, o RE nº 600885,

A adoção desses critérios busca, assim, a multiplicação das possibilidades de participação de todas as pessoas, com garantia da eficiência dos serviços e trabalhos executados "para o bem de todos", sem exclusão nem preconceitos, assegurando-se a observância do princípio do pluralismo político (inc. V do art. 1º da Constituição).

O objetivo é impedir o surgimento e a permanência do quadro de minorias jurídicas, algumas sendo maiorias sociais numéricas. Estaria desatendido o princípio da igualdade se prevalecesse quadro de diferenças por preconceitos e interesses particularistas, quer dizer, sociedade na qual a maioria numérica da população, sendo de mulheres e de pessoas negras, tivessem seus negaceados, mantendo-se privilégios de homens e pessoas não negras, pela só condição de acederem sempre a melhores e mais frequentes oportunidades nos serviços públicos, no aperfeiçoamento pessoal, educacional, cultural, mantendo-se inalterado o quadro de regalias de algumas pessoas e desvalor de outras.

As desigualdades somente serão reduzidas, concretizando-se o objetivo da República com a soma de todos os direitos fundamentais imprescindíveis ao respeito à dignidade humana e à convivência solidária, para o que os instrumentos de igualação social, constitucionalmente previstos, ensejam.

O que se busca, no constitucionalismo democrático desenhado no sistema brasileiro, é o impedimento de criação ou estratificação de castas e estamentos, que calcifiquem desigualdades por preconceitos, a impedir o movimento sociopolítico vital possibilitador do aperfeiçoamento das relações entre as pessoas. Esse pendular histórico e contínuo para a aquisição de direitos que permite a transformação da forma de convivência em iguais dignidades e oportunidades para todas as pessoas. Isso é a promoção do bem de todos os viventes.

O que se impõe como objetivo da República brasileira é, portanto, o desenvolvimento de todas as pessoas com igual posição de centralidade na titularidade e respeito a direitos fundamentais. Não há marginais na República pela sua desigual condição sociopolítica e econômica; não há marginalização pela carência de direitos fundamentais assegurados pela promoção de condições e de oportunidades iguais para todas as pessoas.

As legiões de pessoas marginalizadas formam o que se apelida de minorias jurídicas, mesmo sendo, como lembrado, não poucas vezes, maioria numérica em determinada sociedade. Consta do inc. III do art. 3º da Constituição ser meta imposta ao

---

do qual fui Relatora e julgado pelo Tribunal Pleno: "Ementa: Direito Constitucional e Administrativo. Concurso Público para ingresso nas Forças Armadas. Critério de limite de idade fixado em edital. Art. 10 da Lei nº 6.880/1980. Art. 142, §3º, inc. X, da Constituição da República. Declaração de não recepção de norma com modulação de efeitos. Desprovimento do recurso extraordinário. 1. Repercussão geral da matéria constitucional reconhecida no Recurso Extraordinário nº 572.499: perda de seu objeto; substituição pelo Recurso Extraordinário nº 600.885. 2. O art. 142, §3º, inciso X, da Constituição da República, é expresso ao atribuir exclusivamente à lei a definição dos requisitos para o ingresso nas Forças Armadas. 3. A Constituição brasileira determina, expressamente, os requisitos para o ingresso nas Forças Armadas, previstos em lei: referência constitucional taxativa ao critério de idade. Descabimento de regulamentação por outra espécie normativa, ainda que por delegação legal. 4. Não foi recepcionada pela Constituição da República de 1988 a expressão "nos regulamentos da Marinha, do Exército e da Aeronáutica" do art. 10 da Lei nº 6.880/1980. 5. O princípio da segurança jurídica impõe que, mais de vinte e dois anos de vigência da Constituição, nos quais dezenas de concursos foram realizados se observando aquela regra legal, modulem-se os efeitos da não-recepção: manutenção da validade dos limites de idade fixados em editais e regulamentos fundados no art. 10 da Lei nº 6.880/1980 até 31 de dezembro de 2011. 6. Recurso extraordinário desprovido, com modulação de seus efeitos (RE nº 600885, Relator(a): CÁRMEN LÚCIA, Tribunal Pleno, julgado em 09.02.2011).

Estado e à sociedade brasileira erradicar a marginalização. Ela é o atestado de que não há igualdade, na forma juridicamente definida no sistema. Quem está à margem não dispõe da mesma aptidão reconhecida e assegurada de participação igual no processo sociopolítico e econômico. O Direito não há de considerar que, na descrição de minorias e maiorias, se identifiquem pessoas "boas" e outras "más". Não é essa a via nem a compreensão a ser perfilhada. O que se tem na descrição de minorias em direitos é que essas ficam marginalizadas jurídica, social, econômica e politicamente, do que há de se ocupar o ordenamento normativo democrático. Esse é um fenômeno que acantona quadros de pessoas com graves problemas de adaptação social e política, do que resultam também problemas de violências contra elas e descontentamento contra as instituições partindo de toda a cidadania. Esvai-se a segurança jurídica e social e põe-se em questão a eficácia mesma do Direito para oferecer respostas aptas à superação do fenômeno de marginalização e desvalorização de círculos numerosos de indivíduos.

Minorias subvalorizadas em sua humanidade e em suas dignidades jurídicas não são recentes. De civilizações antigas, passando pelo Medievo e pela formação do Estado moderno, a história é repleta de arranjos sociais e políticos nos quais são identificadas maiorias e minorias. Coletividades com diversidades econômicas e políticas, sem identificação de serem apenas desvantajosas, em dimensões diversas, para uns e outros, coexistiram. A pluralidade étnica, religiosa e econômica diversificava também as formas de organização política e a institucionalidade dos entes estatais.

A racionalização das formas de organização do Estado moderno modificou a estrutura social e determinou novas relações políticas baseadas em direitos iguais assegurados para todas as pessoas. A unificação dos entes locais; o estabelecimento da língua, se não única, predominante e formalizada como identificador de cada povo; e a consolidação do conceito e da juridicização da soberania dos Estados, em cujo território as diferenças se avultam, passaram a revelar e a relevar a questão das minorias jurídicas e sociais e a realçar a necessidade de incluir, no cuidado do Direito, o tema da marginalização.

A doutrina marca, como início da preocupação e proteção internacional de grupos minoritários, a denominada Paz de Vestfália de 1648. Pelo Tratado de Osnabruck, com o qual se selou o fim da Guerra dos Trinta Anos na Europa (1618-1648), foram resguardados direitos das minorias religiosas.[124] Entretanto, até o Tratado de Paris, de 1856, a proteção das minorias restringia-se à questão de grupos religiosos. Naquele documento começa-se a vislumbrar alguma preocupação e proteção a minorias étnicas. Até a Primeira Guerra Mundial, período no qual a carência de normas protetivas de direitos fundamentais das minorias foi ressentida com violação maciça daqueles direitos, não se teve cuidado específico e geral sobre o tema.[125] Com o Tratado de Versailles, pelo qual afirmada a

---

[124] É certo que o Tratado de Augsburg (também conhecido como Paz de Augsburg) de 1555, firmado entre o Imperador Romano Carlos V e as forças da Liga de Esmalcalda, garantiu tolerância oficial para os luteranos no Sacro Império Romano-Germânico. A política adotada era a do *cujus regio, ejus religio*, quer dizer, prevaleceria a religião do príncipe para todos. Pelo tratado assinado permitiu-se que os súditos pertencentes a uma das religiões seriam titulares de alguns direitos, incluídos sobre o seu patrimônio, não podendo "ser magoados em sua honra".

[125] O historiado genocídio armênio, que conduziu à morte de mais de um milhão e meio de pessoas daquela comunidade, no período da Primeira Guerra Mundial (1914-1918), é tido pelos turcos como decorrente da guerra civil com o agravamento da fome e de doenças. Não obstante, historiadores como, por exemplo, o britânico Arnold Toynbee estudaram e divulgaram os fatos como característica de genocídio.

paz entre os contendores e criada a Sociedade das Nações, esboça-se o cuidado com as minorias de raça, língua, etnia, além daquelas religiosas, que tinham sido tratadas antes em outros pactos internacionais. Nem eram gerais os critérios para a definição e o cuidado de minorias nem se cuidou de igualar os direitos dos diferentes grupos. Os Estados vencidos eram aqueles contra os quais haveria de se enfraquecer mais ainda para evitar nova ação contrária aos interesses dos vencedores.

Nas primeiras décadas desse sofrido e cinzento séc. XXI, avolumam-se os problemas humanitários relacionados à questão das minorias e da marginalização de legiões de famintos de pães, de paz e de solidariedade, imprescindíveis para garantir conforto humano e equilíbrio pessoal e estatal, tornando, então, a aventura civilizatória menos tensa e impenitente para o bem viver.

No Estado Democrático de Direito, minorias não podem ser desconhecidas, como também não podem ser desconsiderados o processo e as consequências da marginalização decorrente de preconceitos e todas as formas de discriminação para o desvalor de pessoas e grupos.

No séc. XX, o mundo assistiu, horrorizado e aterrorizado, às atrocidades praticadas na Segunda Guerra Mundial. O Direito que se seguiu ao fim daquela bestialidade desvairadamente cruel pretendeu responder àquela hediondez desumana. Buscou-se elaborar, então, um Direito que humanizasse a existência e superasse a selvageria que se viu possível de ser praticada.

Os traumas gerados pela barbárie nazista e a tentativa de dizimação de nações inteiras, como os grupos de judeus, comprometeram, em parte, o que se elaborou em normas internacionais sobre o tema da proteção de minorias. Havia o temor concreto de que minoria de partidários de ideias extremadas, radicais e intransigentes, cuja semente repugnante de desumanidade pudesse ainda prosperar, germinasse sob o pálio de um Direito humanitário protetivo. Não se admitiu a inclusão de normas que pudessem cogitar de minorias, a distinguir aquelas que não são radicais e intolerantes. Para alguns fautores dos primeiros documentos da ONU, como Eleanor Roosevelt, com o seu significativo papel naquele trabalho, seria suficiente a proibição do genocídio e de todas as formas de discriminação para impedir a marginalização das minorias. A sequência de documentos internacionais, pelos quais convencionaram os Estados signatários a proteção integral dos direitos dos mais vulnerabilizados (comunidades étnicas, trabalhadores mais desguarnecidos de oportunidades intelectuais, econômicas e sociais, dentre outros), ampliou a via para a constituição de comissão da ONU com a especial atribuição de propor orientações e medidas contra todas as formas de discriminação e de proteção das minorias.[126] Em 1966, a Declaração dos Direitos Civis e Políticos da

---

[126] Podem ser mencionados muitos documentos internacionais que cuidam da proteção das denominadas minorias e contra todas as formas de discriminação, como, por exemplo, a Convenção contra a Discriminação na Educação (1960); Declaração das Nações Unidas sobre todas as Formas de Discriminação Racial (1963); Convenção Internacional sobre a Eliminação de todas as Formas de Discriminação Racial (1965); Convenção Internacional sobre a Supressão e Punição dos Crimes de Apartheid (1973); Carta Africana sobre os Direitos Humanos e dos Povos (1981); Convenção para a Eliminação de Todas as Formas de Discriminação contra as Mulheres (1981); Declaração sobre Raça e Preconceito Racial (1982); Convenção contra o Apartheid nos Esportes (1985); Convenção sobre os Direitos das Crianças (1989); Carta Africana sobre os Direitos e o Bem-Estar das Crianças (1990); Declaração sobre os Direitos das Pessoas Pertencentes a Minorias Nacionais ou Éticas, Religiosas e

ONU previu, em seu art. 27, que "nos Estados em que haja minorias étnicas, religiosas ou linguísticas, as pessoas pertencentes a essas minorias não poderão ser privadas do direito de ter, conjuntamente com outros membros de seu grupo, sua própria vida cultural, de professar e praticar sua própria religião e usar sua própria língua". Em 1989, a ONU estatuiu, no art. 30 da Convenção sobre os Direitos da Criança, que "nos Estados Partes que abrigam minorias étnicas, religiosas ou linguísticas, ou populações autóctones, não será negado a uma criança que pertença a tais minorias ou a um grupo autóctone o direito de ter sua própria cultura, professar ou praticar sua própria religião ou utilizar seu próprio idioma em comunidade com os demais membros de seu grupo". Em 1995, a ONU adotou a Declaração sobre os Direitos das Pessoas Pertencentes a Minorias Nacionais ou Étnicas, Religiosas e Linguísticas, pela Resolução nº 47/135, assumindo os Estados-partes o dever de "proteger a existência e a identidade nacional ou étnica, cultural, religiosa e linguística das minorias dentro dos seus respectivos territórios e incentivar as condições para a promulgação dessa identidade".

O que se aspira com aquelas regras é o impedimento da construção de sociedades nas quais grupos de pessoas sejam mantidos à margem dos direitos e, assim, sejam postos e deixados ao desamparo em sua dignidade. Direitos têm de ser resguardados e garantidos a todos os membros da família humana, em igualdade de condições para o igual respeito à sua identidade, assegurando-se oportunidades de desenvolverem seus talentos e participarem das escolhas da forma de vida adotada.

Mais que as minorias étnicas, linguísticas, de religião e de crenças, há que se atentar às minorias de direitos, quer dizer, coletividades às quais não se dão iguais oportunidades para a sua evolução plena em liberdades de eleição do seu caminho. Carecem os integrantes dessas minorias de condições materiais, educacionais, culturais, sociais, econômico-financeiras e políticas para serem partícipes do processo civilizatório e da ambiência social. Essas coletividades, que ficam à margem, são impedidas de estar na centralidade da convivência social e política e no exercício dos seus direitos fundamentais. Carecem elas de condições mínimas de existir com dignidade, abandonadas que são sob viadutos, em bordas de estradas, nas beiradas de rios, na periferia de cidades, enfim nas fronteiras da vida.

Como as minorias étnicas, culturais, linguísticas tiveram espaço de cuidado específico em convenções internacionais, cabe também aos Estados tratar de minorias formadas de vulneráveis economicamente, de desamparados materialmente, de desguarnecidos culturalmente, de desguardados politicamente, em suma, daqueles que formam hordas de desavidos, deixados ao desabrigo de direitos fundamentais e deserdados de sua própria dignidade.

É nesse quadro de vulnerabilizados, desatendidos por organizações estatais e supranacionais, por particulares seguidores de concepções econômicas e tecnológicas, ambientadas em desvalores egoístas e imprudentes, que as minorias prosperam em cidades herméticas à igualdade e indesejosas de mudanças para situação que acolha todas as pessoas e promova o bem.

Linguísticas, adotada pela ONU pela Resolução nº 47/135 (1992); Carta Árabe dos Direitos Humanos (2004); Declaração de Pequim (Quarta Conferência Mundial sobre a Mulher — 1995); Declaração de Durban Conferência Mundial contra o Racismo (2001); Declaração das Nações Unidas sobre os Direitos dos Povos Indígenas (2007).

Deve ser realçado que a minoria étnica, por exemplo, sofre marginalização dos excluídos de sempre. Em tempos de tantas guerras (mais de cinco dezenas de conflitos armados dizimando populações e apavorando sobreviventes, refugiados da esperança em busca de um cochichó para chamar de seu sossego), encompridam-se as fileiras dos andejos nas beiradas de estradas. No Brasil, conquanto sejam sujeitos de direitos especificamente cuidados no sistema constitucional, os indígenas persistem desrespeitados em seus direitos.[127] Não se superou a carga de estigmatização contrária a essas irmãs e irmãos, nem mesmo se tendo a certeza de serem eles os principais responsáveis pelo cuidado de florestas e rios em suas terras, preservadas como são pelo seu cuidado e conhecimento, de experiência feita e comprovada, para o eficiente trato pelo qual se protegem as matas e o bem-estar do planeta. A riqueza da fauna e da flora, a saúde do clima e a vitalidade do meio ambiente estão grandemente resguardados pela ação prodigiosa e exemplar dos indígenas. O descuido com os direitos dos indígenas, com as diferentes culturas por eles cultivadas, que enriquecem línguas, costumes e exemplos de formas de vida distintas, descumpre a Constituição e agride a sociedade brasileira, além de pôr em risco o meio ambiente ecologicamente equilibrado, garantido como direito fundamental para todas as gerações (art. 225 da Constituição).[128]

Para a efetividade plena dos direitos fundamentais se assegura o igual acesso à justiça, até mesmo com advocacia assegurada constitucionalmente aos que não puderem escolher algum profissional do Direito às suas expensas, sem comprometimento de seu provento. Nesses casos, o Estado garante a advocacia sem ônus para a pessoa interessada

---

[127] A Constituição brasileira cuidou dos indígenas ("dos índios", na terminologia normativa) em seu Título VIII (arts. 231 e 232), avançando no sistema protetivo dos seus direitos em situação singular de respeito e garantias para esses brasileiros. A identificação do indígena passa pela sua qualificação sentimental como membro de uma comunidade culturalmente identificada por ele integrada. Essa comunidade é identificada etnicamente por uma contínua história pela qual se comprovam o pertencimento e a legitimação cultural da comunhão do grupo. No viver prosseguido a história se constrói e se reconstrói sem perder o ânimo singular da comunidade e seu peculiar modo de ser e de valorar sua experiência. A Constituição brasileira adotou essa concepção ao estabelecer, no §1º do art. 231, serem "terras tradicionalmente ocupadas pelos índios as por eles habitadas em caráter permanente, as utilizadas para suas atividades produtivas, as imprescindíveis à preservação dos recursos ambientais necessários a seu bem-estar e as necessárias a sua reprodução física e cultural, segundo seus usos, costumes e tradições". A titularidade dessas terras impediria que ficassem eles deserdados de espaços adequados para se manterem com sua identidade e sua dignidade preservada. Entretanto, quase quatro décadas após a promulgação da Constituição, não se chegou a bom termo no tema e os indígenas continuam lutando pelos seus direitos e, muitas vezes, agredidos brutalmente em sua vida e em sua dignidade. Talvez um dos fatos de maior crueldade, a demonstrar a insensibilidade social e a desumanidade com que se comportam algumas pessoas em relação aos indígenas, tenha sido o crime hediondo cometido contra o líder indígena da etnia pataxó hã-hã-hãe Galdino Jesus dos Santos. Dormindo no cimento de um ponto de ônibus, em Brasília, foi ele brutalmente assassinado por cinco jovens que, na madrugada de 20 de abril de 1997, como se fosse uma diversão de fim de noite, o transformaram em tocha humana. Até 2021, mais de um mil e quinhentos mil indígenas foram vítimas de homicídio no Brasil.
Poderia ter sido fato criminoso dramaticamente lembrado pela crueldade do ato e atrocidade nunca mais repetida. Entretanto, em horror maior, se repetiu a história em fevereiro de 2025, um jovem de dezesseis anos foi detido por ter planejado e executado tentativa de homicídio de pessoa em situação de rua, no bairro Pechincha, Rio de Janeiro. O lançamento de dois coquetéis molotov no homem que dormia ao relento foi transmitido ao vivo pela rede *discord*, popular entre jovens. Até o que se tem apurado, a transmissão teria sido assistida, em tempo real, por pelo menos duzentos e quarenta e uma pessoas. Um policial teria filmado o ataque. O horror é ilimitado!

[128] Em janeiro de 2023 foi institucionalizado, no Brasil, o Ministério dos Povos Indígenas. Conquanto o tema relativo à garantia e proteção dos direitos dos povos indígenas seja atinente a mais de um órgão ministerial (dos direitos humanos, da saúde, da educação, dentre outros), a existência de órgão específico permite a eficiência e a centralização da notícia dos problemas específicos destes grupos, de suas terras e a coordenação das políticas públicas elaboradas e implantadas para a sua solução.

(inc. LXXIV do art. 5º da Constituição). Para assegurar a igual garantia de acesso à justiça, com os mesmos instrumentos e oportunidades processuais, foram constituídos superiormente os órgãos de defensoria pública, pelos quais todas as pessoas dispõem de mesma qualificação na defesa de seus direitos individuais ou coletivos.

Suprir as despesas com a advocacia e os custos judiciais, para que os direitos sejam discutidos e pleiteados, em igualdade de condições, também pelas pessoas consideradas necessitadas, com insuficiência de recursos para providenciar os pagamentos daqueles ônus, é sinal de respeito solidário da sociedade, para que se tenha assegurado o equilíbrio das relações jurídico-processuais. Assumir a sociedade o denominado *custo vulnerabilis* é combinar os esforços de todos para a garantia da jurisdição equitativa, pelo que erigida essa à condição de fundamental. Com os recursos públicos se supre o ônus decorrente da prestação da Justiça igual para quem acorre aos órgãos do Poder Judiciário, sejam os mais ricos, sejam aqueles que não podem assumir os honorários por insuficiência de suas condições materiais. Um interesse mal pleiteado ou mal defendido pode importar em frustração de direitos e justiça mal prestada pela inoperância dos instrumentos disponíveis para todas as pessoas. Razoável, portanto, que aquelas pessoas que podem pagar os profissionais por elas escolhidos assumam os custos processuais e os honorários devidos e as que não o podem fazer tenham, na atuação profissional da Defensoria Pública, a garantia de ser bem representado em juízo ou administrativamente (incs. LIV e LV do art. 5º). A cada um, segundo a sua necessidade. O que é fundamental não pode ser distinguido na essência a ser assegurada social e politicamente, sob pena de esvaziamento do direito à igualdade. A representação profissional administrativa ou judicial igualmente qualificada iguala direitos e impede a parcialidade por complacência ou preconceito. Não há de prosperar a desdita lembrada por Ruy Barbosa, segundo o qual "O direito dos mais miseráveis dos homens, o direito do mendigo, do escravo, do criminoso, não é menos sagrado, perante a justiça, que o do mais alto dos poderes. Antes, com os mais miseráveis é que a justiça deve ser mais atenta, e redobrar de escrúpulo; porque são os mais mal defendidos, os que suscitam menos interesse, e os contra cujo direito conspiram a inferioridade na condição com a míngua nos recursos. ... Não ser baixo com os grandes, nem arrogante com os miseráveis. Servir aos opulentos com altivez e aos indigentes com caridade".[129]

6.7. *Solidariedade intergeracional ambiental*. Na Constituição do Brasil, articulou-se, em capítulo específico no título sobre a ordem social, o direito fundamental ao meio ambiente ecologicamente equilibrado (art. 225). Naquela disposição constitucional se pôs em relevo o princípio da solidariedade entre gerações, o compromisso de uma geração com outra ou de cada geração com toda a humanidade presente e futura. Essa sistematização do direito fundamental à solidariedade intergeracional em matéria ambiental formulou o que, por exemplo, Gomes Canotilho apelida de Estado Socioambiental ou Estado Constitucional Ecológico.[130] O ambiente, equilibrado ou

---

[129] BARBOSA, Ruy. *Oração aos Moços*. Brasília: Senado Federal, 2019, p. 68.

[130] CANOTILHO, J. J. Gomes. *Op. cit.*, p. 362. Aquele autor atribui aos "direitos de solidariedade" de todas as gerações os que respeitam a esse tema, entre outros por ele também inseridos na mesma categoria. Também na jurisprudência constitucional afirma-se essa qualificação de direito fundamental de terceira dimensão. Assim, por exemplo, no Mandado de Segurança nº 22.164, o Relator, Ministro Celso de Mello, encarece essa adjetivação do direito ao meio ambiente ecologicamente equilibrado: "A questão do direito ao meio ambiente ecologicamente

insalubre, determina a qualidade da vida humana e da não humana, compreendendo a fauna e a flora. A experiência humana é complexo venturoso, cuja construção depende de todos os elementos nos quais ela se desenvolve.

No modelo de compensação histórica, que positiva instrumentos eficazes para a igualação jurídica, adotam-se políticas de inclusão, firmam-se compromissos civilizados e sensíveis, para a superação dos erros praticados no passado e para a superação de preconceitos cristalizados nas estruturas sociais. Na extensão do princípio da solidariedade ao cuidado com as próximas gerações se impõe o engajamento do presente com o futuro. A solidariedade afirma-se como o fio de humanidade a encadear, na travessia histórica, o desenrolar civilizatório em sequência de conquistas para o bem ser de cada uma e de todas as pessoas. A solidariedade constitucional é a ponte de justiça intergeracional permitindo a travessia para o futuro democrático e justo.

O acolhimento do princípio da solidariedade intergeracional, incrustado expressamente no art. 225 da Constituição brasileira de 1988, inova ao ampliar o conteúdo do que estabelecido no inc. I do art. 3º (que haverá de ser interpretado e aplicado para todos os temas, não apenas para a questão ambiental) e explicita a natureza fundamental do direito ao meio ambiente ecologicamente equilibrado como uma das faces do direito básico à saúde de todos os povos e de todas as gerações presentes e futuras.[131]

O princípio da solidariedade enucleia o conceito de justiça intergeracional, realçado no tema ambiental e no da saúde climática do planeta, pois esse fator atravessa gerações e supera fronteiras materiais de soberania entre Estados nacionais.

O rio que chora no Amazonas entristece o céu dos confins da Europa. Quando uma floresta se inflama, o planeta todo tem febre. E a infecção atmosférica planetária não tem mais prazo para se curar.[132] Sequer mesmo há certeza de que haverá cura se

---

equilibrado. Direito de terceira geração. Princípio da solidariedade. O direito à integridade ao meio ambiente. Típico direito de terceira geração. Constitui prerrogativa jurídica de titularidade coletiva, refletindo, dentro do processo de afirmação dos direitos humanos, a expressão significativa de um poder atribuído não ao indivíduo identificado em sua singularidade, mas, num sentido verdadeiramente mais abrangente, à própria coletividade social. Enquanto os direitos de primeira geração (direitos civis e políticos) — que compreendem as liberdades clássicas, negativas ou formais — realçam o princípio da liberdade e os direitos da segunda geração (direitos econômicos, sociais e culturais) — que se identificam com as liberdades positivas, reais ou concretas — acentuam o princípio da igualdade, os direitos de terceira geração, que materializam poderes de titularidade coletiva atribuídos genericamente a todas as formações sociais, consagram o princípio da solidariedade e constituem um momento importante no processo de desenvolvimento, expansão e reconhecimento dos direitos humanos, caracterizados, enquanto valores fundamentais indisponíveis, pela de uma essencial inexauribilidade" (Plenário, DJ 17.11.1995).

[131] O direito ao meio ambiente ecologicamente equilibrado exsurge, no texto constitucional, no inc. VI do art. 170, que o afirma como princípio da ordem econômica, cujo fim é "assegurar a todos existência digna, conforme os ditames da justiça social". Esse dispositivo combina-se com o conteúdo do art. 225, que explicita aquele direito fundamental, interpretado pelos constitucionalistas como sendo "de terceira dimensão", apenas para marcar as fases de aquisição e inserção nos sistemas constitucionais e internacionais. Nesse sentido, por exemplo, CANOTILHO, J.J. Gomes. Op. cit., p. 386. Mas é no art. 225 que o princípio da solidariedade entre gerações se expressa com maior realce no texto constitucional brasileiro.

[132] As discussões na Assembleia Constituinte de 1987/88 sobre meio ambiente decorreram das preocupações que passaram a ser divulgadas no Ocidente desde o final dos anos 60 do séc. XX. Então, a poluição atmosférica, especialmente sentida em grandes centros urbanos, tornou-se cuidado com a saúde de todas as pessoas. Teve início o que era o primeiro olhar para as consequências do agir inconsequente das pessoas, suas empresas e seus desempenhos. Somente com algumas situações não planejadas, nem esperadas, talvez, geradoras de catástrofes ambientais como desastres em rios da Califórnia, poluição ambiental grave em Nova York, incêndio no Rio Cuyahoga, fizeram erguer os olhares das autoridades para a questão do meio ambiente. Em 1972 se reuniram em Estocolmo, Suécia, mais de uma centena de Países soberanos, dali tendo se extraído a Declaração de Estocolmo

com vinte e seis princípios relativos ao meio ambiente e desenvolvimento em Plano de Ação com mais de cem recomendações e uma Resolução. Desde então, a evolução do tema levou à qualificação do meio ambiente ecologicamente equilibrado e sustentável e o clima saudável como direitos fundamentais mundialmente reconhecidos em sistemas constitucionais e em documentos internacionais assinados e comprometidos pela quase totalidade dos Estados nacionais. A questão ambiental e climática, como a ética na política e a democracia para todas as liberdades das pessoas são as questões nucleares do constitucionalismo e da política em todo o mundo contemporâneo. Assim a declaração do Ministro Ayres Britto, em voto na ADI nº 4.029: "Meio ambiente hoje é tão importante que, ao lado da moralidade na vida pública e ao lado da democracia, ele se tornou, o meio ambiente, uma questão planetária. Se há três questões hoje planetariamente relevantes, uniformemente prestigiadas são: ética na política, democracia e meio ambiente" (*Diário de Justiça Eletrônico* de 27.6.2012).

No Brasil, deve ser realçado que, apesar de as Constituições antecedentes à de 1988 não terem articulado norma específica e enfática sobre o tema, a preocupação com o equilíbrio e a preservação das florestas e rios, de seus habitantes e dos povos indígenas, especialmente, data de períodos remotos em relação ao despertar tardio da humanidade e dos Estados industriais sobre o tema. Desde a primeira década do séc. XX, havia manifestações de preocupação com o tema relativo à preservação das florestas, principalmente a Amazônica, suas águas, a fauna e a flora brasileiras. Rememorei, em voto na ADPF nº 760, que "Em 1914, foi publicada no Brasil a obra, do ex-Ministro deste Supremo Tribunal, Alberto Torres. Tendo deixado o cargo dez anos após o seu ingresso, aqui tendo permanecido de 1899 a 1909, publicou em 1914, pela primeira vez, 'A Organização Nacional'. Ali expressava sua preocupação com a questão do que ele chamava de geografia nacional, relativamente a dados que se expressavam em sua atenção à floresta amazônica".

Afirmou aquele ex-Ministro na obra antes mencionada, nos idos de 1914: "a civilização humana é produto do sacrifício da Terra ao impulso de cobiças incontidas. Guiado por suas ambições, no atropelo de conquistas e ocupações territoriais, satisfazendo desejos e necessidades com uma brutalidade vizinha do apetite animal, sem espírito de equilíbrio entre as camadas sociais contemporâneas e sem consciência da continuidade da espécie, o homem estabeleceu-se, no reino da sua vitória material sobre os outros seres, como um dominador, para quem os bens da Terra são despojos conferidos ao gozo de cada geração. ... não é rara entre homens esclarecidos a ilusão de que os recursos e forças da Terra não têm sido, material e economicamente comprometidos... A primeira das razões desta convicção é também contudo, um argumento a se lhe opor: a crença no poder gerador da natura naturans e no destino teleológico da Terra a transformar matéria inorgânica em matéria orgânica: uma confiança supersticiosa, em suma, nas forças e energias da natureza. Semelhante ilusão não resiste ao estudo sereno e refletido da realidade, na história da exploração da Terra. Sem contar com a diminuição do calor solar — de efeitos que escapam à apreciação e alcance do poder humano — a devastação de extensas regiões do globo, com alteração de climas e condições meteóricas e esgotamento de riquezas naturais — é fato patente e fartamente documentado. Nas regiões intertropicais este fenômeno atinge proporções violentas, manifestando-se em rápidos e desastrosos casos de deterioração dos meios físicos. O Brasil apresenta, talvez, o caso típico de mais rápida destruição. Compare-se ao Egito e à China, ao vale da Mesopotâmia, onde a exploração continuada por dezenas de séculos, não destruiu quanto destruímos em pouco mais de três... Esta obra de ruína é resultado do conflito entre a natureza do homem e a da sociedade ... com ideais e princípios que se tem procurado fazer cumprir e não realizar... Os brasileiros representam, no quadro da civilização moral e social, um estágio em que o disparate entre as aparências e as realidades atingem proporção colossal. ... Não há quem possa contestar, gravemente, que a política desceu, em nosso país, a um estado de desordem e de anarquia, difícil de ser ultrapassado. ... Pela Amazônia há muito que fazer, com respeito à conservação dos seringais, à extração da borracha, ao serviço dos trabalhadores, explorados como escravos, às vezes, até, com sacrifício da vida: a especulação, a prodigalidade e o absenteísmo atingem aí proporções incalculáveis. Não é possível confiar nas medidas até agora tomadas pelo governo sem espírito prático e defraudadas por graves artifícios econômicos, tal como a valorização da borracha. Na escolha do pessoal obedeceu-se, provavelmente, mais a sugestões políticas que ao propósito de escolher gente idônea. O problema da Amazônia é gravíssimo, no ponto de vista social, no econômico e, possivelmente, no político. Com os abusos da exploração e desbarato de terras e dinheiro, com a destruição vandálica de suas preciosas florestas de seringais e madeiras, excesso de tributação e desgoverno, e com o já consideravelmente desenvolvimento de propriedades estrangeiras é muito para temer-se que esta região... fique sendo ... na parte devastada, viveiro insalubre de populações miseráveis, abandonadas ao ócio, ao álcool, ao impaludismo...".

Na parte final daquela obra, Alberto Torres sugere revisão da Constituição de 1891, com proposta de dotar-se de competência "o representante e o preposto da União" para exercer as funções do Poder a que pertencem, determinadas em regulamento expedido pelo Congresso nacional, "especialmente para os seguintes fins:...III. Velar pela manutenção ou restauração das condições meteóricas e climáticas, necessárias à saúde dos habitantes e à produtividade dos terrenos; providenciar pela conservação das matas, necessárias aos suprimentos dos mananciais, e promover a rearborização, a execução das leis rurais e florestas, a conservação do curso e vazão regular das águas e sua conveniente distribuição para uso doméstico, industrial ou agrícola, bem como fazer a polícia da caça e da pesca..." (TORRES, Alberto. *A Organização Nacional*. Rio de Janeiro: Cia. Editora Nacional, 1938, p. 233 e ss.)

Cento e oito anos após o escrito do ex-Ministro desta Casa cá estamos, ainda uma vez, a temermos pela Amazônia, pelas florestas brasileiras, pelo maltrato e desgoverno quanto às riquezas da Terra no Brasil. O que mudou neste mais de um século foi que a natureza não perdoou o ser humano pelos insultos ambientais provocados. Mudou todo o organismo social estiver contaminado por péssimas condições, impedindo a sobrevivência da espécie humana.

Interpretando a Constituição brasileira, no ponto específico da matéria ambiental como direito fundamental, enfatizei, em voto proferido no Supremo Tribunal Federal, na Arguição de Descumprimento de Preceito Fundamental nº 760, que o conjunto de normas constitucionais referentes aos direitos fundamentais ao meio ambiente ecologicamente equilibrado e à saúde é fonte dos princípios que determinam obrigações estatais e da coletividade para o perfeito cumprimento daqueles direitos com base nos seguintes princípios colhidos do subsistema constitucional ambiental: a) princípio da dignidade ambiental; b) princípio da ética ambiental; c) princípio da solidariedade em matéria ambiental; d) princípio da eficiência ambiental; e e) princípio da responsabilidade em matéria ambiental.

Quanto aos três primeiros daqueles princípios, realcei, naquela oportunidade, que o Direito Constitucional contemporâneo construiu sistemas normativos fundamentais, cuja centralidade está no princípio de vinculação das pessoas, reunidas politicamente e experimentando suas liberdades segundo formulação jurídico-normativa (e esse é o Estado de Direito) em respeito integral à humanidade, inerente a cada pessoa natural.

a) *Dignidade ambiental*. A dignidade da espécie humana impõe o respeito à igualdade, essência de todo ser humano, e à desigualdade, singularidade de cada qual. A afirmação do princípio constitucional da dignidade da espécie humana é a linha condutora do repensamento não apenas das normas jurídicas, mas do fazer jurídico, político e do fazer social segundo o juridicamente estabelecido.

A Constituição do Brasil de 1988 é interpretada e aplicada no sentido extensivo dos termos expressos do inc. III do seu art. 1º. Em 1988, o princípio da dignidade da pessoa era avanço inegável e necessário no Brasil. As novas tecnologias, as novas possibilidades que o conhecimento científico e a medicina propiciaram, os novos direitos e a nova ética fizeram com que aquele princípio se estendesse para além da pessoa identificada nos termos de um direito que se ultrapassou, passando a ser entendido como inerente à espécie humana, não mais se requerendo a identificação de determinada pessoa humana, como antes mencionado. Mesmo quando ainda não há a identificação do sujeito de direitos — como são as gerações futuras —, há que se atentar aos direitos ao meio ambiente ecologicamente equilibrado dos que virão, para que o legado da humanidade respeite o futuro e quem nele vier a viver.

A espécie humana estende-se pela vida que foi, a que é e a que vai ser. A dignidade é da essência do ser humano, como acentuei antes. Sua observância, entretanto, põe-se

---

também a sensibilidade planetária pela certeza produzida, cientificamente, que a vida humana compõe-se pela sua essência combinada com as condições do meio ambiente. E ela está em risco e possibilidade concreta de inviabilidade da vida em todo o planeta.

É de se anotar que, no Brasil, antes mesmo da Constituição de 1988, pela Lei nº 6.938/1981, que dispôs sobre a Política Nacional do Meio Ambiente, no inc. I do art. 3º, definiu-se o meio ambiente como "o conjunto de condições, leis, influências e interações de ordem física, química e biológica, que permite, abriga e rege a vida em todas as suas formas".

Desde a Constituição de 1934 se estabeleceu a competência da União para legislar privativamente sobre florestas, mas sem o cuidado do meio ambiente vinculado à saúde planetária. Muito mais recente é que o ser humano e os agentes e órgãos governamentais deram-se conta da gravidade da contaminação provocada na terra. Somente então o Direito passou a tratar do tema com a compreensão de que a obrigação de cuidar é dever de solidariedade, para a sobrevivência da espécie no presente e no futuro.

no plano social, dependente do Direito. Vincula-se, fundamentalmente, à eficácia jurídica e social do que disposto constitucionalmente.

Os tratados internacionais sobre direitos humanos multiplicam-se. Mas as guerras entre pessoas e nações também. E essas não se atêm à destruição de indivíduos, povos, construções inteiras de histórias, passados, presentes e futuros. Na voracidade cruel de cada guerreiro desvairado, destroem-se florestas, rios, mares, fauna, enfim, tudo o que se vai em frente ou se plantou antes. Vai aqui algum desencanto ou canseira? Nenhuma, apenas a certeza de ser necessário resistir e reconstruir para não retroceder e focar para enfrentar.

A dignidade ambiental incrusta-se na dignidade humana prevista constitucionalmente como fundamento da República brasileira, formalizada como Estado Democrático de Direito. Dignidade impõe compromissos do Estado com a humanidade dos viventes no território nacional e em todos os recantos do planeta.

A natureza obriga. O ser humano dispõe; a terra se impõe. Desde sempre ouvi que Deus perdoa sempre; o ser humano perdoa às vezes. A natureza não perdoa, nunca.

Escravizadas pessoas e natureza desde muito, a civilização concebida e o Direito constitucionalizado conceberam a forma de viver e permitir-se viver com a dignidade própria da humanidade. O dominador de pessoas e de recursos ambientais, acreditando-se senhor de gentes e bens da natureza, é apenas um escravizador. Desumaniza-se ele e a desnatureza provocada a ele responde cobrando em vidas.

A dignidade da vida não é escolha, é via única da humanidade. O mais direito não é, justiça não busca, existência não garante.

A dignidade ambiental, formulada no subsistema constitucional (parcela do sistema tomado em sua inteireza), é elemento nuclear do constitucionalismo contemporâneo, adotado no constitucionalismo brasileiro vigente.

b) *A ética ambiental*. O segundo princípio posto na base do subsistema constitucional ambiental é o da ética ambiental contemplada no sistema constitucional protetivo do Direito. Por ele impõe-se a observância de deveres de convivência segundo padrão de respeito à integridade física, psíquica e moral ao outro, à sua história, às suas peculiares condições de ser e de viver. Convivência impõe respeito.

A ética fundamenta o direito democrático pelo qual se assegura a eficácia dos valores conformadores da ideia de justiça e liberdade acolhida por determinado povo. Na ética está o elemento que forma e conforma a confiança legítima do indivíduo no sistema de normas posto para observância de todos.

Da ética ressai a convicção humana e cívica da qual decorre a segurança no Direito e nas instituições políticas organizadas para o atendimento do bem de todas as pessoas, no presente e no futuro projetado.

A ética ambiental traduz-se, no Direito brasileiro, nas normas de cooperação interna e internacional (incs. II, III e V do art. 1º, inc. IX do art. 4º, inc. VI do art. 170 e art. 225 da Constituição da República).

Todas aquelas normas, expressamente postas na Constituição do Brasil, em conjunto com outros princípios e regras que compõem o sistema jurídico vigente orientam-se no sentido do dever de respeito à proteção do meio ambiente, à preservação das florestas, das águas, das culturas dos indígenas e nações nos locais de zelo ambiental para a preservação da Terra no espaço soberano do Brasil e do clima, em escala planetária.

A ética tida como princípio jurídico conjuga-se com a existência digna declinada constitucionalmente, de maneira expressa no texto, como finalidade a ser buscada mesmo pelo particular. Da ética ambiental, constitucionalmente estabelecida, decorrem deveres como o de acatamento à função ecológica da fauna e da flora (inc. VII do art. 225) e de promoção da educação ambiental (inc. VI do art. 225), entre outros.

c) *Solidariedade ambiental e justiça intergeracional*. O princípio da solidariedade ambiental põe-se como corolário daquele primeiro, o da dignidade. A solidariedade forma a base jurídica para que a convivência entre os humanos se desenvolva segundo valores de racionalidade e respeito à necessidade das outras pessoas.

O Direito Constitucional Ambiental reformula algumas convicções jurídicas. Não se busca assegurar a cada um o que é seu, pois o bem da natureza é de todos. É obrigação de todos garantir a cada um segundo a necessidade, observada a finalidade protetiva, com preservação e prevenção a serem observadas nas práticas que atinjam o meio ambiente e o clima.

Também se repensa, no Direito, a ideia de que seria suficiente o pagamento para a quitação de obrigações de qualquer Estado e se desvencilhar de obrigações ambientais e climáticas pelo aporte financeiro entregue a outros, aos quais ficaria o dever de manter, proteger e cuidar do meio ambiente e do clima para o benefício de toda a humanidade. Acordos financeiros entre Estados, organizações nacionais ou internacionais, para fazer face às obrigações ambientais e climáticas, cujas políticas têm custos, não desobrigam quem quer que seja do cuidado da matéria, de deveres éticos, políticos, administrativos e jurídicos a serem assumidos por todas as pessoas estatais e particulares.

Não se cuida de equação singela pela qual certo Estado manteria a sua floresta, seus rios, as culturas dos habitantes das áreas de preservação na exata medida em que fossem por isso remunerados internacionalmente. Não se trata de negócio ou de comércio de coisas. Trata-se de matéria que impõe deveres jurídicos de solidariedade entre nações para o bem de toda a humanidade. Todos obrigam-se e todos os Estados devem contribuir, inclusive financeiramente, mas não apenas.

A dignidade ambiental supera a questão primária de que os bens ambientais e climáticos seriam avaliáveis e revertidos em dinheiros. Os recursos financeiros aportados por acordos internacionais — e dos quais não se desconhece sua necessidade nem se menoscaba a sua importância para a implementação de políticas públicas voltadas à revitalização, ao impedimento da depredação e à conservação do meio ambiente e das condições climáticas saudáveis — não são fator único determinante da ação estatal. Haverá de estar ele presente, para fazer face às demandas materiais e para o atendimento dos objetivos ambientais e climáticos, acrescido de outros deveres e outras funções, que conduzam aos objetivos a serem atingidos. A dignidade ambiental e climática conjuga-se com a solidariedade humana, base informadora do sistema de equilíbrio planetário, reverenciando interesses de bem-estar em igualdade de condições de saúde, de formação humanística e de preservação das condições de vida para os que vivem agora e para os que vierem no futuro.

Por isso, a floresta e todos os seres que a formam e nela habitam não podem ser cuidados apenas como estoque de carbono ou cativeiro de animais e de seres nela instalados. A floresta é expressão da humanidade, compadecida com os valores da dignidade e da ética humanas e ambientais.

A introdução do princípio da justiça intergeracional em matéria ambiental pelo constituinte de 1987/88 sublinha a essencialidade da solidariedade como direito e como dever, inserido no sistema jurídico democrático para o bem de todas as pessoas no presente e no futuro a se construir e para o que se divisa na inspiração vital da esperança. A justiça é atemporal, independente do conteúdo de que se reveste em cada tempo e lugar, e a humanidade, até onde se deseja e se prepara, haverá de ter continuidade, mantida a dignidade das pessoas. A justiça intergeracional relaciona-se à ética política contemporânea. A mudança do sentido e do conteúdo da ética política, que atualmente se impõe, vai além dos sonhos e das utopias. Por ela se exige o agir ciente e responsável, acrescida de dever permanente e comprometido com a permanência das condições de vida no planeta. A ética política é animada pelos princípios da responsabilidade individual e social e pela afirmação do dever e do comprometimento de cada uma e de todas as pessoas com as demais e com a sobrevivência das condições biológicas, psicológicas, ambientais, sociais e econômicas, para se manter a crença na possibilidade do bem viver. Subsistir não basta. E existir plenamente com dignidade importa dever jurídico, compromisso político e fazer social responsável. Da utopia à expectativa deve haver o fazer determinado e seguido. A ação ética e perseverante torna-se a linha de conduta jurídica e politicamente exigida de todas as pessoas. A vida e as condições esperadas de sua continuidade transformaram-se. A ética mudou para servir à vida. A natureza, a extensão, a qualificação e a repercussão das ações humanas — para construir ou para destruir — alteraram os contornos éticos contemporâneos, que, entretanto, não esvaziam o sentido nem a imprescindibilidade de sua necessária observância. Sem ética, não há confiança; sem confiança, não há fraternidade; sem fraternidade, não há justiça.

A justiça intergeracional, também rotulada como equidade intergeracional ou solidariedade entre gerações,[133] foi enaltecida e mais estudada a partir do reconhecimento de que o agir humano sobre e até mesmo contra o meio ambiente atinge escalas destrutivas regionais ou globais. Essa ação ultrapassa os lindes mapeados e tratados entre Estados, entretidos, antes, na condensação e no ajustamento sobre territórios entregues à jurisdição de cada qual. Iludido sobre a perpetuidade dos recursos dos quais sempre se valeu para sua subsistência, o ser humano começou a sentir os efeitos do exaurimento da natureza pela devastação provocada. A natureza não perdoa desaforo. Nem é inexaurível. Sua desolação derrota a humanidade, carente das condições de sobrevivência com saúde e equilíbrio. O aniquilamento do ecossistema leva consigo a extinção da vida humana e de todos os seres ambientados na natureza florescida das sementes da terra, suas matas e águas reverenciadas.

A justiça não há de ser encontrada no lixo que uma geração deixe como legado para a que vier depois. Até porque há dúvidas razoáveis e respostas trágicas e plausíveis de que não haverá depois. A produção de bens à custa da vitalidade ambiental resulta em resíduos deletérios com efeitos insuportáveis para a sobrevida no planeta. Tomando-se como exemplo apenas o plutônio, cuja duração média é de quase vinte e cinco mil anos até o desfazimento, permanecendo ativo por mais de trezentos anos, está comprovado poder provocar sérias doenças nas vidas terrestres e marinhas, levando, no contato com

---

[133] Nesse sentido, por exemplo, TREMMEL, Joerg. *Theory of Intergenerational Justice*. London: Routledge, 2014, p. 256.

doses significativas, à morte. Atualmente, o plutônio é produzido em escalas elevadas em plantas de energia nuclear (por exemplo, na Alemanha, que teria mais de cem toneladas desse material para assegurar recursos energéticos). Apenas um grama dessa substância é letal para o ser humano.

O mundo vivo e florescente parece desmantelar-se à ação predatória e descompromissada das pessoas, equivocadas em seu descontrole e ganância. Outras gerações vieram antes e valeram-se de condições e meios dos recursos ambientais para subsistirem. Nunca, porém, com equivalência em destrutividade ambiental. As técnicas e suas máquinas poderosas não se restringem a espaços singulares, nem os resultados se atêm a grupos específicos ou tempos demarcados no período da vida do agente destruidor. Não é mais apenas com o canteiro do vizinho que se há de preocupar o agente poluidor e deletério. A ética tradicional, afeita a limites delimitados de conhecimento, cede espaço a outra, de compromisso e responsabilidade pelo ignorado, mas não estranho, que nenhuma pessoa é inteiramente oculta ao outro humano. Poderes multiplicaram-se, responsabilidades e deveres jurídicos também. Assim se constrói a democracia, com igual sentido de ética e respeito à justiça, com o sentido finalístico da paz social. Mudam os tempos, as práticas, os compromissos da humanidade, para que permaneçam possíveis os ideais de vida digna para todos os seres humanos.

A justiça intergeracional não se restringe, portanto, à questão ambiental, apesar de ter-se evidenciado a partir da questão ecológica e climática, especialmente com a desolação dos recursos ambientais comprometendo as perspectivas vitais. A vida nunca foi uma experiência certa, nem um destino predefinido. Sempre foi expectativa, construção e esperança. Mas o imponderável da vida cedeu lugar ao temor pela imprudência (des)humana. Gerações jovens vivem a precariedade de uma vida na qual tsunamis destroem nações; guerras são exibidas em tempo real, servidas como são as notícias dos morticínios à mesa do café da manhã; queimam-se florestas e sonhos no mesmo incêndio, ardendo-se a expectativa de saúde perdida em fumaça de desalento; espécies são dizimadas e historiadas como notícias do não mais. Essas gerações de jovens veem precarizados não apenas seus ideais, mas sua confiança na vida e nos viventes, e tornam-se frágeis, não apenas quanto às possibilidades de que dispõem e elaboram para inventarem suas experiências, senão também quanto aos percalços próprios da existência humana e que hão de ser superados em benefício de quem vier depois.

A justiça intergeracional recompõe a responsabilidade de cada cidadã e cidadão e de todas as pessoas com a compreensão de que o tempo é contínuo, perfaz-se em continuidade, pela linha prosseguida das humanidades que vieram antes, as que existem agora, em perspectiva para as que vierem depois. À maneira agostiniana, o tempo visualizado pelo ser humano se desdobra e passa. É a vida humana que dura certo tempo. Mas o tempo não se completa na duração de uma vida humana. Ele é visto em sua inteireza quando os olhos se voltam ao passado, e então ele é lembrança; para o presente, e então ele é trabalho; para o futuro, e então ele é esperança. O Direito modela-se em quadra temporal específica; a justiça, como ideal, é atemporal. A justiça intergeracional amplia o que foi visão menor do tempo. Por ela não se desconhece o presente do presente nem o presente do futuro.

A justiça não se perfaz por uma só pessoa, nem se ultima em uma geração. Justiça é construção coletiva, comprometida e ética. Na essência ética dessa feitura sociopolítica está, em parte, a afinidade entre as pessoas, ditada pela identidade humana a vincular umas às outras, e pela ânsia pela imortalidade. Se a morte é da vida, pelo legado construído tem-se a continuidade não de um indivíduo, mas de todas as pessoas que elaboram histórias e bens para cada geração, que continua ou reinventa a obra dos que vieram antes. Pelo legado se persiste como forma de se dar a viver em lembrança e, pelo modelo afirmado, em esperanças do que se pode ser. Esse envolvimento justifica a responsabilidade pelo legado, não apenas ambiental, mas ético-político em todos os cenários nos quais se idealiza e se concretiza o viver contínuo da humanidade. A justiça intergeracional, realçada no Direito Constitucional Ambiental, não se acanha nos limites desse tema, como observado. O que se transmite do cabedal produzido por uma geração é o ponto de partida para o futuro. O comprometimento dos recursos financeiros de uma geração pode embaraçar e condicionar as escolhas da próxima, em família ou na sociedade estatal. Em 1816, ao afirmar ser a economia uma das primeiras e mais importantes virtudes republicanas, Thomas Jefferson enfatizou ser a dívida pública "o maior dos perigos a ser temido", por considerar que por ela uma geração poderia determinar o destino da vindoura. A ética a se observar quanto às finanças públicas norteava a ponderação daquele político norte-americano, antecipando, portanto, o que agora é dado da compreensão acolhida quanto à imprescindibilidade de se atentar às consequências dos atos e desatinos de algumas pessoas em relação às outras. Por isso, autores como Joerg Tremmel realçam a justiça intergeracional e a intrageracional, incluindo entre temas da primeira a ecologia, a questão climática e as finanças públicas e, na segunda, os temas vinculados à justiça social (inc. III do art. 1º e inc. I do art. 3º, art. 6º, art. 40 e art. 215 e seus parágrafos, por exemplo, da Constituição do Brasil); à justiça com perspectiva de gênero (inc. II do art. 5º da Constituição brasileira); e à igualação das condições de dignidade nas diferentes regiões (incs. II e III do art. 3º da Constituição do Brasil).

  Entretanto, distingue-se a questão ambiental e climática, determinando o seu realce no Direito contemporâneo, a circunstância de que, em outras matérias, nas quais se erros ou desvios éticos e de moralidade política e administrativa afetam gerações herdeiras de desmandos a exigir refazimento do quadro a partir de escombros da desonestidade, para se alçar outra experiência decente e honrada, no tema do meio ambiente e do clima não haverá herança de vida, porque, ultrapassado o ponto do não retorno, o previsto é a destruição não apenas da natureza, mas de tudo o que nela vive, incluída a pessoa humana. Por isso, o Direito Constitucional Ambiental e Climático articulou-se tendo como seus princípios o da precaução e o da prevenção, quer dizer, hão de se adotar comportamentos impeditivos da destruição que possam vir a ter lugar pelos cometimentos deletérios e devastadores. Aqueles princípios resguardam a prudência administrativa, legislativa e judicial necessária para que se assegure justiça igual para os viventes do presente e do futuro. É dever ético humanitário permitir que as condições criadas não restrinjam ou impeçam outras pessoas de viver em condições de dignidade humana e ambiental. Sem a natureza equilibrada, o espólio será a morte na irrespirável terra devastada. A ideia de sustentabilidade do meio ambiente e do desenvolvimento dos empreendimentos humanos, conjugados no sentido de assegurar a digna existência para todas as pessoas do presente e das possibilidades de futuro, converge para a justiça estendida para além dos espaços (regional ou internacionalmente, pois a mata destruída transtorna as condições ambientais e climáticas de todo o planeta) e dos tempos (o extermínio de uma floresta ou a incandescência dos oceanos impede a sobrevida depois de um tempo que não é apenas o presente). Há de se considerar, então, que a) sem condições ambientais e climáticas não há como sequer se cogitar de preservação da vida no planeta; b) não há justiça a autorizar a dilapidação do patrimônio natural ambiental impeditiva da viabilidade da vida no presente e para as pessoas que vierem depois; c) a responsabilidade não é exclusiva do Estado, mas de toda a sociedade na condução do ideal de justiça intergeracional básica que conduz ao imperativo insuperável de que somente a solidariedade das pessoas, dos povos e de gerações salva a humanidade do seu suicídio geral e definitivo. A falta de solidariedade resultará na matança, sem direito garantido aos que queriam viver e aos quais sequer se dá a chance de reverter a má sorte de ter antecedentes irresponsáveis e estranhos de seus deveres humanitários. Há que se convencer de que a história se repete, mas a humanidade e seus modelos de convivência não se reproduzem. Diferente do que já foi crença ou sugestionamento fácil, gente se inventa todo dia. A convicção de que uma geração arremeda ou singelamente reprisa a anterior parece falsa. Gente é irrepetível. Por ser único cada indivíduo, em sua identidade, traduz-se em ideias e ideais que podem e devem evoluir para o bem ser de todas as pessoas e gerações. Entretanto, mesmo quando aprende imitando, não plagia, recria-se no seu destino feito ou refeito.

A justiça equitativa, ou entre gerações, reformula a carência antes anotada na ética tradicional, que se revelou incapaz de responder ao dilema civilizatório estampado com a perspectiva próxima da exaustão das condições ambientais e climáticas, a pôr em risco a sobrevida no planeta. Pelo pensamento filosófico e jurídico antes perfilhado enalteciam-se a individualidade e seus direitos à liberdade, sem compromisso com as outras pessoas, especialmente com o futuro. Ainda que se sugerisse ou se convencesse os pensadores que as pessoas desenvolveriam responsavelmente suas ações em benefício comum, presente e futuro, a atuação aniquiladora de alguém ou de um grupo, no passado, nada acarretaria para quem viesse depois. Não há como se impor responsabilidade ou exigir compensação integral de quem não mais existe, por práticas do tempo anterior, não vivido pelas pessoas que sofrem os efeitos deletérios do malfeito, pela dignidade não respeitada, pela oportunidade expropriada. Assim, respeitados os diferentes estágios da História e repensadas as escolhas civilizatórias das gerações presentes, há que observar os diferentes estágios e as escolhas das gerações passadas e até mesmo as que atentaram ao incivilizado, para se formularem políticas que impeçam a repetição do que agressivo à integridade das pessoas, de suas culturas e de suas vocações democráticas, compensando-se com providências adequadas o que se estorvou e impediu o pleno respeito e cumprimento das dignidades e das humanidades.

Definir geração pode ser tarefa complexa, pois pode ser tomada segundo o critério cronológico, que abrange mais de uma geração no mesmo período histórico, por exemplo, pessoas com menos de trinta anos e aquelas com idade entre trinta e um anos e cinquenta ou sessenta e as idosas, com mais de sessenta. Também se pode acolher o critério de identificação de pessoas que viveram na mesma quadra histórica: a geração dos anos sessenta do séc. XX, por exemplo. Nesse sentido, apelida-se o grupo identificado de geração em sentido cronológico intertemporal, ou seja, o reconhecimento dá-se pelo marco de tempo no qual todas as pessoas são consideradas. Qualquer um e todos os fatores de classificação das gerações, para os singulares objetivos de estudos e estabelecimento de políticas públicas a serem definidas, aproveitam-se e combinam-se para maior clareza do que se pretende e do que se propõe a realizar para o benefício de todas as pessoas. O cotejo levado a efeito entre mulheres em fases diferentes da história, seus direitos e os modelos de melhoramento possíveis e necessários, dá-se pela pesquisa desses grupos em diferentes fases históricas ou em diversos locais. Também nestas escolhas se podem enfatizar as condições socioeconômicas das mulheres ou outro sujeito da pesquisa realizada, as políticas e os figurinos eleitos e determinantes da vida das pessoas em diferentes fases temporais e espaciais, entre outros elementos de distinção e de aproximação.

A justiça intergeracional é questionada, para além do Direito Constitucional Ambiental e mesmo nesse ramo específico, ao argumento de que se refere a pessoa que ainda não existe, ser não nascido e ainda não titular de direito. Em sua obra sobre a justiça, John Rawls observa a dificuldade do tema até mesmo porque há de se responder em que extensão as gerações presentes tendem a respeitar as pretensões dos seus sucessores.[134] Como sublinhado antes, a questão da justiça intergeracional não se restringe (conquanto seja realçado) ao tema ambiental e climático, nem é de definição objetiva e precisa, permeada como é pela certeza das mudanças de compreensão do sentido e do conteúdo realizável como justo em cada tempo. Com a relevância e urgência que o tema adquiriu, não há como se ter definição precisa ou fechada, em seu conteúdo. Mas há que se ter como conteúdo o seu objetivo de resguardar os direitos fundamentais das gerações que vierem, sabendo-se dos riscos atuais de destruição da Terra, de suas matas e suas águas, a condicionarem o clima e a poder impedir a subsistência das espécies e a sobrevivência possível, saudável e livre da humanidade. Sem liberdades asseguradas, nem se há cogitar de dignidades respeitadas, por balda a essência mesma do ser humano.

A democracia está no rol de compromissos essenciais de uma para outra geração, porque apenas nesse regime se asseguram as liberdades que permitem a realização das vocações individuais para o benefício comum. A prevenção e a precaução, princípios caros ao Direito Constitucional Ambiental, revelam-se extensíveis a outros temas, como o das liberdades públicas; das finanças públicas, especialmente no que se refere ao desmantelamento das condições de vida pelo comprometimento do patrimônio de um povo para além de uma geração; das condições materiais mínimas e básicas, que precisam ser asseguradas para a igualação que assegure o equilíbrio social; do meio ambiente e do clima, para que não se aniquile o planeta e seja impossível sequer pensar na sobrevivência da humanidade. Pode-se não ter ideia precisa e completa do conteúdo do que se há de preservar para futuras gerações. Mas é injusto que se destrua não apenas o feito, mas as condições para o que pode vir a ser, tornando-se irreversível o aniquilamento de bens ambientais, climáticos, sociais, econômicos e políticos que permitam a perpetuidade da experiência das humanidades livres no planeta.

No inc. III do art. 1º da Constituição brasileira, menciona-se a dignidade *da pessoa humana*. Entretanto, como antes observado, a humanidade persiste e resiste e nesse determinante anímico repousa o núcleo definidor do princípio da dignidade humana.

---

[134] RAWLS, John. *Uma teoria da justiça*. Brasília: Editora Universidade de Brasília, 1981, p. 220 e ss.

Na humanidade reconhecida na sequência vital, que a história desdobra, reside a essência da solidariedade posta como princípio constitucional fundamental. O ordenamento jurídico expõe o cabedal de direitos a serem assegurados a cada pessoa (art. 2º do Código Civil brasileiro), mas a humanidade define o teor medular dos direitos fundamentais daquele que vive e do que se dará a ser. A ética constitucional contemporânea compõe-se pelas vertentes combinadas, como mosaico humanitário, dos tempos, modos e das características, antes, agora e depois. A humanidade não se ajusta em calendário. A sua explicação e o seu estudo é que podem nele caber.

A justiça intergeracional tem seu fundamento na solidariedade humana, que não se enterra em cada luto histórico, nem tem berço em cada maternidade. Sua pátria é a humanidade, seu destino é a contínua dignificação de toda vida de todos os seres. O princípio da justiça intergeracional, além do ponto específico e sempre realçado da solidariedade ambiental e climática, reforça também o sentido da segurança nos direitos, que permite ao indivíduo o mínimo de equilíbrio em sua experiência e de fé no fazer comum, para o bem ser de todas as pessoas. Por isso, alguns povos erigiram como fundamental o princípio da justiça intergeracional expressamente, como, por exemplo, o povo brasileiro, na Constituição de 1988 (inc. I do art. 3º, art. 40 e art. 225), a Constituição boliviana de 2009 (arts. 8º e 9º), a Constituição japonesa, dentre outras.[135]

A Constituição brasileira menciona, expressamente, o princípio da solidariedade desde os primeiros dispositivos, especialmente o inc. I do art. 3º. Considerando-se a sua vinculação direta e necessária com o princípio da dignidade humana, afirma-se a responsabilidade e o compromisso do Estado e da sociedade na realização do bem de todas as pessoas. Essa reiteração tem a finalidade de explicitar o ânimo ideário específico a permear o corpo normativo constitucional, especialmente no que se refere aos direitos fundamentais. Esses têm de ser compreendidos e aplicados com o sentido de fraternidade, valor supremo da sociedade, que se movimenta sempre com respeito ao pluralismo, despojada de preconceitos (preâmbulo da Constituição do Brasil).

No sistema constitucional brasileiro vigente, não há necessidade de esforço hermenêutico para se extrair do espírito da Constituição o princípio da solidariedade, incluído o de sua extensão às futuras gerações. Repete-se a expressão desse fundamento em articulação combinada em temas que se completam. Assim, por exemplo, além do preâmbulo e dos arts. 1º (incs. II e III) e 3º (inc. I), há referência, expressa ou implícita, ao princípio da solidariedade nos arts. 6º e seu parágrafo único, 40 (no qual se cuida do regime previdenciário de servidores públicos), 201 (regime previdenciário), 194 (seguridade social), 196 (acesso universal e igualitário às ações e serviços para a promoção, proteção

---

[135] Consta do art. 8º da Constituição da Bolívia de 2009, aprovada pelo povo daquele Estado: "Art. 8º. (...) 2. O Estado é baseado nos valores da unidade, igualdade, inclusão, dignidade, liberdade, solidariedade, reciprocidade, respeito, interdependência, harmonia, transparência, equilíbrio, igualdade de oportunidades, igualdade social e de gênero na participação, bem-estar comum, responsabilidade, justiça social, distribuição e redistribuição de riqueza e bens sociais para o bem-estar. Art. 9º São finalidades e funções essenciais do Estado, além das estabelecidas na Constituição e na lei:... 6. Promover e garantir o uso responsável e planejado dos recursos naturais e estimular sua industrialização por meio do desenvolvimento e fortalecimento da base produtiva em suas diferentes dimensões e níveis, bem como preservar o meio ambiente para o bem-estar das presentes e futuras gerações". Na Constituição do Japão, de 1946, consta do art. 11: "The people shall not be prevented from enjoying any of the fundamental human rights. These fundamental human rights guaranteed to the people by this Constitution shall be conferred upon the people of this and future generations as eternal and inviolate rights".

e recuperação da saúde), 225 (direito ao meio ambiente ecologicamente equilibrado para presentes e futuras gerações).

As instâncias internacionais reconheceram a responsabilidade de todas as pessoas com as gerações futuras, em documentos que se somam e fortalecem os compromissos com o princípio da justiça intergeracional. Em matéria ambiental, a Convenção sobre Diversidade Biológica realçou esse compromisso em seus princípios, afirmando-se, no item V do art. 2, que se impõe "ao Poder Público e à coletividade, o dever de defendê-lo e de preservá-lo para as presentes e as futuras gerações...". Para Fábio Konder Comparato, aquela Convenção "regula o direito da humanidade à preservação da biosfera, ou seja, da harmonia ambiental do planeta. Trata-se de aplicar, na esfera planetária, o princípio fundamental da solidariedade, tanto na dimensão presente quanto futura; isto é, solidariedade entre todas as nações, povos e grupos humanos da mesma geração, bem como entre a geração atual e as futuras".[136]

Na Declaração de 12 de novembro de 1997, a Unesco — Organização das Nações Unidas para a Educação, a Ciência e a Cultura proclama preocupação "com o destino das gerações futuras diante dos desafios vitais do próximo milênio" e "consciente que, neste momento da história, a própria existência da humanidade e o meio ambiente estão ameaçados" e "o pleno respeito pelos direitos humanos e pelos ideais da democracia constitui base essencial para a proteção das necessidades e dos interesses das gerações futuras", afirma "a necessidade de estabelecer novos vínculos equitativos e globais de parceria e solidariedade intrageracional e promover a solidariedade entre as gerações com vistas à perpetuação da humanidade".[137]

Novos documentos internacionais sucederam-se principalmente nas primeiras décadas deste séc. XXI, especialmente porque as condições ambientais e climáticas evidenciaram que se está chegando muito próximo do *tipping point*, ou ponto de virada, o qual, se for atingido, impedirá a capacidade de o meio ambiente recuperar-se das injúrias climáticas e ambientais sofridas, desencadeando, pelo adoecimento dos ecossistemas, reação em cadeia, provocando o aumento do nível do mar, pelo superaquecimento das

---

[136] COMPARATO, Fábio Konder. *A afirmação histórica dos direitos humanos*. São Paulo: Saraiva, 2001, p. 424.

[137] Naquela Declaração a Unesco observa que "as responsabilidades das gerações presentes em relação às futuras gerações já foram mencionadas em inúmeros instrumentos, como a Convenção para a Proteção do Patrimônio Mundial, Cultural e Natural da Unesco, adotada pela Conferência Geral da Unesco em 16 de novembro de 1971, a Convenção-Quadro das Nações Unidas sobre Mudança do Clima e a Convenção sobre Diversidade Biológica, adotadas no Rio de Janeiro, em 5 de junho de 1992, a Declaração do Rio sobre Meio Ambiente e Desenvolvimento, adotada pela Conferência das Nações Unidas sobre Meio Ambiente e Desenvolvimento, em 14 de junho de 1992, a Declaração e o Programa de Ação de Viena, adotados pela Conferência Mundial sobre Direitos Humanos, em 25 de junho de 1993, e as resoluções da Assembleia Geral das Nações Unidas relativas à proteção do clima global para as presentes e futuras gerações adotadas desde 1990...". No art. 1º daquele documento, a Unesco proclama que "As gerações presentes têm a responsabilidade de garantir que as necessidades e os interesses das gerações presentes e futuras sejam plenamente salvaguardados". A série de documentos firmados nos anos derradeiros do séc. XX e primeiros do séc. XXI, como a Declaração Universal sobre Bioética e Direitos Humanos, de 2005, enfatizou os compromissos de respeito à humanidade no presente e no futuro para todas as pessoas. Nessa Declaração se fez constar como um dos objetivos "salvaguardar e promover os interesses das gerações presentes e futuras...". Na Convenção sobre Diversidade Biológica adotada no Rio de Janeiro, em 1992, como em outros documentos mencionados, teve-se a repetição do princípio da responsabilidade das gerações presentes em relação às futuras gerações no inc. V do segundo princípio daquele documento. Naqueles pactos e convenções internacionais, acentuou-se o que se elaborava nas legislações internas no sentido de que o compromisso com as gerações futuras não esvazia, nem impede a busca de realização do que seja interesse e direito das gerações presentes de viverem e suprirem suas necessidades.

águas, eventos climáticos extremos e a perda do *habitat* e da biodiversidade, em situação de sobrevivência improvável dos seres vivos. As consequências são a conflituosidade na busca de recursos naturais, a migração em busca de condições dignas e saudáveis de vida e a instabilidade sociopolítica e social.

Nos Objetivos de Desenvolvimento Sustentável (ODS) adotados pela ONU em 2015, para serem atingidos até 2030, antes mencionados, foi enfatizado o compromisso, a se respeitar, em relação à continuidade de condições de vida para o presente e para o futuro.

Em 2024, a ONU convocou e realizou a Cúpula do Futuro, na qual foi adotado o Pacto para o Futuro, o Pacto Digital Global e a Declaração sobre as Gerações Futuras. Segundo o Secretário Geral da ONU, António Guterrez, a "Cúpula do Futuro foi concebida ... porque os desafios do séc. XXI exigem soluções do séc. XXI: estruturas que sejam conectadas em rede e inclusivas; e que façam uso da experiência de toda a humanidade".[138]

Em todas as Constituições que adotaram o princípio da justiça intergeracional, relativamente ao tema ambiental, aos direitos sociais e aos direitos financeiros estatais, assim como nos documentos internacionais, como se dá no sistema brasileiro, os compromissos assumidos respeitam o princípio da solidariedade e são sensíveis à preservação de condições de dignidade da vida, no presente e no futuro para todas as formas de vida.

Põe-se, nos sistemas constitucionais e pactos internacionais, conjunto de deveres jurídicos decorrentes do princípio da solidariedade entre pessoas no presente e entre gerações. Esses deveres devem ser cumpridos para o atingimento da vivência integral e digna das humanidades. A sintaxe da solidariedade constitucionalmente expressa positiva-se sob o signo do direito-dever jurídico que a condição de cidadã ou cidadão faz emergir do próprio sistema normativo.

Solidariedade jurídica é princípio correlato ao princípio da responsabilidade de cada pessoa consigo mesma e com as outras pessoas do presente e do futuro. Desse liame cívico advém o dever de agir conforme seja necessário para se chegar à efetividade jurídica e social do ideal de comunhão. Essa congregação está na base das sociedades estatais, dos grupos particulares e das organizações internacionais. Tudo é sistemicamente combinado para o integral respeito aos valores supremos da sociedade constitucionalizada com o objetivo de se tornar uma comunidade política fraterna, pluralista e sem preconceitos.

A ética constitucional conformadora de sistema de responsabilidades e deveres, em reverência ao princípio da solidariedade, define o espírito do direito democrático voltado ao respeito às liberdades e às dignidades de todas as pessoas em locais e tempos variados, mas sempre com a atenção determinante em respeito à dignidade humana. Essa ética de compromissos e de fazeres razoáveis e consequentes reclama prudência jurídica e política na criação, na interpretação e na aplicação dos direitos. A Constituição amplia-se na finalidade de dotar de segurança os direitos acolhidos no ordenamento jurídico e de permitir a aquisição de novos direitos, sem retrocesso quanto àqueles conquistados.

---

[138] Discurso do Secretário Geral da ONU, António Guterrez, na Abertura da Cúpula do Futuro, em 22.9.2024.

A solidariedade intergeracional em matéria de meio ambiente e condições climáticas é direito-dever constitucionalmente posto no sistema brasileiro, como antes mencionado, como *múnus*, que não respeita apenas aos viventes agora nem apenas àqueles que estão em terras brasileiras, mas também aos que vierem no futuro. Das condições ambientais planetárias dependem a saúde e a sustentabilidade da maior floresta tropical do planeta e do que se pode com ela assegurar para a saúde da terra, das águas e de todos os seres vivos. Principalmente, o futuro próximo da humanidade depende das condições daquelas matas e de sua conservação.

Ao se estabelecer o princípio da solidariedade na Constituição brasileira, com ênfase intergeracional em matéria ambiental, tem-se a escolha fundamental no direito à efetividade da dignidade individual e social pelo respeito à dignidade ambiental. Como afirmei no voto antes citado, na Arguição de Descumprimento de Preceito Fundamental nº 760, a solidariedade forma a base jurídica a assegurar que a convivência entre os humanos se desenvolva segundo valores de racionalidade, respeito à necessidade da outra pessoa e apego à persistência da humanidade. O Direito Constitucional Ambiental reformula algumas convicções jurídicas superadas. Não se busca assegurar a cada qual o que é seu, pois a natureza é bem de todas as pessoas e de todos os tempos. É obrigação de todas as pessoas agir para garantir a cada ser humano o que lhe seja necessário no mínimo garantidor de dignidade, observada a finalidade protetiva da convivência política. Assim se asseguram a preservação e a prevenção das condições saudáveis a serem asseguradas nas práticas, impedindo-se medidas que atinjam, potencial ou diretamente, o meio ambiente e as condições climáticas. A dignidade da natureza supera a busca do que é avaliável e revertido em dinheiros, conquanto sejam necessários recursos financeiros para a manutenção da situação de equilíbrio do meio ambiente, de sua fauna e de sua flora, de sua segurança e melhoria, para o restabelecimento do que for possível ser refeito em situação do que já tenha sido destruído. Os recursos financeiros, especialmente aqueles que conjugam os compromissos internacionais por meio de acordos firmados entre Estados e organismos internacionais — e dos quais não se desconhece, nem se menoscaba —, não são o fator único e definidor da ação estatal, embora, reitere-se, sejam imprescindíveis. A dignidade ambiental conjuga-se com a solidariedade humana, que lança como base do sistema o compromisso de todas as pessoas com a humanidade planetária, com interesses e direitos de bem-estar e de bem ser, em igualdade de condições mínimas de saúde, de formação humanística e de preservação das condições de vida digna para si e para os que sejam o futuro. Por isso, a solidariedade constitucionalmente afirmada como princípio importa em dever individual, social e político, juridicamente delineado e exigível, nos termos postos nos diferentes sistemas jurídicos.

Direito supõe justiça; e justiça obriga. O sistema de direitos impõe deveres. Justiça ambiental intergeracional estabelece deveres jurídicos para a garantia da sobrevida planetária e a digna vida de todas as pessoas. O Título II da Constituição do Brasil enuncia direitos e garantias fundamentais e, no cap. I, anuncia *direitos e deveres individuais e coletivos*.[139] Ao estabelecer normas de conduta que se há de cumprir como

---

[139] José Afonso da Silva relata que, nos trabalhos constituintes de 1987/88, alas de "conservadores" pleiteavam a capitulação de deveres a serem atribuídos ao povo, ao argumento de que se estava a criar catálogo apenas de

obrigação, não apenas como opção, o sistema jurídico afirma deveres correspondentes aos direitos.[140] Direitos fundamentais trazem em seu sentido e aplicação o arcabouço dos deveres fundamentais. Esses formam categoria jurídica que enlaça as condições individuais e cívicas da pessoa e conjuga todas as pessoas no rumo realizador do bem comum. Deveres dizem com o fazer para o interesse de todas as pessoas, até mesmo visando diferentes gerações. Impõem comportamentos ativos ou inércias necessárias para a preservação de condições que, se desfeitas ou comprometidas, podem ser irreversíveis e devastadoras de situação ou circunstância imprescindível à sobrevivência do cenário ou de seus atores humanos ou não humanos. A individualidade e a comunidade não se estranham; são faces, tempos e espaços que concertam e afinam-se para concretizar os ideais jurídicos e políticos acertados e estatuídos no sistema.

Em matéria de meio ambiente e em relação às condições climáticas, os deveres jurídicos são atribuídos aos entes estatais no plano interno e no internacional, pela assinatura ou adesão a tratados e convenções e também às pessoas individuais ou coletivas. A legitimação dos processos de preservação e de precaução apoia-se no congraçamento dos círculos sociopolíticos a partir dos quais se extraem os compromissos a plasmarem os comportamentos validos, públicos e particulares, a serem adotados.

Nos documentos se articulam deveres dos Estados, das coletividades e, para o atendimento dos compromissos estabelecidos, convidam parcerias com particulares. Somente atuando em comunhão Estados, organismos nacionais e cidadãs e cidadãos poderão atingir o objetivo de manter a integridade e o equilíbrio saudável do meio

---

direitos constitucionais. Constituição garante direitos e deveres deles decorrem inexoravelmente. Como observa aquele autor, "... Constituição não tem que fazer declaração de deveres paralela à declaração dos direitos. Os deveres decorrem destes, na medida em que cada titular de direitos individuais tem o dever de reconhecer e respeitar igual direito do outro, bem como o dever de se comportar, nas relações inter-humanas, com postura democrática, compreendendo que a dignidade da pessoa humana do próximo dever ser exaltada como a sua própria" (SILVA, José Afonso da. *Op. cit.*, p. 63). Esse discurso de ser a Constituição do Brasil de 1988 catálogo apenas de direitos provém de quem sequer abriu o texto constitucional, pois, além de decorrer o dever jurídico paralelamente ao direito estabelecido, também se afirmam deveres no texto constitucional, alguns expressos como, por exemplo, em matéria tributária e financeira (arts. 145 e seguintes e 167), em tema previdenciário (art. 201) e em questão ambiental.

[140] Para Recasens Siches, "Las normas determinan la conducta que un sujeto *debe* poner en práctica, es decir, crean deberes... a la esencia peculiar de *cada uno de los tipos de normas* (morales, del trato social, jurídicas) corresponderá una *especial índole del deber* a que dan lugar... es asimismo necesario distinguir entre el deber jurídico, creado por la norma jurídica, y el deber moral de cumplir lo que mandan las normas del Derecho vigente... los hombres tienen la obligación moral (y también la obligación de decoro) de cumplir lo que ordenan las normas del Derecho positivo; pero esto es un deber moral cuyo contenido viene determinado en el Derecho" (SICHES, Recasens. *Tratado General de Filosofia del Derecho*. México: Editorial Porrua, 1978, p. 240/241). A ideia de deveres jurídicos, incluídos aqueles de natureza fundamental, não é estranha, sequer nova no Direito. Pesquisa levada a efeito sobre os modelos estatais antes adotado e a fixação e cumprimento de normas jurídicas comprova, com singeleza e pacificidade, que o conceito de deveres transporta-se, desde os primórdios, das religiões e da ética para o arcabouço jurídico-estatal. Lei das XII Tábuas, mandamentos, Alcorão, por exemplo, são documentos religiosos dos quais foram extraídas compreensões de deveres promanadas do Deus da crença de cada pessoa e de cada nação. Transportaram-se as ideias e os modelos de catálogos de deveres provenientes de forças superiores das religiões para o Estado no início da Idade Média. Das leis divinas às leis do Estado, formaram-se ordenamentos que conduziram às garantias dos direitos fundamentais à comunhão de interesses que torna todas as pessoas corresponsáveis pela manutenção da pessoa política estatal. A ênfase nos direitos — especialmente naqueles de natureza fundamental — nas Constituições modernas decorre da circunstância de se ter de erigir-se um poder não religioso, que titularizasse a soberania e superpusesse a outras forças organizadas e que poderiam fazer face às normas de Direito implantadas pelo Estado. Ademais, as Constituições modernas surgiram para garantir indivíduos em face do Estado, superfortalecido em sua formação, mas que não poderia se sobrepor nem atuar sobre a vida das pessoas sem limites que não fossem os da legislação.

ambiente e as condições de estabilidade climática. A Cúpula do Futuro, realizada pela ONU em 2024, dá sequência ao empenho mundial de estabelecer consenso internacional para atuação obrigatória do conjunto de Estados como forma de garantir condições de saúde de vida no presente e salvaguardar o futuro do planeta e de todos os viventes. Como posto pelo Secretário Geral, António Guterres, o objetivo daquele encontro e do documento dele extraído foi o de "resgatar a confiança e a solidariedade em todos os níveis, entre países, pessoas e gerações".[141]

Sem correlação estrita e impositiva quanto aos deveres fundamentais, a conformação jurídica e a efetividade normativa dos direitos fundamentais — incluído o direito ao meio ambiente e ao clima saudáveis e com equilíbrio sustentável — vinculam-se ao princípio da justiça intergeracional. Com base nela se formulam, constitucionalmente, ordens normativas das quais decorrem o dever de agir ou de abster-se para a garantia do bem de todas as pessoas. Exsurge, então, a questão relativa à legitimação do sistema jurídico. Nele se impõem os deveres fundamentais para a eficácia sociojurídica, econômica e política dos fins postos no sistema. Essa necessária legitimidade democrática do sistema e do que nele se põe como obrigação constitucional para a realização do bem comum presente e a ser pensado e realizado no futuro repousa no imprescindível princípio da participação popular livre e plural. Sem a legitimidade da ordem constitucional o que seria dever jurídico pode se converter em inaceitável arbítrio estatal. Onde há arbítrio não há Direito. Solidariedade é fruto de afinidade, comunhão, responsabilidade e compromisso. O Direito no qual se contemple esse princípio há de afirmar-se e ser exigível pela legitimidade com base na qual se formula e se aplica o sistema formalizado. Então, a solidariedade como princípio haverá de ser, em sua essência, o engajamento humanitário de cada pessoa em relação à outra, para se atingirem os objetivos pelos quais o benefício geral será promovido.

6.8. *Solidariedade e participação cidadã*. Participante da sociedade em seu duplo sentido — parte integrante da comunidade estatal e partícipe, aquele que define e dá o norte a conduzir-se o Estado, a cidadania constrói-se segundo a sua ideia de justiça. Formulada segundo valores consolidados socialmente, com a responsabilidade que o processo civilizatório afirma, a participação cidadã legitima o agir estatal e a atuação de particulares e das coletividades. Leis, políticas públicas, atividades particulares são ditadas ou limitadas, na sociedade democrática, pelas definições postas em princípios ou regras jurídicas. A autoria da construção sociopolítica legitima o movimento que anima toda e qualquer área do Estado. O liame da cidadania é afirmado pela participação cívica, direta ou indireta, nas decisões estatais e na adequação das ações particulares com os fins comuns do Estado e da sociedade. O elemento no qual se assenta a necessidade

---

[141] Nos documentos internacionais se especificam deveres dos Estados-partes, os quais se comprometem, de maneira mais direta e expressa, ao que ajustado e entronizado nos seus sistemas normativos internos. Entretanto, na atual organização mundial, os Estados conformam-se em suas soberanias inexpugnáveis aos outros, não dispondo os organismos internacionais de instrumentos eficazes, juridicamente, para obrigar, terminantemente, o acatamento do que se obriga cada qual, mesmo tendo assinado o pacto. A expressão dos deveres consta, por exemplo, dos princípios da Declaração do Rio de Janeiro sobre Meio Ambiente e Desenvolvimento (1992), da Declaração e Programa de Ação de Viena, de 1993, da Declaração Universal sobre Bioética e Direitos Humanos (2005), do art. 2º da Convenção Internacional sobre a Eliminação de todas as formas de discriminação racial (1965), da Convenção sobre a eliminação de todas as formas de discriminação contra a mulher (1981), das mais recentes, ajustadas neste séc. XXI, até a Cúpula do Futuro, de 2024.

de legitimação é a solidariedade reconhecida socialmente. Democracia reclama povo participante. O princípio da participação popular faz-se, assim, imprescindível para o atendimento dos valores democráticos e para a consecução dos princípios republicanos. O que anima o ideal da justiça em determinada sociedade, mais ainda em sua dimensão intergeracional, é exatamente a participação popular livre e legitimadora do processo sociopolítico, econômico e jurídico.

O princípio da participação livre, plural e legítima está na base da democracia e do ideal de justiça plasmado no ordenamento fundamental do Estado Democrático de Direito.

Como antes assinalado, princípio jurídico não compreende apenas direitos, mas também deveres. No princípio da participação cívica se guarda a chave da democracia. Na contínua construção democrática, a participação de cidadãs e cidadãos movimenta o processo de formação e reinvenção permanente das práticas legítimas do poder estatal, do poder social e do poder econômico.

Tão relevante é esse dado para o aperfeiçoamento democrático que se tornou frequente, nos textos constitucionais do séc. XX e naqueles adotados na atualidade, a referência à democracia participativa. Sem participação livre e legítima do povo, não há democracia. Poder-se-ia imaginar, então, ser essa referência despicienda ou inócua. A acentuação daquela característica, entretanto, deve-se ao relevo de que ela se reveste em modelos nos quais o desempenho da cidadã e do cidadão é permanente (não apenas no momento do voto do representante), livre e plural, a partir de informações que assegurem a independência de cada qual no processo democrático de formação da vontade soberana do povo e na implementação das políticas eleitas, na formulação e no controle de sua eficiente adoção. Reveste-se aquela locução de conteúdo específico, pois a democracia permite o acolhimento de modelos diversos. A referência àquele modelo realça a sua formulação vinculada à representatividade da cidadã e do cidadão e à sua apresentação no cenário decisório estatal. A democracia participativa a ser adotada, mais recentemente, nos figurinos constitucionais contemporâneos. Pela participação da cidadania dotam-se de efetividade os princípios do pluralismo político, da igualdade e da justiça democrática equitativa.

Contra o fechamento monista de uma sociedade, na qual não se possibilitam a multiplicidade e a intensidade de ideias, cerradas novas formas de se vislumbrarem e desenvolverem experiências humanas na busca do bem ser, o pluralismo político articula-se no sentido expansivo, libertador e aberto da sociedade. Os movimentos da sociedade política pluralista permitem a reacomodação permanente das forças sociais e políticas, as transformações de ideias e paradigmas atualizando os fundamentos de humanidade coerentes com o tempo vivido e com as expectativas de vida melhor para todas as pessoas.

O que promove a efetividade do pluralismo político (no sistema brasileiro anunciado, expressamente, no preâmbulo do texto e posto expressamente no inc. V do art. 1º, combinado como é com o inc. I daquele mesmo dispositivo, referente à soberania popular) é a participação popular livre, informada e aberta.

A gramática constitucional brasileira expõe a participação popular fundamental na indicação da democracia como regime político. Não há democracia sem povo participante.

É antidemocrático o regime que afirma cuidar do povo, mas sem o povo. Esfacelou-se o devaneio, muito acariciado, de que cidadãs e cidadãos livres e corretamente informados desertariam de seus direitos de participar autonomamente da vida comum, servindo seus ideais na bandeja das conveniências para consumo de seus representantes, tornados, então, substitutos dos eleitores. A participação da cidadania é irrenunciável, inalienável e inegociável, não se transferindo a sua titularidade a quem quer que seja, sob pena de se repudiar a democracia mesma e, pior, negar a liberdade. Sem democracia, não há liberdade; sem liberdade, não há justiça; sem justiça, não há dignidade. Somos seres de dignidade fadados à liberdade. Por isso a democracia é imprescindível. Mantém-se ela pela só atuação presente, ininterrupta e comprometida da cidadania.

Participação é gesto de solidariedade política específica, pois, se há bônus na definição de caminhos e implementação da travessia na convivência das pessoas no Estado, há percalços e ônus decorrentes do fazer na reunião de interesses plurais, não poucas vezes contrários, na organização complexa e nas indagações e nos pleitos sociais e econômicos difíceis de serem atendidos. Na teoria, a vida flui fácil. No papel ou na tela, soluções multiplicam-se. A profundidade e a diversidade da experiência humana não têm acabamento, só alinhavo nunca aprontado. O bordado da vida é colorido e eterno.

Para ser efetivamente democrática e, assim, legítima, a participação há de ser juridicamente assegurada em sua dimensão compreensiva e includente, para que todas as pessoas participem. Por ser a diversidade a característica da família humana, o pluralismo insere-se como fator determinante para a qualificação do princípio da participação democrática. Tem-se nele fator determinante a ser acatado para a plenitude democrática.

O pluralismo, previsto no inc. V do art. 1º da Constituição do Brasil, direciona a interpretação e a aplicação do Direito no sentido da tolerância de todos os matizes sociopolíticos e econômicos, permitindo-se a concretização da solidariedade como dever jurídico espalhado no sistema constitucional, com os instrumentos adequados e com eficiência, consistência e suficiência para o provimento do que seja necessário para o bem ser e bem viver no presente e com expectativas múltiplas, responsáveis e realizáveis para o futuro. Como as expectativas e os quereres das pessoas e das nações são cambiantes, a Constituição não haveria de ser inerte e imutável, sob pena de esclerosar-se e tender ao desavento de transformar-se em deficiente, desatualizado e inanimado sistema normativo.

O Direito não cria as gentes. Pessoas criam o Direito para viverem melhor em sociedade. Se o Direito não combina com o que é e poderia ser o bem viver, o povo o ignora. É esse que não pode ignorar as gentes. Há de servir-lhes, pois para elas é que se dá a criação jurídico-normativa. Por isso, o conteúdo anunciado de garantir-se convivência com liberdade, ética, igualdade e justiça conforme sistema normativo legitimamente positivado impõe-se para que a sua exequibilidade seja exigida. É para isso que a participação popular faz-se imprescindível. Para que os instrumentos de participação popular sejam sempre renovados segundo a perspectiva, os anseios, as necessidades e o querer do povo em cada momento de sua história, sem se desnaturar a essência dos princípios democráticos. Os instrumentos formalizadores do processo democrático alteram-se ou até se transformam, mas os conceitos perenes de humanidade digna e democracia plural, conquistados e inseridos nos modelos constitucionais adotados, são mantidos.

Procedimentos atualizam-se, remodelam-se, até se revolucionam. A humanidade é que há de permanecer, sempre, com as conquistas sociopolíticas e jurídicas que o processo civilizatório tenha introduzido no cabedal de bens jurídicos fundamentais das gentes, vedados retrocessos antidemocráticos. Para Peter Häberle, "el pluralismo consiste y se nutre de contenidos e procedimientos irrenunciables que son a su vez condiciones y requisitos previamente consensuados, como los de libertad humana, información y opinión, libertad de investigación científica, de creación de partidos políticos y de oposición, de democracia, de poderes públicos, de opinión público, de Estado social y cultural, de división de poderes en todos sus sentidos, y también de independencia de la judicatura. Dichos requisitos marco posibilitan que la sociedad pueda disponer de una integración social y estatal autónoma y una representación igualmente similar, al tiempo que de una proyección como grupo o de los grupos internos que la componen...".[142] Na perspectiva multifacetada das sociedades contemporâneas, mais se patenteia a imprescindibilidade de se assegurar, constitucionalmente, o pluralismo político como fator de legitimação do processo de exercício do poder. A liberdade não tem dono, não se esgota em um só indivíduo, não se exaure em visão exclusiva de mundo, que esse é demasiado extenso para caber na palma apenas de única mão. Em sociedades abertas, livres e plurais, os grupos sociais e políticos se reorganizam em movimentos de reaglutinação não apenas em espaços, mas em movimentos de pessoas reunidas por ideias, ideais e interesses que se intercambiam e mudam, refazem os agrupamentos, torcem-se as convicções, reinventam-se os ambientes político-econômicos e, assim, a arquitetura das normas de direitos e das práticas sociais se reelabora.

O pluralismo assegura que a participação livre da cidadania mantenha ativo o núcleo democrático na sociedade e defina o Estado segundo os princípios do Estado de Direito, impedindo que, em alguma instância de poder ou no percurso histórico da sociedade, cogite-se de implementar o estado de violência, substituindo-se o direito pela força, a legitimidade pelo arbítrio, a liberdade por alguma sempre velha e mesma experiência de escravismo formal ou informal. O pluralismo integra a sociedade, respeitando a sua pluralidade ativa e, assim, congregando todas as pessoas na comunhão humanística. Impede-se, então, que, sentindo-se apartadas das instituições ou das manifestações ouvidas pelo poder, parcelas da sociedade passem a atuar contra coletividades mais próximas das instâncias decisórias. Deflagra-se, então, ou se possibilita sejam desencadeadas ondas de insatisfação, de contestação ou de conflituosidade.

A participação livre e solidária retrata e realça o respeito à tolerância dos membros da sociedade estatal. A intolerância é manifestação de preconceito, o qual gera ou fomenta a desigualdade, em afrontosa contrariedade aos princípios constitucionais democráticos. A participação das pessoas, com suas diferenças e suas afinidades, com suas características comuns e aquelas outras singulares de cada qual, com suas necessidades diferentes e desejos individuais, harmoniza os fins comuns, ainda que precisem ser ajeitados alguns caminhos para serem os objetivos atingidos.

A intolerância cuidada pela Filosofia até o séc. XVIII referia-se àquela de natureza religiosa.[143] Entretanto, no curso dos séculos mais recentes, especialmente no pós-Segunda

---

[142] HÄBERLE, Peter. *Pluralismo y Constitución*. Madrid: Editorial Tecnos, 2002, p. 107.
[143] Em Estados ditos "católicos cerrados", nos quais o Estado totaliza a sociedade e a ela impõe uma crença e exclui a possibilidade de exercício de culto ou reverência a símbolos de fé de religião diversa da oficial, a intolerância

Guerra Mundial e início deste séc. XXI, avolumaram-se os conflitos multiculturais. A movimentação de multidões pelos quatro cantos do mundo, sendo que os povos nem sempre estão dispostos a conviver e enriquecer-se com as diferenças; ideologias esfaceladas algumas e reconstruídas outras, velhas, mas com vestes diferentes; animaram-se sórdidos preconceitos que se acreditavam enterrados, aumentando as desigualdades e discriminações. Enfim, novos temas de intolerância introduziram-se nos focos de virulência e animosidade nas sociedades cada vez mais plurais. Guerras travam-se não apenas por causa de terras ou águas, mas também sob alegação de divergências ideológicas. A ganância financeira maquia-se para enevoar a busca sôfrega pela extensão do poder, encampando-se interesses particulares político-financeiros, reverenciados em altares sem deuses e subtraindo direitos em troca de ofertas de céus aqui mesmo, na terra cada vez mais conturbada e insegura. Na combustão da intolerância estimulada, flameja a violência, queimando a certeza dos direitos fundamentais e o ideal de seguranças básicas. Superadas como foram as explorações de alguns por outros povos, prevalecente desde o período pós-medieval até os finais do séc. XX principalmente, os povos soberanizados por suas lutas cuidaram de circular pelo mundo, incluído aquele chamado de *Velho Continente*. Parece que esse nem sempre se compraz com as faces novidadeiras. A tolerância há de ser aprendida como a chave para abrir as portas da coexistência dos antes insurgentes e, libertos, surgentes na cena política mundial. A tolerância estendeu-se para além da questão religiosa, pela necessidade de se ter a reconfiguração da convivência de todos os povos europeus e dos novos povos, florescidos nas terras antes exploradas. As sociedades multiculturais determinaram o encontro necessário das bases conceituais do Estado Moderno com a ideia da tolerância. Ser plural impõe a tolerância para que a convivência seja pacífica. A intolerância é fonte de conflagração social permanente. Os intolerantes, mesmo quando se anunciam fortes, não passam de pessoas frágeis, incapazes de ouvir

---

religiosa gerava beligerância que conduzia ao fogo das guerras. Mas houve quem defendesse a liberdade das crenças como direitos dos povos originários dos diferentes Estados colonizados nas Américas e na África. Discorre Fernando de los Ríos que "... consumada la ruptura de Europa en el XVI, España se encierra dentro de sí mismo, Estado y sociedad nacional se funden para un empeño religioso, para salvar valores espirituales que España vio simbolizados en la causa del catolicismo... un Estado concebido como órgano para un fin religioso y con un contenido dogmático preciso, es un Estado que coincide con la sociedad y no deja fuerza de sí nada que represente desacuerdo con el dogma, que es la razón de ser de él, en un Estado tal no hay lugar para las minorías, para la heterodoxia, para las posiciones discrepantes, porque es un Estado-iglesia. Tal es el Estado español del XVI" (RIOS, Fernando de los. *Obras Completas*. Madrid: Fundación Caja Madrid/Anthropos, vol. II, p. 405-407).
Importantes documentos formalizaram-se no sentido da consolidação da ideia de tolerância, para superar o Estado-igreja, como a Paz de Augsburg (155), o Edito de Nantes (1598) e o Acta de Tolerancia (1689). Não se há desconhecer nem menoscabar a importância de Erasmo de Roterdã e de Martinho Lutero, especialmente, para a concepção e o assentamento de novas ideias a alicerçar a necessidade de se superar a intolerância como instrumento do poder e sua inexpugnabilidade. De Lutero merece menção sua observação de que "Creer o no crer, por tanto, depende de la conciencia de cada cual, con lo que no se causa ningún daño al poder secular... El acto de fe es libre y nadie puede ser obligado a crer... Por grande que sea su fuerza y por muchas que sean sus amenazas, sólo podrían obligar a las gentes a que les siguieran con la boca y con la mano; no pueden forzar el corazón, aunque lo desgarraran; el proverbio dice la verdad: los pensamientos están exentos de aduanas..." (*Apud* PISÓN, José Martínez. *Tolerancia y derechos fundamentales en las sociedades multiculturales*. Madrid: Editorial Tecnos, 2001, p. 34). Jean Bodin adotou a ideia da tolerância, considerada necessária para se conceber a nação. Para ele a intolerância impossibilitaria a formação do Estado-nação, em razão do estado de guerra civil gerado pela imposição de religião e cerceamento da liberdade. Sendo a paz o fim a ser buscado, o meio seria assegurar a tolerância entre as pessoas com suas diferentes crenças e ideias. As ideias que consolidaram as bases conceituais do Estado moderno, de Lock a Spinoza, Stuart Mill a John Rawls, como lembrado por Pisón, sedimentaram vigorosa construção filosófica e política sobre a imprescindibilidade da tolerância para a experiência estatal, para o atingimento do objetivo fundamental de convivência pacífica de todas as pessoas.

o que difere, dialogar, responder e reconsiderar ou reafirmar suas posições. Apelam, então, para formas violentas de reagir ou exterminar os que julgam lhes contrários. Tema único não produz debate, tampouco diálogo. Democracia é ambiente de liberdades humanas para que, pelo diálogo, se construam consensos. Liberdades não se respeitam pela adesão, mas pelo consentimento. E a esse se chega pelo livre expressar de ideias e propostas, arquitetando-se, pacificamente, o arcabouço político a ser desenvolvido, segundo o Direito, para se alcançarem os fins que realizem o bem comum.

A tolerância política deve ser aprendida e ensinada para se garantir a liberdade igualada de todas as pessoas, mas não apenas em tema religioso. As ideologias ou a sua dissimulada apresentação em torno de figuras políticas, apresentadas com aparência forjada para o agrado do eleitorado, vale-se da divisão e não da combinação de objetivos comuns para enfraquecer partes da sociedade e, assim, criar dependências de seus representantes e manterem-nos nos cargos de poder. Estabeleceu-se espécie de síndrome de Estocolmo político. Pelos agrados financeiros, pelas facilidades administrativas, pela acídia política se estabelece dependência, não liberdade das pessoas. A tolerância reclama fraternidade ativa e disposta a estar em conjunto humano pacífico. A intolerância parece ser mais fácil de ser obtida pelos que detêm o poder e não o querem partilhar republicanamente. Conviver com os que pensam diferente, falam língua singular, vestem-se com cores e formas diversas, têm cultura e hábitos dessemelhantes, divergem nos modos e jeitos de viver e fazer viver requer atenção, cuidado e afetuosidade no trato pessoal, social e político. Principalmente, pede querer, vontade de estar com gentes. A intolerância produz violência, que gera medo. O medo fragiliza a humanidade e facilita a entrega ao fluxo predominante social e politicamente, até mesmo para que as decisões sejam adotadas e se tenha a comodidade de não se atuar com autonomia, não se responsabilizar por decisão ou ação. Democracia impõe presença cívica livre e permanente.

O pluralismo realiza-se pelas liberdades e reclama a tolerância para que não se estabeleça quadro social de discórdias e pelejas incessantes. O Estado existe para assegurar a paz social em espaço político no qual as liberdades se elaborem e se desempenhem. A contenda permanente exaure o corpo político e violenta o espírito de nacionalidade e de união das pessoas. Para a unidade na pluralidade há que se educar para a tolerância. Então, a solidariedade pode ter lugar na promoção do bem de todas as pessoas. E é a solidariedade que permite a igualação na pluralidade das culturas, ideias e ideais, pois cada qual sabe ter o mesmo direito, aplicado com garantia de respeito à dignidade de todas as pessoas.

A igualdade de participação política pode ser lembrada nas características dos primórdios da democracia, ainda na concepção grega, quando os homens livres tinham direito de manifestar-se e argumentar na ekklesia, pelo instrumento denominado isegoria. Por esse direito, os homens livres participavam da vida política com a exposição de seus argumentos, críticas, proposições para a tomada de decisões do Estado. A importância da palavra dos governados, os argumentos e as críticas apresentadas diretamente aos governantes, na ágora, permitiam que, no sistema político grego, a presença e o contato direto dos agentes políticos conduzissem às decisões com legitimidade e participação plural, sempre segundo a concepção de então, restrita como era a cidadania aos homens livres. A isegoria dotava o cidadão do direito de participar diretamente dos debates e da tomada de decisões do Estado, tendo-se a paralela sequência de todas as matérias cuidadas pelo Estado serem de conhecimento de toda a cidadania, assim impedida de descumpri-las ao argumento de não as conhecer. Também impedia haver segredos estatais (contraditoriamente denominados segredos públicos) que, se capturados por inimigos, pudessem ser utilizados contra o Estado grego. Todos os planos, as ideias políticas e os fins buscados pelos gregos eram de pleno conhecimento de todas as pessoas, que participavam intensamente da vida estatal. A isegoria da Antiguidade grega cedeu as bases do direito à liberdade de expressão igual para todas as pessoas da modernidade.[144] Poder expressar-se livremente, com igual tempo e capacidade de expor seus argumentos, suas críticas e opções nas estratégias estatais e nos planos políticos do Estado, garante a participação de todas as pessoas na vida comunitária. Essa é a base da liberdade de expressão, um dos fundamentos da democracia moderna. Por esse princípio se amadurece socialmente o necessário entrosamento da cidadania plural.

Anote-se também a isocracia como um dos fundamentos da democracia ateniense, referente à igualdade de oportunidades de participação nas instituições estatais. Na atualidade, a democracia é institucionalizada e garantida com igual participação, livre e informada, da cidadania nas decisões e desempenhos do Estado, o que se obtém em sociedades plurais pela tolerância a fundamentar o princípio da solidariedade.

A tolerância haverá de estender-se até o limite dos direitos à dignidade individual e às liberdades individuais, pois o respeito a cada qual retém, em limites constitucionalmente estabelecidos, a plenitude dos direitos de todas as pessoas. A questão mais candente e difícil a se responder é dos limites à tolerância, pois na democracia, aceita-se a diferença, garantem-se os contrários, estimula-se a diversidade, incentiva-se a pluralidade, mas não se aceita a destruição da democracia mesma. Indaga-se, então, sobre a possibilidade de ser tolerante com os intolerantes à democracia e aos direitos das outras pessoas, especialmente as que divergem em termos de ideias e representações políticas.

Considerando-se as bases da tolerância, que é a reverência à pluralidade, às diferenças, ao respeito mútuo e o dever de cuidar de todas as pessoas em ambientação democrática, a intolerância às bases da democracia haveria de se constituir em limite determinação de inaceitação da prática intolerante. A democracia não se oferece ao suicídio, nem permite a degradação das pessoas e seus direitos, em especial no que se refere à sua dignidade. Prevalece o entendimento de não ser admissível a tolerância apenas da intolerância aos princípios democráticos, garantidores dos direitos à dignidade e às liberdades individuais e políticas.[145]

Problema posto refere-se à definição objetiva de critérios para se verificar, em cada situação submetida à ideação teórica ou decisão judicial, o limite da intolerância judicial à intolerância política. Mais grave se apresenta a questão no ambiente tecnopolítico atual, no qual a intolerância advém de algoritmos a serviço de empresas e suas poderosas

---

[144] Em sua obra *Oração da Coroa*, Péricles menciona a isegoria como um dos fundamentos da democracia ateniense. Aquele instituto propiciava as condições para cada cidadão — homem livre — exercer o direito de apresentar, debater, criticar e participar das decisões para orientar a práxis e as deliberações.

[145] Na dicção de José Martínez Pisón, "Es autocontradictorio admitir o tolerar aquello que destruye la tolerancia". *Op. cit.*, p. 108.

gerências, multiplicando ódios, medos, carências e solapando direitos, fraternidades e vínculos de humanidade pacífica para infernizar pessoas e oferecer seus serviços para levá-las ao mítico paraíso facilitado.

Nos casos em que a manifestação de intolerância se comprove como contrária a direitos fundamentais e à institucionalidade democrática, podendo suprimir dignidades e solapando estruturas democráticas, não há base jurídica para se estender a admissão dos comportamentos sob o argumento da tolerância. O Direito não tem fundamento para afirmar tolerância infratora de direitos fundamentais e de princípios básicos da democracia. Mas há que ser tolerante mesmo com a intolerância quando não haja comprometimento dos fins republicanos e democráticos adotados no sistema constitucional, supressão ou fragilização de direitos fundamentais ou comprometimento ou insegurança jurídica do Estado e de suas instituições. O desafio põe-se porque a intolerância não pode ser a conduta sempre adotada em relação aos intolerantes. Esse equilíbrio fino há de ser arquitetado de modo que não se tornem intolerantes aqueles que atuam no enfrentamento e na superação da intolerância, pois seria tornar iguais no pior e na negativa da solidariedade, caracterizada por ser humanamente generosa, conquanto também efetiva.

O pluralismo que enaltece a participação igual, aberta e permanente na sociedade assegura a presença contínua da cidadania nas decisões estatais, mas também na implementação e no controle das políticas públicas. A participação pluralista, comprometida e eficiente não se acaba em dado momento, seja no da discussão pública dos planos e estratégias estatais, no da formulação das políticas a serem adotadas, no da finalização e avaliação do que realizado, ou não, segundo o melhor interesse público. Em qualquer dessas fases de atuação estatal, a participação cidadã é determinante e dota a democracia contemporânea da historicamente singular característica de a presença cívica não se exaurir apenas no momento antecedente à tomada de decisões ou da formulação de políticas públicas. Nesse sentido, a Constituição do Brasil impõe a participação da sociedade, quer dizer, abrangendo-se todos os membros do Estado brasileiro, não apenas na descrição do regime jurídico da cidadania (inc. II e parágrafo único do art. 1º; inc. LXXIII do art. 5º, art. 14 e seus parágrafos, entre outros), que impõe direitos-deveres jurídicos, senão também na afirmativa do direito-dever de participação nas funções de planejamento das políticas sociais, sua formulação, seu monitoramento, controle de eficiência e sua avaliação (parágrafo único do art. 193). Também na organização da seguridade social, que há de ser organizada observando-se o "caráter democrático e descentralizado da gestão administrativa", prevê-se, expressamente, a participação dos trabalhadores (na norma originária a referência era à comunidade, em especial os trabalhadores). Por igual, a Constituição estabelece a participação da comunidade como uma de suas diretrizes para a organização das ações e serviços de saúde e sua rede constituída em sistema único (inc. III do art. 198), como também o faz em relação às ações governamentais na área da assistência social, para a formulação, avaliação e controle para as quais se estabelece, obrigatoriamente, a participação da população (inc. II do art. 204). A colaboração da sociedade é prevista como direito-dever imposto para a promoção e o incentivo da educação (art. 205), prevendo-se, nessa importante área dos cuidados estatais e sociais, os princípios da igualdade de condições para o acesso e a permanência na escola (inc. I do art. 206), a liberdade de aprender, ensinar, pesquisar e divulgar o pensamento, a arte e o saber (inc. II do art. 206) e o pluralismo de ideias e de concepções pedagógicas (inc. III do art. 206), adotando-se idêntico modelo de participação da sociedade na cultura (art. 216), prevendo-se a atuação direta de cidadãs e cidadãos, pois o Sistema Nacional de Cultura haverá de ser organizado mesmo em regime de colaboração "descentralizada e participativa". Por isso se expressa, na norma constitucional específica (inc. X do §1º do art. 216-A), a "democratização dos processos decisórios com participação e controle social". No tópico de atendimento ao princípio da solidariedade como direito-dever jurídico da família, da sociedade e do Estado, impõe-se "amparar as pessoas idosas, assegurando sua participação na comunidade, defendendo sua dignidade e bem-estar e garantindo-lhes o direito à vida" (art. 230). Na norma assim posta, tem-se o dever jurídico-constitucional de cada pessoa no amparo a pessoas idosas e no direito a elas assegurado, e a ser promovido, de participarem da comunidade para que o seu direito à vida digna seja respeitado integralmente.

No multiculturalismo que caracteriza a sociedade brasileira, a Constituição assegura a participação das comunidades indígenas, respeitando suas diversidades e peculiaridades, e o respeito a sua cultura, a suas terras e aos bens necessários à preservação de sua história e das condições de vida segundo a sua visão de mundo (art. 231).

A participação popular expandida atende ao princípio democrático da sociedade plural e sem preconceitos, pelo que a atuação coletiva e colaborativa da cidadania cumpre o princípio da solidariedade na construção da República e a dinâmica colaborativa no processo de formulação das políticas públicas e na avaliação e controle de sua eficiência para os fins a que se destinam.

A participação popular não é apenas direito, configurando, em não poucas circunstâncias, dever jurídico-constitucional. O princípio constitucional da solidariedade positiva sistema no qual a centralidade é a pessoa humana e, para se ter a efetividade democrática nos processos do poder, erige-se a cidadania como sujeito nuclear da ação, da atenção e da preocupação do Estado e de todos os integrantes da sociedade. A cidadania deve participar porque sua atuação promove a legitimação do agir estatal. A soberania nacional, posta no inc. I do art. 1º da Constituição do Brasil, realiza-se pela atuação permanente do povo como titular do poder.

Nesse sentido, o povo é o titular único soberano do poder estatal, como determinado na Constituição democrática do Brasil, nos termos anunciados no inc. I e no parágrafo único do art. 1º. A menção feita à soberania nesse dispositivo é singela e completa. Quer dizer, não se cuida, naquela norma, de soberania do Estado, mas da soberania do povo. Conjuga-se o que posto naquela dicção com o conteúdo exposto no *caput* do art. 14 da Constituição, no qual se reitera ser a soberania popular o primeiro fundamento do Estado Democrático de Direito. Logo, o seu exercício legítimo somente se pode dar seguindo-se o figurino constitucional estabelecido. Não se desobriga da participação, como se fosse possível ser exercitado ao nuto de cada qual, porque a) somente tem valor democrático o exercício legítimo do poder; b) porque todas as pessoas têm o dever em relação às outras, nenhuma podendo renunciar à obrigação de cuidar da outra, pois o sistema sociopolítico e jurídico baseado no princípio da solidariedade define-se pelo enlaçamento e pela coordenação de ações responsáveis e comprometidas, configurando deveres cívicos recíprocos; c) solidariedade é obrigação, dela não se podendo escusar por voluntarismo egoístico. Afinal, a sociedade a ser construída, nos termos definidos constitucionalmente, haverá de ser justa e solidária (inc. I do art. 3º).

6.9. *Participação democrática e solidariedade política.* A escolha constituinte da forma de participação da cidadania no processo político do poder estatal dita o modelo democrático escolhido. Como antes observado, o princípio constitucional da solidariedade recebe, em matéria de direitos políticos fundamentais, configuração específica, sendo essencial à concretização da democracia.

Direitos políticos fundamentais dizem respeito ao desenho da cidadania posto no modelo democrático esboçado constitucionalmente. O fundamento da cidadania é a solidariedade jurídico-política. Cidadania é compromisso.

Na história brasileira, em algum melancólico momento de déficit democrático, fez-se ausente de representação (ou representantes que não representavam, até porque quem eles representariam nada tinha a ver com o povo, único titular da soberania democrática). Mas, sem povo participante do poder, não há democracia.

A forma de participação da cidadania dita o regime democrático acolhido. Democracia direta, indireta ou representativa ou semidireta, o fator determinante de cada figurino político é a forma pela qual se apresenta a cidadania na formulação, na implementação, na fiscalização e no controle das políticas públicas voltadas ao atendimento dos objetivos de bem para todas as pessoas.

Nem se tome povo como ícone ou como abstração. Para a definição da forma democrática, opta-se pela presença atuante direta da cidadania nos órgãos e práticas do poder estatal, pela sua apresentação ativa indireta ou, ainda, pela mescla dos dois modelos, permitindo-se que os representantes atuem segundo os fins definidos pelo povo nos termos da legislação posta.[146] Essa foi nomeada como democracia semidireta, pela combinação de participação direta para algumas funções ou por seus representantes, em outras. Representante não é substituto. O povo não é substituível na democracia. Consta do art. 3º da Declaração dos Direitos do Homem e do Cidadão de 1789, base dos documentos que se seguiram em todo o Ocidente na arquitetura do Estado moderno, que "o princípio de toda a soberania reside essencialmente na nação. Nenhuma corporação, nenhum indivíduo pode exercer autoridade que aquela não emane expressamente".

A nação (concepção francesa segundo a qual nessa se congregava o conjunto dos nacionais) é titular única da soberania, qualificando o poder estatal com força superior a qualquer outra, para decidir e impor a "vontade geral", formulação rousseauniana então acolhida. Essa grande mudança da ideia base da democracia e da fonte legitimadora do poder — que passa de Deus (a Divina Providência) para o povo — fundamenta o conceito e a prática da democracia moderna e contemporânea. A expressão *povo* comparece no preâmbulo da Constituição estadunidense de 1787,[147] também com o

---

[146] Na democracia direta, aproveitada nos modelos da Antiguidade, especialmente em Atenas, na Grécia, os cidadãos — assim considerados os homens filhos e netos de atenienses, excluídas partes da população, como as mulheres e os escravos — reunidos em assembleia adotavam as decisões políticas que haveriam de ser executadas. Entendia-se que a participação para debates e decisões a serem tomadas era dever cívico com a *polis* e com os concidadãos. Esse modelo foi grandemente substituído pela escolha de representantes, que, nas assembleias respectivas, atuavam em nome do povo. Isso deveu-se às dimensões populacionais que se sucederam, tendo-se tornado inadequada e improvável a eficiência de se resolverem questões com debates e formação de consensos em praças públicas, com a presença de todo o povo do Estado.

[147] "We the People of the United States, in Order to form a more perfect Union, establish Justice, insure domestic Tranquility, provide for the common defense, promote the general Welfare, and secure the Blessings of Liberty to ourselves and our Posterity, do ordain and establish this Constitution for the United States of America."

sentido transformador de anunciá-lo como titular do poder. O que é o povo tornou-se noção amadurecida no curso do Estado moderno.

A sequência histórica noticia o amadurecimento do princípio democrático, nele se inserindo o sentido maior de ser o povo que se autogoverna e desempenha os controles sobre o que é feito em seu nome e para si. Como processo, a democracia tem no povo a fonte de legitimação do poder. É possível distinguir faces diversas da mesma figura do povo, na Filosofia Política, no Direito ou na Ciência Política. Nessa configuração, Friedrich Muller distingue o povo ativo e o povo icônico, observando que "o povo icônico refere-se a ninguém no âmbito do discurso de legitimação. Ocorre que por ocasião da politização crescente e de um emprego ainda pseudossacral (mitologia revolucionária do 'povo') as inclusões e exclusões assumem um tom energético... O povo como instância de atribuição está restrito aos titulares da nacionalidade, de forma mais ou menos clara nos textos constitucionais; o povo ativo está definido ainda mais estreitamente pelo direito positivo... Por fim, ninguém está legitimamente excluído do povo-destinatário, também não os menores, os doentes mentais ou as pessoas que perdem, temporariamente, os direitos civis. Também eles possuem uma pretensão normal ao respeito dos seus direitos fundamentais e humanos, à proteção do inquilino, à proteção do trabalho, às pretensões da previdência social e a circunstâncias de fato similares, que são materialmente pertinentes ao nosso caso".[148] O povo, juridicamente definido em cada sistema nacional como conjunto de seus nacionais, cria obrigações estatais, sem que isso signifique exoneração do Estado em relação a não nacionais em tema relativo a direitos humanos. A democracia é processo de convivência política, pelo qual se garantem direitos inerentes ou decorrentes da dignidade humana, com espaços amplos de exercício de liberdades para que cada pessoa e todas elas possam desenvolver seus talentos e realizar suas vocações. A titularidade legítima do poder do povo está no cerne conceitual da soberania popular, que, no sistema constitucional brasileiro, é expresso, como antes mencionado, no inc. I do art. 1º.

A participação direta do povo na tomada de decisões políticas, do acompanhamento de sua implementação, de sua fiscalização e do controle de sua eficiência conforma a democracia participativa direta ou democracia direta. Também se tem a participação da cidadania na democracia representativa, mas dá-se então de forma indireta. O povo escolhe o representante e esse desempenha as funções do poder.

Muito se acreditou na impossibilidade de se voltar a ter experiências de democracia direta. O crescimento do número de pessoas a compor cada Estado, a impossibilidade de se ouvirem todos e permitir a discussão simultânea de muitos milhões de cidadãs e de cidadãos sobre questões fundamentais para a convivência política, a impossibilidade de se ter a fiscalização de políticas públicas ou atos governamentais por populações imensas, tudo levava a crer na quase impossibilidade, difícil de ser superada, de democracia direta. A sensibilidade política das pessoas, aliada a seu conhecimento de direitos fundamentais e das consequências das medidas e inércias estatais na vida pessoal e social de cada pessoa, conduziu a novas formulações e experiências democráticas no sentido de afastar o povo-ilusão ou povo-ícone da centralidade do debate sobre modelos democráticos,

---

[148] MULLER, Friedrich. *O que é o povo*. São Paulo: Max Limonad, 2003, p. 79.

passando-se a adotar meios e modos de possibilitar a participação direta do povo, pelo menos em algumas fases e instituições do processo democrático do poder. As tecnologias se bem utilizadas, devidamente controladas e serventes ao interesse público e ao benefício de todos, regulamentadas para impedir abusos que impeçam o adestramento de pessoas — tornando-as objetos manietados por algoritmos —, e a extinção silenciosa das liberdades conduziram a novas ideias sobre as possibilidades de se retomar a ideia de democracia direta. Ainda sem se prescindir da representação, tem-se a inserção, nos sistemas constitucionais, de instituições e fórmulas de participação direta do povo no desempenho do poder, combinadas com instrumentos representativos, formando-se, assim, a democracia participativa semidireta.[149]

A Constituição do Brasil enfatiza a soberania popular como única fonte legítima do poder (*caput* do art. 1º) e expressa a opção pelo modelo de democracia semidireta (parágrafo único do art. 1º). A democracia participativa representativa impõe a estruturação de institutos e instituições voltados a assegurar que a representação seja legítima, promanada de cidadãs e cidadãos livres para escolherem quem desejem atue em seu nome para realizar o interesse público. E esse também não é o interesse objeto de escolha do representante, mas da utilidade do representado, o qual não é tomado em sua individualidade, mas na complexidade da sociedade. A representação é imersa em quantidade significativa de questionamentos, desde o modelo de escolhas do representante, para que não se tenha a ilusão ou a traição ao representado, até a forma de se levar a efeito o controle da legitimidade da atuação daquele que é eleito para representar e que não se torna, ao receber o mandato, substituto do representado. Quer-se dizer, o representante não se desapega do representado após a eleição, pois o representante não se desvincula do representado, que mantém o seu poder soberano. No modelo constitucional de cada Estado se conterá a opção dos institutos asseguradores da legitimação do regime representativo, sem o que não se terá democracia, menos ainda democracia participativa. Os direitos políticos das cidadãs e dos cidadãos formam o bloco dos direitos fundamentais, pelo que não podem ser descartados após cada eleição, no processo de escolha de representantes. Eleição é etapa de início de representação, não é enterro de direitos.

O direito à participação de cada cidadã ou cidadão no processo político do poder estatal é reconhecido há muito. No art. 21 da Declaração dos Direitos Humanos da ONU, de 1948, se põe que "1. Todo ser humano tem o direito de tomar parte no governo de seu país diretamente ou por intermédio de representantes livremente escolhidos. 2. Todo ser humano tem igual direito de acesso ao serviço público do seu país. 3. A vontade do povo será a base da autoridade do governo; essa vontade será expressa em eleições periódicas e legítimas, por sufrágio universal, por voto secreto ou processo equivalente que assegure a liberdade de voto". Em 1966, no Pacto Internacional sobre Direitos Civis e Políticos, entronizado no processo jurídico brasileiro, como antes mencionado, pelo

---

[149] Importante é a lição de Gomes Canotilho, ao observar que "o princípio democrático acolhe os mais importantes postulados da teoria democrática representativa — órgãos representativos, eleições periódicas, pluralismo partidário, separação de poderes... o princípio democrático implica democracia participativa, isto é, a estruturação de processos que ofereçam aos cidadãos efetivas possibilidades de aprender a democracia, participar nos processos de decisão, exercer controle crítico na divergência de opiniões, proferir *inputs* políticos democráticos" (CANOTILHO, J. J. Gomes. *Op. cit.*, p. 282).

Decreto nº 592, de 1992, se definiu no art. 25 daquele que "Todo cidadão terá o direito e a possibilidade, sem qualquer das formas de discriminação mencionadas no artigo 2º e sem restrições infundadas: a) de participar da condução dos assuntos públicos, diretamente ou por meio de representantes livremente escolhidos; b) de votar e de ser eleito em eleições periódicas, autênticas, realizadas por sufrágio universal e igualitário e por voto secreto, que garantam a manifestação da vontade dos eleitores; c) de ter acesso, em condições gerais de igualdade, às funções públicas de seu País". Para os Estados-partes naquele Pacto não há o que se discutir sobre o direito fundamental internacionalmente reconhecido. Mantém-se no cenário e no espaço soberano de cada povo o conjunto das instituições, constitucional ou legalmente estabelecido, competentes para tornar efetivo o direito-dever livre ao voto pelo qual se escolhem os representantes.

No sistema constitucional brasileiro, o sufrágio e o voto compõem o arcabouço institucional da democracia, adotada como regime político ("a soberania popular será exercida pelo sufrágio universal e pelo voto direto e secreto...").

Pelo texto constitucional (art. 14), sufrágio é direito público político subjetivo fundamental, pelo qual cada cidadã ou cidadão tem garantida a sua participação no processo do poder estatal, podendo eleger, ser eleito pelo voto e por outros instrumentos, para a formulação de políticas públicas, como presença e composição de órgãos estatais, de fiscalização e controle das atividades estatais, por ações judiciais como, por exemplo, pela ação popular ou ação coletiva autorizada, no Direito, na condição de parte do processo político estatal. No sistema brasileiro, o sufrágio é universal. Em Estados não democráticos, eliminam-se, criminosa e sorrateiramente, os sujeitos aos quais se reconhece o sufrágio, de modo a acanhar a participação do povo no processo decisório do Estado. A história dá notícia de que, em sociedades elitistas, machistas e excludentes, os excluídos do direito ao voto se organizaram em movimentos sufragistas, na busca de ultrapassar a sua marginalização no processo político.[150] O sufrágio é o instrumento de legitimação do poder exercido por representantes eleitos pelo povo ou pela aquiescência do povo com políticas e decisões de teor político e de importância magna para a sociedade presente e futura. A Constituição brasileira estabelece, no art. 14, como direito-dever jurídico de sufrágio o plebiscito, o referendo e a iniciativa popular de leis (incs. I, II e III do art. 14). O sufrágio democrático é universal e igual, pois, se não há sufrágio sem democracia, não é qualquer modelo de sufrágio que garante a democracia. Aliás, como antes observado, democracia é processo complexo, que se aperfeiçoa por uma série de instituições e instrumentos para a convivência política livre, igual e responsável.

O voto é dever político-jurídico fundamental pelo qual se exerce o direito ao sufrágio. O voto é expressão do sufrágio. Considerando o princípio constitucional da solidariedade política, o voto é qualificado como dever jurídico, o qual, no sistema brasileiro, é de cumprimento direto e obrigatório por todas as pessoas identificadas nas normas (inc. I do §1º do art. 14 da Constituição).[151] Voto direto significa que não pode ser

---

[150] Frequentemente lembrado é o movimento das sufragistas dos Estados Unidos da América, que conseguiram que, em 1920, fosse votada a 19ª Ementa à Constituição dos Estados Unidos, estendendo o direito de voto às mulheres, que desde 1800 lutavam para participar do processo eleitoral.

[151] Parte da doutrina afirma ser o voto uma função pública, sendo afastada para não se permitir a compreensão — que poderia daí advir — de o Estado (e eventualmente algum governo ou governante) ser detentor ou hierarquicamente superior a impor a orientação do voto em benefício ou comprometimento de sua ideologia. Por

exercido por procuração, por terceiro, não pode ser delegado a quem quer que seja, não pode ser vendido, nem comprado, porque a dignidade democrática é inegociável. Voto não é bem de comércio. Vender o voto seria comercializar a liberdade humana. Apesar da expressão constitucional brasileira de ser o voto *obrigatório* para os maiores de dezoito até os setenta anos de idade, a facultatividade do voto não elimina o dever constitucional de participação da cidadã e do cidadão, nos casos em que aquela discrição pessoal seja possível nos termos do ordenamento constitucional. Nos casos de facultatividade legalmente prevista (para as cidadãs e os cidadãos entre dezesseis e dezoito anos e para os que têm mais de setenta anos, na experiência brasileira atual), as consequências da ausência da eleitora ou do eleitor na cabine de votação, nos cenários em que a Constituição faculte essa presença, não acarreta as punições legais pelo descumprimento de obrigação constitucional. Por ser o sufrágio direito, ao qual corresponde o dever de participação pelo voto, dentre outros instrumentos, mantém-se o dever jurídico de participação mesmo daqueles aos quais se conferiu facultatividade do exercício do voto. Tanto é assim que, mesmo as pessoas que tenham a facultatividade do exercício do direito ao voto, continuam podendo oferecer o nome como candidato, independente por exemplo da idade, um dos fatores determinantes daquela discricionariedade. O voto democrático, como ato de política de cada membro do povo, há de ser livre, garantido a cada eleitora ou eleitor. Para a segurança eleitoral do voto é imprescindível que o sistema democrático garanta à eleitora ou ao eleitor ambiente político-eleitoral certo em seu formato, transparente em suas normas, hígido em seus instrumentos para que, com o convencimento formado com o cabedal de informações necessário para livremente escolher o que melhor lhe parecer para si e para toda a sociedade, podendo ela ou ele, crítica e autonomamente, depositar o seu desejo político quanto ao objeto da eleição.

A participação popular no processo democrático é dever jurídico decorrente da solidariedade política constitucionalmente estabelecida como princípio para o atingimento dos objetivos republicanos, seja pelo exercício do voto, seja por outro modo de ser parte da dinâmica política estatal. A convivência política estabelecida em bases democráticas estabelece vínculos insuperáveis de cada cidadã e cidadão com a sociedade. Assim, cada integrante da sociedade há de assumir deveres para que a comunidade atinja seus fins e mantenha os valores para a preservação dos ideais para o futuro. Para parte da doutrina, o voto é dever político, não jurídico, porque seria inerente à escolha de representantes. Para que se aperfeiçoe o modelo democrático representativo, o

---

isso não é aceitável seja o voto função do Estado. Poderia ser entendido como manifestação do funcionamento soberano da democracia, então se permitindo a inteligência de que, sem esse desempenho, o papel do povo no processo político democrático não legitimaria as escolhas feitas. Para Nelson de Souza Sampaio, por exemplo, "... o voto tem, primordialmente, o caráter de uma função pública. Como componente do órgão eleitoral, o eleitor concorre para compor outros órgãos do Estado também criados pela constituição. Em geral, porém, as constituições têm deixado o exercício da função de votar a critério do eleitor, não estabelecendo sanções para os que se omitem. Nessa hipótese, as normas jurídicas sobre o voto pertenceriam à categoria das normas imperfeitas, o que redundaria em fazer do sufrágio simples dever cívico ou moral. Somente quando se torna obrigatório, o voto assumiria verdadeiro caráter de dever jurídico. Tal obrigatoriedade foi estabelecida por alguns países, menos pelos argumentos sobre a natureza do voto do que pelo fato da abstenção de muitos eleitores, — fato prenhe de consequências políticas, inclusive no sentido de desvirtuar o sistema democrático. Nos pleitos eleitorais com alta percentagem de abstenção, a minoria do eleitorado poderia formar os órgãos dirigentes do Estado, ou seja, Governo e Parlamento". (SAMPAIO, Nelson de Souza. Eleições e Sistemas Eleitorais. *Revista de Jurisprudência do Tribunal de Alçada do Rio de Janeiro*, p. 66, 1º trimestre de 1982).

representado — ou seja, todo o povo — tem o dever de apresentar-se e confiar a sua opção na urna. Do resultado obtido pela escolha do eleitorado apura-se o conjunto de eleitos para representar o povo. Ficaria deslegitimado o sistema eleitoral no qual a apuração apresentada não representasse a vontade manifestada pelas cidadãs e pelos cidadãos.[152]

Grave, portanto, é a falta da cidadã e do cidadão aos deveres de participação, apurável objetivamente em caso de ausência no processo eleitoral, de significativa importância para a construção democrática. A abstenção do eleitorado, no processo de escolha dos representantes, pode importar em *déficit* democrático. Cabe, assim, aos órgãos e instâncias competentes de cada Estado promover a educação para a democracia, reforçando no povo o seu dever jurídico-republicano de cuidar da coisa pública. Esse dever de cuidar é irrenunciável e perpassa os deveres constitucionais cuja base é a solidariedade política, que fundamenta a construção de uma sociedade livre, igualitária e justa. Por isso a cidadania não pode se afastar do dever de envolver e colaborar com o projeto comum.[153] Na democracia, a cidadania é o que importa. A cidadania faz a democracia. A ausência da cidadania nega a qualificação democrática a regimes aparentes ou apenas formalmente revestidos daquela propriedade. Daí a imprescindibilidade da participação cívica no processo político. O voto há de ser sempre livre em sentido pleno. A cabine eleitoral há de ser indevassável. O gesto de votação é solitário, ali está a eleitora ou o eleitor em encontro com o seu ideal, seu anseio e sua esperança; é também gesto solidário, porque, mesmo no isolamento do cubículo onde fica a urna, a eleitora ou o eleitor tem a dimensão do viver comunitário, do compromisso e da responsabilidade pelo presente e pelo futuro, por manter o que tem como correto e transformar o que seja necessário.

Como dever jurídico-constitucional, o voto tem o sentido da cidadania em sua liberdade maior e a sociedade em sua inteireza. Somente com informações corretas em relação aos fatos, às pessoas que se apresentam como candidatas ou candidatos e às necessidades e consequências a que cada resultado conduzirá, o eleitorado terá recebido os dados e meios necessários ao desempenho livre e responsável de sua obrigação cívico-

---

[152] Para Recasens Siches, por exemplo, a participação popular é direito democrático decorrente da dignidade da pessoa humana. Para aquele autor, "... el derecho de participar en el gobierno del propio país constituye un corolario de la dignidad de la persona humana. Si los hombres fuesen solamente materia o objeto pasivo del poder público, su dignidad humana quedaría lesionada. Puesto que es necesario que exista un poder público, el modo de armonizar esta exigencia con los requerimientos de la dignidad humana es conceder al hombre una participación en el gobierno" (SICHES, Luis Recasens. *Filosofía del derecho*. México: Editorial Porrúa, 1965, p. 594).

[153] No Brasil, as eleições são administradas por ramo específico do Poder Judiciário, como é a Justiça Eleitoral. Ali repousa o dever legal de se fazer o chamamento público da cidadania para as eleições por campanhas esclarecedoras do eleitorado sobre seus direitos e seus deveres, sobre a importância de sua participação livre, com informações suficientes para a escolha autônoma e coerente com o seu querer, e sobre a necessidade e os interesses da sociedade presente e futura. Nas mais recentes experiências eleitorais brasileiras, nos pleitos de 2020, de 2022 e de 2024 o número de eleitores foi, respectivamente, de 147.918.483 aptos a votar, com abstenção de 23,15% em 2020; o eleitorado foi de 156.454.011 aptos a votar, tendo sido a abstenção de 20,95% em 2022; o eleitorado foi de 155.912.680 habilitados (menor que em 2022, porque o Distrito Federal não tem eleições municipais e não há votos de eleitorado no exterior), atingindo a abstenção o percentual de 21,68% em 2024. Os fatores de abstenção são inúmeros, incluídos aqueles que respeitam às condições meteorológicas nas localidades (em 2024, houve seca inédita no Norte do Brasil, com dificuldades do eleitorado de acessar o local de votação pela seca dos rios, que são as estradas daquela região); chuvas torrenciais em outras regiões, como em Estados do Sul do País e, na data do segundo turno, em Estados do Norte, o que dificulta a locomoção e a facultatividade do voto de pessoas com mais de setenta anos, pelo aumento da média de vida, o que aumenta o número desses eleitores, sem o seu chamamento para fazê-los lembrar dos compromissos republicanos e democráticos, enfim, há que se enaltecer a natureza do dever ético-constitucional do voto como expressão da solidariedade política e jurídica.

constitucional.¹⁵⁴ Experimenta-se, na atualidade, o grave desconforto do excesso de falso conforto: aquele que devora as liberdades de informação pela fartura de dados, que oferece luzes mil para cegar o olhar livre, que desvirtua fatos ou os recria, para desorientar a cidadania e fragilizar a democracia. A captura da humanidade pela máquina, que se torna extensão da mão e do pensamento, no reflexo da tela enganosa frauda a convivência, desvirtua ideais e esvazia a criatividade humana. Sob o rótulo de comunicação nova, particulares injetaram em máquinas a descomunicação. Pessoas enganando outras pessoas. Nada de novo. Não menos triste a involução do humano. Irradiam-se violências extraindo dos humanos sua face mais desumana e fácil de igualar-se às fragilidades das outras pessoas. Tecnologias novas convencem multidões de serem essas ferramentas imprescindíveis. E por essas novas necessidades se entregam a alma e o espírito da sociedade e da convivência mais livre entre pessoas. Não se distingue, tantas vezes, o humano da máquina. Não se ouve a voz do irmão falando ao lado, mas se passam horas dedilhando aparelhos sob o nome de fala com alguém (desconhecido) do outro lado do mundo. Não poucas vezes o outro é apenas uma máquina. Maquinizam-se as pessoas e afirmam estar a se criar máquinas humanizadas. E os algoritmos multiplicam dinheiros, as moedas picadas (bitcoins) despedaçam sistemas estatais e as economias constituídas sob bases de lastros conhecidos. Com o novo poder econômico-financeiro atuando ao lado dos sistemas oficiais desmancha-se a noção de soberania popular. Estabelecem-se bases para a tirania individual, cada qual esquecido do dever de cuidar de si mesmo, como ser de liberdades dignas, do que afina a sua humanidade com a outra pessoa e do princípio constitucional da solidariedade. Quem depende de uma máquina para saber o que pensa não pensa. Quem se acha livre por dispor de uma máquina é escravo dela. O resgate da participação popular pelo voto e pelas outras formas adotadas em cada sistema constitucional, como dever jurídico decorrente do princípio da solidariedade, impõe seja resgatado o sentido democrático que nele se contém. Então, os outros princípios constitucionais serão possíveis para a convivência democrática e sobre eles será possível cumprir-se o objetivo de construir uma sociedade livre e justa.

Não apenas na atuação política a cidadã e o cidadão cumprem o dever jurídico-constitucional da solidariedade. Esse princípio permeia o sistema tributário, desde sempre, o previdenciário, como antes anotado, o de assistência social, enfim, toda a estrutura de convivência política. Princípios norteiam o sistema constitucional e impregnam cada subsistema. Não é diferente com o princípio da solidariedade. Portanto, na formação da vontade política, da definição de políticas públicas pelas quais se pode vir a ter a igualação e a libertação de cada qual e de todas as pessoas, na participação efetiva e eficiente, direta e permanente da cidadania na direção da própria história, na invenção da possibilidade do futuro que se pretende estruturar e permitir para cada geração, dotando-a de condições para desenhar e desenvolver seu presente, o absenteísmo cívico

---

¹⁵⁴ Javier de Lucas expõe que "la solidaridad como conciencia conjunta de derechos y obligaciones, que surgiría de la existencia de necesidades comunes, de similitudes (de reconocimiento de identidad), que preceden a las diferencias sin pretender su allanamiento... La solidaridad como principio jurídico-político suele ser invocado como principio de la convivencia democrática y así es recogida en textos constitucionales... como fundamento del deber de contribuir al sostenimiento de las cargas públicas..." (LUCAS, Javier. *El concepto de solidaridad*. México: Distribuciones Fontamara, 1998, p. 27-29).

impõe derrota a toda a sociedade, ao projeto de democracia participativa, ao objetivo de ser Estado para todas as pessoas segundo o que elas pensam, querem e podem projetar e realizar.

SOLIDARIEDADE É SEM CONCLUSÃO

Como a humanidade, como aprendizados na vida, vislumbre e expressão de humanidade, também a solidariedade é sem conclusão. Letramento de vida não tem fim.
Três casos de solidariedade:
Caso um: Em Município do interior, escândalo em praça pública é espetáculo. Nem por isso impede o constrangimento dos que se expõem e dos que são expostos. Numa madrugada de tempos atrás, pessoa conhecida, embriagada, destilara ódios, impropérios e ameaças em frente à casa do adversário político. O furdunço prosseguia noite adentro quando a mãe do incauto atravessou regiamente a praça, deu o braço ao filho, retirando-o do palco de despautérios, pediu desculpas, em nome próprio e de toda a família, pelo ocorrido ao ofendido e à cidadezinha pelo transtorno e retornou sobranceiramente com o filho ladeado, sem pestanejar diante dos olhares envergonhados ou maldizentes das pessoas, que, por trás de venezianas mal cerradas, assistiam à melancólica cena. No dia seguinte, a conversa em minha casa era de que minha tia avó, a que fizera o gesto de atravessar a praça, voltara à casa do ofendido e o convidara para um almoço de pedido de desculpas e proposta de conciliação em sua sala de jantar. Afinal, cena foi ruim, mas era seu filho...
Caso dois: Relatora judicial de um *habeas corpus*, recebo carta da mãe do paciente. Filho preso, para ele o advogado pleiteava liberdade. A gravidade do crime pelo qual respondia demonstraria o reconhecimento de que não era mentalmente normal. Na carta, a mãe pedia o oposto do que requeria o advogado no processo: "cuidarei dele, mas onde ele precisa ficar ... eu o pus no mundo. Se soubesse que ia fazer o que fez, teria cortado minha barriga quando grávida. Não sabia! Sou sua mãe, ele conta comigo para sempre". O cenário: o paciente foi condenado por ter estuprado criança de quatro anos de idade. A autora da carta, madrinha da vítima, dela cuidava, enquanto a vizinha, mãe da pequena, trabalhava nos períodos da tarde. Uma ou outra vez, tivera de sair durante o período de cuidados. Deixara a miúda com o filho, folgado em casa. Então, ocorreram os crimes. Ela de nada desconfiara; inicialmente, a criança não dera notícia do ocorrido. Os fatos se repetiram até a descoberta dos crimes. Era o que ela me narrava em carta encharcada de desespero e perplexidade. Pedia não o privilegiasse com a soltura, nunca fora louco. Era mau. Mas era seu filho. Ela cuidaria dele onde tivesse de cumprir a pena.
Caso três: Na capela da penitenciária o capelão me pede para visitar determinado preso. Fora recapturado após matar o irmão gêmeo, com quem empreendera fuga, este também apenado por tráfico de drogas. A única visita que recebia era da mãe. Mas

ele assassinara seu outro filho. Ficaria no isolamento total, sem alguém sequer para conversar. Na saída da capela, vem-nos a mãe que o padre achava que não retornaria. Com seu embornal singelo explicou, sem precisar: "tinha dois filhos. Um, agora Nossa Senhora toma conta. O outro, é responsabilidade minha ainda e sempre".

Solidariedade se pratica. A grandeza humana da maternidade não carece de lei estatal, social ou moral. É componente da essência materna. Mas a humanidade não tem a natureza visceral das mães. Por isso, Constituição e leis são necessárias. Para que não se impeça o presente, para que não se desertem as condições éticas e jurídicas para o futuro, para que a pessoa ao lado ou à distância não seja prisioneira nem legatária da solidão e do egoísmo ou, pior, da avareza de sentimentos.

Não há *eu* sem a outra pessoa. A relação entre pessoas mostra a identidade de cada qual. O indivíduo faz-se na reunião com o outro. Então, revela-se a identidade na parceria. A característica associativa da natureza humana afirma-se no convívio e conduz à congregação política. Viver com outras pessoas é desafio e alegria. No movimento da vida reunida com as pessoas ou se ajeita ou se rejeita. E o destino da humanidade é se ordenar para projetar, ampliar e comover na grande aventura que é a vida.

A história humana não é relato de calmarias; as gentes têm explodido terras, gentes e sossegos. Mas persiste o destino humano de perpetuidade da espécie e de alianças entre mulheres e homens querendo ainda e sempre ser felizes. Esse o destino que pode se cumprir segundo o agir do ser humano, que pode ser solidário e grandioso ou solitário e menor. E se ao horror nada é impossível, ao amor, também não. Solidariedade é negação do horror, da ausência e do egoísmo.

A ênfase na dignidade humana é a prova de que toda pessoa é ser de razão, compelido ao encontro da outra pessoa pelo sentimento de fraternidade. Se, às vezes, se tenta solapar esse sentimento, pelo interesse de um ou outro ganho, nem por isso se destrói a certeza de que o centro de tudo ainda é a esperança na transcendência do homem alçado ao coração do outro, nunca na inteligência aprisionada no vislumbre do próprio espelho. Quem sabe apenas de tela rebuscada tem baixa definição do destino da humanidade, aprende pouco de si e sabe nada da outra pessoa. Afinal, mesmo de ouro que seja o espelho, nele só cabe imagem isolada e vazia. Já o coração, ah! coração cabe tudo. Nele é que brota a solidariedade que o Direito tenta copiar e transcrever em forma de normas. No Direito cabe muito, para que a Justiça prevaleça. E perseverará enquanto prosseguir a humanidade...

Por isso, talvez valha para sempre a lição de Paulo Mendes Campos, em seu *Poema Didático*, ao assentar que "A vida enganou a vida, o homem enganou o homem./Por isso, agora, organizei meu sofrimento ao sofrimento/ De todos: se multipliquei a minha dor/ Também multipliquei a minha esperança".

Belo Horizonte, verão de 2024.